Heibonsha Library

[新版] 昭和史

戦後篇

1945
|
1989

半藤一利

平凡社

本書は二〇〇六年四月、平凡社より刊行されたものに、新たに講演録「こぼればなし　昭和天皇・マッカーサー会談秘話」を増補し、それぞれの章の最初に「ポイント」と「キーワード」を入れました。

目次

こぼればなし

昭和天皇・マッカーサー会談秘話

はじめの章

天皇・マッカーサー会談にはじまる戦後

敗戦と「一億総懺悔」

この章の
✷ポイント

ポツダム宣言受諾後、連合国軍総司令官に就任したダグラス・マッカーサーが昭和二十（一九四五）年八月三十日に厚木飛行場に到着し、日本本土への第一歩を踏み出しました。ここからマッカーサーによる日本の占領政策がはじまります。九月二日の降伏調印式後、ＧＨＱは主要戦犯容疑者の逮捕指令、軍国主義的教育の禁止、財閥の解体など、次々と指令を出していきます。そんな中、敗戦国の代表として昭和天皇がマッカーサーと直接会談することになりました。

✷キーワード

天皇放送／東久邇宮稔彦（ひがしくにのみやなるひこ）／一億総懺悔（ざんげ）／ダグラス・マッカーサー／連合国軍総司令部（ＧＨＱ）／降伏調印式／東条英機（とうじょうひでき）／検閲制度の廃止／五大改革／奥村勝蔵（おくむらかつぞう）

＊一億、涙滂沱

昭和二十年（一九四五）八月十五日昼の天皇放送によって、太平洋戦争という悲惨な歴史が一応、終結しました。ただじっさいは、日本が降伏したと全世界に告げたのは日本時間の十四日なんです。ですからアメリカやイギリスその他の国においては、victory over Japan（対日戦争勝利）は八月十四日となっています。日本はそれを引き延ばしたというのか、国民には天皇放送によって一気に知らせたのです。いろんな本、たとえば大岡昇平（おおおかしょうへい）さんの小説『俘虜記（ふりょき）』では、フィリピンの捕虜（ほりょ）収容所に入れられていた大岡さんが、アメリカ軍が十四日の晩にドンチャン騒ぎをして勝利を祝っているというふうに書かれています。しかし日本の私たちは、陸軍の抵抗などいろんな事情がありまして、八月十五日にポツダム宣言を受諾し戦争が終結したと知らされたわけです。私は中学三年生でした。

戦後だいぶたって、このときほっとしたとか、やれやれと思った、と言う人が多く、ごく少数は本当にそう感じたかもしれませんが、私の体験では、「よかったー」とかいう感情よりも、突然目の前が真っ暗になったといいますか、頭にガツンと大きな衝撃を受けて茫然自失（ぼうぜんじしつ）といった感情がまずやってきた。それから滂沱（ぼうだ）として涙が流れたのです。悲哀の涙なのか、悔しさの涙なのか、それぞれ人によって違うと思いますが。いずれにしろ、一億、涙滂沱、といってもいいのではないでしょうか。

戦後に書かれた回想は、そういうわけで、本当のことじゃない部分もあると思いますが、日記をつけていた人がたくさんいまして、そこからは当時の人たちがどういう気持ちで天皇放送を受け止めたかがよくわかります。いくつか読んでみます。

当時五十六歳の作家、内田百閒。

「天皇陛下のお声は録音であったが、戦争終結の詔書なり。熱涙垂れて止まず。この滂沱の涙はどういう涙かという事を、自分で考える事が出来なかった」

作家の広津和郎(当時五十三歳)も、意味もなく泣いたことを書いています。

「ラジオは戦争中修繕ができていないので、音が低く聞き取りにくかった。／しかし私は涙が滂沱と下って止めようがなかった」

実業家の小林一三(当時七十二歳)は、「正午、君が代の奏楽につづいて陛下の御放送を謹聴し奉り、涙ぼうだとして禁じ得ず。暫く茫然として静坐するのみ」としたあと、「聖旨を奉じて国運を将来に開拓するこそ一億国民の義務であり祈願するところである」と書いています。やはり傑出した実業家ですね、すぐに立ち直って国運のためにもういっぺんやろうという気を起こしているようですが、こういう人はあまりいなかったんじゃないでしょうか。

もと東大の先生だった政治学者の矢部貞治さんは、当時四十二歳でした。

「……異例な御親らの詔勅御放送に首を垂れ、悲痛の涙滂沱たるを止得なかった。／口惜しい極みであるが、ポツダム宣言を受諾し、ここに無条件降伏となる。我々の忍苦はこの日からはじまる。どのような運命が待っているかは判らぬが、興国の先駆者として志士仁人として生きたい」

まるで勤王の志士の如く、これからの日本の国の先駆者となる決意を述べています。このへんは、かなりの歳の方たちですから、無念の思いを抱きつつも、前途を、祖国の明日がどうなるのかを考え、自分の身をどう処したらいいのかも合わせて思いやったのでしょう。が、これはごく少数だと思います。多くの人はむしろ、無念の歯がみをしていたと思います。

歌人の斎藤茂吉さん（当時六十三歳）はその代表で、

「正午、天皇陛下の聖勅御放送、はじめに一億玉砕の決心を心に据え、羽織を著て拝聴し奉りたるに、大東亜戦争終結の御聖勅であった。ああ、しかれども吾等臣民は七生奉公としてこの怨み、この辱しめを挽回せむことを誓いたてまつったのであった」

まさに、今に見てろ、仇をうつぞ、と言わんばかりの切歯扼腕ぶりです。これは正直な気持ちだと思いますね。日本国民はみな、戦争に敗けた瞬間には悲哀感、失望感、絶望感それに無念な想いをごちゃまぜにした感情に押し流されていたような気がします。

作家の山田風太郎（当時二十三歳）の日記も面白いです。

「天皇はどうなるか、御退位は必定と見られるが、或いはそれ以上のことも起こるかも知れない。新聞によると最後の御前会議で天皇は『朕は国が焦土と化することを思えば、たとえ朕の身は如何あろうとも顧みるところではない』と仰せられ、全閣僚が声をあげて慟哭したという。この御一言で、たとえ陛下に万一のことがあれば、連合国側がいかなる態度に出ようと、われわれは小なりとも『昭和神宮』を作る義務がある。と誰かがいった」

これは当日ではなく八月十六日の日記です。というのもその日の新聞に、日本が終戦へいかに辿りついたかの詳しい過程が書かれたんですね。そこで、天皇が御前会議で「国民を助けるには自分の身はどうなってもいい」と言った八月十四日のいわゆる「聖断」を読んだ当時大学生の山田さんは、もし連合国が無体なことを言ってきた場合、なんとしても天皇をお守りしたい、そういう気持ちになったのを吐露しているんです。今から考えると、十六日の新聞で、御前会議がいかにして行なわれ、天皇が身を捨てて聖断を下して戦争を終結させたかを知ったかなりの人が、深い感動を抱いたのは事実のようです。

こうして、昭和天皇を機軸にみんなして戦後日本の国家再建に力を合わそうという、なんとなしに日本人に「あうん」の呼吸ができあがったのじゃないでしょうか。このことは、戦後昭和史を考えていくうえで、つねに基本としてあるんですね。昭和天皇の戦争責任その他についてこれからどんどんお話することになりますが、国民の大部分は、天皇陛下が「自分の身はどうなってもいい」と言ったおかげで戦争が終わったと――これは事実なんですけれど、この事実に対して国民はものすごく心を寄せ、非常にありがたいものとして受け止めた、そのことが、この後もずーっと続いていくような気がするんです。

ところで当時の新聞、とくに十六日の朝日新聞は、終戦に至るまでのいきさつをきちっと書いてもいるのですが、同時に次のようなことも書いています。

「……群衆は二重橋を埋め尽くしていた。きょうもあすもこの国民の群は続くであろう。あすもあさっても『海ゆかば…』は歌いつづけられるであろう。民族の声である。大御心（天皇陛下の御意思のこと）を奉戴（ありがたく戴き）し、苦難の生活に突進せんとする民草の声である。日本民族は敗れはしなかった」

新聞は、自分たちがさんざん煽ってきた責任もあるからなお、国民を叱咤激励というのか――力づけるという意味なんでしょうが――まだなんとなしに意気張んでいたんですね。それはアッという間にひっくり返るんですが、終戦直後くらいまでは「まだまだ」という気持ちもあったようです。というのも、なにせ日本本土には陸軍二百二十五万人、海軍百二十五万人、それに陸海軍合わせて特攻機六千機を用意して本土決戦をやる気でいたんですから。この大軍隊が後ろに控えている、大兵力が温存されている、これがどうなるのかということも非常に微妙な問題として残っていました。大元帥陛下は「戦争をやめた」とおっしゃるが、日本陸海軍がもういっぺん立ち上がる可能性も、無きにしもあらずであった。したがって、新聞の「敗れはしなかった」という言葉は必ずしも負け惜しみではなく、ある種の国民感情を代弁していたとも言えるのです。

当時、私は十五歳。中学校三年生でした。天皇の詔勅は、ラジオでは何を言ってるのか全然わからなかったのですが、やがて降伏したとわかり、その日の夕方になってから来た朝刊を読んで、一番感動したのは、「……帝国臣民にして、戦陣に死し職域に殉じ非命に斃れたる者およびその遺族に想を致せば五内為に裂く……」という箇所です。つまり、天皇が自分の体が真っ二つに裂けるような辛い思いをしているという部分を読んで、そうか、天皇もおれたちに詫びてるんだとそれとなく受け取って、もともと雲の上の天皇ですから親近感こそ芽生えずとも、怨みを抱くようなことはありませんでした。

私自身は、アメリカ軍が来て占領したら、南の島かどこかで一生奴隷になるんだと教えられていました。嘘の骨頂なんですけどねえ。でもそれなら、早いとこなんでもやっちゃおうってんで、早速、防空壕へ入って煙草をふかしました。ちっともうまくなかったんですが、与太公的な同級生とぷかぷかやって、「うめえか」「うん、うめえ」なんてね。じゃあ次は酒だ、といってもこれは簡単には手に入らない。なら女だ、というんですが、そりゃ無理じゃねえか、なんてバカなことを話していたのを覚えています。

要するに、戦争に敗けた、根本の国家がどうなるか、ということを、自分の中でしっかりとつかんでないんですね。ただ前から教えられていたインチキ話——南の島かカリフォルニアに行って生涯こき使われるというのを、ホントかいなと疑りながらも「ああ、わが人生もこれまで」と嘆じたことはあります。でも翌日になると、「南の島へなんて、どうやって何百何千万もの大勢を運んで行くんだ」と親父に怒鳴られて、たちまち嘘だとわかりましたが。

✸平和はやっぱりいいもんだ

しかし日本人というのは、まことにあっさりしているというのか、「鬼畜米英」といってあれだけ憎悪を抱き、アメリカを仇敵として戦った日本人がスパーッと銃を置いたんですね。厳密に言うと八月十七日、天皇陛下命令つまり大元帥陛下命令として日本陸海軍に対して武器を置け、これ以上抵抗するべからず、と武装解除の命令が出ました。それが実行されるのに反乱らしい反乱はほんのわずかしかなく、命令を受け賜って、日本の軍隊はどんどん解散していきました。とくに先に申しました、二百二十五万人の陸軍、百二十五万人の海軍を解散させないことには、占領軍がいよいよ日本本土に進駐してきた時に何事が起こるかわからないというので、旧大本営、陸海軍のトップの人たちは、早いとこ連中を武装解除させて国へ返そうと――復員といいます――全力を上げます。それは見事なくらいで、あれよあれよという間に復員軍人が故郷へ返されました。まあ不思議なくらいに言うことをきいたんですね。逆をいえば、あれだけ徹底的にやられて、どうにもならない状況下で降伏した、ならばこれ以上抵抗しても無駄、と思い知ったのかもしれませんが、それにしても大元帥陛下の命令がなんと偉大であったことか……今になって考えると、自称「世界最強」の軍隊があんな整然といっちゃおかしいですが、サァーッと解体していく姿は驚くべき眺めでした。現代のイラクを考えますと、なんと日本人は素直に敗北を認めたか、日本人の民族性はもともと戦争が嫌いなんじゃないかと思わないでもないんです。

同時に、言ってみれば日本の「頼りなさ」です。今日まで「一億玉砕」「戦士であるおまえたちがそんなだらしないことでどうする」と横ビンタ張っていた人たちが、次の日から「これからはアメリカだ」「民主主義だ」なんて言い出すんですから、その変わり身の早さにも驚かざるを得ません。

その一番のいい例、じつは一番「悪い例」なんですが、それが内務省が中心となり、連合軍の本土進駐を迎えるにあたって十八日に打ち出した策に出ています。戦時、「敗けたら日本女性はすべてアメリカ人の妾になるんだ。覚悟しておけ」と盛んにいわれた悪宣伝を日本のトップが本気にしていたのか、いわゆる「良家の子女」たちになにごとが起こるかわからないというので、その〝防波堤〟として、迎えた進駐軍にサービスするための「特殊慰安施設」をつくろうということになりました。そして早速、特殊慰安施設協会（RAA）がつくられ、すぐ「慰安婦募集」です。いいですか、終戦の三日後ですよ。

「営業に必要なる婦女子は、芸妓・公私娼妓・女給・酌婦・常習密売淫犯らを優先的に之を充足するものとす」

そういうプロの人たちを中心に集めたいということです。内務省の橋本政美警保局長が十八日、各府県の長官（当時は県知事を長官と言いました）に、占領軍のためのサービスガールを集めたいと指令を与え、その命を受けた警察署長は八方手を尽くして、「国家のために売春を斡旋してくれ」と頼み回ったというんです。およそ売春を取り締まらなきゃいけない立場の警察が「売春をやってくれ」と頼み回ったなど日本ではじめてのケースだと思います。

とにかく基本にあるのは、勝利者に対する迎合であり、まことに卑屈な阿諛、お情け頂戴といいますか、なんとなしに、敗けた人間の情けない姿勢がアッという間に露呈したと言えるんじゃないでしょうか。

面白い記録が残っています。当時、特殊慰安施設協会の理事であった山下茂さんが「サンデー毎日」昭和四十九年（一九七四）九月一日号で語っています。

「池田さんの『いくら必要か』という質問に野本さん（協会副理事長）が『一億円ぐらい』と答えると、池田さんは『一億で純潔が守れるなら安い』といわれた」

これはあくまで「良家の子女」の純潔です。ちなみに池田さんというのは、当時の大蔵省主税局長でのちの首相、池田勇人です。

こうやって、日本人は早手回しに慰安婦を集め、なんとか連合軍の上陸部隊が余計なことをしないよう動きはじめていたんです。イラクではこういうことはやらなかったでしょうね。結果、慰安施設は二十七日には大森で開業しています。占領軍の第一陣が本土に上陸してくるのがその日ですから、といっても少人数で、彼らがやって来た時にはちゃんと受け入れ態勢が整って千三百六十人の慰安婦がそろっていたと記録に残っています。いくらなんでも、連合軍第一陣がすぐさま慰安施設に赴くとは思いませんがねえ。

こういうのを見ますと、あれだけの強い土性骨（どしょうっぽね）をもって戦った日本人が、敗け、となった瞬間になよなよっとなった姿が情けなくなります。このへんに、私たち日本民族の信用できないところがあるんじゃないか。どちらにでもなびいていくんですね。

こうして、敗戦の瞬間からどんどん戦時態勢が払拭されていって、敗けた事実は認識しながらも平和を満喫しはじめますと、たしかにほっとしたといいますか、いややっぱり平和というのはいいもんだ、という感情が多くの人に生まれてきたと思います。

ただし、先にどういうことが待ち受けているのかは、未知数のままです。ただ茫然として暮らしていた部分も大きい。とはいえ人間には生活というものがあります。それを維持するために、仕事や商売はどんどんはじまっています。僕ら学生は、夏休み返上で軍需（ぐんじゅ）工場に行って働いていましたが、八月十五日以降は勤労動員が中止ですから、途端に「おい、明日から夏休みなんだそうだ」というわけで、学校へも行かずにいるうちに「九月一日から学校がはじまるんだって」とどこからか伝わってきて、じゃあそれまで家でごろごろしていればいいか、なんて人が多かった――そんな記憶しかありません。

ただ、それまで燈火管制で電燈や窓に黒い幕をつけていたのを、戦争が終わっても率先して取り去る人がなぜかなくて、暗かったんです。そうするうちに指令がきました。記録を見ますと、鈴木貫太郎内閣が八月十五日に総辞職したあとを受けた東久邇宮稔彦（ひがしくにのみやなるひこ）内閣に、昭和天皇が

「国民生活を明るくするためにもういいかげん遮蔽幕を取れ」と命じたようで、八月二十日、じつに三年八カ月ぶりに屋外燈がともり、遮幕もすべて取られ、街がパァーッと明るくなりました。それまでは外に光が漏れると「このやろう、非国民め」と表から怒鳴られたもんですが、それもなくなりました。たしかに明るくなるというのは人間の心をやすめるもので、このへんから人びとの気持ちが落ち着いてきたという感じがします。

同時にラジオ放送が、天気予報をはじめました。作家の長与善郎が八月二十二日の日記に面白いことを書いています。

「今日から、四年ぶりか、ラジオの天気予報が開始された。／小笠原方面——とかに低気圧がある、とか何とか遠くで言っている。久しぶりの懐かしい声のような感じがある。丁度久方ぶり天候あやしくなり、所々どす黒くなった空に、さっと夕立の前触れらしい秋風が吹き、木の葉を飛ばしている。悪くない」

天気予報は戦況に大きな影響を与えるので一切止めていたのですが、その復活だけでこんなにねえ……。新聞にも二十二日から、今もあるような天気図が載るようになり、低気圧や高気圧というのはこういうものか、なんて眺めていました。さらに二十三日くらいから音響管制解除で、ガンガン音楽をならすことも許されました。また戦争の邪魔になるというのでかなり限られていた電報小包制限も解除、電話もお金があるなら個人架設を認可、休演していた映画・演劇の再開……と、次々に平和が身近にやってきたわけで、八月十五日から二十四、五日くらいまでの生活の大変化は目覚ましいものとして記憶に残っています。食べ物はあまりなかったですがね。まあ、周りがどんどん明るくなってラジオからも音楽がジャカジャカ流れてくるのは、まことにいいもんでござるな、と思いました。

ちょうどその頃、すでに引退していた石原莞爾が、新聞記者のインタビューに応じて「これからの日本はかくあるべし」について語っています（読売報知新聞・八月二十八日付）。親父がそれを読んで「軍人さんの中にもこういう偉い人もいるんだな」とずいぶん感心していたのをよく覚えているのですが、残念ながら、石原莞爾が満洲事変の張本人で、日本の国をこういうふうにした最大の責任者であることを親父は存じてなかったようですね。

どういう内容かといいますと、

「戦に敗けた以上はキッパリと潔く軍をして有終の美をなさしめて、軍備を撤廃した上、今度は世界の輿論に、吾こそ平和の先進国である位の誇りを以て対したい。将来、国軍に向けた熱意に劣らぬものを、科学、文化、産業の向上に傾けて、祖国の再建に勇往邁進したならば、必ずや十年を出ずしてこの狭い国土に、この厖大な人口を抱きながら、世界の最優秀国に伍して絶対に劣らぬ文明国になり得ると確信する。世界は、猫額大の島国が剛健優雅な民族精神を以て、世界の平和と進運に寄与することになったら、どんなにか驚くであろう。こんな美しい偉大な仕事はあるまい」

つまり、最強の国をつくるべく軍隊建設に向けていたあらゆる力を、今度は科学や文化、産業の向上に向けようじゃないか、そしてわれこそは平和の先進国であるくらいの誇りをもって世界に伍してゆこうじゃないか、というのです。当時、これほど威勢のいいことを言う人はおそらくいなかったんじゃないでしょうか。また面白いのは、この時すでに石原莞爾が、戦後日本のゆく道は「平和国家」であると明言していることで、間もなく「日本は東洋の、アジアのスイスたれ」と唱えられだすことを考えれば、彼はやはり、なかなか先見の明ある軍人だったんですね。明日に何が起こるか皆目わからず、ひたすら占領軍が何をやるのかと戦々恐々としている時に、この落ち着きぶり。親父が感心したのもむべなるかな。ただ、多くの人は「何を夢みたいなことを言ってんだ」とくずかごに捨てたんじゃないでしょうか。

✷マッカーサーがやってきた

さて、いよいよ連合軍つまりアメリカ軍の先遣隊（せんけんたい）が日本にやってきます。それについては連合国軍最高司令部のあったマニラと日本政府の間にいろいろな交渉があったのですが、ともかく八月二十八日に第一陣が厚木飛行場に到着することがわれわれにも知らされました。その直前になって、これまた日本人的だと思うのですが、先ほど申しました「男は奴隷に、女は妾になる」だのという噂を払拭するために、政府は「進駐軍を迎える国民の心得」なるものを配布したんです。敗戦日本人の心がどんなものであったかがうかがえます。

「1、連合軍の進駐は一切我が国政府と折衝の結果平和的になされているので、暴行略奪等はなきものと信ぜられるから、国民は平常通り安心して生活されたし。
2、進駐軍に対しては個人的接触は努めて避けること。
3、特に女子は日本婦人としての自覚をもって外国人に隙を見せてはならぬ。
4、婦女子はふしだらな服装、特に人前で胸をあらわにしたりすることは絶対禁物である。
(以下略)」

こういうことを政府は国民に布告したんですが、そんなのは関係ないんで、女子のなかには「日本婦人としての自覚をもって」どんどんアメリカ兵にすり寄る者が現れて、のちの「パンパン」登場となるわけです。まあ、まだ日本のトップは連合軍、アメリカを、なんとなしに獣(けもの)のようなものであるかの如く見ていたんでしょうかね。

そしてアメリカの第一陣が上陸した日、二十八日、東久邇宮首相が記者会見をして、有名な「一億総懺悔(ざんげ)」という言葉を言ったのです。戦争の敗因を問われて答えたものです。

「……事ここに至ったのは、もちろん政府の政策がよくなかったからであるが、また国民の道義のすたれたのもこの原因の一つである。この際私は軍官民、国民全体が徹底的に反省し懺悔しなければならぬと思う。一億総懺悔をすることがわが国再建の第一歩であり、国内団結の第一歩と信ずる」

つまり、日本が敗けた理由は国民の道義がすたれたからだと言うんです。これは八月三十日に新聞発表されました。さらに続きがあります。

「今日においてなお現実の前に眼を覆い、当面を糊塗して自らを慰めんとする如き、また激情にかられし事端をおおくするが如きことは、とうてい国運の恢弘（立て直す）を期する所以ではありません。一言一行ことごとく、天皇に絶対帰一し奉り、いやしくも過またざることこそ臣子の本分であります」

いいですか、戦争に敗けて半月もたってもまだ「天皇に絶対帰一し奉り」だとか、「臣子」だなんて言っているんですから、時代遅れも甚だしいうえ、国民を全然信用していないと言いますか、政府の言う通り動くものと見ていることがよくわかります。だからこそ、「一億総懺悔」などという言葉が出てくるのです。国民にいったいどれほどの責任があったのか、戦争をはじめてから敗けるまで、国民に大責任などなかったと思いますよ。本気になって一所懸命戦ったのは事実ですが、自分たちから米英に拳固を振り上げたなんて人は一人もいないはずです。あくまで政府と軍部とマスコミの指導によると言っていいと思うのです。国家を滅亡に導いたことに対して本当に反省するならば、皆して懺悔などして互いに「お前も俺も悪かった」などと肩叩き合って済む話じゃないはずなんです。ところが、この「一億総懺悔論」がパァーッと新聞に出ますと、昨日までわれら少国民をひっぱたいていた先生までも、なんとなしに「ああそうか、俺たちも悪かったのかなあ」なんてんで、国家敗亡に導いた責任はいったい那辺にありや、というのか、たしかに日本民族の精神や闘争心が悪いといえばそうなのかもしれません

飛来したマッカーサー。厚木飛行場にて

が、戦争にいくまでにどのような事が行なわれ、どのような決断がなされてきたのかに対する反省は、この時まったく消されてしまったのです。

　ですから「一億総懺悔」は、そう影響がなかったと言う人もいますが、その後の日本人の精神や日本の歩みを見ても必ずしもそうではないように思えるんです。みんなして悪かったんだからお互いに責めるのはよそうじゃないかという「なあなあ主義」につながりもし、同時に、この言葉のなかに、トップ層の、結局は戦前戦中と変わらない国民指導の理念が垣間見えるからです。つまりこれが、「戦後どういう日本をつくるか」をわれわれがしっかり考えるための大きな障害になったと言いますか、むしろわれわれにそれを考えさせないようにした、という気がするんです。そしてこの先、皆がなんとなしに「そういうもんか」と、責任を追及しなくなったような印象があるのです。

　二十八日に先遣隊が来た翌々日の三十日、マニラから来たマッカーサーが午後二時五分、厚木飛行場に着陸し、日本本土へ第一歩を踏み出しました。「あれほど勇気ある行動はなかった」と英首相チャーチルに言わせたのも無理はなく、丸腰にサングラス、コーンパイプを手にしてゆうゆうとタラップを降りてきました。占領軍の総司令官が、周りに護衛もつけず、単身で降り立ち、平気な顔で新聞記者――もちろん人数は制限はされていましたが――の前に姿を現すのですから。ただ実は、マッカーサーは、日本国民というかアジアの人間をたいへんよく知っていたんです。あとでもう少し詳しく話しますが、彼は父親がマニラの総督だったためフィリピンの生活が長く、かつて東郷平八郎（とうごうへいはちろう）*1元帥にも会い、日本の軍人の立派さに感服したなどという過去や、日本国内を旅した経験もある人で、アジアの民族の特徴――怒らせると恐いが、普段は羊のように従順である、これをうまく扱うには、できるだけ自分が表に出るのではなく陰の場所にいて、厳か（おごそか）に君臨したほうがよい、云々――をよく心得ていました。ですからマッカーサーはここで大芝居を打ったのです。当時、マッカーサーが何者であるかなど日本国民は誰も知りません。タラップを降りてきて大演説をぶつかと思いきや、こう言いました。

「メルボルンから東京まで思えば長かった。長い長いそして困難な道のりであった。しかし、これで万事終わったようだ」

　いいセリフですねえ。またそれが新聞に載ったりするもんですから、千両役者の大芝居をやりやがったなと、今になるとそういうことなんです。もちろん当時は「この方は立派だなあ、軍人らしい軍人だなあ」と感じた記憶があるだけです。

自由と寛容と正義のもとに

そのマッカーサーが、果たして連合国軍の最高司令官として日本占領をいかにやるか、それが日本人の注視の的となりました。そんななかで九月二日午前九時、降伏調印式を迎えます。これで日本は完全に降伏し、それまで一時停戦だった太平洋戦争を、すべての条件が整ったもとで終結したことになります。もっとも、日本が再び国際社会に出ていくためには賠償問題などを加味した講和条約を改めて結ばなければなりませんが、ともかくここで戦争そのものは正式に終結したのです。満洲や樺太(からふと)にあったソビエト軍も、この前日をもって戦闘を終えました。

戦艦ミズーリ号上で行なわれた調印式では、政府代表重光葵(しげみつまもる)、軍代表梅津美治郎(うめづよしじろう)参謀総長が署名をしました。そこでのマッカーサーのわずか三分間の演説が、じつに素晴らしかったのです。抜粋して読み上げますと、

「……地球上の大多数の国民を代表して集まったわれらは、不信と悪意と憎悪の精神を懐(いだ)いて会合したのではない。……過去の出血と殺戮(さつりく)の中から、信仰と理解に基礎づけられた世界が、また人間の威厳とその抱懐(ほうかい)する希望のために捧げられるよりよき世界が、自由と寛容と正義のもとに生まれ出でんことを。それは私が熱望するところであり、また全人類

の願いである」

殺戮に殺戮を重ねてきた戦争を終結し、かわりに、信仰と相互理解に基礎づけられた世界、また人間の努力がその威厳と希望のために捧げられるであろうよりよい世界が、お互いの自由と寛容と正義のもとに生まれ出るであろうことを熱望する、というのです。つまり、日本の占領政策も、マッカーサーの言葉を借りて言えば、自由と寛容と正義のもとに行なわれるのだろう、そうわれわれに予感させたわけです。聞いていた重光さん以下、日本の全権団は感動したようです。「これからお前たちは俺たちの言うことを聞け、逆らうことは許さん」のような居丈高(たけだか)の言葉が出るかと思えばそうでなく、出た言葉は「自由と寛容と正義」であり、そこから新たな世界が生まれることを熱望しているというのですから、「あの将軍はなまじっかな人ではないな、もしかするともしかするぞ」という大きな希望が日本の指導者の中に芽生えたようです。占領政策はそう過酷なものではなく、希望に満ちたものであるかもしれない。ならば天皇陛下がどうなるかも、あるいは大丈夫かもしれないぞと。調印式を終え、引き揚げた全権団による天皇への報告にも、マッカーサーは単なる軍人ではなく、ことによると偉大な政治家かもしれない、というように書かれていました。

いずれにせよ、マッカーサーによる日本の占領政策のスタートです。来日後、寝泊まりしていた横浜のホテルニューグランドの部屋は今も見ることができますが、そこに居座ってなかなか出てこなかったマッカーサーも九月八日、ようやく東京にやって来ました。アメリカ大使館

宮城前広場で行なわれた米軍の東京進駐式

に星条旗を高々と上げ、東京進駐式が宮城前広場で盛大に行なわれたのですが、その時、彼は面白いことをしたんです。ちょうど昼どき一時間ほどの間に、帝国ホテルの支配人に「東京を案内してほしい」と頼み、四十分ばかりぐるぐるっと東京見物をしたのです。そして、静かに鳥が浮かぶ宮城のお濠端を見下ろしながら、「日本人はこういう平和な風景が好きなんです」と支配人が言ったのに、「私も平和は好きだ」と答えたなんて話が残っています。それを伝え聞いた日本政府は、彼は宮城を占領するなどという気持ちはないんだなあ、とまた思うわけです。そしてその日にマッカーサーは、また横浜へ帰っていきました。

九月十一日、連合国軍総司令部（GHQ＝General Headquarters）から、主要戦犯容疑者三十九人の逮捕の指令が発せられました——これはポツダム宣言に明示されていて、当然わかっていました。また二十二日には軍国主義的・超国家主義的教育の禁止——これに基づいて、のちにいわゆる「墨塗り」がはじまるのです。また二十九日には検閲制度の廃止、翌月の十一日には五大改革、①婦人解放、②労働者団結権——いわゆる労組の結成奨励ですね。③教育の民主化、④秘密審問司法制度撤廃——特高といった警察制度の撤廃です。⑤経済機構民主化、つまり財閥解体、といったように、どんどん指令が出されました。

この主要戦犯容疑者逮捕命令が出た日、太平洋戦争をリードした最高責任者である東条英機元総理大臣兼陸軍大臣兼参謀総長が自決未遂をしました。本人にすれば、いきなりMP（Military Police アメリカの憲兵）が来て逮捕され、市中引き回しでもされれば軍人としては生きておれないというのです。その気持ちはわかるんです。本来なら、日本政府の責任者が同行して逮捕状を出し連行するところを、いきなり米憲兵に来られたのでは何をされるかわかりません。それならば死んだほうが、と。ただ「未遂」というのがねえ……。ピストルを胸に撃ったというのですが、本当に死ぬつもりなら、頭は外れる可能性もありますが、口にくわえて撃てば確実なんです。これが翌日の新聞にそれも写真付きで載った時は、しかも「すぐ米軍の手で病院に運ばれて一命を取り止める模様」なんてありますと、さすがに……。作家の高見順さんが日記に書いていることが、おそらく多くの日本人の感想だったと思います。

「なぜ今になってあわてて取り乱して自殺したりするのだろう。そのくらいなら御詔勅のあった日に自決すべきだ。醜態この上なし。しかも取り乱して死にそこなっている。恥の上塗り」

東条さんには悪いですが、こういう感情をおそらく皆がもったでしょう。いわんや陸軍大臣として「戦陣訓（せんじんくん）*2」を発令した人です。そこに曰く、「生きて虜囚（りょしゅう）の辱（はずかしめ）を受けず」と。日本人はこのとき本当にがっかりした、という記憶が非常に強く残っています。敗戦で気力が失せ加減の日本人を、一層落ち込ませた出来事でした。

そこで一つ、面白い話をしますと、『日米会話手帳』（誠文堂新光社）が早くも八月三十日、八十銭で発行されて大ベストセラーになりました。鬼畜米英のスローガンが消えた途端に「さあ日米会話だ」というのも素晴らしい変わり身の早さで、しかもこれが売れに売れたんです。三カ月でなんと四百万部。日本の全人口の十六人に一人が買った勘定になります。粗末な紙の手帳のような小冊子ですが、当時の関係者によると、戦争中に作ったのが、焼け残っていた日中会話手帳や日シャム（タイ）会話手帳など数冊から日本文だけを書き抜き、それを東大の学生に英訳させたものだそうで、日本文に一週間、英訳に三日間、計十日間で作ったといいます。

私も読んだ記憶がありまして、たとえばアメリカの軍人さんに道を聞かれたらこう答えるというったものだったのですが、もう残っていないでしょう。ともかく驚くべき敗戦直後の大ベストセラーでした。

さて九月十七日には、お濠端の第一生命相互ビルがGHQ本部として接収され、星条旗が高々と上がりました。そこにマッカーサーが設けた自室は今も残っています。私たちはよく、「マッカーサーの部屋から宮城を眼下に見下ろし」なんて書いたのですが、先日、はじめて実際に入ってみますと、とんでもない、窓は南向きにしかなく、西側にある宮城が見下ろせるわけないんですね。ともかく当時の椅子や机も残っていて、さほど立派でもない部屋でした。いずれにしろマッカーサーは、寝泊まりするアメリカ大使館からここに毎日決まった時間に出勤し、決まった時間に帰るという、それは実に見事に正確な日課を繰り返すことになるのです。

「絞首刑にしてもかまわない」

さてGHQによる占領政策が開始され日本政府がまず直面した問題は、天皇陛下がいかにしてマッカーサーに会うかということでした。まったく知らん顔というわけにはもちろんいきません。しかし相手が何を考えているのか全然わからないのですから、二人が会うことによって何が起こるか心配です。つまりその場で逮捕される可能性もあるわけです。いろんな工作が試みられ、政府筋からは当時の外務大臣吉田茂がマッカーサーのもとへ赴き、それとなく打診を、また宮内省からは藤田尚徳侍従長が面会を申し込みます。戦前の昭和史で話しましたように侍従長は海軍出身で、藤田さんは海軍大将です。互いに軍人ということもあり、マッカーサーは快く会ったようで、「天皇陛下が閣下にお会いしたいということならば承諾していただけますか」という問いに、喜んで、と返事をもらったわけです。吉田茂がどのようなかたちで会うかといった工作をしていたのとそれがちょうど同じ日で、エレベーターのところで擦れ違ったなんて偶然もあったようです。

　というわけで、天皇陛下がマッカーサーのもとへ赴くかたちが決まりました。といっても第一生命相互ビルではいろんな問題もあるというので、結局、アメリカ大使館で九月二十七日に会うことになりました。

　もちろん、すでにはじまっているアメリカの日本占領政策ですが、根本的には、この最初の二人の会見に基礎をおくような気がしないでもありません。というわけで、すでに有名な話なのですが、改めて少し詳しくお話したほうがよいでしょう。

　天皇がマッカーサーのもとに行くのはお忍びです。かつてのように、前後に車がついて厳重な警護のもと、沿道にはお巡りさんが立って、というようなことは一切なしで、天皇と侍従長が乗った車の後を、何人かの宮内省の人が乗った車が続きます。私が「週刊文春」編集長の頃に天皇陛下の乗った車を運転した真柄梅吉さん（当時七十七歳）の回想を載せたことがあります。

お忍びですから当然、交通信号に引っ掛かり、停車すると、後ろからやってきた都電も止まります。その前の方のお客さんが「天皇陛下に似ているなあ」とじっと眺めやってハッと気がついて最敬礼したなんて話もあったようです。

「宮城正門→二重橋→祝田橋ときて、桜田門交差点にさしかかったとき、信号は赤に代わった。予期していたから違和感はなかった。ただ、都電と並んで停車するので、なるべく都電よりにならぬよう注意しました。お上も視線は横を向いておられたが、お顔は前を向いていました。無言でした」

「たいてい秘密で、赤信号にもしばしば出会いましたよ。第四回（昭和二十二年）に三宅坂で停まったとき、通行人が気付いてお辞儀をしたのに、交番の警官はお上にお尻を向けたママでした。会見の間はマッカーサーの運転手とお互いの車を見比べたりしてましたよ。向こうはノークラッチのキャデラックで大変珍しいと思いました」

マッカーサーと天皇の会見は、合計十一回行なわれました。もっとも最後の一回は、マッカーサーが日本を去る時の儀礼的な別れの挨拶だったので大したことはありませんが、全十回の重要な会談内容は、現在も公表されていません。これが明らかになるのが大変望ましいと思うのですが、そうしないというのが二人の約束なのだそうです。ただ、それとなく探っていくと、何回分かはだいたいわかってきます。今日は第一回についてお話します。

内容は公表しないという「男の約束」を、昭和天皇は守りました。ところがマッカーサーのほうは、ちょこちょこ喋っているようで、その話がちょこちょこ入ってくるわけです。ただどれほど信用できるか、難しいという人もいます。一方、間違いなくそうだろうという説もあって、私はそう考えています。したがって、これからお話するのは二人の第一回の会見内容と言っていいかと思います。

平成十四年（二〇〇二）十月十七日、外務省が天皇・マッカーサーの第一回会見の公式記録を公表しました。通訳として立ち会った奥村勝蔵（おくむらかつぞう）さん——真珠湾攻撃の直前、ワシントンの在米日本大使館で、アメリカへの宣戦布告の書状をタイプでポツンポツンと打っていて間に合わなくなった当人です——が残した記録が新聞に大きく取り上げられたのです。

これまでの基本となるのはマッカーサーの回想録にある記述で、そこでは天皇はマッカーサーにこう言ったことになっています。

「私は、国民が戦争遂行にあたって政治・軍事両面で行なったすべての決定と行動にたいする全責任を負うものとして、私自身をあなたの代表する連合国の裁決にゆだねるためにおたずねしました」

ところが奥村勝蔵さんの手記をもとにした外務省の発表では、そんなことは言っていないことになっています。ですから現在でも、回想録はマッカーサーが勝手に書いたものと主張する人もいます。私はその外務省発表の時、朝日・毎日・読売の三紙から感想を求められ、ほぼ次のように答えました。毎日新聞に発表されたものを読み上げます。

「もし今回の記録（奥村報告のこと）が事実とすれば、マッカーサーが昭和天皇の人格に感動して日本の占領政策が決まったという事実が全否定されるわけで、日本の占領史を見直す必要がでてくる。だが、天皇が戦争責任に言及したという事実は、米側の記録ではマッカーサー回顧録のみではなく、公的文書にも残っている。諸外国から天皇の戦争責任を追及する声の高かった時期に、天皇本人が戦争責任に言及した事実が漏れたり、記録に残ったりすることを恐れた政府筋が、あえて記録上で伏せた可能性が残る」

つまり、この時は天皇の身柄がどうなるかわかっていませんでした。そんな時に戦争責任を負うなどという言葉を残して、それが相手の耳に入ってしまえば、本当に天皇が全責任を負うことになる可能性があります。そこで当時の政府筋が伏せた、奥村さんの記録から外したのではないか、というのが私の説です。ところが「そうではない、天皇がそんなことを言うはずはない、最初から戦争責任などないのだから」と強く主張する人もいて、そうなると水掛け論ですが、ともかく日本側の記録としては、外務省の奥村報告、それとほとんど同じ内容の宮内省に残る記録とともに、天皇が戦争責任に言及していないことになっています。

ところが、アメリカ側の記録ではすべて言及したことになっているのです。とくに、私のコメントにある「公的文書」とは、会談一カ月後の十月二十七日にGHQの政治顧問ジョージ・アチソンがアメリカ国務省に宛てて打った極秘電報で、秦郁彦（はたいくひこ）さんが発掘したものですが、それにはこうあります。

「天皇は握手が終わると、開戦通告の前に真珠湾を攻撃したのは、まったく自分の意図ではなく、東条（英機）首相のトリックにかけられたからである。しかし、それがゆえに責任を回避しようとするつもりはない。天皇は、日本国民のリーダーとして、臣民のとったあらゆる行動に責任をもつつもりだ、と述べた」

つまり、東京裁判がどうのこうのも無関係のこの時点で、すでにこのような電報が打たれているわけですから、おそらく天皇がそう言ったのは間違いないのではないでしょうか。加えて、会見の八回目以降に通訳を務めた松井明（まついあきら）さんが残したメモには、「奥村氏によれば、余りの事の重大さを考慮して記録から削除した」と記されてもいます。

さらに、皇太子（現天皇）の家庭教師を務めたバイニング夫人――マッカーサーのお気に入りでした――が残した日記を、東京新聞が発掘して昭和六十二年（一九八七）十月三日付紙面で抜粋を掲載しています。うち会見について、マッカーサーから聞いた話として書かれた十二月七日の項を引用しますと、

元帥「戦争責任をおとりになるか」

天皇「その質問に答える前に、私のほうから話をしたい」

元帥「どうぞ。お話なさい」

天皇「あなたが私をどのようにしようともかまわない。私はそれを受け入れる。私を絞首刑にしてもかまわない」

これは原文では、You may hang me. となっています。天皇は続けて、

「しかし、私は戦争を望んだことはなかった。なぜならば、私は戦争に勝てるとは思わなかったからだ。私は軍部に不信感をもっていた。そして私は戦争にならないようにできる限りのことをした」

ほかにも、同志社大学で教鞭をとったオーティス・ケリーのおばさんが書いたものや、その他一つ二つ、天皇陛下がマッカーサーに「戦争責任は私にある」ということを言った記録が私の手元にあります。そして、回想録にもあるように、マッカーサーはこの時ひどく驚き、心の底から感動したようです。戦争に敗けたどこの国の元首が、自ら訪ねてきて「自分に責任があるから身の処置は任せる」などと言うだろうかと。確かに、歴史を見れば、たいていが亡命または命乞い、責任はないと強気に出るくらいで、自分から You may hang me. と言った例などないでしょう。マッカーサーは「この人は」と思った、と回想録にもありますし、自ら何度も語っています。つまり、占領政策スタートの基本に、天皇に対するマッカーサーの大いなる尊敬が生まれてしまったのです。そして一回目の会談が終わった時、来訪時は出迎えもしなかったにもかかわらず、彼は天皇を車に乗り込むまで見送ったというのです。

もう一つエピソードを付け加えますと、二人の会談の際、マッカーサー夫人が隣室でじっと聞いていたとも言われますが、通訳の奥村勝蔵さん以外は誰も部屋にいませんでした。ところが一人だけ日本人が登場します。戦争中からアメリカ大使館に勤めていた船山貞吉（ふなやまていきち）さんという

方で、黒紋付きの羽織袴、白足袋といういでたちで、暖炉にくべる薪（たきぎ）をお盆にのせてうやうやしく運んだり、コーヒーのサービスをしたり、ともかく出たり入ったりしたようなんです。その船山さんの回想によりますと、驚くべきことに、天皇はコーヒーに一切口をつけなかったそうです。もてなされたものに手をつけないのは礼を失することです。天皇のような社交的に訓練された人がそれを敢えてしたのは、敗者とはいえわが道をゆく毅然（きぜん）たる姿、ということになるのでしょうか。マッカーサーもこれにはずいぶん驚いたようです。普通は口ぐらいつけるものですが、渇（かつ）しても盗泉（とうせん）の水は飲めぬというのか、敗けても勝者の水は飲まずといったところだったかもしれません。ともかく王者の矜持（きょうじ）というか、誇りをはっきりと見せたことになります。以後、十回にわたる会談の際には、ついに水一杯出なかったそうで、お互い飲まず食わずで喋っていたことになります。終わると、毎回ともマッカーサーはあわててコーヒーをがぶ飲みして一息ついたと言います。

✵「ヘロヘト・バウ」

この会談が写真つきで日本国民に知らされた時、さすがに皆がうーんと唸ったでしょう。内容は知りませんから、ついに軍門に下る（降参する）というか、我らが神と仰いだ天皇がマッカーサーのもとへ命乞いに行った、と悪く思った人もいたでしょう。作家、長与善郎（ながよよしろう）の二十七日の日記にはこうあります。

「陛下は、全くただ一日も早き国土安穏ということのほか念頭になく、そのためには御自分の身も名誉も棄てていられるのだと思う。何とも云えぬ屈辱のお気持はお察しできる気がするが……」

また、日本にいながら日本からの亡命者と言ってもいい永井荷風先生（当時六十五歳）は、二十八日の日記で、めずらしく優しいことを書いています。

「我等は今日まで夢にだに日本の天子が米国の陣営に微行して和を請い罪を謝するが如き事のあり得べきを知らざりしなり。これを思えば幕府滅亡の際、将軍徳川慶喜の取り得たる態度は今日の陛下よりも遥かに名誉ありしものならずや、今日この事のここに及びし理由は何ぞや、幕府瓦解の時には幕府の家臣に身命を犠牲にせんとする真の忠臣ありしがこれに反して、昭和の現代には軍人官吏中一人の勝海舟に比すべき智勇兼備の良臣なかりしが為なるべし」

慶喜さんには、身命を犠牲にしても降伏を完結する智勇兼備の勝海舟がいた。しかし、昭和には誰一人いないのだ、と言っているのです。

私は、九月二十三日からはじまった進駐軍放送を、夜になると音楽やニュースなど、英語の勉強になるからと聴いていました。何日目だったか、「ヘロヘト・バウ。……ヘロヘト・バウ。……」とやたらに聞こえるので何のことだろうと思っていると、新聞に天皇・マッカーサー会

天皇とマッカーサー（昭和館提供）

見の写真が載っていたので、そうか、あれは「裕仁がお辞儀をした（bow）」の意味だったのか、と思ったのを記憶しています。自分も英語がへただなあ、と。いずれにしろ、あの写真は衝撃的でした。

　これでいよいよ日本の占領時代が本格的にはじまるわけです。ともかく、天皇とマッカーサーの会談は無事に済んだ、むしろ打ち解けたというのでほっとしたところはあったのですが、基本的にはこれからどうなるかについてはまったくだれも自信がありません。たったひとつあるのは、ポツダム宣言を受諾する際に日本側がつけた条件です。「天皇の国家統治の大権を変更するの要求を包含し居らざることの了解のもとに」、つまり降伏後の日本における天皇の地位、国体が保証されることを確認したうえで受諾したことです。これに対する連合国側の返答は、「日本国の最終的の政治形態は、ポツダム宣言に遵い日本国民の自由に表明する意思により決定せらるべきものとす」でした。つまり、これからの日本の国のかたちは、国民の自由意思にまかせるといっています。国民が選べる、というのが唯一の頼みの綱でした。まあ実際問題として、これはすべて裏切られるのですが、この時点では「国民の自由意思」に国家の運命はかかっていたのです。ただ、国家のかたちはそうであったとしても、天皇の身柄については確実ではない。ではどうなるか、それがこの後緊要の大焦点になるわけです。

その点について日本の指導者が知っているのは、戦争中にちょこちょこ発表されていた連合国の人たちの意見です。たとえば昭和十九年十月、孫文の長男の孫科が「ミカドは去るべし」という論文を発表しています。

「天皇崇拝の思想は日本の侵略行動の真髄であるが故に、ミカドはその地位から去るべきである。……日本において、軍国主義と軍閥の力と天皇制とは、本質的に織り合わされているのだ」

つまり軍国主義と天皇制は同じものであるから、全部つぶすべきだというのです。また、戦争が終わってから、中国の作家、林語堂*3はこう語っています。

「日本の民主主義を確保するためには、当然、今上天皇は廃位されねばならない」

さらに中国の新聞「解放日報」は社説で主張しました。

「日本天皇は国家の元首であり、陸海空軍の大元帥であるから、戦争に対して負うべき責任はのがれることはできない」
こういった意見が発表されていましたから、はたして連合国がどう出てくるか――天皇制をどうするのか、裕仁天皇の身柄をどうしようとしているのか――について、日本のトップはいてもたってもいられないほど疑心暗鬼になっていたのです。
ちなみに、日本がまだ激しい抵抗を続けていた昭和二十年六月の時点でのアメリカの世論はどうだったでしょう。戦争終了後、天皇の身柄をどうすべきかについて、六月二十九日のギャラップ調査[*4]によると、
処刑せよ　三三％
裁判にかける　一七％
終身刑とする　一一％
外国へ追放する　九％
そのまま存続　四％
操り人形として利用する　三％
無回答　二三％
これはもちろん日本には知らされていませんが、アメリカの世論としては大半が天皇に責任あり、とする意見だったことになります。こういう厳しい状況下で、日本の戦後のあゆみがはじまったわけなんですね。

＊1――東郷平八郎　弘化四年（一八四七）―昭和九年（一九三四）、鹿児島県出身、海軍大将・元帥。日露戦争の日本海海戦（一九〇五年）でロシアのバルチック艦隊を破り名をあげた。

＊2――戦陣訓　日中戦争の長期化で軍紀が乱れはじめた昭和十六年（一九四一）一月八日、「軍人勅諭」の実践を目的に、東条英機陸相が全陸軍に通達した訓諭。「生きて虜囚の辱を受けず」と捕虜や降伏を否定、数々の玉砕や多くの兵士の無駄死にをもたらしたとも言われる。

＊3――林語堂　Lin Yu-tang　一八九五―一九七六、中国の作家・英語学者・エッセイスト。近代中国の動乱や抗日戦争を生き抜く同胞の姿、中国文明の特質などを欧米人に向けて描いた。

＊4――ギャラップ調査　一九三五年、アメリカの心理学者ギャラップによって設立されたアメリカ世論調査所が行なう調査。少数でも正確なサンプリングがなされれば特性がつかめることを実証し、また無作為抽出による調査法を開発、科学的世論調査のパイオニアとされる。

第一章

無策の政府に突きつけられる苛烈な占領政策

GHQによる軍国主義の解体

この章の

✷ポイント

ラジオでの天皇放送後、わずか数日で各所に闇市が栄えはじめます。公定価格を大幅に超えた法外な価格の粗悪な商品も多かったのですが、それでも飛ぶように売れました。そこには、生き抜こうとする庶民のエネルギーが満ち溢れていました。そんな中でGHQは次々と占領政策を進めていきます。その最大の目的は、日本から軍国主義・国家主義的なものを徹底的になくすことでした。軍隊の解体が終わるとすぐに、戦犯の指名・逮捕が実行されます。

✷キーワード

闇市／食糧難／復員／財閥解体／農地改革／労働改革／男女共学／ローマ字採用論／GHQの検閲／陸軍省・海軍省の廃止／戦争犯罪人

敗戦直後の日本はどこもかしこも焼け野原だった

　戦争に敗けた日本の都市は、どこにいっても焼け野原といっていい状態でした。東京、大阪、名古屋、神戸、横浜の五大都市をはじめとして、地方の県庁所在地と思われるところはほとんど爆撃を受けています。なんのためにこんなところまで焼いたのかと抗議したいくらいの無差別爆撃で、約九十都市がやられ、戸数にしますと二百三十六万戸が焼失、罹災した人は——私もその一人ですが、八百四十万五千人といわれています。このほか、たとえば一家全滅になったり、爆弾で骨も残らず吹っ飛んだりして、数えることもできないこともあったと思いますから、正確な数字は出てきません。そういう惨たる状況下で戦後日本ははじまったわけです。

闇市の大繁盛

　敗戦前から、米の配給は一人一日あ

たり二合一勺でした。これは約三〇〇グラムで、一食が、まあ、ふつうの茶碗一杯ぐらいかな。といっても、米が配給されれば御の字で、そうでない場合は換算してほかのものをもらう、これを「綜合配給」といいまして、大豆、小麦粉、サツマイモ、そしてそのツルだったり……ツルなんかがどうしてお米のかわりになるのかと思うんですがねえ。また豚の飼料でしかなかった大豆の粕や、ガリガリで豚も食わないといわれた「冠水芋」、水につかった芋ですね、まあどうやって食うのかというようなものも配給されました。

そんなので作った食事ですから、あれ、お粥にタニシが浮いてるぞ、とよく見れば自分の目玉だったり、天井が映っているので「天井粥」という言葉もあったそうです。また占領軍の残飯をもらってきて煮たのは「残飯シチュー」と呼んだそうですけれど、そんなことをして飢えをしのいでいました。当時、普通の人で一人一日当たり二四〇〇キロカロリー、労働者では三〇〇〇キロカロリーが必要とされていましたが、配給だけでは一人約一二〇〇キロカロリーしかとれませんでした。

ではモノがまったくなかったかというと、必ずしもそうではなくて、終戦直後、つまり八月や九月いっぱいはむしろ、かなり物資が出回ったんです。というのは、日本の軍部は本土決戦をするつもりでしたから、アメリカ来たれ、とじゅうぶんな備蓄をしていて、お米だろうが味噌だろうが醤油だろうが、日常品も含めてたくさん隠していたんです。それが放出されたのに加え、戦争中に世渡りのうまいやつがいて、正規のルートを通さずにこそこそ隠しておいた物資や食糧――「隠退蔵物資」と呼びましたが、そういうものがどんどん出てきました。最初はそういった恩沢があって、なんとなしに口に入るものがあったのです。

　ところが、そういうものまで減ってくると、必然的にはじまったのが、戦後といえば誰もがすぐに思い浮かべる「闇市」です。これは戦後日本を象徴するものですから、そのスタートの経緯について少しお話しておきます。

　八月十五日に戦争が終わって三日後の十八日、東京都内の主要新聞の朝日、毎日（東京日日）、読売報知にこんな広告が出ました。

「転換工場並びに企業家に急告！　平和産業の転換は勿論、其の出来上がり製品は当方自発の〝適正価格〟で大量引受けに応ず。希望者は見本及び工場原価見積書を持参至急来談あれ。淀橋区角筈一の八五四（瓜生邸跡）新宿マーケット　関東尾津組」

　戦争中、家内工業など、日本人はあらゆる家庭で、軍需産業の手伝いとしていろんなものを作っていました。アメリカのB29による空襲でも「日本じゅうが工場だから」と無差別攻撃の理由の一つにさえなったくらいです。いずれにしろお国のために尽くしていたのですが、それがある日パタッと止まってしまったわけです。すると、兵隊さん用の飯盒や水筒なんかも含め、それまで一所懸命に作っていた製品はすべて無駄になってしまった。いったいどうしてくれるんだ、と文句のもってゆきどころもない。そういう状況の時に、この広告が出たのです。つまり、お作りになっている製品は平和になっても使えます、当方が自発的に適正価格で大量に引き受けますので、作ったものを持っておいでください、というわけです。そしてこの主がなんと、関東尾津組というテキ屋の親分でありました。

広告を見た人たちが、それぞれ、軍隊用のアルミニウムの皿やら何やら、まことにいろいろな製品をもって行きますと、尾津組は適正価格、といってもいくらか知りませんけど買い上げまして、それらを全部集めてきます。そして広告の出た二日後にはすでに、焼け跡だった新宿の今の東口広場辺りに、もちろんもう面影すらありませんが、裸電球がだーっと並び、その下に露天商がひしめいたのです。これが闇市のスタートでした。

売られていたのは、生きるための必需品です。空襲でやられて、皆ほとんどモノがありません、お茶碗ひとつない人もいました。当初の値段は、ご飯茶碗一円五十銭、下駄二円八十銭、フライ鍋（フライパン）十五円、手桶九円、ベークライト製の食器・皿・汁椀三つ組八円といったところでした。とにかく軍需品として町工場で作っていたもの、ジュラルミンやアルミニウム製の鍋や弁当箱などが、われわれの日常品と化していきました。今、当時を回顧して展示されたりする闇市の製品はどうも良すぎるんですが、最初の頃は粗悪も粗悪、じつにひどいものだったように思います。ですが飛ぶように売れました。モノがないのだし、配給などしてくれないわけですから。

これがどんどん栄えてくると、自分たちの商店街のごとくに尾津組は堂々と看板を掲げまして、一〇〇燭光の電灯の下に「光は新宿より」——これは戦後を飾るものとしては秀逸な言葉で、そう書いた看板が煌々（こうこう）とあたり一面の闇を照らしたのです。

これがスタートとなり、次から次へと東京各所に闇市が登場してきます。有楽町、銀座、新橋（非常に有名ですね）、渋谷、池袋、上野……山手線の主要駅付近にはほとんど並んだといってもいいのではないでしょうか。昭和二十一年（一九四六）二月の警視庁の調べでは、都内の露天商（闇市）は、七万六千人を数えたといいます。ものすごい数の人が、そこらへ行って親分に仁義を通し、許しを得て店を出していたわけです。当然のごとく、これはすぐ全国的に広がりまして、大阪、名古屋、神戸、横浜など、たいていの街で闇市ができました。

「消費者ノ最モ買イ良イ民主的自由市場」の看板を掲げた新橋の闇市

ちなみに東京の闇市を差配（さはい）したのはたいていがテキ屋の親分衆で、新宿は先の尾津組、浅草は芝田組、池袋は関口組、銀座は上田組、新橋は松田組といったところだそうです。新橋の闇市の当時の写真を見ますと、大きな看板に「消費者ノ最モ買イ良イ民主的自由市場」と書いてありまして、さらに横文字で“Outside Free Market”とあります。誰が訳したのか知りませんが、うまいですね。Outsideは「戸外(こがい)」のことなんでしょうが、奥には「法の外」という意味もあるかと思います。

というふうに闇市はどんどん栄えていきます。買い手はいくらでもいますが、製品が追い付かず、最初は「高(たけ)ぇなあ」と思いながらもまあ買える程度の価格だったのですが、物資が乏しくなるにつれて、うなぎのぼりの高値になり、これが一般民衆を苦しめることになりました。たしかに、そこに行けばモノはあるのです。だから、皆なけなしの金をはたいて買ってくるという状況でした。

物資の流通などを取り締まっていた警視庁経済三課が昭和二十年十月末に発表した闇の値段表を、参考までに引いておきますと(一円=百銭になります)、

白米一升(一・四キロ)七十円〈公定価格では五十三銭、以下同じ〉――これは百三十二倍になってますね。薩摩芋(さつまいも)一貫目(三・七五キロ)五十円〈八銭〉、砂糖一貫目千円〈三円七十銭〉――二百七十倍です、ビール一本二十円〈二円八十五銭〉、清酒二級一升三百五十円〈八円〉、冬のオーバー一着百六十円〈十八円〉など。

ビールや酒類は、飲みたい人が飲むんですから少しは高くてもいいでしょうが、お米やサツマイモや砂糖なんてのは必需品であって、こんなになったらとても買えません。ちなみに昭和二十年末の国家公務員の給与は月最低四十円、最高五百二十円――これは総理大臣クラスでしょう――ですから冬に向かう季節にオーバーを手に入れるのもたいへんというか、いかに闇の

値段が高かったかがおわかりになると思います。

作家の石川淳さんがこの時代を書いた『焼跡のイエス』というなかなかの傑作がありまして、この中に闇市がたいへんうまく活写されています。一部分を読んでみます。

「けだし、ひとがなにかを怖れるということをけろりと忘れはててからもうずいぶん久しい。日附のうえではつい最近の昭和十六年ごろから数えてみただけでも、その歴史的意味ではたっぷり五千年にはなる。ことに猛火に焼かれた土地の、その跡にはえ出た市場の中にまぎれこむと、前世紀から生き残りの、例の君子国の民というつらつきは一人も見あたらず、たれもひょっくりこの土地に芽をふいてとたんに一人前に成り上ったいきおいで、新規発明の人間世界は今日ただいま当地の名産と観ぜられた」

なにかを怖れる、というのは、戦争中われわれの身のまわりにあった厳しい統制であり、あるいはB29の爆撃であり、敵戦闘機の機銃掃射であって、また憲兵や特高警察もそうですし、「熱狂愛国おじさん」もおっかなかったわけです。それをけろりと忘れて久しい、というのは私なんかも本当にそう思いましたね。戦争中のたった四年のことも、生活感覚からすれば五千年くらいのものであったと。また「市場」というのは闇市のことで、戦争中盛んに言われた、「日本は世界に冠たる国民」なんて顔付きはなくなり、人間がぜーんぶ変わってしまって、闇市から突如として生まれ出たあんちゃん、おっさん、ばあさんばかりになったという印象である、この感慨はおそらく当時の心ある日本人は皆もったんじゃないでしょうか。

しかし、とにかく生き延びなければなりません。日本人はまさに食うことに必死になりまして、戦争に敗けたくやしさとか、前途がどうなるのかという絶望感などは、もう早目に捨ててしまいました。時の大蔵大臣の渋沢敬三(しぶさわけいぞう)が、外国人記者クラブで会見した時に、不用意に言ったんですね。

「米が一千万人分不足で、一千万人が餓死するかもしれぬ」

これが新聞に出ますと、皆、コノヤローてなもんで、その餓死一千万人の中に入ってたまるかとキリキリして、さらに食い物を探し求めました。

✸飢餓きわまれり

そうした街に、外地からどんどん兵隊さんが戻ってきます。また、本土でも軍隊が解隊し、軍にいれば三食賄(まかな)われていた多くの人までが復員といって帰ってきます。内地からの復員はなんと七百六十一万人、外地からの引き揚げが百五十万人――これはもっぱら東南アジアや中国からの数で、満洲や朝鮮からは除きます。ともかくこういう人たちがどんどん本土に帰ってきますから、ますます物資、食い物が足りなくなるわけです。そうして餓死者一千万人の中に入ってたまるかと思いますから、みないろんな工夫をするわけです。

たとえば、旧東京市、つまり二十三区の人口が昭和二十年十一月一日現在で二百七十七万七千十人という統計があります。ところが配給人口――「うちには何人、誰々がいます」と届け出をしてきた数を合計すると、二百八十万一千九百四十人いたというんですね。ちゃんとした人口より二万四千九百三十人多い。これはいったい何者であるか、ということになりまして、要するに皆、平気でインチキな届け出をしていたわけです。

戦地から引き揚げてきた復員兵を家族らが出迎える

当時の新聞が、これをわらって、「死んだ人があっても申告しない、妊婦が途中で流産したとしても届け出ない、飼い猫に〝木村タマ子〟と名付けて同居人のような顔をしている」なんて書いていますが、ともかくありとあらゆる手段で食い物を得ようとして、いつの間にか、人口よりもはるかに多い人が配給をもらってしまうという……まあ、これは庶民の知恵ですよね、そうしなけりゃ生きていけなかったのですから。

そんな中、旧制の東京高校ドイツ語教師だった亀尾英四郎（かめおえいしろう）先生、翻訳がいくつかあって当時は有名な方でしたが、この方が十月二十八日、栄養失調による心臓マヒかなにかで亡くなられました。「いやしくも教育家たるものは表裏があってはならないし、どんなに苦しくとも国策をしっかり守っていく」とおっしゃって、国策というのは戦争中につくられた食糧統制法のことですね、食糧を統制して配給するという、だからヤミ米なんかは買おうとしないでがんばった、その固い信念があだになってとうとう亡くなられたわけです。

そういった食糧難は昭和二十四年（一九四九）ぐらいまで続きましたから、敗戦から二年後の昭和二十二年十月十一日に山口良忠東京地裁判事も、この方は食糧統制法は無法だと常々主張していたのですが、とうとう栄養失調で餓死してしまいました。私は高等学校受験のための猛勉強中でしたが、これにはずいぶん驚いたのを覚えています。以下の「遺書」のようなものが新聞に大々的に載ったのを読んで、皆が粛然として襟を正したものです。

「食糧統制法は悪法だ。しかし法律としてある以上、国民は絶対にこれに服従せねばならない。自分はどれほど苦しくともヤミ買い出しなんかは絶対にやらない。……自分はソクラテスならねど食糧統制法の下、喜んで餓死するつもりだ。敢然、ヤミと闘って餓死するのだ」

そうやって、配給だけで生きようとしたわけです。法を守るべき人間としては、それがどんなに悪法であろうとも、それを守るのだといって亡くなられたんですね。

ともかくたいへんな食糧難でした。とくに大都会にいる人は困ったんじゃないでしょうか。お金があれば闇で買えばいいのですが、ない人は買えないし、じゃあどうする、泥棒をするとかいうことになりそうなもんです。さりとて政府になにかうまい対策があるかといえば、まったくない。アメリカの占領軍も、あとになってさすがにこれは大変だと援助をすることになりますが、最初の頃は、日本政府の責任だと放置していたんですね。そういう事情もあって、日本政府はお手上げのまま、国民が飢えに苦しむのを手をこまねいて見ていた、まあそうせざるを得なかったと思います。

作家の山田風太郎さんが、ちゃんと状況を認識して十月四日の日記に書いています。

「食糧事情の未来暗澹といわんよりも絶望的なり。このぶんでゆかば八百万ないし一千万の餓死者の出ずるは必定といわる。／米軍は食糧輸入を許さず冷然たり。『日本政府無為無策なり』と責めらるれど政府如何すべき。先般の台風にて関西方面の稲作甚大の損害を受け、しかも飢えたる海外の邦人将兵濁流のごとく帰国せんとす。……最近、突如として日本人の平和国家転換ぶりに疑惑ありと敵の論かまびすし。これ日本人食わんと欲すればみずから政府を変革せよとの暗示にあらざるか。空腹か天皇か、この滑稽のごとくにして滑稽にあらざる命題を日本人に課しおるにあらざるか」

新聞などを見ると、「これから日本は平和国家になるのだ」と盛んに書いているけれども、どうも眉唾じゃないか、というように言われていたんですね。アメリカはわざと援助しないで日本政府に任せている、その政府は無為無策で何もできない、これでは日本人はきっと空腹で我慢できなくなって、革命を起こすんじゃないか、と予想しているわけです。平和国家をつくるより先にもしすごい革命でも起これば、天皇制がどうなるのか、それがこれからは大命題になるだろう、とまだ若い大学生だった山田風太郎さんは見ていたのです。

そんなふうに、日本国民は空腹のために革命を起こすようなことがありえたか否か。これは大問題なのですが、実際は皆、食うために忙しくて、革命を起こすなんて気力もなかったと思いますよ。

八月十五日から十一月十八日までに餓死した人の統計があります。東京の上野、四谷（よつや）、愛宕（あたご）の三警察署の管内で総計百五十人余りだそうです。上野駅の地下道などにたくさんの浮浪者がいましたが、かなり死んだのじゃないでしょうか。また神戸、京都、大阪、名古屋、横浜の五大都市で七百三十三人が餓死したということです。

大蔵大臣の渋沢さんは一千万人なんて言っていましたが、さすが日本人は巧みに生き抜いたというのか、自分の才覚において懸命に生き抜く術（すべ）を知っていたというのか、どこかを探せば何か出てくるということで、死なずにすんだのでしょう。それにはやはりブラック・マーケット、日本じゅういたるところにあった闇市が、どれだけ日本国民を救ってくれたか、ということではないでしょうか。とにかくそこへ行けばモノがあった、つまり、国家の方針外のところで、日本人は生きたということになります。

十一月九日の朝日新聞に当時四十歳の作家、石川達三さんが書いています。中学三年生だった私にも、石川さんという作家は面白いことを言っているなあ、と思った記憶が残っています。

「日本に『政府』は無いのだ。少なくとも吾々の生存を保証するところの政府は存在しない。これ以上政府を頼って巷に餓死する者は愚者である。……経済的には無政府状態にある今日、吾々の命をまもるのは、吾々の力だけだ」

事実、この通りだったと思いますね。日本人は、自分たちの才覚、努力によって懸命に生き抜いたのであって、政府はなんにもしてくれなかった。当時の政府といえば、最初は東久邇宮稔彦内閣、ついで幣原喜重郎内閣ですが、誰が首相や閣僚になろうとも、食糧難だけは解決の方法なしでした。というのも、山田風太郎さんの日記にも関西の台風被害の話がありましたが、この年はほんとうに困ったことに風水害が多く、稲作が三十六年ぶりくらいの凶作でしたから、日本の前途はまことに暗澹たるものだったのです。当時の閣僚たちはなす術もなく、まいったまいったと頭を悩ましているだけだったのではないでしょうか。

次々と出される占領政策

そういう日本に対して、アメリカを中心とする連合国、まあほとんどアメリカといってもいいのですが、GHQ連合国総司令部は次から次へと指令を出してきます。ポツダム宣言にある通り、占領政策を実行してきたわけで、日本はそれを守らざるを得ないのですが、ただここで注意しておかなければならないのは、ドイツと違って日本は政府が残っていたことです。どういうことかというと、天皇の官僚——いまや公僕なんて精神は失われましたが、そう言われていた官僚がそのまま残ったということです。逆にみれば、これが残ったから戦後日本は生き延びられたとも言えるのですが、それが後に大問題にもなるのです。まあ、いずれにしろGHQは、この優秀だからと残した日本の官僚に対して占領政策をどんどん押し付けてきました。

一つ一つ説明するのは大変ですので、ざっと読み上げていきます。

九月二日、陸海軍解体指令――これは占領軍の最大の目的で、日本の軍隊を完全になくそうとして、降伏文書に調印すると同時に指令を発しました。

九月十一日、主要戦犯容疑者三十九人の逮捕。これもポツダム宣言に、戦争犯罪人を裁判にかけるということが書かれています。

ほかにも九月十日、言論および新聞の自由に関する覚書。これは後で説明します。

九月十九日、日本プレス・コードに関する覚書。

二十二日、軍国主義的・超国家主義的教育を禁止命令。いわゆる皇国史観はもう一切だめということです。

二十四日、新聞界の政府からの分離指令。

二十六日、軍需品処分に関する命令。軍隊がためていたものを勝手に使ってはいかんといったことまで、いちいち細かく指令してくるわけです。

十月二日、植民地銀行閉鎖の覚書。朝鮮、台湾、樺太(からふと)にあった銀行すべての閉鎖です。

四日、政治的・公民的・宗教的自由に対する制限の撤廃に関する覚書。宗教や集会をまったく自由にせよということです。

十一日、五大改革。これは前回に話しました。マッカーサーが日本に乗り込んでくる時にすでに構想にあったもので、婦人解放、労働者団結権（労働組合ですね）、教育の民主化、秘密審問司法制度撤廃（高等警察が秘密的な審問によって人民をどうにでもできるといったようなシステムの全撤廃）、経済機構の民主化（財閥解体につながるもの）――この五つは大方針ですから、徹底的に実行を迫ります。

二十二日、教育制度の行政に関する覚書。

三十一日、教壇追放命令。当時、ものすごい軍国主義者あるいは国家主義者の教師がいまして、それらはすべて追放せよということです。でもこれ、みんな追放してしまうと、先生が一人もいなくなってしまうんじゃないでしょうか。まあ、後に大騒ぎになるんですが。

十一月六日、持株（もちかぶ）会社の解体に関する覚書。

十日、労働統制法規の撤廃指令。組合を作ってはいけないなどの法規の撤廃ですね。

十八日、皇室財産に関する覚書。皇室財産がどれくらいあったかはちょっとわかりませんが、それを凍結せよと。

二十五日、軍人への恩給停止命令。これは後に復活しますが、占領軍の命令としては、軍人を冷遇すべしということですね。

同じく二十五日、戦時利得税設定命令。戦争中に軍需工場などで巧みに金もうけした人がたくさんいるのですが、そういうものから改めて税を取るようにということです。

十二月九日、農地制度改革に関する指令。いわゆる農地解放で、これも後で説明を加えます。……という具合に矢継ぎ早に、これ以外にも細かいものを挙げればきりがないほどの命令が、政府各省に次から次へと出されました。

その細かいものを少し挙げますと、たとえば九月三日、全国の駅名をローマ字表記にせよという指令がありまして、でもそんなに簡単に言われても大変な作業ですよね。また九月十日の言論と報道への覚書に伴って、一般の民衆がやりとりする手紙までいちいち開封して検閲されるようになりました。封筒の下をちょきちょき切って、そこから手紙を取り出してGHQが読むんですね。いやGHQに使われていた日本人が読む。なんでもない、ということになると戻して、切ったところにセロテープを貼ります。そのテープには"opened by Army Examiner"と印刷されてましして、思い出すねえ、これ。僕らが友達と交換する手紙にまで、その「検閲済み」と記されたテープが貼ってありました。

また九月二十日には、予算不足でやむを得ず戦時中の教科書をそのまま使用する場合には、軍国主義的・国家主義的な部分に墨を塗れ、という指示がきました。僕ら中学三年生はほとんどやりませんで、もっぱら当時小学生だった人たちがやったんじゃないでしょうか。先生の指示のもとに自分で塗るんですが、どんどん塗っていくと一ページ全部墨、なんてこともあったようです。

　さらに九月二十二日、各映画会社に、殺人や裏切りといったものを大衆の面前で公然と見せつけるのは非常によくないことだ、「今後、封建的な意識や復讐などをテーマにした作品はつくってはいかん」との指示がありました。とりわけ、日本人がアメリカに対して「コノヤロー、今にみてろ」なんて思っていると向こうさんが感じたのかどうか知りませんが、「復讐」という言葉をたいへん重視しまして、「法律を無視して私的な復讐が許されるべきではない」というわけで、これがいわゆる「チャンバラ禁止令」ですね。ですから「忠臣蔵」などはもっともけしからん、他にも仇討ちの映画はすべてだめになりました。黒澤明さんの『姿三四郎』もダメ、これは柔道映画だからです。そう、学校から剣道と柔道も追放されましたな。

　映画ばかりではなく、いまになると笑うしかない話もあります。お伽噺の桃太郎もダメ。戦いを正当化するから。猿蟹合戦も報復を正当化するからアカン、といった次第なんですね。

　以上のようにアメリカは、基本的な大きな事に命令を出してくると同時に、いちいち細かい事についても指示し、日本人に軍国主義や国家主義的の気配すらこれっぱかりも残らないよう、徹底的排除の方針を迫ってきたのです。

　これをまた日本人は、反抗もせず唯々諾々として受け入れていったんですね。そういう意味で、アメリカの占領政策は、やったアメリカ人たちも驚くほど、従順にしかも忠実にきちんと実行されていきました。彼らにしてみれば、日本人というのは実に秩序だった、規則違反をしない真面目な国民に見えたでしょうし、日本の占領政策ほど成功したものはない、という思いが今でもあるはずです。だから今回のイラクに対しても、自分たちの思う通りうまくやってみせると考えていたかもしれません。ところが日本人とイラク人は違うんです。宗教の問題もありますが、アメリカは今、とんでもない大間違いをしているのではないでしょうか。

GHQに牛耳られる無策の日本

さて、これまでに挙げた占領政策の中から一つ二つ詳しく申しますと、まず財閥解体です。これは終戦後、農地改革、労働改革と並んでGHQが日本に対してやった三つの大きな経済的改革のうちの一つです。この財閥解体命令で、それまで完全に日本の経済を支配していた三井、三菱、住友、安田の四大財閥と、それ以外に小さな財閥も含めて八十三の会社が解体の指令を受け、それらが持っていた株が一斉に売りに出されました。

GHQの主張とは、「日本の産業は、日本政府によって支持され強化された少数の財閥の支配下にあった。産業支配権の集中は、……独立の企業者の創業を妨害し、日本における中産階級の勃興(ぼっこう)を妨げた」ということです。だから日本をこのままにしておいては、新しい仕事をしようという人が出てこられない、それこそ民主的ではないというわけです。前半の認識はそれほど間違っていないと思いますが、要するに日本政府によって支持され強化された財閥が、同時に軍国主義的な傾向を支える根本にあったのだから、これを全部とっぱらい、かわりに民主的・人道主義的な政策によって、小さな会社でもどんどん起こせて、仕事ができるようにすべきである、それが日本の民主化のため、というんですね。まあ、今はまた旧財閥は旧財閥らしい大会社になっていますし、最近は合併に次ぐ合併で、かつての四大財閥の住友と三井が一緒の銀行になってるんですよね。戦後六十年たつと「財閥解体今いずこ」といった感じですが、当時としては大騒ぎの改革でした。

　次に農地改革です。

　私の実家も新潟県越後の地主で、たくさんの小作人を使って田んぼを耕させ、収穫を取り立ててはその一部を分け与えるという日本的システムでやっていました。そういうのをすべて取りやめ、如何なる地主でも、三十町歩（一町歩＝九千九百二十平方メートル）持っていようが百町歩持っていようが放り出させ、地主用の耕地として許された五町歩以外はすべて小作人に譲り渡す――これが最初の案でしたが、厳密に計算してみますと、それでいくと結局は小作地の四〇パーセント足らずしか吐き出されず、残り約六〇パーセントは地主がぴっちり押さえたままになるというので、大揉めに揉めまして、その年では解決がつかず、翌昭和二十一年（一九四六）十月の第二次改革で、地主の耕地は平均一町歩に、ただし北海道は四町歩にするということで決まりました。そして残りを小作人に安値でどんどん与えたのです。日本の地方経済の根幹を変えてしまったこの農地改革は、おそらく政府がやろうとしてもできなかったでしょう。よくぞこの時にやったもので、お蔭で日本の農村がどのくらい貧しさから解放されたか。そしてそれが今日の日本をつくったのです。ところが今は農村で働く人がいなくなってしまったのでこれは今後の大問題であるといえますが。

さらに、労働組合をつくって資本家と対等にさせる労働改革も、たいへんな改革でした。というように、財閥解体、農地改革、労働改革は戦後日本の基本的な改革であったと思います。これが後に、われわれ庶民生活にいい影響をどんどんもたらしてくるわけです。よくぞこんなことをアメリカがいきなり突きつけてきて、よくぞ日本が唯々諾々としてのんだものです。

ついでに申しますと、教育改革の中に男女共学という、戦後日本をもっとも特徴づけるものがありました。十二月四日、当時の幣原内閣が閣議で「女子教育刷新要綱」を決定、今まで女性を差別していたのはけしからんと男女共学がOKとなりました。女性は平和をつくる、とGHQはのたまいまして、それはもうその通りではございますが、以来「靴下となにやらだけが強くなった」という戦後日本ができあがるわけです。

次に新聞についてです。先の「言論および新聞の自由に関する覚書」と「プレス・コードに関する覚書」によって俄然、新聞はGHQの検閲下におかれます。人によっては、戦時中の日本政府の取り締まりより、GHQの方が厳しかったとも言います。そのくらいGHQは、新聞やラジオなどに干渉してきました。いっぽう、戦時中あれほど鉦（かね）と太鼓で戦争を煽った新聞が八月十五日を境にコロッと変わり、「これから日本人は民主主義的に生きねばならない」と説教をはじめたもんですから、当時の日本人は、誰もが「なにかヘンな話だなあ」と思っていたんじゃないでしょうか。その代表的なものとして、作家の高見順さんが、戦争に敗けてすぐ、八月十九日に書いた日記があります。

「新聞は、今までの新聞の態度に対して、国民にいささかも謝罪するところがない。詫びる一片の記事も掲げない。手の裏を返すような記事をのせながら、態度は依然として訓戒的である。等しく布告的である。政府の御用をつとめている。／敗戦について新聞は責任なしとしているのだろうか。度し難き厚顔無恥。……」

これは、当時の多くの日本人に共通の思いではなかったか。確かに新聞は、敗戦の翌日にも一日として休むことなく出ていて、それはなかなか立派ですけれど、ほんとうにあっという間にこんなに変貌するのかと驚くほど、一気に民主的になったのですから。

そういったなか、ＧＨＱに逆らう記事を載せたのか、朝日新聞が二日間の発行停止命令を受けました。高見順はまたその時、九月十九日の日記でこんなふうに記しています。

「朝日新聞がマッカーサー総司令部の命令で二日間発行を停止された。戦争中は自由主義的だ民主主義的だとにらまれていた朝日がこんどは『愛国的』で罰せられる。面白いと思う。政府の提灯を持って野卑な煽動記事を書いていた新聞は米軍が来るとまた迎合的な記事を掲げて、発行停止処分などは受けないのである」

それ以外の新聞は、ＧＨＱの命令に逆らわず、迎合的な記事を書いていたんでしょう、まあラジオもひどかったんですが。たとえば、当時の新聞がなんとばかばかしいことを書いていたかの標本としまして、十一月十二日の読売新聞を例に挙げます――もちろん読売だけではないんですが、これはちょっと面白い記事なので。当時、「ローマ字採用論」というのが大々的に言われたんですね。そこで、

「漢字を廃止するとき、われわれの脳中に存在する封建意識の掃蕩が促進され、あのてきぱきしたアメリカ式能率にはじめて追随しうるのである。文化国家の建設も民主政治の確立も漢字の廃止と簡単な音標文字（ローマ字）の採用に基く国民知的水準の昂揚によって促進されねばならない」

よくぞこんなことが書けたと思うんですが、要するに、漢字は封建意識のもとであって、これをやめてこそ、あのてきぱきしたアメリカ式能率についてゆけるのだ、文化国家や民主政治の確立も、とにかく漢字をやめることからはじまる……なんて本気で考えたのかどうか、じつにすごいことを書いているんですね。当時、われわれ中学三年生ですら、「えっ？　これからは夏目漱石も川端康成もローマ字で読むの？」などと皮肉ったものです。

まあそんなふうにして、GHQはたいへんな圧力で日本政府に占領政策の実行を迫り、政府はてんやわんやの大騒ぎをしながら手を打ち続けているといった状況ですから、何度も言いますが、国民が飢えに苦しんでどうにもならないといった事態も、どうしようもありませんでした。当時、GHQはそれほどの勢いで日本を牛耳っていたといえます。

✺平和国家への道のり

　ともかくＧＨＱが占領政策の最大の目的としたのが、日本から軍国主義・国家主義的なものを徹底的になくすことでした。そのため、特別攻撃隊まで生み出した狂信的な軍部を完全に解体しようと政府にびしばしと要求を突きつけたものの、まだ陸軍大臣も海軍大臣もいるわけですから、反乱など起こされては困ります。そこでまず兵器を取り上げることにしました。そこでイの一番に槍玉にあげられたのが天皇の軍隊です。ここでは、日本から軍隊がどのようにしてなくなっていったかをちょっとお話しします。

　ポツダム宣言で完全な無条件降伏をした日本は、相手の言いなりになるほかありません。まず十月十一日、連合艦隊が解散しました。この解散の辞がなかなかの名文で、当時の朝日新聞海軍記者、門田圭三（かどたけいぞう）さんが海軍に頼まれて書いたそうです。彼は愛媛の松山にご健在で、私も懇意にしています。

　続いて十五日には、戦前の昭和史でやたらに登場した、かの参謀本部が廃止されて、参謀たちは全員クビになりました。

　また十六日には、内地の陸軍百五十四個師団――一個師団は通常一万八千人くらいでしょうか、そして百三十六個旅団――一個旅団は四千人くらいです、それに海軍二十部隊――これは何人かわかりませんが、全部合わせますと二百六十九万三千人の兵隊さんが武装解除をして即日復員させられたのです。とにかく集めておくと何をやるかわかりませんので、早く解体せよとGHQもがんがん迫ってきますから、どんどん復員するんですね。前にも申しましたように内地にいた膨大な数の兵隊さんなど、あっという間に自分の家に戻ってきました。

十月十六日に、マッカーサーが嬉々として発表した声明が新聞に載っています。

「日本本土全域の日本武装兵力の復員は本日をもって完了し、日本軍隊なるものはここに存在しなくなった。……余は歴史上戦時平時を問わず、またわが軍によると他のいかなる国によるとにかかわらず、かくも迅速かつ円滑に実施された復員の他にあったことを知らない。日本に対しては陸軍、海軍、空軍に関係ある総てが禁止されたのである。これをもって日本の軍事的威力および国際問題に対する軍事的発言権は終末を告げた。日本はもはや大小を問わず世界的国家として数えられなくなった。日本を存続させるならばその将来の途は平和的な途に限られねばならない。……」

自画自賛なんですが、ここにはすでに憲法第九条、つまり日本は軍隊をもたないという考え方が表れています。少なくとも、日本はもう武器を持ちませんので、反抗のあり得べくもない。ですから、たとえば天皇の身柄がどうなるかという終戦直後からずっと続く懸念や憂慮も、この瞬間からどうしようもなくなり、占領軍の思うがままとなったわけです。

さて続いて、外地からの復員など大事な役割を担当する陸軍省・海軍省も事務的に存在していましたが、これも役目は残しつつ十一月三十日をもって廃止され、復員省と名を変えて復員業務を行なうことになります。

その二日前の十一月二十八日、臨時議会が開かれ、この人も戦前の昭和史に何度か出てきましたが、進歩党の斎藤隆夫さんが壇上に立ち、陸軍大臣への質問もこれで最後だというので、「日本をこのような事態に導いたことについて陸軍および海軍大臣に所見をうかがいたい」と問うたわけです。これに答えた最後の陸相、下村定大将の演説は、日本陸軍がいかに誤ったかを国民に詫びるなかなか率直な意見の吐露でした。長々としたものですが、一部を読んでみます。

「いわゆる軍国主義の発生につきましては、陸軍内の者が軍人としての正しきものの考え方を誤ったこと、とくに指導の地位にあります者が、やり方が悪かったことと、これが根本であると信じます。このことが、中外のいろいろな情勢と、複雑な因果関係を生じまして、ある者は軍の力を背景とし、ある者は勢いに乗じまして、いわゆる独善的な、横暴な処置をとった者があると信じます。ことに許すべからざることは、軍の不当なる政治干渉であります。かようなことが、重大な原因となりまして、今回のごとき悲痛な状態を、国家にもたらしましたことは、何とも申しわけがありませぬ」

つまり、陸軍が悪かったとはっきり言ったわけで、それまで野次がとんでいた議場もこのへんからしーんとなりまして、なかには「もうわかった、やめろよ」といった言葉さえ聞かれたといいます。下村さんはそれでも続けました。

「私は陸軍の最後にあたりまして、議会を通じてこの点につき、全国民諸君に衷心からお詫びを申し上げます。陸軍は解体をいたします。過去の罪責にたいしまして、今後、事実をもってお詫び申し上げること、事実をもって罪をつぐなうことはできませぬ。まことに残念でありますが、どうか、従来からの国民各位のご同情に訴えまして、この陸軍の過去における罪悪のために、純忠なる軍人の功績を、抹殺し去らないこと、ことに幾多戦没の英霊にたいして、深きご同情を賜わらんことを、このさい切にお願いいたします」

こう言った時には、議場の全員が立ち上がって拍手をおくったそうです。こうして軍隊はとりあえず消え去り、日本は平和的国家へと歩みはじめたのです。

✺追及される戦争責任

それを追いかけるようにといいますか、これもポツダム宣言にあって国民も承知していたことですが、すでにGHQが九月に表明していた戦争犯罪人の指名・逮捕が、軍隊がなくなった途端にといっていいでしょうが、実行に移されていきました。

十一月十九日、皇道派の中心だった荒木貞夫、内閣総理大臣まで務めた小磯国昭、満洲事変の頃に活躍した南次郎、二・二六事件で皇道派の大御所だった真崎甚三郎、満洲事変における関東軍司令官で後に天皇の侍従武官長にもなった本庄繁、支那派遣軍司令官で南京事件の責任者である松井石根の六人に加え、かの悪名高い元外務大臣の松岡洋右、駐イタリア大使として外務省の対米強硬派の旗頭であった白鳥敏夫、財界からは久原房之助といった人たち十一人が指名されました。当時、中学三年生の僕らが知っていたのは小磯さんや松岡さんぐらいで、「あとは何者だ?」「いや知らねえ」ってね。ただ父親なんかは、「やっぱりそうかと思うような人が捕まるなあ」なんて言ってました。

また十二月に入りますと、矢継ぎ早に戦犯容疑者の逮捕指令が出ます。二日には元総理大臣の平沼騏一郎や広田弘毅、さらに陸相だった畑俊六、軍令部総長だった豊田副武、泣く子も黙るといわれた元軍務局長の佐藤賢了ら軍人を中心に、加えて政財界から五十九人もが戦犯となります。なかに元帥陸軍大将の梨本宮守正王の名があったのには皆が「えっ」と驚きました。皇族にまで戦犯容疑がきた、ということは、天皇陛下も危ないんじゃないか、と考えられたからです。宮城、皇居の中が震撼しました。当時の侍従次長、木下道雄さんが十二月四日の日記に書いています。

「戦争責任者について（天皇陛下より）色々御話あり。右は非常に重要なる事項にしてかつ外界の知らざる事あり。記憶に加えて内大臣日記（『木戸日記』のこと）、侍従職記録（侍従職は天皇の言動を分単位で記録）として一つの記録を作り置くを可と思い、右御許を得たり」

つまり、天皇陛下は戦犯について、ここまで厳しくやってくるのか、などと話をされた。そこで木下さんは、もしかしたらもしかするから、と言ったかどうかは知りませんが、万が一のことがあるので、木戸幸一さんの日記や侍従職記録を参考にしながら、宮内省としても、昭和天皇がいかに平和をお考えになっている方かという、なんらかの記録をつくっておいたほうがいいんじゃないか、そう提案すると、陛下もやってみようとお許しになったというのです。そしてこれが、天皇陛下ご自身が側近の人たちに語ったこと、つまりずっと後にできる『昭和天皇独白録』のスタートとなったわけです。

いっぽう、内閣は天皇陛下の身柄にも逮捕が及んでは一大事と、幣原首相は十一月五日に閣議を開き、われわれもいざという時の準備をしておいたほうがいいんじゃないか、という話になります。その慌てふためきようは、泥棒を見て縄を綯うといいますか、まあ考えるだけのことは考えてつくったものなのでしょうが、なんとも面白いので読み上げます。

「戦争責任等ニ関スル応答要領」

一、飽く迄日米交渉の円満妥結方を政府に（天皇陛下が）御命令あらせられ、最後の段階に至る迄、之を御断念あらせざられしこと。

二、開戦の決定、作戦計画の遂行等に付ては、統帥部、政府の決定したるものを、憲法運用上の慣例に従はせられ、之を却下遊ばされざりしものなること。――つまり天皇陛下は常に統帥部および政府の言ったことをのまざるを得なかったということです。

三、真珠湾攻撃以前に於て、陸海軍幕僚長（参謀総長、軍令部総長のこと）より大綱に付きては聴き及ばれたるも、細目に関しては報告を受け居られざりしこと。――大ざっぱな話は耳にしていても、細かい事はいちいちお聞きになってなかったというのです。
四、右作戦計画を実施に移すに際しては、武力行使に入るに先立ち米国政府に外交上の措置を講ずるものと了解遊ばされ居りしこと。——真珠湾攻撃の際、天皇陛下は当然、外交交渉をきちっとやったと思ってらっしゃったということです。
以上のようなことで、閣議は天皇陛下は無罪であると決めたわけです、ですが、これでアメリカがオッケーするんでしょうかねえ。まあ、いかに当時の日本政府と宮内省、皇居の中の要人たちが大慌てしたかはわかると思います。

ところが、そんな事態を嗤うがごとく十二月六日、天皇がもっとも信頼する近衛文麿と、最大の側近である木戸幸一内大臣はじめ、九人に逮捕指令が出たのです。となると、あとはもう御本人しか残っていないではないか——日本政府と宮内省は本当にぶるってしまったんですね。この辺から、天皇陛下の戦犯問題が大きくクローズアップされて、日本がなんとか乗り切らねばならない大命題となってくるのですが、これは次回にお話します。

さて、十二月十六日に出頭するよう命令を受けた近衛さんは、その前夜、親しい人たちを呼んでお別れの晩餐といいますか、なごやかに飯を食い、風呂に入りました。そうやって周囲にはちゃんと出頭するように思わせておき、皆が帰り、あるいは泊まった人も寝ている朝まだき、青酸カリを飲んで自殺をしてしまいます。

当時の友人で、励ます会でもあるその晩餐に出席した後藤隆之助という人は、話しているう

ちにどうも近衛さんが自殺をするんじゃないか、と感じたようです。それで、

「自殺なんて犬死にになってしまう。堂々と裁判であなたの志、平和的信念を述べたほうがよい」

と忠告すると、近衛さんは答えました。

「それはできない。自分が正しかったとか、平和工作に終始したなどと言いだせば、結局は天皇陛下に迷惑を及ぼす結果にならぬものでもない。それを考えると、事前に死ぬ以外に方法はない」

だとすると、天皇陛下に大きな責任があると言ってるようにも思えますが、これを聞いた後藤さんは返す言葉もなく、

「どうしてもというなら、死ぬにしても、東条（英機）みたいな、ぶざまな醜態をさらしちゃいけませんよ」

これには、近衛さんは笑って、

「その点は大丈夫」

と答えたそうで、この話はちゃんと残っているんですが、彼の本当の気持ちがどうだったのか、いろいろ忖度されるところです。遺書が残されていて、戦後日本を語るのにそれほど重要な内容ではありませんが、戦前昭和日本の最大の責任者と言ってもいい近衛さんが何を考えていたかを知るのにはよいかと思いますので、引用します。

「僕は支那事変以来、多くの政治上過誤を犯した。これに対し深く責を感じているが、いわゆる戦争犯罪人として米国の法廷において裁判を受けることは、堪え難いことである。……しかし僕の志は知る人ぞ知る。僕は米国においてさえ、そこに多少の知己が存することを確信する。戦争に伴う興奮と、激情と、勝てる者の行き過ぎと増長と、敗れた者の過度の卑屈と、故意の中傷と、誤解にもとづく流言蜚語と、これら一切の輿論なるものも、いつかは冷静を取り戻し、正常に復する時も来よう。その時はじめて、神の法廷において正義の判決が下されよう」

つまり、自分が戦犯に選ばれたのは中傷するやつがいたからだ、あるいは流言蜚語の結果である、要するに日本人のいやらしさが背後にあるのであって、自分は裁かれることには堪えられない。国民がいつか冷静さを取り戻し、正常さが回復してきた折には、私の志もわかってもらえるだろう。だから米軍の判決など受け入れない、神の判決のみを受け入れるのだ――そう言って近衛さんは亡くなったのです。

しかしあれから六十年たったわけですが、さて近衛さんの志はいったいどこにあったというのでしょうか。国民はついに理解していません。私なんかには自分で確信することを堂々と弁じたほうがよかったのではないか、と思われます。彼は「悲劇の宰相」とも呼ばれますが、冷静にみると、そのやったことには、大きな間違いが多々あったのではないか、悲劇と言うには、あまりにも底知れぬ無責任さの持ち主ではなかったかと思うのです。

いずれにしろ、逮捕される直前に近衛さんはこの世を去りました。これによって東京軍事裁判は大事な証人を失い、後からまた妙な人を捕まえたりするような事になってしまったのです。

第二章

飢餓で〝精神〟を喪失した日本人

政党、ジャーナリズムの復活

この章の

✴ポイント

一九四五（昭和二十）年十二月より、GHQの民間情報教育局（CIE）が制作した「太平洋戦争史」という新聞連載と、ラジオ番組「真相はかうだ」の放送がはじまります。満洲事変以降、日本軍が次々に侵略行為をして世界中を動乱に導いたということを徹底的に伝えるものでした。国民は、自分たちではなく軍国主義の指導者が悪かったという免罪符(めんざいふ)と得ると同時に、日本人がやってきた残虐行為を知り、新たなコンプレックスを抱くようになります。

✴キーワード

DDT／ペニシリン／GHQ解散／大選挙区制／婦人参政権／日本自由党／鳩山一郎／志賀義雄(よしお)／民間情報教育局（CIE）／神道指令

✹「リンゴの唄」とペニシリン

中学三年生だった私の体験から言いますと、昭和二十年（一九四五）の九月一日にはもう中学校が再開されました。そういうところは非常にあっさりしていたというのか、それまで工場に通っていたのが突然、学校に行って、ふつう通りに授業がはじまりました。

記憶をたぐりますと、そのころすでに、頭のなかに一つの音楽が流れていたような気がするのに、人間の記憶とは確かなものではないと後でわかるのですが、つまり「リンゴの唄」です。〽赤いリンゴに口びるよせて……と並木路子（なみきみちこ）さんが歌うメロディを、何かにつけて口ずさんでいた、〽リンゴの気持ちはよくわかる……、じっさいリンゴの気持ちなんてぜんぜんわかんなかったんですけどね。でも歌っていると、なんとなしにわかったような気にもなって。九月頃には日本人全員が歌っていたような記憶があるんですが、じつはこれは終戦前に作られていて、十月十一日に封切られた松竹映画『そよかぜ』*1の主題歌なんですね。戦局がおかしくなって公開されずに眠っていた映画のなかで歌われていたのです。それが焼け跡で極度に欠乏し、食うものも食えずにあっぷあっぷしていた私たち日本人の胸になんとなしにしみいったといいますか、そういう音調でもあり、歌詞でもありました。ただ映画だと見る人が限られますが、ラジオ番組「希望音楽会」で並木路子さんの歌声が流れたんです、すると人びとにものすごい感動

終戦直後の東京駅付近。
道行く人の頭の中には「リンゴの唄」のメロディが流れていただろうか

を与えたのかリクエストが殺到して、たちまち歌はスクリーンを飛び出し、マイクを飛び出し、日本人すべてが口ずさむようになったのです。

「リンゴの唄」で希望が出てきたように、その頃は、戦争中に教えられた、男は南の島へ連れて行かれて奴隷に、女はみんなアメ公の妾（めかけ）になる、なんて話が嘘だとわかって、生活に落ち着きさえ出てきたようなのですが、その落ち着きを取り戻すため、日本人にとっての大きな経験を象徴するのが、ＤＤＴとペニシリンでした。

東条英機さんが自殺未遂をした時、なぜ生き延びたのかの理由について、「アメリカにすごい薬があって、それをばしゃばしゃ打ったからだ」という噂が流れてきました。「なんて薬だ?」「ペニシリンだって」「へぇー、それ何なんだ」「カビだ」「カビがそんな効果あるのー」「不思議な話だねぇ」と中学生同士で話したのを覚えています。

とにかくペニシリンさえあれば、ちょっとしたキズなんかはたちまち治ってしまうというんです。

当時、私の弟だか妹だかが、雪国にいましたから、あまりの寒さに肺炎を起こしたんです。そこで父親が高い金を出してペニシリンを買ってきて打つと、本当にケロリといってもいい早さで治ってしまいました。じつに驚きました。

さらに、戦後の日本人は体じゅうにノミがいるというか、家にもノミとシラミと南京虫を飼っていたみたいなもんですから、時折、着ている服からシラミをつまみ出してはプチンプチンと潰すのが楽しみでもありました。そのノミ、シラミ、南京虫の連中が、DDTという真っ白な粉をふりかけた途端にたちまち駆除されていなくなってしまうんですよ。驚いたねぇ。これでわれわれは毎日のカイカイ（痒い痒い）から逃れられたんです。アメリカって国はすごいなぁ、と頭をガーンと殴られたようにショックだったのを覚えています。

そういう事が日本人を、戦後の先の見えない、混乱や貧苦の生活でしたが、落ち着かせることにもなったんですね。そういえば、中学校でもまともに授業がはじまりますと、久しぶりに勉強した英語で教師とヘタな英会話をするのがたのしみでした。私は疎開する前に東京の中学校でとてもいい先生に英語を習っていまして、長岡中学校で当時、英会話ができるのはなんと私一人なんで、ものすごい秀才に思われた――英語ができるのは英雄視されたんです。

✷有為転変の「平和の値段」

さて日常が落ち着いてくると同時に、さまざまな場面で、過去との闘いというか、軋轢というか、過去に対する抗議が出てきます。学生の場合は、それがストライキというかたちに表れました。もちろん民主主義や自由主義といったことは少しずつ教えられていましたが、いっぺんに入ってきたわけではありません。そこにストライキが実に有効な手段としてあることが明確になったのです。印象的だったのは、それを初めて実行したのがなんと、東京の私立上野高等女学校の四年生だったことです。勤労動員で引っ張られ、農場で食糧増産のため一所懸命に作った畑ものが、戦争が終われば皆に分け与えられるのかと思えばそうではなく、学校の理事だとかエライ人たちが勝手に持ち帰って自分たちのものにしている。同時に、復員で多くの先生が戻ってきますから、それまで臨時雇いだった先生がクビになる。ところがその臨時の先生のなかには、非常に真面目でいい先生がたくさんいた。もとはガンガン軍国主義を唱えていたのに戦後たちまち民主主義の旗を振るような先生が残り、かえっていい先生が追い出される事態が続いたために、これは許せない、というわけで、「私ども汗の結晶である学校農園を理事者が私している。私たちの敬う先生が復員余剰でクビになったのは不当だ」と大々的にストライキに入ったのです。

女学生さんが最初にやったんですから、男子中学生は「先んじられるとは何事か、われらもひとつやろうじゃないか」ってことで、では理由は何にしよう、あまりない、なくてもいいんだ、なんてね。学校でのストライキは、旧制水戸高校がこれに続き、日本全国のかなりの中学校、女学校、高等学校で敢行（かんこう）されたと思います。昨日まで「鬼畜米英（きちくべいえい）」と言っていた先生が今日からアメリカに学べとは何事か、という憤慨（ふんがい）もありましたから。またわれわれ中学生は、このことでなんとなしに「日本は戦前とはまったく違う国になったんだなあ」という思いを抱いたような気がします。

さらに馬鹿話をもうひとつ。群衆の生活や気持ちを安定させるというか、殺伐（さつばつ）たる世相を穏やかな方へもっていこうとする意図もあったのか、十月二十九日、戦後第一回の宝くじが発売されました。たいしたことじゃないと思われるかもしれませんが、一等十万円が百本当たるというのです。当時の十万円というとものすごい額で、しかも副賞に純綿（じゅんめん）の生地がつく、そんな広告が新聞にでかでかと載りました。日本人というのは宝くじが好きで、戦争中にもやってました――昭和二十年の八月十五日は、確か当選発表の日だったように思うんですが、あれはどうなったんですかねえ――ともかく、戦後第一回の宝くじは、とても豪華に感じられました。二等が一万円、三等が千円、四等が五十円、五等が二十円、副賞にはそれぞれに純綿のキャラコ――といっても今はわかりませんかね、要するに下着です。そしてはずれ券四枚でタバコ十本がもらえました。三等の副賞、純綿十ヤールでワイシャツなら三枚できる、四等の純綿二ヤールでさえブラウスや子ども服が作れる、なーんて宣伝文が広告に出ましたから、ないない尽くしの庶民たちは飛びついたんです。ただし一枚十円というかなりの高額で、そう簡単に買うわけにはいきません。私自身は金がないんですが、親父が「試しに一枚買って十万円当てるか」などと、とらぬタヌキの皮算用をしていた姿が記憶にあります。ただ、せいぜい買っても一枚か二枚程度だったでしょう。

そんなわけで、約一千万枚売り出された券が、統計では八六パーセント売れたそうですから、かなり多くの人が苦しい生活をしのぎつつ大枚十円をはたいて博打に夢をかけたといいますか、やっぱり日本人は根っから宝くじが好きなんですねえ。そしてこの宝くじが現在にまで続いているわけです。

さて、宝くじのはずれ券四枚すなわち四十円でタバコ十本がもらえる――これは何を意味するのかと言いますと、タバコが非常に貴重だったということです。そのタバコを新しくしようというので、名称と図案が広く公募され、発表が十一月二十三日にありました。名称の一等が「ピース」。まさに戦後ですよね、平和がまず第一にくる。二等は「漣（さざなみ）」と「憩（いこい）」、三等が「郷土」「黎明（れいめい）」「ニューライフ」。ちなみに図案の一等は「ニューワールド」だそうですが、私は見たことありません。二等は「ピース」と「望（のぞみ）」、三等が「コロナ」ほか。つまり、名称、図案とも上位だったのが「ピース」で、審議の結果、「ピース」と「コロナ」が発売されました。こうして戦争中に皆がぷかぷか吸っていた「金鵄（きんし）」や「光（ひかり）」や「鵬翼（ほうよく）」といったのが姿を消したのですが、どうも「コロナ」はあまり人気が出ず、まもなく消え去りましたから、戦後すぐの嗜好品としては「ピース」が唯一の生き残りであり、しかも現在まで日本人の愛好品として残っていることになります。

宝くじのはずれ券四枚でもらえたのも「ピース」だと思いますが、しかしこのタバコの値段そのものは、有為転変でした。「平和の値段」と言うとおかしいのですが、平和の価値はそのくらい時代によって変わる……という例にもなりませんが、参考まで。

昭和二十一年一月＝七円（いずれも十本）／七月＝十円／十二月＝二十円／昭和二十二年四月＝三十円／十一月＝五十円／昭和二十三年七月＝六十円／昭和二十五年四月＝五十円／昭和二十六年四月＝四十円／昭和二十九年四月＝四十五円

最初はぐんぐんうなぎのぼりだったのですが、「キャメル」だの「ラッキーストライク」だの洋もくが流れ込んできますと、それに押されて値下げをせざるを得なくなり、以降、上がり下がりを繰り返しました。いずれにしろ、「平和（ピース）」を守るためには悪戦苦闘せねばならない、というわけです。

✷活気づく政党、ジャーナリズムの復活

さて昭和二十年の秋風が吹くころには、国民の生活はかなり落ち着いてきました。ということは、精神面も落ち着いてきたということです。ただし、食い物がないという貧しさはまった

く改善されませんでしたが。

渋谷駅のガード下には今でもたくさんのビラが貼られていますが、当時もさまざまなスローガンが見られました。作家の山田風太郎さんが、わざわざ写したのを日記に書いています。

「餓死対策国民大会！」――やっぱり餓死する人がいたんですね。

「吸血鬼財閥の米倉庫を襲撃せよ！」――なんて物騒なのもあります。

「赤尾敏(あかおびん)大獅子吼(ししく)、軍閥打倒！」――愛国党党首で鳴らした赤尾敏さん[*2]がこの頃から大活躍していたことがよくわかります。

さらに「天皇制打倒、日本共産党！」、と思うと「爆笑エノケン笑いの特配！　東京宝塚劇場！」だったり、さっきの「十万円の夢、宝クジ！」なんてのが道ゆく人の目を引いたのです。

「天皇制打倒、日本共産党！」のスローガンがありましたが、昭和二十年秋頃からは政界も活気づいてきたのです。同時に、GHQは衆議院議員の選挙法を改正するよう指示してきました。つまり、戦争中の昭和十七年（一九四二）の翼賛選挙で選ばれた代議士が今なお政治を運営しているというのは、戦後の日本人の民意を代弁し反映したことにならない、というのです。そこで衆議院は改正選挙法を成立させて十二月十七日に公布、翌十八日に解散しました――「GHQ解散」と呼ばれるものです。

これは、現在行なわれている選挙法のもとになったもので、選挙権・被選挙権の年齢がともにぐっと引き下げられ、大選挙区制となりました。ほかにも細かい改正はありますが、いちばん大事なのは、婦人参政権が認められたことです。今まで選挙権も被選挙権ももたなかった女性が、この時初めて参政権を得ました。戦前は日本人の人口のわずか二〇・四パーセントだった有権者が実に五一・二パーセントといいますから半分以上が選挙権をもつに至りました。つまりこの瞬間に、いわゆる戦前の大日本帝国の選挙制度が音をたてて崩れ去ったのです。

またこの少し前の十二月四日には、前にも述べましたが男女共学がOKとなっており、日本のほとんどの分野で女性がリードする今の世がこの時にスタートしたと思うと、いささかの感慨なきにしもあらずです。こうして昭和二十年の終わりになって、男女同権の真に具体的な面が、教育と選挙において登場したわけです。共産党は戦前からあったものの、以上のような経緯で渋谷ガード下に先のごときスローガンが現れたのです。

この新しい選挙法に基づいて、実際に選挙が行なわれたのは翌昭和二十一年で、これは後で話します。いずれにしろ新しい議会に向け、政治の民主化と既成政党の打破を目指して、次々に新政党が誕生してきます。めぼしいものを挙げますと、十一月二日、日本社会党ができます。書記長は片山哲。この後裔（こうえい）が現在の社民党ですね。同じく九日、日本自由党、総裁は鳩山一郎。十六日には日本進歩党、総裁は町田忠治（ちゅうじ）。この自由党と進歩党が後に合わさって今の自民党になりました。また戦前からの日本共産党は、志賀義雄（よしお）と、徳田球一（きゅういち）が率います。また今はなくなりましたが、日本民党、日本国民党、日本民主党以下、日本勤労大衆党、在日本朝鮮人連盟、青年自由党、大日本革命党、立憲青年進歩党、生活党、新日本建設同志会、世界平和党、自治皇民党、国民大衆審判会、日本民主同盟など、全部で三十三政党を数えました。これらがいよいよ新しい議会で、戦後日本をリードしていこうとしたのです。

同じ頃、ジャーナリズムの世界でも、秋ぐちから準備がはじまって次々と新しい雑誌が創刊されました。なかでも昭和二十年十一月号創刊の雑誌「新生」はものすごく売れました。いっぽう、戦争末期に弾圧されて出版を停止していた「中央公論」「改造」なども、GHQの命令もあり、昭和二十一年一月号をもって、つまりその前年末に復刊されます。ほかに、今も続く岩波の「世界」や、「人間」、「展望」、「潮流」、また後にエロ雑誌になる「りべらる」も当初は堂々たる論説誌として、同じ頃にスタートしました。こうして昭和二十年末から翌二十一年はじめにかけて、政党と同様に雑誌も山ほど生まれ、新しい時代をつくり出していったのです。

ちなみに私のいました「文藝春秋」は戦前からの雑誌で、いち早く昭和二十年十月から復刊しました。ところが当時は紙がなく、雑誌を毎月出してゆくのはたいへんなことでした。なにせ配給ですから、毎号の分を確保するだけで必死、しかも紙を押さえる団体ができ、そこに睨まれると紙が手に入りません。ですから今と違って、編集者が相当に確固たる信念をもって雑誌づくりに臨まなければなりませんでした。そんな折、「文藝春秋」は「戦前からけしからんことをやっているんじゃないか」というので紙が手に入らなくなり、また社長の菊池寛さんが戦犯に擬せられたのに嫌気をさして辞めてしまい、文藝春秋そのものがいったん解散となります。当時、同じビルに「新生」編集部があって、夜遅くまで煌々と電気をつけて活況を呈している時に、文藝春秋の真っ暗な部屋ではむなしく電話だけがリーンリーンと鳴っていたとか……。「新生」が、文藝春秋を買ってあげようか、なんて話さえあったそうです。栄枯盛衰と言いますか、いろんなことがあったんですね。

ともかく日本は、さまざまな面で、昭和二十年の秋ごろにはもうかなり元気を取り戻し、動き出したのです。

✺アメリカさまさまの「思想改造」

とはいうものの、ここから先が、じつは問題なのです。

前回から、GHQがいかに次から次へと占領政策の指令を発し続け、対していかに日本は唯々諾々（いいだくだく）としてこれを受け入れてきたかをお話しました。先の選挙制度や教育改革も含め、それらはいわゆる制度的なもの、国家の構造やかたちに関することでした。ところが問題はこの辺りからなんです。政治、経済、農業など、制度の改革に関わる手段の指示がたいてい終わったGHQは、次に何をするか。簡単に言えば、日本人の精神構造、つまり思想、大きな意味で文化に対する改革、革新に向けた指示を発しはじめたのです。

今から考えると、なるほど生活手段は活発になり、それに伴って精神面でもなんとなしに落ち着いてきたように見えましたが、日本人は戦争に敗けたことによる精神的打撃がかなり大き

銀座4丁目交差点。
いまだ焼ビル状態の三越前で、MPが日本人の交通整理をする風景

く、どうもGHQが言ってくることをすべて正しいと鵜呑（うの）みにして受け入れていたふしがあります。アメリカさまさまというわけです。実はそうでなくてもよかったのではないか。もう少し批判的でもよかったのではないか——そう思えないでもないんです、という話をこれから少しいたします。

十二月八日といえば、当時の私たちにとっては対米英戦争がはじまった日で、毎年「大詔奉戴日（たいしょうほうたいび）」としてお祝いしていましたから、永遠の記憶に残る日付でした。昭和二十年のまさにその日から、GHQは新聞に「太平洋戦争史」を載せるよう命じ、連載がはじまりました。この「太平洋戦争史」とはどういうものか——日本は侵略戦争を行ない、アジアや世界の国々の人びとに対して次々に残虐行為をした。つまり、満州事変以来、日本人はあらゆるところで侵略を繰り返して世界を動乱に導き、これら軍国主義の横暴によって国民はひどい目にあった——そういったことが、毎日の新聞連載に綴られたのです。詩人の岡本潤さんの当時の日記です。

「大詔奉戴日であった今日、新聞は増ページして、連合軍司令部提供の『太平洋戦争史』を掲載している。満洲事変から大東亜戦の開戦まで、日本軍閥の罪悪史が、連合軍的立場から開陳されたわけだ」

連合軍的立場、とだけ記してそれ以上のことは書いていませんが、それは要するに日本は侵略国家であるという立場に尽きるのです。また東大教授だった矢部貞治さんの日記では、

「米の司令部は満洲事変以後の太平洋戦争史を新聞に発表している。宣戦記念日の宣伝だ。大体の筋道は正しいとしても、世界史の背景を除いての一方的議論だ」

さすがに理屈をこねていますが、つまりは一方的な押しつけであると言っているのです。また当時大学生の山田風太郎さんは、九日付の日記で触れています。

「このごろ連合軍提供の大東亜戦争史しきりに発表さる。ことごとく嘘ではないであろうが、戦争中の軍部の宣伝と逆の意味で大同小異なるべし」(傍点筆者)

戦争中、日本国は聖なる戦をやっている、ABCD包囲陣に圧迫された「自衛戦争」である、という一つの立場しかなかったのを、ちょうどひっくり返した言い分で、日本のやってきたことはすべて侵略戦争であり残虐行為であると、一方的な論述で、それは結局は大同小異だとい

うわけです。

「太平洋戦争史」は、ＧＨＱの民間情報教育局（ＣＩＥ）が作成し、東大助教授の中屋健一さんが訳したもので、今はなかなか手に入りませんが、この日本人に与えた影響は、かなり痛烈で深刻だったのではないでしょうか。

ただ、連載を読んで「本当にこんなことをしてたのかいな」というような中学三年の私たちにはむしろ、翌十二月九日からはじまった、同じＣＩＥ制作の教育ラジオ番組「真相はかうだ」を、なにか義務のように聴いた覚えがありまして、いや、聴かなきゃ話にならないんじゃないかといった気分というか、ラジオのスイッチをつけると流れてくるもんですから否応なしに聴かされたのかもしれません。ともかく、今ならなんてことないかもしれませんが、ダダダダダダーンと効果音をたくさん使って、まあ非常によくできたドキュメンタリー・ドラマで、そのなかで南京大虐殺とか、バターン半島死の行進とか、私たちにとってはまったくはじめての日本軍によるさまざまな残虐行為が、次々にドラマとして語られたわけです。これも今はなかなか聴けないでしょうが、かつて「週刊新潮」がその一部を誌面に載せ、後に『マッカーサーの日本』という本に収録されました。こういった調子です。

アナウンサー「太郎くん、今述べたのは、死の行進で日本人が行なった残虐行為の、ほんのごく一部なんだよ」

太郎「とても信じられない。そんなことをした日本兵は、もちろん軍紀できびしく罰せられたんでしょうねぇ」

アナウンサー「ところがそうではない。こうした残虐行為こそが日本の軍紀で、これはしょっちゅう繰り返された事実なのだよ」

ダダダダーン！

といった調子なんですよね。エッ!?　と思いながら聴いていたものです。

とにかく「太平洋戦争史」にしろ、「真相はかうだ」にしろ、満洲事変以来の日本の歴史は恥ずべき歴史である、たとえば日中戦争は南京での悪虐大暴行である、日米交渉ではアメリカの調停に応じようともせず、日本は大陸への侵略だけを考えていた、また太平洋戦争がはじまれば、バターンの捕虜の死の行進、ニューギニアへの強引な侵略……しかもそれらは非道な軍国主義者たちがやったことだ。一般の日本人は徹底的にこの軍国主義者の横暴によって支配されていたのであって、何も知らない国民はなんと哀れであったか、そんな図式で貫かれていました。逆にいうと、その図式を押しつけられることで、日本国民は、「そうか、おれたちは悪くなかったのか。軍国主義者たちのせいであって、おれたちには罪はないんだ」と、何となしに免罪符(めんざいふ)をもらったような気にもなったんです。

本当は、われわれはここで、きちんと歴史を踏まえ、それに学び、自分たちの主張、やってきたことを立ち止まって考えてみなければいけなかったんです。ところがそうはならなかった。簡単に言えば、敗戦国はどこであれそうですが、「過去の自国は悪かったのだ、申し訳なかった」とその伝統や文化を全否定してしまう、日本もまさにこの敗戦コンプレックスに陥りました。ですから日本人は、アメリカがここで、じつは戦争が終わった後の「大思想戦」、自分たちの思想を改造するための大宣伝をしているとは思わなかった。ただただこういったものを見せられ聞かされしているうちに、日本人がやってきたのはすべて侵略戦争だったのかと、免罪符と同時に新たなるコンプレックスをあわせもつようになったといえるのではないでしょうか。

そうしたなかで十二月十五日、GHQは最後の指令を出してきます。いわゆる国家神道の全否定です。過去の日本の思想、精神は全部間違いであり、もう信じてはいけないというものです。そして日本人は、これも唯々諾々と受け入れたのです。神道指令の内容を少し申しますと、

「公文書において『大東亜戦争』『八紘一宇』なる用語ないしその他の用語にして、日本語としてその意味の連想が、国家神道、軍国主義、過激なる国家主義と切り離し得ざるものはこれを使用することを禁止する。而してかかる用語の即刻停止を命令する」

つまり、戦前から僕らがこれぞ日本の精神として教え込まれていた神国、大東亜共栄圏、アジア解放などの概念が全否定され、これらを使ってはならないと命じられたのです。

もちろん日本人の中には、反発する人もたくさんいました。ひとつ挙げますと、山田風太郎さんの十二月十六日の日記です。大きな問題ですから、号外が出ました。

「号外飛ぶ。……一枚は近衛文麿公けさ午前五時自殺との報。一枚は国家神道禁止のマッカーサー命令。……神道禁止は、日本の『神国』なることを払拭するものにして、……こ

れ知性ある日本人のいいしことにあらず征服者の強要なり。……マッカーサー、『天皇制』の城に刃を一太刀切り込みぬ。その波及するところを憂うるならば、国民はここで抵抗する必要あり。さなくばマッカーサーさらに一歩を進めん。されど国民は今や天皇や天照大神よりも一片の食を求むるに狂奔す」

神国、というのは、知性のある日本人が言ったことではなくて、侵略主義者の言葉であると。そして最後は厳しく、アメリカはまさに日本人の思想の問題に強引に斬りつけてきたのだから、心ある日本人はなんとか踏ん張らなくてはならない、なのに、そうする人はほとんどいない、そんなことを考えているよりも、一片のパンを得ることに汲々としているようだと。

敗戦の八月十五日から十二月までの四カ月ちょっとの間に、日本という国はすっかり変わったと言ってもいいでしょう。人びとは食うことに精一杯で、他のことを考えているひまもなかったということかもしれません。さらにこの年は寒気が非常に厳しく、前年もそうでしたが、その翌年にかけても大変に寒かった。僕の住んでいた新潟などは二年続けての豪雪で、十一月の終わりぐらい、厚ぼったい雲に〝雪おろしの雷〟がごろごろ鳴り出すと、雪に埋もれた家のなかでしーんとして、「真相はかうだ」を聴き、「太平洋戦争史」を読まされていたわけです。ほかに何をしていたかといえば、畳に寝転がって天井を見つめ、毎日「腹がへった」「腹がへった」と言いながら、あまり真面目なことを考えると頭がすぐ飯のほうへいっちゃうんで、とにかくどうでもいいようなこと、たとえば月の世界に行くにはあの道を通ってどこを曲がって……なんて、くだらないことばかり考えていました。

作家の海野十三(うんのじゅうざ)さんの大晦日の感慨があります。

「ああ、昭和二十年──凶悪な年なりき。言語道断、死中に活を拾い、生中に死に追われ、幾度か転々。或は生ける屍(しかばね)となり、或は又断腸の想いに男泣きに泣く。而(しか)も敗戦の実相は未だ展開し尽されしにあらず、更に来るべき年に延びんとす。生きることの難しさよ!」

この方は、八月十五日に死ぬつもりだったのが、なんとなしに生きてしまったので、生ける屍となり、断腸の想いで男泣きするようなことになった。それから四カ月半たち、昭和二十年も終わる。ではこれですべてが終わりかと思ったらそうじゃない、これからますます厳しい何かが続くんだろう、と言っているのです。おそらく、ほとんどの日本人が同じ思いをもっていたんじゃないでしょうか。事実そうで、またこの後、憲法の問題を含めた新しい展開がはじまるのです。

*1──『そよかぜ』 佐々木康監督、上原謙・並木路子主演の松竹映画。
*2──赤尾敏 一八九九─一九九〇。無政府主義活動を経て昭和十七年(一九四二)の翼賛選挙で当選して国会議員に。戦後の公職追放解除後、昭和二十六年には大日本愛国党を結成した。

第三章

憲法改正問題をめぐって右往左往

「松本委員会」の模索

この章の

✷ポイント

GHQから憲法改正を突き付けられた日本政府は混乱に陥ります。日本の指導者たちは一丸となって憲法改正に向き合うことができず、近衛文麿を中心としたグループと、松本烝治を中心とした内閣主導の調査委員会という別々の動きが起こり、GHQは戦犯でもあった近衛文麿側を外します。残った松本委員会による議論は白熱しますが、天皇の地位に関する条項に触れたくないため、憲法改正に尻込みしてしまいます。

✷キーワード

ポツダム宣言／憲法改正／幣原喜重郎／トルーマン／近衛文麿／木戸幸一／松本烝治／佐々木惣一／憲法問題調査委員会（松本委員会）／松本四原則／天皇日蝕論

✺ポツダム宣言は無条件降伏か？

今日は憲法、いわゆる「新憲法」の話になるわけですが、その前におさらいとして、少し前に戻って確認をしておきたいことがあります。それはポツダム宣言です。私たちは簡単に「ポツダム宣言を受諾した」と、その中身をよく読まずに論じがちなのですが、一度きちんと読んで整理しておいたほうがいいと思うんですね。といっても、十三項目あるうち、最初の四項目は「日本は早く降伏せよ」という勧告なので、外してもいいでしょう。ですから五項目めの「吾等の条件は左の如し」以降が、具体的な降伏の条件となります。そこに続いて「吾等は右条件より離脱することなかるべし右に代る条件存在せず吾等は遅延を認むるを得ず」、要するに、こちらが出した条件以外は認めない、ぐずぐずしていることも許さない、とまず釘をさしておいて十三項目まで条件を挙げるわけです。ひとつずつ見ていきます。

「六、吾等は無責任なる軍国主義が世界より駆逐せらるるに至る迄は平和、安全及正義の新秩序が生じ得ざることを主張するものなるを以て日本国国民を欺瞞し之をして世界征服の挙に出づるの過誤を犯さしめたる者の権力及勢力は永久に除去せられざるべからず」

読むとなんだかよくわかりませんが、簡単に言うと、国民をだまして世界を征服しようとした奴らは許さない、ということです。ただ、この「権力及勢力」が天皇制のことだとすると、それを許さないということは、日本の国柄（くにがら）、国体（こくたい）を変更するぞと言っているともとれるのです。つまり「日本の国体を永久に除去する」という宣言であったかもしれない。そこで、当時の鈴木貫太郎内閣が「権力及勢力」は何を指すのかと連合国側に照会をしたのです。次に、

「七、右の如き新秩序が建設せられ且（かつ）日本国の戦争遂行能力が破砕（はさい）せられたることの確証あるに至るまでは連合国の指定すべき日本国領域内の諸地点は吾等の茲（ここ）に指示する基本的目的の達成を確保するため占領せらるべし」

ひとことで言えば、連合国が日本の国を軍事占領するぞ、ということです。

「八、『カイロ』宣言の条項は履行（りこう）せらるべく又日本国の主権は本州、北海道、九州及四国並に吾等の決定する諸小島に局限せらるべし」

朝鮮、台湾、樺太（からふと）――これに千島が入るかどうかの問題が出てきますが、それらをすべて没収し、日本の領土は本州、北海道、九州、四国、そしてこちらが指定するたとえば沖縄県諸島、佐渡島（さどがしま）や対馬（つしま）など、小さな島に限るということです。

「九、日本国軍隊は完全に武装を解除せられたる後各自の家庭に復帰し平和的且生産的の生活を営むの機会を得しめらるべし」

要するに、外地の軍隊をすべて日本内地に撤収し、一兵たりとも外地に置くことは許さんということです。

「十、吾等は日本人を民族として奴隷化せんとし又は国民として滅亡せしめんとするの意

図を有するものに非ざるも吾等の俘虜を虐待せる者を含む一切の戦争犯罪人に対しては厳重なる処罰加へらるべし日本国政府は日本国国民の間に於ける民主主義的傾向の復活強化に対する一切の障礙を除去すべし。言論、宗教及思想の自由並に基本的人権の尊重は確立せらるべし」

日本民族を奴隷にしたり抹殺したりはしないが、戦争犯罪人はすべて裁判によって処罰する、そして日本の国にしっかりと民主主義的傾向が根づくまで、言論、宗教、思想の自由、基本的人権は尊重しますよ、ということです。

「十一、日本国は其の経済を支持し且公正なる実物賠償の取立を可能ならしむるが如き産業を維持することを許さるべし但し日本国をして戦争の為再軍備を為すことを得しむるが如き産業は此の限に在らず右目的の為原料の入手（其の支配とは之を区別す）を許可さるべし日本国は将来世界貿易関係への参加を許さるべし」

日本における巨大産業はいっさい許可しないが、日本人が生きていくために必要な貿易などは、将来は許されるということです。

「十二、前記諸目的が達成せられ且日本国国民の自由に表明せる意思に従ひ平和的傾向を有し且責任ある政府が樹立せらるゝに於ては連合国の占領軍は直に日本国より撤収せらるべし」

以上六～十一項目の目的が達せられ、こちらが望むようなきちんとした政府が日本にできれば連合国は撤収しますよ、ということです。

「十三、吾等は日本国政府が直に全日本国軍隊の無条件降伏を宣言し且右行動に於ける同政府の誠意に付適当且充分なる保障を提供せんことを同政府に対し要求す右以外の日本国の選択は迅速且完全なる壊滅あるのみとす」

日本国軍隊は無条件降伏せよ、それ以外は許さない。これを破るようならば、迅速にして完全な壊滅しか道はないと。

つまりここではじめて〝無条件降伏〟という言葉が出てくるわけです。すると、ポツダム宣言は日本の軍隊に対してのみ無条件降伏を要求しているのであるから、これを受諾しても「日本国としては」無条件降伏ではない、という論理が一見、成り立つわけです。しかしよーく考えてみると、軍事占領し、領土を没収し、外地の軍隊はすべて日本に帰され、戦犯は裁判を受け、巨大産業は許されず……となると、日本の国を完璧にぐちゃぐちゃにしてしまうような内容です。ですから、やはりポツダム宣言は、日本にほぼ無条件降伏に近い要求をしていることになりますし、これまで三回にわたってＧＨＱのいろんな要求について話しましたが、それらはすべてこれに基づいてなされていたわけです。

ただ領土、戦犯、巨大産業などは、目に見えるものです。ところが実際は、それを越えて、ＧＨＱの指令はわれわれ日本人の精神構造のなかにまで及び、日本の国柄そのものに破壊の、といいますか、猛烈な斧(おの)をガツンと振り下ろしてきたと言えるんじゃないでしょうか。

✷無視された国体護持の条件

さて、今日はこのポツダム宣言の六項目が問題となります。

先の「権力と勢力」とはどの範囲を指すのか——日本政府はポツダム宣言を受諾する際に、「国体つまり日本の国柄が変更されないことを条件として降伏する」と主張しました。これに対して連合国は、検討はしたものの、結果的には返事を寄越しませんでした。そして、十二項目の「日本国国民の自由に表明せる意思に従ひ平和的傾向を有し且責任ある政府が……」をもう一度、言ってきたのです。要するに、「新しい国柄をどうつくるかは、日本国民の自由意思に任せる」というのですから、国内は混乱が起こりました。その際、昭和天皇は、「連合国の要求はそれほど過酷でむちゃくちゃなことではないと思う、自分は国体護持に自信があるから、この際、ポツダム宣言は受諾しよう」と言われたので、ようやく降伏となったわけです。

ですから、戦争が終わった時点で日本のリーダーたちが抱えていた大問題は——食糧問題が緊急の課題でしたが——「果たして国体は本当に守り切れるのか」ということだったのです。

ではその国体とは何か——簡単に言えば、明治憲法にある天皇の国家統治の大権のことです。即ち、「第一条　大日本帝国ハ万世一系ノ天皇之ヲ統治ス」、そして「第三条　天皇ハ神聖ニシテ侵スベカラズ」「第四条　天皇ハ国ノ元首ニシテ統治権ヲ総攬シ此ノ憲法ノ条規ニ依リ之ヲ行フ」、そしてこの三カ条を中心にして、立法（第五条）、司法（第六条）、行政（第十条）、軍事（第十一条、第十二条）、宣戦・講和（第十三条）などが規定されていて、その全体をひっくるめたのが日本の国柄でありました。

そして戦争に敗けてからもこれがそのまま許されるのだろうか？　その点を抜きにしてGHQからどんどん出される「男女同権」だの「労働組合をつくれ」だのさまざまな要求をとりあえず唯々諾々とのみながら、皆は「根本の問題はどうなるのか」と、お濠端の第一生命相互ビル（GHQ本部）をじーっと見つめていたわけです。いったいどんな意向が出てくるのか、われわれはどうすればいいのか……そんな中で、天皇がマッカーサーに会いにいけばいいのでは、という話も出てきたんですね。

そういう状況下で、敗戦からひと月もたたない九月九日、連合国軍最高司令官のマッカーサーが「日本管理方針」を発表します。これが憲法問題のすべてのスタートと言っていいでしょう。

「天皇陛下および日本政府は、マッカーサー元帥の指令を強制されることなく実施するためのあらゆる機会を提供される。日本の軍国主義および軍国的国家主義の根絶は、戦後の第一の目的であるが、占領軍の一の目的は自由主義的傾向を奨励することである」

これはポツダム宣言の第六番目、第十番目、第十二番目を組み合わせたもので、冷静にみると、連合国が要求しているのは日本の根本的な政治改革であり、ということは必然的に、日本の国柄の根基にある憲法の改正が浮かび上がってくることが予想できるのです。したがって、ポツダム宣言受諾の際に日本がお願いした国体護持という条件は、この時にあっさり「そんなの知らないよ」と無視されたと言ってもいいんじゃないでしょうか。なのに日本政府はそう思いたくないものだから、まだまだ日本の国体（立憲天皇制）つまり天皇家は安泰だろうと、例によって期待を込めながら希望的観測をしていたのです。憲法の改正などということは、これっぱかりも思おうとしてなかったんです。

その一番わかりやすい証拠といいますか、九月十八日、東久邇宮稔彦（ひがしくにのみやなるひこ）首相が外人記者会見でこう発言しています。

「現下、内閣はGHQからくる次々の要求の処理に追われて、内政面においてどんな改革を行なうべきかなど、考えている余裕などありません」

つまり憲法改正など考えている余裕はない、GHQからの指令を処理するだけで精一杯なのだ、と。内閣ははじめから、憲法改正なんてやる気はなかったんですね。

いっぽうマッカーサーの「日本管理方針」を丁寧に読めば、憲法改正の必要にまで辿りつくわけですから、真面目に検討している新聞社などは「東久邇さんがごまかそうとしても、そんなもんじゃないんじゃないか」というので、三日後の二十一日、朝日新聞は社説で「重臣責任論」と題し、戦後日本が抱えているもっとも重大にして微妙な部分として憲法改正問題をきちんと扱ったのです。要点を引きますと、

「民主主義政治運営の基本方式は、如何になさるべきか。統帥権に関する憲法十一条、十二条も今は空文的存在となった。これ等の問題は当然、国家基本法の再検討にまで発展していくであろう」

先に話した明治憲法のうち、軍事に関する第十一条「天皇ハ陸海軍ヲ統帥ス」と第十二条「天皇ハ陸海軍ノ編制及常備兵額ヲ定ム」の内容について、軍隊そのものがポツダム宣言によって完全否定されたいま、なくなった軍隊を統帥するとはそもそもおかしな話です。だから少なくとも第十一、十二条は空文化しているわけです。いくら格好のいいことを言っても、条項二つがすっ飛んじゃっている憲法をそのままにしておくのは変ではないか——とじつに常識的な考えでもって、当然、問題は国家基本法つまり憲法の再検討にまで発展していくであろう、と述べたのです。

これにただちに反応したのが内大臣の木戸幸一（きどこういち）さんです。彼は優秀な官僚ですから、「このままじゃいけない」というので、日記によると「十二時半、松平康昌（やすまさ）秘書官長に憲法改正問題について調査を依頼す」となりました。

ところが、ここで再びポツダム宣言をよく読めば、第十項目に「民主主義的傾向の復活強化」とあるんですね。ということは、戦前の日本にはそもそも民主主義的傾向があったのだ、それが一時の軍部の横暴によって消えたけれども、また復活できるというのであれば、連合国とて日本の国柄を全面否定して新しいものを押しつけてくることはないいんじゃないか、という希望的議論になってくるわけです。そういうところ、日本人は「苦しい時の神頼み」といいますか、戦争中もそうでしたが、都合のいい考えを持ち込んで「あっちゃ困ることはないことにしよう」をこの時もまたやっているわけです。したがって、憲法の改正など急ぐ必要はない、もともと日本にあった民主主義的傾向が憲法に盛り込まれているのだから、都合の悪い項目だけ削ったり、解釈の変更や追加などの処理で間に合う、と考える人たちが実際は非常に多かったのです。

その具体的な例として、近衛文麿と親しかった東久邇内閣の国務大臣、小畑敏四郎――覚えてますか、かつての皇道派の雄で、永田鉄山とやり合った元軍人です――が登場して、こんなことを言っています。

「憲法より急を要する問題がほかにもたくさんある。ＧＨＱが、日本の内情を全然知らずに占領政策をやるとなると間違いが起こる。すべては、占領政策の基本方針が何か、アメリカがいったい日本に何を要求してくるのか、それを確かめてからでいい。こっちから急いで憲法改正などをいうよりは、まずそっちのほうが大事だと思う」

戦前の陸軍きっての優秀な人物が、戦後国務大臣になってこういう発言をするくらいですから、たいていの人が「憲法改正などというものはなくていい、ちょっとした手直しくらいでＯＫだろう」と考えていたんでしょう。

✷行き違った近衛・マッカーサー会談

そういった考えに基づいて、これも国務大臣だった近衛文麿が十月四日、寒い雨の降るなか、マッカーサーを訪ねました。その際、通訳として奥村勝蔵（おくむらかつぞう）さん——天皇とマッカーサーの第一回会談で通訳を務めた方ですね——が同行しています。というのも、近衛さんの盟友である政治評論家の岩淵辰雄（いわぶちたつお）さんが「これからは何かとGHQと交渉することもあろうけれど、記録を残しておくように。でないと、相手が何を言ったか、頭だけで覚えていても埒（らち）があかない。いざという時はそれを突きつけるくらいのつもりでいないとだめだ」と助言したためです。それで、この会見は記録が残っているのです。

それによると、マッカーサーは近衛さんに向かっていきなりこう言ったというのです。

「第一に、憲法は改正を要する。改正して自由主義的要素を十分にとり入れねばならぬ。第二に、議会は反動的である。しかし、解散しても、現行選挙法の下では顔ぶれは変わっても、同じタイプの議員が出てくるだろう。それを避けるためには選挙権を拡大し、婦人参政権と労働者の権利を認めることが必要である」

議会が反動的、というのは昭和十七年（一九四二）の翼賛選挙後に成立したままやっているからですね。だから、頭の旧（ふる）い奴が出てこないような選挙法に変えろ、というわけです。

「日本政府が合理的な手続きで、必要な処置を講ずることを希望する。しかもできるだけ早くしなければならない。でないと、摩擦を覚悟しても、われわれがこれをやらねばならなくなる」

要するに、憲法改正、選挙法改正をできるだけ早くやれ、もたもたしているならGHQが若干の摩擦を覚悟しても乗り出していくぞ、というのです。腰を抜かさんばかりに驚いた近衛さんは、二の句も継げなかったようで、帰りの車中で、

「いやぁー、えらいことを言われたね……」

と、奥村さんにつぶやいたそうです。

これが日本に公的文書として残っている最初のマッカーサーからの要求となるのですが、降伏の際に日本がつけた例の条件、「天皇の国家統治の大権を変更するの要求を包含し居らざることの了解の下に」など、マッカーサーはさながら知らぬ存ぜぬが如きでした。

ところが、です。『東京旋風（せんぷう）』[*1]という本を著したアメリカの記者H・E・ワイルズさんが、妙なことを書いているのです。もしこれが本当だとすると、「えっ!?　そんなことで!?」という話になるのですが、いやもしかしたら本当かも……と思わないでもない話なんです。どういうことかと言うと、マッカーサーに会った近衛さんがまず、

「政府の構成について何か意見がございますか」

と尋ねたらしいのです。陸海軍大臣がいなくなるのですから、政府の構成は変わらざるを得ませんよね。ただ、近衛さんは全部がなくなるとは思っていなくて、縮小されるのか、アメリ

カの陸海軍長官のように文官制になるのか、それとも……といったつもりで聞いたようなのです。ところが、通訳がこの「構成」という語を"constitution"と訳したんですね。"constitution"はたしかに「構成」に違いないんですが、これをConstitutionと大文字にしたり、固有名詞として使うと、「憲法」を意味するのです。つまり、日本としては「政府の"constitution"」というつもりで通訳が言ったのを、マッカーサーは「憲法」の意に理解し、「第一に、憲法は改正を要する」という答えになったのだと。

とまあ、ワイルズさんの本を読むと、誤訳のために憲法改正がパァーッと浮かび上がった……と考えられなくもないのです。そういえば開戦前の日米交渉でも、「Chinaから日本の軍隊は撤退せよ」というハル・ノートの要求を、アメリカはそのつもりもないのに、日本は満洲も含むと思い込んだばかりに「そんなことはとてもできない!」と戦争に突入した。また、終戦の時の"subject to"もある。とにかく翻訳の問題ではこれまでも揉めてきていますから、難しいもんだなあとは思うのですが。

さらにワイルズさんによると、

「(マッカーサーの頭の中では)明治憲法を新しい憲法に置き換えなくてはならないなどという考えには、ほとんど注意は払われていなかったのであるが、マッカーサーはconstitution changeはお説のとおり必要だと答えた。……」

それを近衛さんはさらに誤解して、

「えっ⁉　憲法を変えろと⁉」

……いや、本当かどうかはわからないのですよ。ただワィルズ本によると、「新しい基本の草案をつくり、民主主義にのっとる新しい政党を結成し」なくてはならないと近衛さんは受け取ったはずが、「しかし、そんなことはなにもマッカーサーの頭にはなかった。しかし近衛は、自分がその委任を受けたという印象をもって席を立った」ということになるのです。つまり近衛さんは、「お前が憲法改正をしっかりやれ」とマッカーサーから委任されたと思い込んだらしいのです。そういうわけで、日本の憲法改正は、なにかそのスタートからしてボタンのかけ違いがあったような感もあるのです。

✺松本委員会の発足

さて、近衛さんがマッカーサーと会った同じ十月四日、GHQは日本政府に、またものすごい指令を出してきました。「人権に関する四項の覚書」といいます。

①政治犯（まだ留置場に入っていた日本共産党員などのこと）を十月十日までに釈放せよ
②思想警察（特別高等警察＝特高のこと）などいっさいの類似機関を廃止せよ
③内務大臣および警察関係の首脳部、弾圧活動に関係のある官吏を罷免（ひめん）せよ
④市民の自由を弾圧するいっさいの法規（治安維持法など言論を抑えているもの）を停止せよ

これには東久邇内閣はひっくり返ってしまいました。政治犯の釈放、思想警察の廃止などはまだいいとしても、③の内務大臣をクビにせよ、とは即ち内閣不信任ということになる。さらに、警察関係や弾圧に少しでも従事したことのある官吏をすべてクビにするとなると、計算すれば四千人に及びます。とても黙って受け入れるわけにはいかない、というわけで、東久邇内閣は翌日に総辞職してしまいました。

だから国務大臣として新憲法を作るよう委任されたと思って近衛さんが帰ってくるのと同じ頃に、内閣がＧＨＱの指令で大騒ぎになって総辞職を決めている、すると近衛さんはとたんに国務大臣でなくなってしまう——とまあ、じつに不思議な事態になったのです。

さて近衛さんです。マッカーサーから憲法改正を委任されたと思い込んだ裏側には、自分が戦犯から免れるには、こういった大事な仕事をするのは有利に働く、という思惑がいくらか、いやかなりあったんじゃないでしょうか……とにかく大臣を辞めようが自分はこれに専念するのだといって、近衛さんは木戸内大臣を訪ねます。そして、「日本側できちんとした憲法改正案をつくっておかないと、ＧＨＱから強引な改正案を突きつけられる恐れがある、早いとこ手をうっておく必要がある」と、悪くいえば脅したんですね。

すると木戸さんも、「マッカーサーがそこまで考えているのならしょうがない」と十月十日、近衛さんを内大臣府御用掛（ごようがかり）に任命しました。ついで木戸さんの御膳立（おぜんだ）てのもと、天皇陛下が近衛さんを呼びつけ、

「憲法改正が必要か否か、もし必要ならばその範囲についての研究調査をしっかりやるように」

と言いました。そこで近衛さんは張り切って、とにかくGHQが余計なことを言ってくる前に、全面的ではなくても憲法の改正案を作ってしまおうと、自分の出身大学である京大の佐々木惣一(ささきそういち)元教授にお願いし、これを佐々木さんも喜んで引き受けました。

……という話が進んでいった前日の十月九日、東久邇内閣が倒れたあと少しごたごたしましたが、元外交官の幣原喜重郎(しではらきじゅうろう)さんが首相となって内閣が成立しました。その閣僚名簿をもって幣原さんが宮中へやってきたところ、木戸さんが「ちょうどいいから」というので先の近衛さんの一連の話を伝えます。すると幣原さんは、ものすごい勢いで突っぱねました。

「大日本帝国憲法を改正する要などありません。マッカーサーがそんなことを日本政府に命令するなんて、とんでもないことです」

木戸さんは、これはものすごい、降伏・占領という現実にうとい人が首相になってしまった――と驚いたでしょう。

そして十月十一日、幣原さんが閣議で「どうも宮内省では憲法改正などということを考えて、近衛さんを御用掛にして調査研究をはじめているらしい」と報告すると、商法の権威かつ法律家でもあり東大の教授だった国務大臣の松本烝治(じょうじ)がカンカンに怒りました。

「なにっ!?　宮内省で新憲法の準備をしている!?　憲法を改正することはもっとも重要な国

務事項じゃありませんか。宮内省や内大臣、いわんや御用掛なんかが取り扱ってはいけない問題です。筋違いも甚だしい。改正するならもっぱらわれわれ内閣の輔弼においてなされるべきであって、それこそが立憲的なのです」

これに元外交官の芦田均ら、閣僚がすべて賛同し、「憲法を改正せねばならないのならわれらの手で」と内閣一致のもと、松本烝治博士を中心に「調査委員会」をつくろう……と、内閣は内閣でやりはじめたのです。

松本烝治（1877-1954）

これを受けて幣原さんは、すぐに近衛さんを呼んで経過を説明し、手を引くよう引導を渡します。しかし「とんでもない、私は天皇陛下に委嘱されたのだから、最大の仕事として憲法改正をきちんとやります」と強気の近衛さん、引き下がるつもりなど毛頭ありません。すると「それは立憲的ではない！」と叫ぶ松本烝治さんと大げんかになります。

そこで近衛さん、京都から佐々木惣一博士を呼び寄せて彼にも御用掛の職を与え、十月十三日夜、箱根の温泉宿に部屋を取って「さあどうぞはじめてください」と段取りをつけたわけです。「わかりました」と快諾した佐々木博士は、さらにこう言います。

「この憲法改正の大事は、陛下のご意思により、日本人の自由な立場で、日本人の憲法を考えることなのですね」

これには近衛さんも喜んで意気投合、二人は俄然、張り切るのです。

そんなこととはつゆ知らぬ内閣側は、松本委員長が中心になって十月二十五日「憲法問題調査委員会」(通称松本委員会)を発足させます。メンバーは委員長に松本烝治、そして顧問に清水澄(枢密院副議長・学士院会員)、美濃部達吉(学士院会員・東大名誉教授)——戦前の天皇機関説問題で大問題となった方ですね、野村淳治(東大名誉教授)がなります。以下、委員に宮沢俊義(東大教授)、清宮四郎、河村又介、石黒武重、楢橋渡、入江俊郎、佐藤達夫、これにもう少し若い人たちが補助員としてつきます。さらに仕事が非常に忙しくなるため、枢密院や貴族院からも参加者がありました。

だいたいにおいて松本さんが自分の仲間を集めたんで、見れば分かるようにたいてい東大系の憲法学者です。それで「京大からも入れよう」と佐々木惣一さんにおうかがいを立てたものの、とんでもない、佐々木さんはすでに近衛さんと一緒にやってますから、お断りしたようです。

そして十月二十七日、第一回総会が開かれ、松本委員長がこう言います。

「憲法問題調査委員会という名称をつけたのは、明治憲法を改正するとか、しないとかいうことではなしに、ただそういうことの問題を研究する委員会という意味にすぎない。それに調査を充分にするためには、たっぷり時間をかけたほうがいい。あまり早くやろうとすれば、どうしても行きすぎのようなことが起こる」

つまり、第一回の最初っから、憲法改正を前提にしていないのです。明治の気骨ある、というのか、頑固というのか、委員長その人に国体を改変する考えなど、はなからなかったわけです。

✳白熱する憲法草案論議

さて憲法改正の動きが同時に両方ではじまりましたから、事あるごとに角突き合わせることになります。近衛さんが記者会見すれば、内閣もなにかしら発表する。新聞記者は戸惑いながらも、角突き合いが表面化するものだから両者の情勢を書くわけです。

これを読んで「ちょっとまずいぞ」と思ったのはＧＨＱでしょう。さらにもう一つ重要な問題は、そろそろ中国やソ連やオランダなどが、戦犯問題やその名指しを強く主張する声を上げはじめたことです。当然、そこには元首相の近衛さんの名が出てきます。その近衛さんが、なんだかわからないうちに「ＧＨＱの委嘱によって」憲法改正という大事な問題をやっているなんてことになるとまずいわけです。そこで十一月一日、こういうところは冷たいといいますか、突然のようにＧＨＱは声明を出し、近衛さんを放り出してしまいます。

「日本憲法改正に関し近衛公が演じつつある役割については、大きな誤解があるように思われる。近衛公は連合軍当局によって、この目的のために選任されたのではない」

憲法改正の問題を近衛さんに言ったのは、当時、彼が東久邇内閣の副総理の立場だったからで、総辞職して浪人となった人とはすでに無関係ですよ、と明言し、憲法改正に関して近衛さんとの関係は、今や皇室との関わりにとどまっていて、連合国総司令部としては彼をまったく支持していない、つまり「おれたちは知ったこっちゃないよ」と見放したわけです。これには近衛さんも腰が抜ける想いを味わったことでしょう。のちに彼は、前回お話したように自決することになったんですね……。

ただ、ここで長々と近衛さんの話をしたのは、この時、佐々木博士がかなりがんばって憲法草案をまとめたからなんです。松本委員会がはじめからのろのろやっている間に、こっちはやる気十分なんですから。近衛さんはＧＨＱにも顔がききますし、要人と話せば何を要求しているのかの情報も得られます。佐々木さんはそれを伝え聞いてうまく加味しつつ、いわゆる近衛憲法改正大綱の案を作り上げたのです。ある意味で、もしこれがより具体化すれば、ことによったらことによったかな、という印象もなくはないんです。その近衛大綱案の主要な部分だけ引きますと、

「一、天皇の統治権を行なうは万民の翼賛による旨を特に明(あきらか)にす」

つまり天皇陛下に全部の統治権があるというのではなく、それには国民全体の助けがある、だから天皇絶対主義ではないということです。

「二、天皇の憲法上の大権を制限する（……）」

先にも上げました、天皇陛下のもつものすごい大権を制限するということです。

「三、軍の統帥及編制も国務なることを特に明にす（……）」

軍隊があったとしても、天皇の軍隊ではなく、国民の軍隊にするために内閣がそれを統制する、つまり文民統制を明確にするということです。

「四、臣民の自由を尊重する（……）」

「臣民」なんて言葉を使ってることがちょっと古臭いんですが、佐々木博士も明治の人ですからね、要するに国民の自由を十分に尊重するということです。

……といった項目がずらずらっと並んでいるんです。佐々木博士は「日本人の憲法を作るのだ」というつもりで、明治憲法の基本線はある程度守りながらも、GHQの意向を考慮しつつ、急いで、しかし熱心に作ったのです。もしもこれが具体化していれば、後に押しつけなどといわれる、つまりマッカーサーが最初に表明したような、「お前たち何もやってないじゃないか、それならこっちで作る」とGHQから出たものを押しつけられる事態になったかどうか……歴史に「もしも」はないとはいえ、少し残念な気持ちは残るのです。

こうして近衛さん側の憲法改正はなくなって、松本委員会のみに絞られました。ところが先ほど申しましたとおり、このメンバーは大学者ばかりです。そして顧問といえば気骨ある明治の男ばかりで、「占領軍など知ったこっちゃない」の域に達している人たちです。たとえば、十一月八日に美濃部達吉博士が委員会に提出した意見書があります。これによると、憲法の部分的改正など考えないほうがよい、やるなら全面改正だ、すなわち新憲法をつくるのだ、と主張しています。本当にそんなつもりなのか、と思うと、次にこうあります。

「若シ現在ノ状態ヲ基礎トスベシトセバ、陸海軍、外交、戒厳、兵役ニ関スル各条項ヲ削除スルヲ要スルト共ニ、第一条ヲモ『日本帝国ハ連合国ノ指揮ヲ受ケテ天皇之ヲ統治ス』トイフガ如キ趣旨ニ修正スル必要アルベシ」

「寧ロ現在ノ状態ハ一時的ノ変態トシテ考慮ノ外ニ置キ、独立国トシテノ日本ノ憲法タラシムベキニ非ズヤ」

要するに、「全面改正だ」というのは、手足を縛られた今の状況下で憲法をこちょこちょいじるよりも、全部変えてそれを連合国の命令によるものとしてしまったほうがいい。やむを得ずやるなら、むしろ今の状態を一時的な変態と考え、やがて占領がすんで独立国になった時、もう一度、日本の憲法を作り直せばいい——というわけです。とりあえずアメリカの気に入るようなインチキ憲法でもなんでも作っておいて、奴らが帰ってしまえば「やり直しー!」とすればいい、とまあ、スタートからして破天荒な考え方だったんですね。

こうして憲法改正問題がどんどん新聞などで目立ちはじめると、当然、「自分はこう考える」といろいろな草案が出てきます。たとえば十一月十二日の朝刊に日本共産党の「新憲法案骨子」が発表されます。

一、主権は人民にあり。
二、民主議会は主権を管理す。（……）
三、政府は民主議会に責任を負う。（……）〔四、は省略〕
五、人民は政治的、経済的、社会的に自由であり、かつ議会および政府を監視し、批判する自由を確保する。（以下略）

これなどは天皇制の真っ向からの批判ですね。そういったものがいくつも出てきました。

案じられた天皇制のゆくえ

さて、憲法の議論が盛んになってくると、最初に戻って、国体――その基本にある天皇陛下の身柄――はどうなるのかの問題が改めて浮上してきます。本当に明治憲法をちょっと手直しするだけで、天皇の身柄はこのまま安泰なのだろうか……。

そんな折、十月十八日の各新聞に、アメリカ大統領トルーマンの記者会見談話が掲載されました。

「天皇の運命は、日本人民の選挙によって決定すると故ルーズベルト大統領がいったということは、自分は聞いていない。しかし自分の考えは、この案に賛成である。日本人民が自由な選挙で、天皇の運命を決定する機会を与えられるのはいいことである」

すると「天皇の運命はわれわれが決めればいいんだ」と共産党や社会党などがハッスルし、新聞はまた一斉に「天皇制の運命はまさに選挙に問うのも一案」などの大見出しで書き立てます。こうして、松本委員会が憲法の議論をはじめた頃、国民の間では「天皇陛下をどうするか」がたいそう話題となりました。それはもう、あの頃の新聞を見れば本当によく論議されてますし、投書欄などにはのべつ出てきます。当時のことを、天皇の一番の側近であった藤田侍従長は、戦後に書いた回想録でこう記しています。

「このころは新聞を開いて〝天皇〟という字を見るのが、何となく心重かったものだ。何が書かれているか、読み終えるまで軽い焦燥(しょうそう)をおぼえた。しかし、陛下は一言も天皇制や戦争責任論について、私たち側近にも仰せにならなかった。新聞やラジオの論調にも気をくばっておいでになることは、私たちにも分ったが、それについて具体的な反応をお示しになったことはない」

「早く天皇を退治せよ」なんてことまで、十月から十一月にかけて本当にいろいろ書かれたのですが、昭和天皇はじーっと沈黙を守っていたようです。

先ほどのトルーマンの談話に関してひとつだけ、「なにくそーっ」という思いを書いた、山田風太郎さんの十一月十二日の日記を紹介します。

「今や日本がまる裸となってから『われらは天皇制を支持すると曾(かつ)て言明したことはない』と(トルーマンは)放言しようとしている。日本みずから進んで欺(あざむ)かれたのだとも云えるが、敵も進んで欺いたのである。……／しかし、余思うに、日本人に天皇は必要である。われわれは八月十五日に於ける天皇に対する戦慄的な敬愛の念を忘れることは出来ない。／いずれにせよ、敵が天皇制を認めようと否定しようと、それは米国自身の都合による。そしてまた絶対廃止とまで（アメリカ側が）自信のないことは、終戦時の『沈黙』及び今の小姑的な言動から推しても明らかである。われわれは心をひきしめて敵を見すえ、『日本の珠玉』（天皇陛下のこと）を護りぬかなくてはならない。ひとたびこの珠壊けんか、それは永遠に返らない。われわれの時代にこの取返しのつかぬ失態をしてはならない」

まる裸、これは軍隊がなくなったことですね。敵も進んで欺いた、というのは、例の「国体変更なきことを条件にポツダム宣言を受諾したのだ」との思いがやっぱり頭に浮かぶんですねえ。いい加減にごまかしやがったんだ、という思いが。終戦の時にもろくな返事を寄越さなかった連合国側が、今になっても小姑みたいに「おれたちは知らないよ」なんて言ってるのは自信がない証拠であると――それにしても、山田風太郎さんは愛国者ですねえ、天皇陛下をお好きなんですねえ。僕ら中学生はここまで考えてませんから、「どうなっちゃうんだろう、天ちゃんは」くらいの会話しかしてませんでしたけど。

とにかくその頃は、いっぽうで憲法の論議をし、いっぽうで天皇の運命について論議をする……腹が減ってしょうがない時によくまあ、えらいものでした。

さて新聞の論調を受けて、十一月から第89議会がはじまります。何度も申しますが、昭和十七年（一九四二）の翼賛選挙で選ばれた人たちですから、発言も勇ましいんです。

十一月二十九日、これまで何度も出てきました斎藤隆夫議員が登壇します。

「いかに憲法を改正するとも、これによってわが国の国体を侵すことはできない。統治権の主体に指をふるることは許されない」

要するに、天皇陛下に指を触れることは許されない、とこの人まで叫ぶのです。これに合わせて鳩山一郎さんが出てきます。

「天皇が統治したまうということが、国民の血肉となっている信念である。日本は族長的国家の典型的なもので、一大家族的集団である。この美しさを土台として発展してきた日本の中心は天皇である。われわれは国家の中心を失うことは絶対にできないのである」

議会そのものは天皇制護持で、憲法改正などとんでもない、といった勢いです。議場の外では、もちろん共産党はこれに反対し、社会党は、むしろイギリスの王室のように民主化された天皇制にすればいいんじゃないか、などとごちゃごちゃ議論はありましたが。

いっぽう政府側は断固として天皇制護持です。幣原首相は、

「もし憲法の若干の条規を改正することによって、将来の疑義を閉ざし、濫用のおそれを断ち、国運の伸張に貢献し得らるるものがあると認める場合には、この方向に歩を進めることが望ましい」

つまり、若干の項目をいじることで少しでも日本の国が進歩していくならば、その程度の改

正はしてもよろしい——これも大幅な改正などはまったく考慮していないことを言外に表明しているわけです。

さらに十二月八日の予算委員会で、松本烝治委員長が、質問に答えて、いわゆる「松本四原則」を打ち出します。これは発表のかたちでしたから、広く知られるようになります。

①天皇が統治権を総攬せらるる原則に変更がない。——明治憲法の第一、三、四条をさします。

②議会の権限を拡充し、従来のいわゆる大権事項を制限する。——根本は変わらないけれども、大権のほんの少しは制限する、といってもこれはごく自然な程度です。

③国務大臣の輔弼(ほひつ)の責任を国務全般にし、それ以外のものの介在する余地なからしめる。国務大臣は議会にたいして責任をもつ。——それ以外のもの、とはつまり国務大臣の仕事を邪魔し続けてきた軍部のことで、もうそういうことはさせない、内閣のみがきちんと責任をもってこの国をリードしていくと。

④臣民の自由、権利を保護し、国家の保障を強化する。——ここも「臣民」ではありますが、民衆を自由にするというのは連合国側の要請ですから。

これが、「改正はこの程度で進める」という松本委員会の基本となるわけです。

さて国民はこれをどう思っていたのでしょうか。当時は皆が食うために走り回っていますから、今のようにすぐ世論調査をする余裕はありません。ただ、面白い資料が残っていて、十二月に東大社会学研究所が行なった調査です。ただし千百三十一人の対象は東大生に限られていました。それによると、「天皇制否定」が六パーセントだったのに対し、「天皇制支持」は七五パーセントにのぼりました。でもこのままでいいというのではなく、「一部改革すべき」がうち四〇パーセント、もっと「根本的に改革すべき」が三五パーセントでした。要するに、ごまかしの憲法改正による改革はだめだ、ある程度きちんと手直しせよ、と多くの人が思っていたのです。もちろん東大生の意見なのですが、ごく普通にみて、おそらく一般国民も同じような考えだったのではないでしょうか。

✺尻込みしたメンバーたち

こんなふうに昭和二十年の秋から暮れにかけて、憲法改正問題に天皇制の運命も絡んでなにかごちゃごちゃしていたのですが、そんな暮れも押し詰まった十二月二十一日、マッカーサーがというのではなく、GHQが当局談として次の新聞発表を行ないました。これはちょっと「えっ!?」と驚くような内容で、問題を起こすことになります。

「ポツダム宣言の主張する『日本国民の自由に表明した意思に基づく』（日本側の要求に対する連合国側の回答ですね——半藤注、以下カッコ内同じ）最終的政府形態の樹立を促進するため、直接間接に悪影響を及ぼす一切の障害を除くべく、総司令部はこれまで日本政府にたいし幾多の指令を行なった（前回までにたくさんお話したとおりです）。神道に関する指令は、政府がいかなる形態をとるべきかという新たな問題について、最後の推進を与えるものである。日本の民主化に関する基本的指令は一応出つくした。今後は日本の民主的再建は日本自体の問題となっている」

つまり、GHQとしてはもう指令は出さない。だから新しい政府の形態、すなわち天皇制をどうするかは、日本自身が決めることだ。さあ、おまえたちの問題なのだから早く（最後に残った新憲法を）決めてこい、というわけです。

これを読んだ松本委員長はショックというのか、「何？ そんなに急かすというのか」と俄然ハッスルして、「ならば年内に審議を終え、天皇制と国体の護持を憲法的にしっかり決めて、安定の基礎を固めたうえでGHQに突きつけてしまおう」と考えたんです。

そして十二月二十二日、松本委員長は総会を開きました。この時の議論がちょっとおもしろいんですよ。児島襄さんが著書『史録日本国憲法』で紹介しているものや他の史料なども参考に、議論を私流に一部を再現してみますと、まず美濃部達吉先生の提案です。

「国称の大日本帝国についてだが、敗戦国が〝大〟というのは適当ではないようだ。〝帝国〟も語感があまりよろしくない。ただの〝日本国〟としてはどうだろうか。で、第一条の『大日本帝国は万世一系の天皇之を統治す』を『日本国は君主制とし万世一系の天皇を君主とす』とすることを提案する。また、第四条の『天皇は国の元首にして……』の〝元首にして〟を削ってはどんなものか」

　これに対して宮沢俊義東大教授――私はこの人に憲法を習ったんですが、ごっつい先生でした――が答えます。

「そこまではっきりさせるならば、第一条に『統治は臣民の輔翼(ほよく)によりて行なう』とつけ加えて、民主主義を表明するのがよいと思われます」

　今度は河村又介九州大教授が言います。

「いや、臣民という言葉には封建的な響きが感じられます。国民としたほうがよろしいのではないですか」

　これを聞いた美濃部先生は突然、怒り出しました。

「臣民は臣民でいいじゃないですか。御詔勅には『汝(なんじ)臣民』とある。これを変えるということは、国体を変革することにもつながりかねない」

　これに野村淳治東大名誉教授が加勢します。

「臣民が当然だと私も思いますな。イギリスでも国王に対するサブジェクト、すなわち臣民となっています。国民にあたる言葉となればシティズンでしょうが、シティズンは共和国民でありますしね」

　美濃部さんは勢いづいて、

「そうそう、それに宮沢君の言う『輔翼』も納得ができん。『輔翼』と『協賛』はどう違うのか、全然はっきりしないではないか」

……最後の段階になって、こういうことを議論してるんですねえ。これでは日本人の手による憲法ができるはずないんですよね。

続いて、問題は第三条の「天皇は神聖にして侵すべからず」に移ります。大方の意見としては、GHQからの「日本は神がかりの国」という批判を受け、「神聖」の言葉は訂正することで一致しましたが、では具体的にどうするかとなると、また紛糾します。野村先生が、

「これは立憲君主の政治的無答責の規定でありますから（要するに、立憲君主は政治的責任は問われないことを表すための条文だから）、はっきりと『天皇は統治権の行使につき責任を負わず』とすればいいのではないでしょうか」

すると松本委員長が、

「ではありますが、日本の天皇の神聖なるところも残しておきたい。で、条文を二つに分けて、第一項に無答責を明示し、第二項で天皇の『尊厳は侵すべからず』としたらどうだろうか」

これに野村さんが答えます。

「ウム、しかし『尊厳』とはすなわちディグニティで、名誉だけを意味する。生命身体は侵してもいいのかということになりかねない。むしろ『天皇は至尊（しそん）にして』とするほうがよろしい」

すると清宮四郎東北大教授が言います。

「いっそのこと、『天皇は国の元首にして侵すべからず』と明確に規定してはどうか」

これに美濃部先生が反対します。

「いやいや、『天皇の身位は侵すべからず』とすべきだ」

――この議論を丹念に追っていくと、いやぁ大学の先生とはたいへんなというのか、なんというのか、とにかく細かいところまで規定したがる……こうして意見はなかなかまとまらず、結局、第一条から第四条は決定保留、つまり触らないことになったんです。なんのために最後の総会を開いたんだか、要するに皆が天皇の地位に関する条項には触れたくないんです。ただ〝民主的な味付け〟をする修正にとどめたいがために各先生方が思い悩んだということだけは明瞭で、「ここで何としても決める」という意欲にはまったく欠けていて、ほとんどの人が憲法改正には積極的でないどころか、尻込みしていたんです。

ここで余談をひとつ。議会開催中、いろんな委員会で憲法問題と同時に、天皇陛下についても論じられるわけですが、なかにこういう傑作な話もありました。

まだ松本委員会総会が開かれる前ですが十二月十一日、社会党の水谷長三郎議員が、先ほどの明治憲法第一条から第四条をそのまま残しておいたのでは憲法すなわち日本の民主化は不可能であるとして追及したのです。これに対して松本烝治大先生が、

「天皇制と民主主義とが両立しないとか、天皇制がなくなれば民主主義になり得るとか、そんなふうに考えるのは絶対に間違いである」

と突っぱねたんです。すると、池田正之輔議員が、

「国家が滅んだのだから、あらゆる法規は御破算にしてかからねばならない。もちろん最高法規であるところの憲法においても然り。全面改正すべきである」

と真っ向からぶつかってきました。その時の松本さんの答弁がまことに愉快というのか、おかしいというのか……ともかくしゃあしゃあとこう言ったのです。

「日蝕があるがゆえに太陽がなくなっているというのは、間違っている。……太陽はなくなっておらないのである」

太陽（天皇）はなくなったのではなく、影に隠れて見えなくなっているだけなんだ——この話は新聞にも出ますから、「天皇日蝕論」として当時ものすごく話題になりました。これを聞いた連合国側は、「うーむ、松本はその太陽の光を弱めようとしているのか、強めようとしているのか」と、その後の委員会の成り行きを懸念をもって眺めたとか。


これで今回の話は終わりでいいのですが、ひとつだけ付け加えておきますと、松本委員会とは全然別に当時、民間の有識者の間でも憲法論議がなされていまして、なかで十二月二十六日、民間最初の憲法草案が発表されました。前にも出ました近衛さんの盟友である岩淵辰雄さんをはじめ、杉森孝次郎、鈴木安蔵、高野岩三郎、馬場恒吾、室伏高信、森戸辰男の各氏ら、在野の政治評論家や学者でつくる「憲法研究会」による独自の作成案です。その一部をあげますと、

一、日本国の統治権は日本国民より発す。
二、天皇は国民の委任により専ら国家的儀礼を司る。

当時は知られませんでしたが、GHQがこの案に強い関心をもったようです。つまり天皇は二のようなかたちで存続させるのがいい、というサジェスチョンにもなったわけです。いずれにしろ、皆が腹がへってそれどころじゃないよ、という時代に、誰に頼まれることなく自らこうして真面目に研究している方々がいて、結果的に後の憲法に影響を与えた事実があるということです。

これで昭和二十年がようやく終わります。そして問題の昭和二十一年を迎えます。いよいよ松本委員会の、論議しているんだかいないんだかわからないのろのろした歩みに業を煮やしたGHQが「ならばおれたちがやる」と乗り出してきます。それについては次回以降ということにいたします。

＊1——『東京旋風——これが占領軍だった』一九五四年、時事通信社（井上勇訳）。

第四章

人間宣言、公職追放そして戦争放棄

共産党人気、平和憲法の萌芽

この章の

✷ポイント

昭和二十一（一九四六）年一月一日、天皇による人間宣言が発表されました。これはマッカーサーによる天皇の戦争責任を免れさせるためのアイデアでした。そして一月四日には「公職追放」の指令が出されます。対象は広く、軍人、官僚はもちろん、経済界や言論界にも及びました。また一月二十四日には幣原（しではら）首相がマッカーサーを訪問。この時の会話の中で、現在の憲法九条の基となる「日本は軍隊をもたない、戦争をしない」ということが話されたと言われています。

✷キーワード

人間宣言／教育勅語／修身／公職追放／日本共産党／野坂参三（のさかさんぞう）／極東国際軍事法廷（東京裁判）／A級戦犯／共同謀議／天皇の戦争責任

✵天皇陛下、「人間」になる

幣原内閣で、松本委員会が中心になって憲法を改憲しよう、いや明治憲法のままでいいんだ、と議論をしている時、ＧＨＱには、諸外国から「天皇の戦争責任をどうしても放っておくことはできない」という声が突きつけられてきました。そのつもりはまったくないマッカーサーも、さすがに「そんな意見は聞かん」とひとことで抑えてしまうわけにいきません。もっともアメリカ国務省内ではまだ、やはり天皇の戦争責任を追及すべきではないかという意見と、いや天皇は別人格である、なにより戦争を止める時にどれほど天皇の力が大きかったか、絞首刑にするなんてことになると日本国民は黙っていないだろうという意見とがあって揉めている最中で、マッカーサーは、なんとか天皇を法廷に引き出さないようにするいい手段はないかと考えていました。

そんなある時、マッカーサーがつぶやくように、侍医のエグバーグ中佐に次のようなことを言いました。「天皇の戦争責任を免れさせるためには、日本人の言う『天皇は神である』、つまり現人神（あらひとがみ）であるという信仰を、天皇自らが否定すれば、連合国も歓迎し、その戦争責任を追及する声もいくらかやわらぐのではないか」

これをエグバーグ中佐が、同僚や民間情報教育局（ＣＩＥ）のハロルド・ヘンダーソン中佐に話しました。するとヘンダーソン中佐は「いいアイデアかもしれない、日本側でこれについて考えてもらえれば」と、友人でもある学習院大学の英文学教授レジナルド・ブライスさんに意向を伝えました。つまり、天皇が自らの神格否定を詔書で発表できないだろうか。GHQもそれを期待している、というように話したのです。

ブライスさんは、その経緯を学習院の山梨勝之進院長――覚えていますか。ロンドン軍縮条約（一九三〇）で艦隊派と条約派がもめた時の条約派の旗頭ともいえる元海軍次官です。のちに艦隊派が天下を取ったため早めに海軍を予備役（現役を終えた常備兵役）となり、戦後は学習院の院長を務めていました――に話しました。それからはトントンと話が具体化していき、アメリカがまず原案を作りました。この英文があまりうまくなかったので、英語練達の幣原首相が手を入れ、さらにそれを翻訳する際に山梨さんらが体裁を整えて詔勅が出来上がりました。

ただし、これがいかにもひどい日本語なんですね。アメリカ人が書いた、関係代名詞をいくつも使った文章をそのまま訳したものだから、何が何だかわからない日本語になった典型的な例なんです。肝心要の箇所を読み上げてみます。

「朕と爾等国民との間の紐帯は、終始相互の信頼と敬愛とに依りて結ばれ、単なる神話と伝説とに依りて生ぜるものに非ず。天皇を以て現御神とし、且日本国民を以て他の民族に優越せる民族にして、延て世界を支配すべき運命を有すとの架空なる観念に基くものにも非ず」

いっぺん読んだだけでは、何を言ってるんだかさっぱりわかりませんが、要するに、天皇陛下は神ではない、日本民族が世界に冠たる優秀民族であり世界を支配する資格をもっているというのも嘘である、ということです。

昭和天皇自身は、山梨さんや幣原さん、側近の石渡荘太郎宮内大臣らがもってきたものについては承知したものの、これに前文として、明治天皇が制定した「五箇条の御誓文[*1]」をくっつけてほしいと強く希望し、結局そうなりました。だから人間宣言には、なんのためだかよくわからない「五箇条の御誓文」がいきなり出てくるんです。ＧＨＱも「何だこれは？」と思ったでしょうが、近代日本の精神を記したものと説明して納得させたようです。

こうして昭和二十年（一九四五）十二月三十一日、閣議の決定を経て英文訳の詔書がＧＨＱにもたらされたのですが、折り返しまさにその日、ＧＨＱからある指令が届きました。それは、今後教育において、日本の歴史、地理、修身を教えてはいけない、これらの三課目を廃止せよという命令です。

私は今でも記憶によく残っていて、一月一日に天皇人間宣言の詔勅が発表されて新聞に載ったのは、読んでもさっぱりわかりませんし、気になりませんでしたが、同時に、ＧＨＱの指令により修身と日本歴史と地理の三課目をただちに廃止するという記事がどーんと出た時、「えっ!?　じゃあ日本人はこの先、歴史というものを教えてもらえないのか。自分の国の歴史を全否定されて、それを教わらないまま学校を卒業する生徒が出てくるのか」とびっくりした覚えがあります。現実に以降、この三課目は教えられなくなります。その指令は次のようなものでした。

「去る十二月十五日命令された国家神道の廃止にかんする指令の主旨に基づき、また日本政府がこれまで軍国主義、極端な国家主義鼓吹のため、それらの教科書をもって教育をおこなってきた実情にかんがみ、左のとおり命令する。

①一切の教育機関における修身、日本歴史、地理の三課目を直ちに廃止し、総司令部より許可あるまでは再開を許さない」

以下、②三課目にかんする文部省の法令などを全部廃止する、③教科書と先生の持っている教本を全部回収する、④日本政府が希望するのなら代案を提出せよ——と続きます。こうして突然降ってわいたような指令によって、戦前の教育の基本であった修身はじめ、日本の子供たちを教える基本となっていた教育勅語が全否定されたわけです。いや、じつはこの時はまだご真影と教育勅語は禁止されていなかったものの、教えてはいけないのですから全否定と言っていいでしょう。そしてこれをまた、当時の政府は唯々諾々として受けたのです。

ちなみに修身というのは、親孝行しなさい、友人と仲良くしなさい、一所懸命勉強しなさい、などの道徳教育です。人間としての生き方、日本人がもっていなくてはならない徳目、たとえば祖先を敬いなさい、年上の人を大切にしなさい、礼儀正しくしなさい、といったことを、中江藤樹[＊2]が母親を非常に大事にした、二宮金次郎[＊3]が働きながら一所懸命勉強した、などおもに過去のお話から具体例で教える教科書のことです。また教育勅語は、そうした人として守らねばならない徳目に、さらに、いったん緩急あれば義勇公に奉ず、つまり戦争の際には我が身を捨てて喜んで国のために戦死せよという教えなどを小中学生にさとしたものです。われわれは「夫婦相和し……朋友相信じ……」と暗記させられたものですが、暗唱できないようではよき少国民ではありませんでした。ようするに、明治以降の日本人をつくりあげる基本が、教育勅語と修身にあったわけです。

　というわけで、人間宣言にしてもそうですが、連合国や世界の国々が「日本は戦前の軍国主義をまったく否定して、新しい国になろうとしているのだなあ」と理解したように、明治以来、日本の国をつくってきた「国体」はここに全否定され、天皇陛下を中心とする一種の信仰のような、日本人を支えてきた精神構造はすべてここで吹っ飛んだと言っていいでしょうね。

　では代わりに何が日本人の精神を支えるのか。それはアメリカ式民主主義ということになる。これからの日本は、アメリカ式民主主義によって再建されなければならないわけです。

　もっとも当時は、修身・歴史・地理の教育がなくなる、「課目が減って万歳！」なんて喜んだ怠け者もいたんです。確かに、考えれば暗記物がなくなるのですからラクになる。でも実はこれ、由々しきことですよね。神話ももちろん教えられなくなって、日本の国がよってきたるところの淵源が全部すっ飛ばされたんですから。こうした無から新しい日本人が生まれなきゃならないことになる。さて、根元を喪失していてどういう日本人が生まれたのか。それが、これからの話になるのです。

ところで、山田風太郎や漫談家で随筆家の徳川夢声など、今私たちが読める当時の日記を見ても、一月一日の人間宣言の詔勅についての感想はあまりありません。今さら天皇は神じゃないと言われても当たり前だと思ったのか、日本人はそうびっくりしなかったみたいですね。かえってアメリカや連合国の人たちの方が驚いたようです。作家の高見順が、わずかに日記で触れています。

「かようなことを、敗戦前にもし私がいったら、私は不敬罪として直ちに獄に投ぜられたであろう。さような言を天皇自らいう。驚くべき変りようである」

そりゃ戦前に「天皇陛下は神じゃねえ、俺たちと同じだ」なんて言ったら、たちまち憲兵かおまわりさんが来たでしょう。

面白いのは、一月十一日の東京新聞に、天皇陛下も人間になったのだから言いたいことがあったら国民も投書ができますよ、という記事が載ってるんです。

「元旦に昭示せられた詔書にもあるがごとく、天皇御躬ら民主主義に率先せられ、民主主義に徹せられたのであるから、国民は過去日本の軍国主義的威圧を払拭して、食糧問題の解決に、民主主義道義の維持に、敗戦による犠牲者すなわち生活苦のどん底にあえぐ民衆の救済に、各自の意見を〔天皇陛下に〕開陳して社会国家のため、一刻も速かに新生日本建設に邁進しなければならない」

腹がへって腹がへってどうしようもないという窮状も、天皇陛下に「なんとか解決してください」と手紙で訴えるチャンスができましたよ、という話です。さて実際に書いた人が何人いたのでしょうか、以前調べてみたんですが、どうも記録に残っていませんでした。手紙が来たら、天皇も驚いたでしょうねえ。当時の皇居は「丸の内一丁目一番地」ですが、「天皇陛下様」と書いて出すんでしょうか……と、いま話すと馬鹿話ふうになってしまいますが、戦争に敗ける、軍事的に敗北するということは、精神文化の敗北でもある。つまり日本人がもっていた根本の原理そのものが全否定され、雲散霧消（うんさんむしょう）してしまうことだというのが、人間宣言そして修身・歴史・地理の全廃といった話によく表れていると思います。以来、日本人は歴史を習わない、知らない人がどんどん増えてしまいました。

✸「愛される共産党」

天皇の人間宣言にはあまり驚かなかった日本人の、今度はほとんどが腰を抜かすような指令が一月四日、再びGHQより届けられました。「公職追放」という言葉で残っていますが、正式には「公務従事に適せざる者の公職よりの除去に関する覚書」という長ったらしい名前のものです。これはとにかくすごいんです。翌一月五日の新聞は、「政界を粛正（しゅくせい）し、日本を戦争に駆り立てた人物を官、公職より追放すべき旨の画期的な重大指令」と大きく報じています。早い話が、日本の戦前のリーダーたちは、この公職追放によって全部クビになりました。もともとポツダム宣言の中に、戦争責任を追及された人は公職につけないといったことは書かれてありましたから、寝耳に水というわけではないんです。いずれそういう措置がなされるのはある程度予測していたのですが、いきなりだったのと、規模の大きさが予想を超えていたんですね。

マッカーサーの回想録を読むと、必ずしも彼は公職追放に賛成ではなかったものの、連合諸国が強硬姿勢でもあり、とにかく天皇陛下が裁判にかけられたりすることのないよう、すべてはその身の安泰と引き換えの取引として承認したと書いています。ただ、彼も本音では、日本の民主化の邪魔になる余計な者はみんなクビにしてしまえ、という意思が強くあったんじゃないでしょうか。

追放の内容ですが、ABCDEFに分かれていまして、A項＝戦争犯罪人。B項＝職業陸海軍軍人、陸海軍省などに勤めていた職員など。C項＝極端なる国家主義者。D項＝大政翼賛会、翼賛政治会などの有力者。E項＝日本の（東南アジアや朝鮮や満洲などへの）膨張に関係した金融機関・開発機関の職員――満洲国の職員なども全部これにあてはまります。F項＝占領地の総督や行政長官などの官吏――東南アジアなどの国々に日本から占領地支配のため派遣されていた職員など全部です。

ということは、軍部はもとより、とにかく日本の政界官界経済界の主な人物は総退陣といってもいい、嵐というのか旋風というような出来事でした。

当然、幣原内閣の閣僚にもこれにあてはまる人がいるわけですから、内閣崩壊に近い事態になってきます。宮中もまた然りです。たとえば天皇側近の藤田尚徳侍従長は、海軍軍人ですからB項にあてはまります。しかも、海軍時代は次官まで務めましたから当然追放です。

また政党では、「日本のこれからの政治はおれたちが担うのだ」と新しく結党して意気込んでいた人たちが、次から次へと追放になってしまいます。日本進歩党は二百七十四名の議員のうち二百六十二名、ほとんどです。また日本自由党は四十五名のうち三十名が、日本社会党でも十七名のうち十一名が追放されるのですから、もうそれぞれ解散に近いですね。

文壇で言えば、私が後に勤めることになる文藝春秋の菊池寛社長も、雑誌そのものの記事内容のほかにもいろいろと戦争に協力したということで、当然のことながら「ご追放」なんです。佐佐木茂索副社長も「ご追放」です。新聞社でも、トップクラスのクビは軒並み飛んでしまいました。いずれにしろ各界のトップはばったばったと追放を喰いました。

しかしながら、後の話になりまして、日本を改革するためがんがんとウムをいわせぬ指令を出していたGHQの占領方針が、昭和二十四年（一九四九）あたりからくるっと変わり、追放された人たちもたちまち復帰するんです。一番よく知られている例で言えば岸信介さんで、満洲国の官僚で、東条内閣の閣僚でしたから当然追放されたものの、復帰してやがて総理大臣になるのですね。

昭和二十二年（一九四七）九月にGHQが発表した「占領二カ年報告」にはこう書かれています。

「（追放は）二十年十月にまず教育と警察の部門で開始され、二十一年一月四日の指令にもとづいて、最初の一カ年には一六一七名が処分を受けた。二十二年一月四日にこの追放を拡大した結果、その年の七月十五日まで一六八一名が追放となった。なお、（公職追放令以前の）はじめの追放指令によって職業軍人、憲兵、諜報部員などの追放は一八万三〇〇〇名にのぼった」

最初の二回で三千人以上、主な人はほとんど追放されたわけです。また職業軍人たちはその前にポツダム宣言に基づいてすでに追放されていますから、総計十八万三千人とすごい数になっています。そういえば、かのインパール作戦で名を馳せた宮崎繁三郎元中将は、追放されて下北沢で「みのや」という瀬戸物売りの店をやっていました。

もっとも「お前は追放だ」と直接に決定するのは日本政府の役目ですから、この時、日本人の浅ましさがものすごくよく出ました。つまり「あの人は戦争中、これこれこういうことをやってました。追放に該当するんじゃないですか」と裏から刺す（密告する）んです。互いに刺しっこして、昨日の友は今日の敵、どんどん追放されました。考えればこの追放劇は、ほんとうに日本人を情けないものにしてしまったというか、戦後日本人のだらしなさ、御身大事、卑怯未練さでなんでもやるという姿を露呈したわけです。

そういうわけで、あっちも追放、こっちも追放、疑心暗鬼にとらわれながらも、とにかく親玉がいなくなっちゃうんですから、会社ならば残った者が引き受けて経営をしていかなくちゃいけない。一等、二等は追放されて、残った力のない連中がポーンと頭に立ったというので源氏鶏太さんの「三等重役」という小説が登場し、流行言葉にもなりました。

そういった状況下、一月十三日に、日本共産党の大物でのちに党を率いた野坂参三さんが、中国の延安から帰国しました。この時の騒ぎはものすごいものでした。徳田球一とともに党の二枚看板だった野坂さんは、中国共産党の毛沢東や周恩来もかつていた延安で、戦中戦後とずっと反日活動を続けていたんです。その人が大手を振って（といっても鞄とこうもり傘一本を持って）日本に戻ってくる。帰路の車中、詰め掛けた新聞記者に言ったせりふが、

「これからは、人民から愛される共産党でなければならない」

そこで「愛される共産党」というのがドーンと新聞に出たんですね。

いっぽう世の中とは面白いもんで、その野坂さんが帰国したちょうど一月十三日、閣僚が続々追放されてしまい総辞職の声が上がっていた内閣は、幣原首相が病気だったりで決断できないままぐだぐだした挙句、閣僚を入れ替えて幣原さんが続行することになり、この日に改造内閣の就任式を行ないました。ですが、首相官邸での記念撮影中にも集まった報道陣は寥々たるもので、記者たちは皆、野坂さん大歓迎を取材しに代々木に行ってしまったんですね。記事にも書かれています。

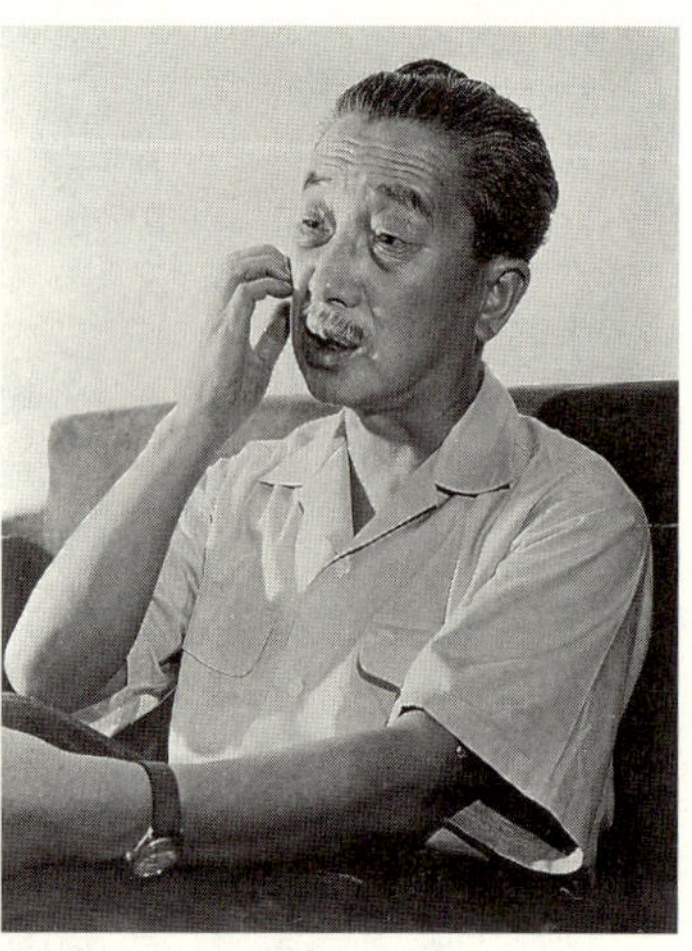
野坂参三（1892-1993）

「日本の政治の胎動は永田町から代々木に移ったの観があった」

確かに日本人というのはそういうところがあって、人気者のほうに群がり集まっていくんです。一月十六日の朝日新聞は、今も社会面の隅にある「青鉛筆」というコラム欄でこう書いています。

「アメリカ兵とお手々つないで歩く少女を〝道義の頽廃〟などと嘆く男もあるが必ずしも当らず、野坂氏の帰った共産党本部の前には洋装、和装の美しい娘さん達が、楽屋入りのターキー（水の江滝子＝松竹歌劇の大スター）を垣間見るように見物に来ている。……神風号が欧州から帰れば一にも二にも飯沼、土俵で連勝すればなんでもかんでも双葉山、アメリカ軍が堂々進駐すればその進駐兵、そして野坂参三が日本の注目を浴びて帰国すれば忽ち野坂ファンになるというところが、移り気な乙女気質？　ともいうべきか」

日本人の付和雷同、軽薄さを皮肉っていますが、代々木には新聞記者だけでなく、今のヨン様おばさまのような「野坂様おばさま」まで集まったようです。飯沼操縦士というのは、塚越機関士とともに昭和十二年（一九三七）、「神風号」で長駆ヨーロッパ訪問への飛行に成功し、女性からキャーキャー声を浴びた人です。ここでは女性ばかりをあげつらっていますが、なに男どもも同じように野坂さん詣でをしたわけで、彼らが万歳万歳やってる光景は、日本はいまに共産主義国家になるんじゃないかと言わんばかりのある種の勢いでした。

それを傍目で見ていて、「たいへんだ、こんな状態が続けば日本はとんでもない方へ動いていってしまう」と俄然ハッスルしたのが、かの松本烝治博士です。このままでは日本の将来が危ぶまれる、早く改正憲法をつくって土台を固めてしまわねば、と張り切りまして、その憲法の話は後にまた触れます。

✹マッカーサーを動かした日本人からの手紙

さて公職追放や野坂さんの帰国などで戦後日本が流動している時、さらにもうひとつ、日本人に鉄槌を食らわせるというか、ショックを与えたのが「極東国際軍事法廷」、いわゆる「東京裁判」でした。一月二十二日に条例が公布され、裁判がどのように行なわれるかの全容が発表されたのです。それを見ますと、ABC各クラスに分けて戦争犯罪人を摘発し、裁判にかける。Aにあたるのは軍事指導者で、平和に対する罪を裁く——こんな罪はそれまでの国際法にはないんですが。Bは通例の戦争犯罪人で、捕虜を虐待した、武器を持たない一般市民を殺戮した、強姦したなど、国際法で禁止された犯罪です。さらにCは人道に対する罪――当時の日本人にはよくわからなかったのですが、要するに、捕虜を無理やり歩かせた（バターン死の行進など）とか、南京での虐殺などがこれにあたります。その実行者です。こうしてABC級の各戦犯に分けられましたが、実際はB級戦犯とC級戦犯はごく似た部分もありますので、BC級戦犯として一緒に裁判されたと言っていいでしょう。

　さて、A級の「平和に対する罪」です。これには、日本が野望を遂げようと戦争を計画し、強引にそれを実行した、しかもそれは一人や二人による仕事ではなく、何人かが共同して計画を練って世界戦争にもっていった、という「共同謀議」の概念が適用されました。ですが、戦前の昭和史で話したとおり、日本にはそんな計画性をもった指導者はおらず、たいてい行き当たりばったりのやってしまえ式で進んできたのであって、共同謀議などあり得ませんでした。たしかにナチス・ドイツにおいては、ヒトラーを中心とした共同謀議的な戦争計画のもと、オーストリア、ポーランドを併合しソ連に侵攻しましたから、ニュルンベルク裁判ではこれが表立って糾明されたのです。しかし日本の場合は、そんなことはなかったにも拘らず、この新法令を適用するとGHQが発表したものですから、またここで大騒動になります――共同謀議の中に、天皇が入ってくるのではないか。「天皇だけは関係なかった」とは言えないんじゃないか。人間宣言やいろんな取引で懸命にその安泰を図ってきたのに、こうなると天皇の身が一番危なくなるのではないか、と危惧されたのです。

また、この昭和二十一年一月頃の日本の社会は、追放令や戦犯摘発などで、本当に殺伐としていました。追放で泣く人、戦犯として牢獄に繋がれる人……騒然たる中で、日本人の気分もかなり荒っぽくなっていったようです。次第に「天皇の戦争責任は免れない」などと言う人が現れ、「天皇も軍事法廷に引っ張り出せ」という声が強まっていきました。

当然、この雰囲気を、連合国の強硬派は察知します。そして「ヒロヒトを吊るせ」、つまり裁判にかけて絞首刑にしろ、という声が澎湃として出てきました。たとえば、二十二日付ワシントンに届けられたロンドン駐在米大使からのメッセージ「当地の戦争犯罪委員会は、主要戦犯として天皇裕仁のほか六十一名の日本の指導者を告発し、その名簿を作成すべきであるとの提案が、同委員会のオーストラリア代表から出されている。……」などなどです。こういった声はなかなか収まりませんから、これにはマッカーサーも困り果ててしまいます。

天皇を裁判にかけたり、いわんや絞首刑の判決が出たりしたら、これまでおとなしく占領政策に応じてきた日本人は果たしてどういう動きに出るか。憤慨して隠していた武器をとり、とんでもないゲリラ戦が始まるんじゃないか、そんな懸念でマッカーサーは憂い悩んだのです。

結果的には、マッカーサーは揺れる気持ちを引き戻し、天皇に責任はないんだ、天皇をきちんと置いておかねばならない、という思いを新たにするのですが、そう改めて決意を固めさせたのが、日本人からのマッカーサー宛の手紙でした。

今もアメリカのマッカーサー記念館に、日本人からの膨大な手紙がきれいに整理されて残っていて、私も何通か見たことがあります。政治学者の袖井林二郎さんがそれらを丹念に調べて書いた『拝啓マッカーサー元帥様』にたくさん紹介されている中からいくつか挙げますと、

「近来新聞紙の報ずる所によれば、戦争責任が上御一人にまで波及するのではないか、とのことにて、全く事の意外に茫然自失致したのであります。何としても之を防止せなければならぬ。(……)上御一人にもしもの事がありますれば、私共国民は生き甲斐を失います。(……)私の一命が御必要となれば、喜んで私の一身は差し上げます。なにとぞ私の切なる願いをお聞き届け下さいませ」

こういうのをマッカーサーは丁寧に読んだらしいんですね。さらに、

「陛下を法廷に立つるが如き事あらば、私個人はもとよりの事、多くの日本人が歴史と伝統により蓄積されたる忠誠心、というよりむしろ信仰心により、閣下個人のみならず米国人すべてにたいし、今後永久に一大憎悪を抱き、かつ不測の事態の惹起を必然にして、また我々現時を生くる日本人としては憤死するとも、如何にして死孫に顔向けできましょうや」

天皇陛下を裁判にかけたりしたら、われわれ日本人は生涯お前たちを許さん、とすごい剣幕です。この手紙は、半紙一枚に、指を切って血文字で書かれていました。すでに黒ずんではいますが。さらに、

「天皇陛下ハ我等日本人ノ生命デアリマス。我等ハ天皇ナクテハ生キテ行ケナイノデス。

何卒陛下ヲ苦シメナイ様ニシテ下サイ、是レ我等日本人ノ至上ニシテ最モ切実ナル念願デアリマス」

またほかにも、小学生らしい、たどたどしい文字の、たった二行のものもあります。

「天皇陛下をさいばんしてはいけません。天皇陛下にせきにんはありません」

このような手紙が、当時マッカーサーの元に殺到したわけです。

一方、小説家の武者小路実篤（むしゃのこうじさねあつ）さんが、戦後創刊された雑誌「新生」に「マッカーサー元帥に寄す」という、直接の手紙ではなく寄稿して発表したものがあります。

「……新しい日本を生む産婆役をなさるあなたもやり甲斐があると思われます。大変ではありましょうが、新しい日本、西洋でない平和な日本が生れる。生甲斐のある日本が生れるのを、世話やくわけですから、うまくやって戴ければ日本はいつまでもあなたに感謝するわけですし、世界中の人も喜ぶわけと思います。／しかし私はそれには天皇制を認めることが一番まちがいない方法と思っているのです。陛下さえいられれば、米国の軍隊は今後日本では武器をとる必要が決してないことを私は信じて疑わないものです。陛下が居られなかったら米国は日本から十年以上、兵を引きあげることは先ず不可能と私は信じています。それは理屈でなく事実と思います」

堂々たる作家の武者小路さんも、なんだか国民の手紙と同じような文章を書いてますね。こういうふうに、日本のある部分ではいまにも共産主義革命が起きるのではという大きな風潮がありながら、底の方では天皇陛下のためにわれわれ日本人は何でもやる、というような声も高まっていった、これが昭和二十一年一月の状況でした。

✹「今後は平和日本に」

さてその一月に、非常に重要な一日があります。一月二十四日です。この日、GHQからもらったペニシリンのおかげで病から快復した幣原首相が、そのお礼にマッカーサーを訪ねました。じつは、この時の幣原さんとマッカーサーの会話の中で、今の憲法第九条の基になる、「日本は軍隊をもたない、戦争をしない」という平和への願いが話されたというのです。一説に、幣原さんが「今後はこういう平和日本にしたい」ということをマッカーサーに言い、感動したマッカーサーが「それはすばらしい。原子爆弾などという殺人兵器でもって戦争を続けていれば人類は滅亡する。日本が率先して軍備を全部捨て、戦争をしないと世界中に宣言するのはたいへんすばらしいことだ」と賛同し、それを新しい憲法の中に盛り込んだ――とされています。いや、逆に、幣原さんではなくマッカーサーから言い出したのだという説もあります。

いずれにしろこの一月二十四日に二人が会い、これからの日本はどうあるべきか、そして憲法について話し合われたのはどうも確かなんです。幣原さんは昭和三年（一九二八）、満洲事変が起こる前ですが、世界十五カ国の代表が集まって調印した不戦条約——提唱した二人の名をとってケロッグ・ブリアン条約とも言います——の日本全権を務めました。その条約の第一条にはこうあります。

「条約国は、各(おのおの)その人民の名において、国際紛争解決のため戦争に訴えることを罪悪と認め、かつその相互の関係において国策の手段として戦争を放棄することを厳粛に宣言す」

国際紛争の解決として戦争に訴えることは罪悪であり決してしない、国策を実現するための手段としての戦争は放棄する——これを十五の国が集まって調印したわけです。ただし日本は「人民の国」ではなく「天皇の国」なのだから、「各その人民の名において」調印するのは国柄に反する、とすったもんだの議論があったものの、これは国際的な儀礼としての言葉と認めて調印そして批准(ひじゅん)しました。満洲事変、日中戦争、対米英戦争は、要するに調印していながらこの不戦条約を日本が踏みにじったので、不正義とされたんです。

幣原喜重郎（1872-1951）

　それはともかく、幣原さんはこの時の全権ですから、「戦争をしない」という言葉を、非常に崇高で尊いものとして大事に胸に収めたとは言えると思うのです。その幣原さんが、マッカーサーに会った時にそれを思い出し、これからの日本は国際紛争解決のために戦争に訴えることはしない、国策の手段として戦争を放棄すると明言した、という観測が当然出てくるわけです。でも、それが正しいかどうか。

幣原さんが語った言葉を、秘書として働いていた大平さん（結婚して羽室さん）が記録したものが残っています。それによると、

「〔幣原は〕かねて考えた世界中が戦力をもたないという理想論を始め、戦争を世界中がしなくなるようになるには、戦争を放棄するということ以外にはないと考えると話し出したところが、マッカーサーは急に立ち上って両手で手を握り、涙を目にいっぱいためて、その通りだといいだしたので、幣原は一寸びっくりした。しかしマッカーサーも、長い悲惨な戦争を見つづけているのだから、身にしみて戦争はいやだと思っていたのだろう」

ということからみれば、幣原さんは確かに言ってるんですね。すると、今私たちが手にしている平和憲法の基本精神となった九条は、幣原さんが言い出したものとも思えるんです。

一方で、昭和二十五年（一九五〇）春頃、朝鮮戦争の直前ですが、マッカーサーは来日したアメリカの出版業者を迎えた昼食会の席で、こう得意気に話したといいます。R・マーフィーという人がマッカーサーのことを書いた『軍人のなかの外交官』にあります。

「もしも将来、アメリカで私の銅像が建てられるようなことがあるとしたら、それは太平洋戦争における勝利のためではなく、また日本占領の成功のためでもなく、日本国憲法第

九条を制定させたことによるであろう」

軍人でありながら、マッカーサーは回想録などで「これからの人類は滅亡をもたらすだけの核戦争などすべきでない」といった非戦論的なことをかなりはっきり書いていますし、昭和二十六年五月、トルーマンによって最高司令官をクビになってアメリカに帰った後も、上院の軍事外交合同委員会で、やはり憲法について触れて次のように話しています。

「日本人は世界中のどこの国民にもまして原子戦争がどんなものだか了解しています。……彼らは死体を数えそれを埋葬したのです。彼らは自分の意見でその憲法の中に戦争放棄の条項を書きこみました。首相が私のところに来て『私は長い間考えた末、信ずるに至りました』と言いました。彼はきわめて賢明な老人でした。……『長い間考えた末、この問題に対する唯一の解決策は戦争をなくすることだと信じます』と言ったのです。さらにこう言いました。『軍人としてのあなたにこの問題を差し出すのは非常に不本意です。なぜならあなたがそれを受け容れないものと信じているからです。しかし、私は今われわれが起草中の憲法にこのような条項を挿入するように努力したいと思います』。そこで私は立ち上がってこの老人と握手し、彼に向かい、それこそはおそらく講じ得る最も偉大な建設的措置の一つだと考えると言わないではいられませんでした」

ですが、二人が会った一月二十四日の時点で、それまで病床で呻吟（しんぎん）していた幣原さんは、松本さんらの憲法調査委員会が出した試案を詳しく見てはいないのです。したがって、「私は今われわれが起草中の憲法にこのような条項を挿入するように努力したいと思います」ということはあり得ないんじゃないか、とも思えます。マッカーサーは千両役者ですから、言い出したのは自分のくせに、憲法第九条の責任をすべて幣原さんに押し付け、自分はそれにただ感動して握手をしただけだということにしているのかもしれません。

ではなぜマッカーサーが幣原さんにすべてを押し付けたのか。当初は憲法第九条を「今は誰も納得しなくとも、五十年後百年後にはきっと人類すべてが納得するようになるであろう、世界のあらゆる国がもつべき大理想だ」と得意にしていたマッカーサーその人が、昭和二十五年(一九五〇)、朝鮮戦争に際して日本に「軍隊を持て」と強く言ってきたのです。自ら理想を踏み破ってしまったわけで、後から「あれは俺の仕業じゃない」と責任転嫁をしたと思われる節がある。とにかく彼は役者ですからね。そういうわけで、結局どちらが言い出したのかは今もって霧の中、第九条の源は、いろんな意味を含みながら謎のまま、としておきましょう。

もう一つ面白いのは、幣原さん本人も側近も語っていることですが、マッカーサーと会って雑談的にいろんな話をするうち、英語が得意でシェイクスピアを愛読する幣原さんは、どの作品が好きかと問われて、たとえば『ヴェニスの商人』だと答え、法廷でシャイロックを相手にポーシャ姫が行なう演説を、英語で朗々と暗唱したのです。次の箇所です。

「慈悲は強いらるべきものではない。恵みの雨のごとく、天よりこの下界に降りそそぐもの。そこには二重の福がある。与えるものも受けるものも、共にその福を得る。これこそ、最も大いなるものの持ちうる最も大いなるもの、王者にとって王冠よりもふさわしき徴(しるし)となろう。手に持つ笏(しゃく)は仮の世の権力を示すにすぎぬ。畏怖(いふ)と尊厳の標識でしかない。そこに在るのは王にたいする恐れだけだ。が、慈悲はこの笏の治める世界を超え、王たるものの心のうちに座を占める。いわば神そのものの表象だ。単なる地上の権力が神のそれに近づくのも、その慈悲が正義の風味を添えればこそ。……」（福田恆存(つねあり)訳）

要するに、王者というのは慈悲の心をもつことが一番大事だという話です。これはちゃんとした記録に残っているので間違いないのですが、ここから先は、私の仮説といいますか、推理した話になります。

この翌二十五日、マッカーサーは重要な手紙をアメリカのアイゼンハワー参謀総長に送りました。これは、アメリカの陸軍省・海軍省・国務省の三省委員会で天皇を裁判にかけるかどうか議論していたものの、ワシントンでは埒(らち)があかないので、マッカーサーに調査して報告するよう依頼していたものへの回答です。それまで延ばしていた返事をこの日に書いた、というのがミソなんです。前の日に幣原さんと会い、「慈悲の心こそ王者にふさわしい」というポーシャ姫の名演説に感銘を受けたのが引き金となって、それまでとつおいつ考えていたことへの結論を出した、すなわち、天皇に戦争責任はないとする手紙を記した、という筋書きです。国民は当時、その経緯をもちろん一切知りませんでしたが、いまはいろいろな本にも出ている戦後日本におけるかなり有名な手紙です。

「もし天皇を裁くとなれば、占領計画は大幅に変更しなければならないし、したがって実際に訴訟を起こす前に然るべき準備が戦備面でも完了していなければならない。天皇を告発すれば、間違いなく日本人の間に激しい動揺を起こすであろうし、その反響は計り知れないものがある。……天皇はすべての日本人を統合するシンボルである。彼を滅ぼすことは国を崩壊させることになる。……日本人は、連合国の天皇裁判を自国の歴史にたいする背信とみなし、憎悪と怒りを、予見しうるかぎり長期にわたって永続させるであろう。……まず占領軍を大幅に増大することが絶対に必要となってくる。それには最小限百万の軍隊が必要となろうし、その軍隊を無期限に駐屯させなければならないような事態も十分あり得る」

暴動が起きるかもしれないからまず準備を完璧にしなければならないと言っておいて、日本人は何をしでかすかわからない、それこそゲリラ戦が起こる可能性もあると。ここで注意を引くのは、天皇は「すべての日本人を統合するシンボル」という言葉です。これは後の憲法にそのまま出てくるもので、すでにこの時のマッカーサーの手紙に書かれていたことになります。そして、天皇を絞首刑にすれば、日本の国を滅ぼすことになってしまう。戦争が終わり軍隊が解散した今、百万の軍隊を呼び集めて日本に送り込むことなどできるだろうか――つまりこの時、マッカーサーは天皇を裁判にかけない、その身は安泰だということを明言し、ワシントンに通告したわけです。

このことがわかっていれば、日本はがたがた大騒ぎしなかったのですが――というのも、憲法をつくる作業においても何にしても、当時の日本は内閣も宮内省も、天皇の身柄がどうなるかの心配が常に先にあり、ためにGHQの強引な指令にも素直に従っていたのです。わかっていれば「このやろー、お前たちの言うことばかり聞いてねえぞ」ぐらい言えたかもしれないのですが――残念ながら知らなかったために、憲法作成においても天皇の身柄が焦点となり、すったもんだの議論が起きるのです。

＊1――五箇条の御誓文　慶応四年（一八六八＝明治元）三月十四日、明治天皇が発表した明治新政の基本方針。由利公正が起草し、木戸孝允らが修正を加えた。「広く会議を興し、万機公論に決すべし」にはじまる。「教育勅語」「軍人勅諭」とともに、昭和初期まで国民の指導理念とされた。

＊2――中江藤樹　慶長十三（一六〇八）―慶安元（一六四八）、近江国（滋賀）出身の江戸時代初期の陽明学者。私塾を開き、多くの門人を育てた。

＊3――二宮金次郎　本名は二宮尊徳。天明七（一七八七）―安政三（一八五六）、江戸時代の篤農家、思想家。寝る間も惜しんで読書をしたなど数々の逸話を残し、かつては全国の小学校に薪を背負って本を読みながら歩く姿の銅像が多く建てられた。

第五章

「自分は象徴でいい」と第二の聖断

GHQ憲法草案を受け入れる

この章の

✷ポイント

昭和二十一（一九四六）年二月十三日、ＧＨＱの憲法草案が日本政府に提出されました。これには天皇は〝国家のシンボル〟で主権は国民にあり、戦争を放棄することが書かれていたため、政府内で激しい議論が巻き起こります。しかし天皇の「自分は象徴でいい」という「聖断」もあり憲法改正はまとまりました。そして同年十一月三日、「日本国憲法」が公布。翌年五月三日から施行されました。この憲法が戦後日本の機軸となったのです。

✷キーワード

ホイットニー准将／マッカーサー三原則／吉田茂（よしだしげる）／白洲次郎（しらすじろう）／主権在民／国家のシンボル／戦争放棄／預金封鎖・新円発行／日本国憲法／地方巡幸（じゅんこう）

理想を欠いた憲法草案

昭和二十一年（一九四六）一月の終わり、マッカーサーはワシントンのアイゼンハワー参謀総長に宛てて、天皇に戦争責任はないと伝える手紙を書きました。そのころ、極東委員会[*1]が発足して事実上の活動をはじめたこともあり――この委員会はGHQのやり方を監視したり牽制するような存在ですので――連中が活躍する前にとにかく早くケリをつけたいというマッカーサーの思惑もあったと思います。この手紙の結果、天皇の身柄に関してワシントンからはまったく何の注文も出なくなります。天皇の有罪無罪に関しては討議の必要なし、ということで終止符が打たれ、アメリカの「天皇の戦争責任を追及しない」方針がほぼ確定しました。それをまったく知らなかった日本は、依然として、天皇陛下の身柄の安全をめぐって戦々恐々としていました。前回にお話ししたとおりです。

さて月が明けて二月一日、つまりマッカーサーの手紙からわずか三、四日後に、毎日新聞が一大スクープを報じました。私は、そのことはあまり記憶がないんですが、二月一日で思い出すのは、ラジオから流れてきたいわゆる「カムカム英語」です。戦争中に青年あるいは少年時代を過ごした人は皆覚えていると思いますが、「証城寺のたぬきばやし」のメロディに合わせて英語の歌詞を歌う、つまり英語の勉強がこの日はじまったんです。

"Come, come, everybody. How do you do and how are you? Won't you have some candy?
One and two and three, four, five. Let's all sing a happy song. Sing trala, la, la, la."

今でも歌えるくらいで、平川唯一（ただいち）さんという先生が流暢（りゅうちょう）な英語を操って昭和三十年まで実に十年間、これがラジオから流れていたのです。一方、毎日新聞のスクープについてはほとんど記憶がありません。ちなみに高見順日記や山田風太郎さんの日記を見ても、まったく触れていません。大スクープだったにも拘（かかわ）らず、世の中の人は関心がなかったのでしょうか。憲法に関する話ですし、そんなこともなかったと思うんですが……。

さて、政治部の西山柳造記者によるそのスクープとは、「第一条　日本国は君主国とす」にはじまって、「第二条　天皇は君主にして此の憲法の条規に依り統治権を行ふ」「第四条　天皇はその行為につき責に任ずることなし」——いわゆる松本委員会が作った「乙案」の掲載でした。これがいったいどうして西山記者の手に渡ったのかは、今も謎のようです。

その「乙案」ですが、松本委員会が作成した甲乙二案のうち、GHQに提出しようと考えていたのは「甲案」で、こちらはもっと明治憲法そのままです。しかしそれよりずっと進んでいるはずの「乙案」でさえ、読めばわかりますように、天皇主権など明治憲法の流れをそのまま汲んでいる内容で、これを読んだマッカーサーをはじめとするGHQの改革派の人たちは「なに!?」と思ったらしい。せっかく国を改革してゆく責任を与えたというのに、日本人どもはなんだ、まったく古い伝統的な原理や慣習に固執し、なんら改革への積極性が見られないではないか。彼らはわれわれにぺこぺこするけれど、言葉の見せ掛けとお辞儀だけで万事を済ませようとしている――そんなふうに受け取りました。そして「これではわれわれが満足するような、改革を盛り込んだまともな憲法案が出てくるはずはない」と判断せざるを得なくなりました。

考えてみれば、「乙案」でこれです。もし「甲案」がスクープされていたとしたら、どうなっていたことか。GHQでもとりわけ改革派のホイットニー准将（じゅんしょう）は一気に考え方を硬化させ、ただちにマッカーサー最高司令官に進言します。

「どうも反動的グループが（〝半藤的〟じゃないですよ。当時〝反動分子〟という言葉がはやりました）憲法改正の主導権を握っているようです。われわれがとうてい認めることができないような改正案を彼らが決定してくるのは目に見えています。その前に、こちらからもっときちっとした指針、あるべき憲法の方向性を与えるほうが時間の節約になります。日本の出してきた古臭い、昔通りの憲法をひっくり返して一から直すのでは、時間ばかりかかってしまいます」

アメリカの改革派がカンカンになるのは当然でしょうが、たとえば毎日新聞の当時のコラム欄「硯滴（けんてき）」も、翌二月二日、あきれ気味にこう書いています。

「憲法改正調査委員会の試案を見て、今更（ママ）のことではないが、あまりに保守的、現状維持的のものにすぎないことを失望しない者は少ないと思う。つまり憲法改正という文字に拘（こう）泥（でい）し、法律的技師の性格を帯びた仕事しかできないで、新国家構成の経世的熱意と理想に欠けているからである。今日の憲法改正は単なる法律的の問題でない。それは最高の政治である」

つまり法律の範囲内でテクニックを駆使して文字だけをいじくり、同じことを少し変えて表現しているだけでしかない。松本委員会には、新しい日本をつくる熱意や、こういう国にしたいという理想が欠如している。新憲法は戦後日本の礎(いしずえ)であり、基本の考えになるわけで、単なる法律ではなく、日本の国をどうするべきかという最高の政治であるのに、と。続けて、

「法律家の松本国務相を中心とし、恰(あたか)も民法とか商法とかの改正調査会のようなものをつくって、これに原案をつくらせるという考え方が、すでに革命的の時代感覚とは凡(およ)そかけ離れたもので、現行憲法〔明治憲法〕でさえとにかく伊藤公〔当時の首相・博文〕を中心として作られたことを思うべし」

松本さんは商法の大家です。明治憲法は、内閣総理大臣が国家的事業として作った。それを商法の大家を頭に戴いて原案を作らせるなどとは時代錯誤もいいところではないか。そう厳しく論評したのです。

まあ、とにかくあまり評判がよくなかったんですね。だから高見順や山田風太郎の日記にも出てこないのかとも思いますが、こんなことでは前と同じで一つも改正していないじゃないか、というのが一般的な印象だったのでしょう。

しかし、委員会は外からの批評や悪口にはびくともせず、とくに松本委員長はとにかく早く仕上げてGHQに提出を、と頑張ります。前年十月二十七日の第一回総会以来、総会六回、小

委員会十五回、力の限りを尽くして討議してきたのだから、つべこべ言われる筋合いはないと言わんばかりにふんぞり返って二月二日、第七回総会をもって任務完了、GHQに提出する憲法案としてこれは冠絶（かんぜつ）し最高のものである、と全委員が胸を張って解散したのです。

✹日本人には任せておけない

一方、GHQはカンカンです。翌日の二月三日、マッカーサーはホイットニーを部屋に呼び、日本人には任せておけないので民政局で憲法を起草するよう伝え、その際には基本的な三つの事を守ってほしい、と自らの考えを述べます。マッカーサー三原則として知られたもので、これにのっとってホイットニー以下民政局の人たちが憲法草案を作り上げていくことになります。

三原則とは次のようなものです。

一、天皇は国の元首の地位にある。
天皇家はつぶさずに、皇位の継承は世襲とする。天皇は元首ではあるけれど、その職務（仕事）および権能（権限）は憲法に基づいて行使され、憲法に示された国民の基本的意思に応えるものとする——ちなみにこれは、後でひっくり返ります。

二、国権の発動たる戦争は、廃止する。
ふつう国家主権が衝突した際、こちらの意志を押し通すために、政治の延長として戦争がはじまるわけですが、日本はそういった行動は廃止する。また紛争解決のための手段としての戦争、さらに自己の安全を保持する自衛のための手段としての戦争をも放棄する。日本は、その防衛と保護を、今や世界を動かしつつある崇高な理想、つまり国際連合に委ねる——この時はまだ日米安全保障条約は結んでいませんから、アメリカに任せるということではありません。また、日本が陸海空軍をもつ権能は、将来も与えられることなく、交戦権が与えられることもない。つまり軍隊をもたない、ということです。

三、日本の封建制度は廃止される。

八月十五日以来、GHQが行なってきたさまざまな改革は、日本のあらゆる封建制度の破壊でしたから、これは今さらでもありますが。貴族の権利は、皇族を除き、現在生存する者一代以上には及ばない。貴族とは「公侯伯子男」爵のことで、すでにもっている人は仕方ありませんが、世襲はしない、すべて一代限りで終わりにする。また、皇族の外側にいる華族の地位は、今後どのような国民的または市民的な政治権力も伴うものではない。

これを受けてホイットニーは二月四日、すでに三八度線をめぐってソ連や朝鮮との話し合いがはじまっていた朝鮮部担当を外した民政局の全員、二十五人を集めて大号令を出しました。

「これからの一週間、わが民政局が憲法制定の役割を担うことになった。ジェネラル・マッカーサーは、日本国民のために、新しい憲法を起草するという歴史的意義のある任務を、われら民政局に委託されたのである。もちろん、草案の基本は、ジェネラル・マッカーサーの略述された三原則にあることは申すまでもない。日本政府の係官と、日本政府提出の憲法草案についてのオフ・ザ・レコード（記録しない）の会合を予定している二月十二日までに、われわれは新憲法草案を完成し、ジェネラルの承認を受けておかなければならない」

日本から草案が出てきて討議することが予定されている二月十二日の会合までに、とにかくこちらの新憲法草案を完成させてマッカーサー元帥の承認を受けておかねばならん、もたもたしていられない、と大演説をぶち、行政課長チャールズ・L・ケーディス大佐、法規課長マイロ・E・ラウエル中佐、アルフレッド・R・ハッシィ・ジュニア海軍中佐がそれぞれ天皇制、戦争放棄、国民の権利などの分野の責任者に指名されました。

さてこの二十五人をよく眺めますと、一人として憲法の専門家はいませんでした。GHQにはよくできる学者的な人がたくさんいましたが、軍人ですし、憲法を大学などで専門的に勉強してきた人は見当たりません。ただし、皆若いんです。松本委員会の平均年齢が六十歳とすれば、それより三十歳ほども若い人たちがずらりと並びました。彼らは、マッカーサーの命令で日本の民主化を完成させるための憲法をつくるというので俄然興奮して、世界各国の憲法などを猛勉強するのです。ホイットニーは演説の最後に付け加えたといいます。

「私は充分な説得をとおして、日本側との合意を得たいと思っているが、説得がどうしても（日本が同意せず）不可能となったときには、力を用いる（GHQの権力を行使する）と脅かすことによって同意させる覚悟である。また、そうしてもよいという権限をジェネラル（マッカーサー元帥）から与えられているのである」

日本がなんと言おうとこちらの作った憲法を受け取れと言うつもりだから、しっかり作れよ——これはいくらなんでもあんまりではないか、と思われなくもありませんが。

こうして翌二月五日からはじまった作業は、もうねじり鉢巻でシャカリキになって、なんとか十二日までに終了しました。この一週間はすべて密室です。誰も入れず、三部会に分かれたメンバーが部屋に籠り、もちろんアメリカの憲法も含め、世界中の憲法を必死で学び、真剣な討議を経て草案作りに励んだ、ということになっているのです。いや、事実はそうではなくて、それ以前から作業ははじめられていて、相当な時間がかかっているのだ、という説もあります。私も、あるいはそうじゃないか、と思うのですが、事実は雲霧のかなたにあります。

＂衝撃＂のＧＨＱ案

さて、ＧＨＱが第一生命相互ビルの中で憲法草案を作っているとも知らない日本側は二月八日、にこにこしながら松本委員会の作った、まずは「甲案」をＧＨＱに提出しました。予定通りこれが十二日に討議され、もしアメリカ側がごちゃごちゃ言うようなら「乙案」を出そうじゃないか、そんなつもりでいたようです。

そして翌二月九日、松本国務大臣は天皇陛下に御文庫[*2]でお目にかかり、憲法草案提出の報告をしました。草案を見た天皇はいくつか質問をしたようです。これは当時の木下道雄侍従次長の『側近日誌』に記録されています。ただし、木下さんは列席したわけではなく、後で天皇から説明を聞いて日記に残したらしい。というのも二月九日は土曜日で、十日が日曜日、さらに十一日は、今の皆さんご存知ないかもしれませんが、昔は紀元節という祭日でお休み、つまり木下さんが天皇から松本さんとの質疑応答について聞いたのは十二日ということになります。そしてこの日は、日本とアメリカが憲法草案について話し合うその日であります。

天皇は草案をしっかり読み、問うています。まず天皇の地位について、明治憲法の第一条「大日本帝国は万世一系の天皇之を統治す」、また第四条「天皇は国の元首にして統治権を総攬し此の憲法の条規に依り之を行ふ」、この二つは甲案では手をつけていないんですね。天皇陛下が戦後日本も統治し、国の元首として国政、外交その他すべての統治権を握り、新憲法の条規によってそれらを行なう、つまり天皇主権がそのまま残っていたのです。木下さんの日記では、天皇が言っています。

「これは、むしろ簡明に『大日本帝国は万世一系の天皇、此の憲法の条章により統治す』としてはどうか。天皇が統治す、といえば権の字を特に用いる必要はないのではないか」

第一条と第四条を合わせて簡単にしたほうがいいのではないか、そうすれば「権」の字をいちいち用いなくていいじゃないか、というわけです。すると松本さんは、いやいや恐れながら……と答えます。

「仰せはごもっともにございますが、その観点からの議論は、閣議にても出なかったことでございまして、……また第四条はもともとが外国憲法の翻訳でございますれば、……それに憲法改正は陛下のご発議によるものであります以上、第一ないし第四条にふれますときは、議会でいろいろと論議を呼ぶ恐れもございます」

要するに、第一条と第四条を変えようとすると、当然議会に諮らなければなりません、すると文句ががんがん出て論議も多くあると思いますので、あえて手をつけないほうがよろしいんじゃないかと思います、というわけです。続けて、

「私は、陛下が統治権を総攬せられる、という大原則には何ら変更を加える必要はないと考えております。従いまして『憲法改正要綱』の第一条は、『天皇は至尊にして侵すべからず』といたしました。それで十分かと思われます」

明治憲法の厳かさをなくしてもっと簡明にしたほうがいいのではという天皇の意見にも、松本さんは、そんなことはありません、われわれの方が正しいのですと言わんばかりに意気軒昂でした。これを天皇から聞いた木下さんは、『側近日誌』に感想を書いています。

「とにかく松本という人は、自己の在任中に憲法改正を終了してしまいたいという意思が非常に強いようだ。これは総理大臣の幣原にも言おうと思うが、そんなに急がなくとも、改正の意思さえ表示しておけば足ることで、改正案は慎重に論議をなさしむべきである」

とにかく、オレがオレがと自信満々、前にも申しましたが、松本さんは追放の身でありなが

ら憲法草案のために居残っているせいもあって、なにしろ国務大臣在任中に草案を作ってしまおうと闘志を燃やしているようすがありありだったのです。

天皇陛下も松本さんの迫力に納得したのか、まあよかろうということになったようです。

その日の夕方、GHQから、楢橋渡書記官長――今の官房長官にあたります――に電話がありました。内容は、「本日に予定されていた会談を延ばして、明日十三日にしたい。なお、憲法問題でこちらから重大な提案をするからそのつもりで会合の準備をせよ」というもので、ここではじめてアメリカ側から重大な提案があることが内閣に示されました。ただ内閣は、こちらの憲法草案に対して若干の意見があるのだろう程度に考えたようです。

そして翌十三日、戦後日本のもっとも面白い一日と言っていいかと思いますが、麻布市兵衛町の外務大臣官邸に午前十時、日本側は吉田茂外相、松本国務大臣、終戦連絡中央事務局次長の白洲次郎さん、そして外務省の通訳長谷川元吉さんの四人が集まります。じつは当日、閣議が行なわれていたため、このような少人数でした。一方アメリカ側は、ホイットニー准将、ケーディス大佐、ハッシィ中佐、ラウエル中佐の四人が定刻に車で乗りつけました。寒い時季ですから少しでも暖かいところでと、陽のぽかぽかあたるサンルームに設けられた会場で、あいさつのあと会議がはじまりました。

そこでいきなり、ホイットニーが長々と演説をぶったのです。内容は、日本側に残っている記録とアメリカのそれでは少し違っています。日本側の記録によると、

「（われわれはここに、わがＧＨＱが作成した憲法草案を日本側に提出する、として）本案は内容形式共に決して之を貴方に押付ける考にあらざるも、実は之はマカーサ元帥が米国内部の強烈なる反対を押切り、天皇を擁護申上げる為に、非常なる苦心と慎重の考慮を以て、之ならば大丈夫と思う案を作成せるものにして、また最近の日本の情勢を見るに、本案は日本民衆の要望にも合するものなりと信ずと言えり」

つまり、天皇陛下をお守りするために自分たちは非常に慎重にかつ苦心してこの草案を作った。またＧＨＱの観察する日本人の今の精神状態に、これはもっとも合った内容であると思う、というわけです。

一方、アメリカ側の記録（『ラウエル文書』）では、

「御存知かどうかわかりませんが、最高司令官は、天皇を戦犯として取り調べるべきだという他国からの圧力から、天皇を守ろうという決意を固く保持しています。これまで最高司令官は、天皇を護ってまいりました。それは彼が、そうすることが正義に合すると考えているからであり、今後も力の及ぶ限りそうするでありましょう。しかし皆さん、最高司令官といえども、万能ではありません。けれども最高司令官は、この新しい憲法の諸規定が受け容れられるならば、実際問題として、天皇は安泰になると考えています。さらに最高司令官は、これを受け容れることによって、日本が連合国の管理から自由になる日がずっと早くなるだろうと考え、また日本国民のために連合国が要求している基本的自由が、

日本国民に与えられることになると考えております」

日本の記録に比べて具体的ですね。マッカーサーは天皇の身柄を守ってきたけれども、後ろに極東委員会がいることを匂わせつつ、彼も万能ではない、しかし日本がこの案を受け入れるならば天皇は安全であるうえ、日本の占領も早く終わって独立国家になるだろう、またわれわれが日本に与えようとしている自由が、もっとはっきり国民に与えられることになろう、というのです。

いずれにしろ、まさか相手から憲法草案が出てくるとは思っていなかった日本側四人は、この演説を呆然と聞き、仰天しました。その様子がアメリカ側の記録に残っています。

「はっきりと、茫然たる表情を示した。白洲氏は坐り直して姿勢を正し、松本博士は大きな息をつき、特に吉田氏の顔は、驚愕と憂慮の色を示していた」

アメリカ側はいい気なもので、勝手なことを書いていますが、日本にすれば「こんな高飛車な話はないじゃないか」という思いでしょう。ただ『ラウエル文書』のホイットニー演説をよく読めば、必ずしも憲法を押しつけているわけではないようにも思えます。微妙ではありますが、黙って言うことを聞いている方が日本のためになるんだよ、と匂わせてはいますけれど。

ただ、その場にいた日本側は、これはものすごいものを上から押しつけられたぞという印象だったのでしょう。いや、衝撃かな。それを一番よく表しているのが、昭和二十九年(一九五四)七月七日、自由党憲法調査会で松本博士が行なった講演です。この後三カ月ほどで松本さんは亡くなりますから、ほぼ最後の演説ということになります。

「ホイットニー少将(ママ)が立ち、向こうの案をタイプしたもの八、九冊ぐらい机の上に出して、極めて厳格な態度でこういうことをいいました。日本政府から提案された憲法改正案は司令部にとって承認すべからざるものである。この当方の出した提案〔十一章九十二条〕は司令部にも米国本国も、また連合国極東委員会にも、いずれにも承認せらるべきものである。マ元帥はかねてから天皇の保持について深甚(しんじん)の考慮をめぐらしつつあったのであるが、日本政府がこの自分の出した対案のような憲法改正を〔世界に〕提示することは、右の目的(天皇の保持)を達成するために必要である。これがなければ、天皇の身体の保障をすることはできない。この提案と基本原則および根本形態を同じくする改正案を、速やかに作成し提出することを切望する、と言われました。そして二十分くらい庭を見てくるからその間に読んでくれ、といって向こうの人たちは寒い時でしたが庭に出ていきました」

GHQ案を、そのままではなく草案として検討するとはいえ、根本形態はこれと同じ改正案を速やかに提出せよと言われた、つまり押しつけられたことを強調しているわけです。このあたりは非常に微妙ですが、四人の気持ちからすればこれに近かったのでしょう。

戦後日本をよく描写しているマーク・ゲイン著『ニッポン日記』の中に、この日のやりとりがかなり詳しく書かれています。たとえば、アメリカ側の四人が外に出て行った後、日本の四人が与えられた分厚い、英語によるタイプ印刷の草案を読んでいると、いきなりB25がウワーンと低空で外相官邸の上を飛び、ガラス戸がびりびりがたがた鳴って四人を驚かせた。これとて、アメリカ側が計画的にやったのでは、「言うことを聞かないなら、いざとなったら一発やるぞ」という威嚇ではないか、そんなふうに日本側は感じたようです。

こうして、わずか二十分ぐらいですが、読みながら四人が検討していると、天皇は〝国家のシンボル〟と書いてある。この〝国家のシンボル〟とは何ぞや、というわけで、松本国務大臣は「こんな文学的表現では法律にならん。それに〝主権在民〟とは何だ、日本の国はもともと君民共治あるいは君臣一如といって、天皇陛下も国民もひとつのものである。それを離して主権を国民に与えるというのは、日本建国の精神にも外れている、根本的に日本の精神とは離れている」などぶつぶつ言っていました。

そうしてアメリカ側の四人が戻ると、おそらくホイットニーでしょう、こう言いました。

「いやァ、アトミック・ヒート（原子力的な光）のなかで日向ぼっこしていたよ」

原子爆弾の威力をここでちらっと見せて、いざとなれば……とこれまたすごい脅迫であった、そんなふうに日本側は受け取ったと見る人もいます。

ようやく吉田外相が中心となって、GHQ草案は「日本の建国以来の慣習や伝統とはまったくそぐわず、余りにも非日本的なものと思われる」というふうに反論すると、ホイットニーは厳然として言い放ちました。

「最高司令官はこれ以外の案はいかなるものも考慮に入れないと断言している。ただし、このアメリカ側の草案の精神に反せぬかぎりの些細な修正には、喜んで応ずるであろうとも言っている。この草案を支持する用意が、日本政府にないというならば、マッカーサー元帥は諸君の頭の上を越えて直接に日本国民に訴えるであろう」（『ニッポン日記』）

要するに、何を言ってもだめ、ただし少しばかりの訂正は許してやろう。この草案をもとに成案を作る意思がどうしてもないのならお前たちは相手にしない。GHQが直接、日本国民全体に、こういう憲法を考えていますがどう思いますかと問いかけてもいい、ということです。

一方、『ラウエル文書』には、そんな脅かしはしていない、とあって、というのは会合の冒頭のホイットニー演説ですでに説明済みだからというわけです。それは、

「最高司令官は、……お望みなら、あなた方がこの案を最高司令官の完全な支持を受けた案として、そのまま国民に示されてもよい旨を伝えるよう、指示されました。もっとも、最高司令官は、このことをあなた方に要求されているのではありません。しかし最高司令官は、この案に示された諸原則を日本国民に示すべきであると確信しております。最高司令官は、できればあなた方がそうすることを望んでおります。が、もしあなた方がそうなされなければ、当方でそれを行なうつもりでおります」

この案をあなた方が日本国民にお示しになって判断を仰いだらいかがですか、いやだというのなら、われわれGHQが直接、国民の意見を問うつもりです、と。

このへんは言葉の微妙な記憶違いもあると思いますが、いずれにしろそんないくつかのやり

とりを経て日本側は、草案をよく読んで検討して政府の考えをまとめたうえで申し上げますと、そのまま受け入れるとも返すとも言わずにとりあえず預かって帰ったのです。

✸インフレへの荒療治

　こうして吉田外相と松本国務大臣が首相官邸に戻ってくると、そんなこととはつゆ知らぬ閣僚たちは、重大なる政策の大激論の最中でした。なにしろインフレがひどく国民生活が危殆（きたい）に瀕（ひん）している、ここは一番、国民のもっている預金をすべて封鎖し、新しいお札を作ってそれだけを使えるものとして出そうという「預金封鎖・新円発行」案、要するに使えるお金はごくわずかにしてとにかくインフレを抑えてしまおうというすごい案が、大蔵省から出されて大激論中でしたから、閣僚たちには憲法草案どころではなかったのです。

　確かに昭和二十一年二月ごろは、寒くて物はない、闇ばかりで物価はどんどん上がる、お金を持っている人はぼかぼか使いますが、持ってない人はヒイヒイ言ってました。「空いているのは腹と米びつ。空いていないのは乗り物と住宅」なんてヤケクソの言葉が流行（はや）ったくらいです。そういう状態のなかで、政府は強引に、法人・個人の預金、貯金を全部封鎖し、引き出しを禁止するという。わが家もそうですが、焼け出されて預金などない人たちは「政府はすごいことするなあ、金持ちは困るだろうなあ」なんて喜んだりもしましたが。

こうして、百万円の貯金があろうが、毎月引き出せるのは世帯主が三百円（四月以降は百円）、家族は一人につき百円だけ。月給は五百円までは新円、それ以上は封鎖小切手、つまり使えません。さらに独身者は月に八百円（なぜでしょうかねえ?）、また結婚・葬儀には特別に千円だけを許す、ということになりました。簡単に言えば、銀行に預金がいくらあっても金が引き出せないのです。持っていても仕方がないから、法律ができる前に熱海でどんちゃん騒ぎして使ってしまおう、なんて人もずいぶんいたようです。

ともかく日本は物価高騰を抑えるためこういう荒療治をやろうとしました。当時の国務大臣、小林一三（いちぞう）さん――実業家で阪急の総大将ですね――の日記を見ると、まさにＧＨＱ草案が突き出された二月十三日、預金封鎖の法案に大反対しています。

「……大蔵大臣（渋沢敬三）は依然として馬鹿の一つ覚えで財産税千億円、公債償却五百億円の荒っぽい粗雑な財政策の夢をえがきつつある。国民こそ迷惑至極である」

とにかく蛮勇（ばんゆう）をふるったような政策ですからね。続いて、

「……午後一時より臨時閣議。金融緊急措置法、新紙幣引換法、強制預金令、物資徴発令など懸案の全部が可決された」（二月十四日）

「今朝の新聞は、いよいよ大蔵省案を堂々と記載した。……各方面の批判は『失敗せば破滅だ』という心持から、どうしても成功せしむべく国民の協力を強調しているのは実に嬉しい。ただ問題は、旧券の預入れが果してウマクゆくだろうか、混雑と紛擾（ふんじょう）とに終る恐れ

はないだろうか、闇取引を封ずる結果として食糧買いあさりと、物資の出廻りとが政府の思う通り静逸に実行されるだろうか。実に危い芸当を演ぜざるを得ない立場に、自ら好んでダラシナク暮らして来た政府の責任は重大なことだと思う」（二月十七日）

新聞は批判一色でしたが、これを実行してもし失敗したら日本は破滅する、という思いから、結論的にはなんとか国民も協力すべきだと強調してくれているのは内閣としては非常に嬉しい。しかし、持っていても使えないならしょうがないと皆が一斉に旧円を預け入れようとして混乱を招かないだろうか。敗戦以来、なすすべもなくほったらかしにしてきて、今になってどうしようもないからと、こういうことをする政府の責任は重大である、そう小林さんは書いていますが、いずれにしろ国民にとっては寝耳に水、驚天動地な政策の実行でした。

そんな内閣のがたがたにどうやらケリがついた二月十九日、それまで「閣僚たちは憲法どころじゃないだろう」と自分たちだけで草案を検討していた松本国務大臣はようやく、午前十時からの閣議でGHQの憲法草案に関する詳しい報告をしました。

「彼らの作成せる原案は、この憲法は人民の名によって制定する、天皇には統治権もなければ主権もない、総理大臣は議会が任命する、任命された総理大臣は各大臣を任命して議会の承認を得ること、貴族院は廃止されて衆議院の一院となること等、恰もソビエットの言いそうな、また独逸のワイマル憲法のような、主権は人民にありというので、現行憲法を改正せんとするにあらずして、寧ろ、革命的に連合軍司令部よりこの憲法によって民主政治を樹立すべしと命令せらるるに少しも異ならない……」

戦前の総理大臣は、元老の西園寺（公望）さんが任命して天皇が承認する形をとり、また西園寺さんが老いてからは木戸内大臣を中心に元首相たちが集まって決めていました。どちらかといえば上からの人選でした。ところが今度は議会が任命するというのです。これは、単なる憲法の改正ではなく、まったく革命的な憲法をドンとGHQから命じられたといってもいい、と説明したわけです。じっさい、松本さんにとっては許しがたいことだったでしょう。こんどは閣僚たちにとって寝耳に水、驚天動地でした。

これを聞いた幣原総理大臣が「GHQ案は受諾できないように思う」と言うと、次から次へと閣僚たちが賛同の意を述べました。三土忠造内務大臣や岩田宙造司法大臣（現在の法務大臣）などは、大声で「突き返せ」「蹴とばせばいい」と猛反対したそうです。また芦田均厚生大臣は「これがもとで内閣が総辞職でもすれば、当然GHQ案を喜んでのむ連中が出てくるに違いない。したがって内閣はどうしてもここで踏ん張って、きたるべき総選挙に備えなければいけない」と言い、さらに安倍能成文部大臣（あんばいよくなる、とよく言いました）は、「GHQ案に反駁するためには、日本は内閣案をきちんと出さねばならない。ところがこれまでは松本委員会だけに任せてきて、それをGHQが認めないということなのだから、これからは正式に閣議で日本案を作ろう」などと発言しました。

ですが、そんな悠長なことは言ってられないんです。とにかく時間がないのです。アメリカ側は何をさておいても早く草案を検討して返事しろというわけですから、閣議はごちゃごちゃ紛糾します。その記録を読みますと、ちょうど、ポツダム宣言をいきなり突きつけられた鈴木貫太郎内閣が、受け取るべきかソ連に仲介を頼んでいるのだから無視すべきかを閣議でごちゃごちゃ議論したことが思い出されます。ただ違う点が一つあります。鈴木内閣の閣僚は、ポツダム宣言をちゃんと読んで内容を知っていました。ところが今回は、GHQ草案の原文の説明を聞いただけなのです。よくわからないままの議論が空転するのもやむを得ず、何一つ決められませんでした。

✹「四十八時間以内に回答せよ」

そこで、幣原首相が直接マッカーサー元帥に会い、いったいどういうことなのかを質し、日本側の立場もちゃんと説明したほうがいいのではということになり、二日後の二月二十一日、幣原さんがマッカーサーに会いに行きました。約三時間話し合ったといいますから相当な長時間ですね。内容は多岐にわたったと思いますが、ほとんど公表されていません。が、幣原さんが翌二十二日の閣議で会談の内容を報告しました。それに基づいて芦田均厚生大臣と小林一三国務大臣が日記をつけていますので、両方を見ると要点だけはわかります。それによると、マッカーサーは終始、日本側のいかなる要求も承諾することなく突っぱね、とにかく何があっても四十八時間以内に返事を寄こせと迫ったようです。

ここで、二つの日記を組み合わせてマッカーサーと幣原さんの会談を少し再現してみますと、まずマッカーサーが言います。

「憲法が主権在民を明記したのは……進んで国民の信頼によって天皇がその位(くらい)におられるという趣旨を明らかにしたものであって、このようにすることが天皇の権威を高からしめると確信している」

主権は国民にあり、その主権をもつ国民が認めているのだから、天皇陛下は今の地位でいいと世界に表明しているのと同じで、われわれもそれが一番いいと思う、というわけです。

「もしも軍に関する条項（軍隊を持ち、交戦権も持ったまま）をそのまま保存するならば、諸外国は何というだろうか。またも日本は軍備の復旧を企てていると考えるに決まっている。日本のためには非武装の声明は実にいいことだ、むしろ、国策遂行のためにする戦争を放棄すると声明して、日本がモラル・リーダーシップをとるべきだと思う」

すると、幣原さんはあわてたように口を挟みました。

「あなたはリーダーシップといわれたが、恐らく世界中でだれもフォロワー（follower＝あとに続く）とならないのではありませんか」

日本が先頭に立って戦争放棄と叫んでも、世界中で誰もついて来ないのでは、と言うのです。

これに対してマッカーサーは自信たっぷりに答えました。

「フォロワーがなくても日本は失うところはない。これを支持しないのは、しない者が悪いのである」

これを見ると、どうも今の憲法第九条は、幣原さんの提案というより、やはりマッカーサーが断固とした信念を通したと思えないでもありません。幣原さんは最後まで諦めず主張します。

「マッカーサー元帥が主張せらるる二点の中、戦争はやらないという文句を明記するという事、これは、軍備を持たない国は戦争なぞやれるものではない、又、やらないにきまっている、のみならず、開戦の如きすべて議会においてキメルのであるから殊更に明文化しなくとも、連合国司令部を安心せしむる方法はイクラでもあると思う。又、主権は人民にありという点、これもまた法文の現し方が違うだけで、その精神は一致しているから、松本博士と、も一度、話合えば必ずまとまるものと〔私は〕信じている」

日本側としては、主権在民もその精神においては昔から「君臣一如」であって、わざわざ断らなくてもよく、もう一度松本博士と相談すれば解決できるかもしれない。が、マッカーサーは聞く耳を持たず、四十八時間以内に回答を持って来いと迫ったのです。

幣原さんが帰ってきてこれを報告しますと、「芦田日記」によれば、松本国務大臣は依然として「断固受諾拒否」で粘っていましたが、三土内務大臣、副島千八農林大臣、そして芦田さん自身が、「もうこのまま受け取ったほうがいいのではないか」と折れたようです。また安倍文部大臣は、「とにかく陛下に対しても、国民に対しても内閣の責任は重大。慎重に慎重を重ねて決意をしなければ」と、何が何だかさっぱりわからないようなことを言っています。いずれにしろ、幣原さんがマッカーサーに頼んでもだめなのですから、閣議でも抵抗する術が浮かばなかったのだと思います。

それでも日本政府はGHQに、「あなた方の案では、日本国民に激しいショックを与え、彼らに民主主義自体に対する反対の態度をとらせるだろう、非常に危険である」と盛んに言ったようです。ただ、歴史に「イフ」はありませんが、もしも実際に日本がこの草案を突っぱね、予告通りGHQが直接日本国民に問うたとしたらどうなったかを考えることは、必ずしも無駄ではありません。当時を知っている人、それも年代によってそれぞれ違うと思いますし、私などは子供でしたが、その後ずっと戦後を生きているなかで、もしもあの時、GHQが直接に日本国民に意見を問うていたらと思うと……。

当時の日本国民は、戦争の悲惨を痛感していましたし、軍部の横暴にこりごりしていましたから、平和や民主主義や自由といった、占領軍が示してきた新しい価値観を貴重なものと感じる人が多かったと思うんです。悲劇をもう一度繰り返したくない、戦争は本当にこりごりというのが現実でした。そこに敗戦の虚脱感が合わさって、なんというか、日本政府よりもアメリカを信じている人のほうが多かったのではないか、と私などは観察するのです。すでに二百日に及ぶ占領下の生活のなかで、下品な言い方をすれば、GHQと〝寝てしまった〟日本人にとっては、GHQは日本政府よりもよっぽど信頼のおけるいい旦那だったと思わないでもないいんです。それ以上に、GHQの政策によって、なんとなしに日本に対する嫌悪感のようなものが強くなって、むしろアメリカへの親近感をもちはじめていたんですね。日本人は、そのうえに当時たいへん功利的にもなっていましたし、アメリカという大金持ちの国が「こういうかたちで国をつくったらどうですか」と一括して、それもタダで、さらに「こういうふうに運用すればいいんですよ」とアンチョコ付きで出してきてくれているんです。しかも象徴であれ何であれ、最大の問題であった天皇制が温存されているのです。文句を言う筋合いじゃありません。アメリカも相当、日本の世情を調べていましたし、政府が「国民はショックを受けて反対しますよ」といくら言っても、実際は歓迎したと思うんですよ。

また簡単に付け加えておきますが、このちょうど同じ頃、二月十九日（松本さんがGHQ草案のことを閣議で報告した日ですね）から天皇が地方巡幸（じゅんこう）をスタートさせました。これは天皇が「国民にも親しく会い、戦争で苦労をかけたことをひとことお詫びしたい」という気持ちから自らが言い出して、日本中を歩いたのです。まず神奈川県へ、三台の車を連ねて赴き、戦災した子供たちを訪ねたり、工場の職工さんと話をしたり。めったにないことですから大きなニュースとして報じられました。その時の有名なせりふですが、

「お父さんは元気かな」

「お父さんは戦死しました」

「アッ、ソウ」

地方巡幸で国民の歓迎を受ける天皇と皇后。「アッ、ソウ」が流行語になった（昭和館提供）

この、なにかというと「アッ、ソウ」と言うのが当時はやりまして、悪ガキどもは、「おい、ノート貸してくれよ」「アッ、ソウ」なんて真似したもんでした。

ともかく、天皇が親しく国民の中に入ってゆく時期と重なって、天皇の安泰が確定したとわかれば国民の気持ちも相当違ったんじゃないでしょうか。もしGHQがかなりの自信をもってこの草案を出してきていれば、なかなか面白いことが起きたかもしれません。

そういうわけで、閣議もごたごたしましたが、最後に幣原さんが閣僚に言いました。

「主権在民と戦争放棄は、総司令部の強い要求です。憲法改正はこれにそって立案するよりほかにない。それ以外はなお交渉を重ね、こちらの意向を活かすように努める。そうご了承を賜りたい」

「天皇には主権はない」「戦争は放棄する」の二点は変えられないと考えて頂き、他の部分は日本側の意向に沿って修正し立案することで了解してほしい、と。幣原さんはもともと「受諾したくない」とかなり強く主張していたのですが、マッカーサーとの会談後に、こう語っていたそうです。

「天皇制護持のためには、憲法原案（ＧＨＱ案）をのんで、天皇をシンボルにすることと、戦争放棄に同意したのである」

もしこれを承認しなければ、何かもっと大きなものを失うことになる、下手すると天皇陛下の身柄は保証できなくなるんですよ、そう言外（げんがい）に匂わせているのです。

ようやく成立した新憲法

さて憲法を改正することになって、最後に残された問題があります。それまでは明治憲法が生きているわけですから、その七十三条によれば、憲法改正には勅命（ちょくめい）（天皇陛下の命令）を絶対必要としています。内閣が決めても天皇がノーと言えばだめなわけです。そこで、天皇陛下がどう言われるだろうかということが最後の問題となります。

幣原さんがマッカーサーに会って閣議で報告をしたその二月二十二日、記録によれば午後二時五分から三時十五分というかなり長い時間、いったん閣議を中止して幣原さんが天皇のもとに行き、報告をしています。

天皇陛下はその日、軽い風邪気味で執務室には出ず、御文庫で静養中でした。例の神奈川県巡幸の三日間が非常に寒く、それが原因だったのではないでしょうか。首相が経緯とGHQ草案の内容、極端に言えば「天皇は象徴」「主権在民」「戦争放棄」の三原則を伝えると、天皇は――幣原平和財団編『幣原喜重郎』によれば――次のように言われました。

「最も徹底的な改革をするがよい。たとえ天皇自身から政治的機能のすべてを剝奪するほどのものであっても、全面的に支持する」

とにかく徹底的にやっていい、自分の権限は何もなくなってもいいと。

また、もう一説に、出典は不明なのですが、こうきっぱり言ったとも伝わっています。

「自分は象徴でいいと思う」

これは、二回目の「聖断」ですね。戦争をやめるという聖断をした天皇が、戦後日本をつくる基本となる憲法作成の際に、自分は象徴でいいと決意表明したのです。これによって、憲法改正が動きだすのです。幣原さんは退室し、閣議に戻って天皇陛下の言葉を閣僚に伝えました。もはや、反対する人は一人もなく、さすがの松本国務大臣も「止むを得ません」と納得したそうです。とにかくゴタゴタはこれで終わりました。

以下、憲法が正式に決まるまでにはまだいろいろあります。幣原内閣はこの後まもなく退陣し、四月の総選挙を経て、昭和二十一年五月に吉田茂が首相に就任します。戦後の選挙制度に基づき新しい衆議院議員が決まり、内閣も吉田さん率いる自由党中心となり、憲法改正問題が国会に諮られます。そのために吉田内閣は、とりわけ憲法担当として新しく入閣した金森徳次郎国務大臣はたいへんな苦労をしますが、詳しく話すときりがありません。

ですが、いくら新しい議員たちがどう突っ込んできても、考えてみれば、GHQがそれまでに天皇制の改革を徹底的にやってきていますから、今さら議論をしてもどうにもならないところまで来ていたのです。

ひとつは、「人間宣言」です。これによって、神がかり的国家観は消滅しています。新議員にもまだ「日本は神の国だ」と叫ぶ人はいましたが、もう誰も相手にしません。日本のリーダーが呪文のように唱えてきた「国体は護持されたのだ」なんてことさえ（実際は結果的にはされていないのですが）、すでに不明確のままやりすごすことになってしまっています。

二つめに、国会質疑で吉田さんは「ごまかし」の答弁を繰り返すのですが、彼は直接GHQとやり合ってきた人です。GHQ案は日本には合わない、受け入れ難い強引なものではあっても、これを飛ばしてしまえばまた一からやり直し、天皇陛下の身柄の問題も再燃するに決まっています。天皇陛下ご自身も象徴でいいと言われたし、この象徴規定以外に天皇制を守る道はないと、吉田さんは非常にリアリスティックに考えた、いや立場上、考えざるを得なかったんですね。議会で猛反対されても、何を言われても、とにかく受け入れるしかないと観念してい

る立場で答弁をするわけです。たとえば、

「皇室の御存在なるものは、これは日本国民、自然に発生した日本国体そのものであると思います。皇室と国民との間に何等の区別もなく、いわゆる君臣一如であります。君臣一家であります」

こんなふうにぬけぬけと答えるのですが、今読むと何言ってんだか、国民主権と天皇主権とはずいぶん違いますし、ちょっと頭がおかしいのでは、というような内容で、これで納得する議員はいないんじゃないでしょうか。さらに吉田さんは言い切ります。

「国体は新憲法によっていささかも変更せられないのであります」

主権は国民にあって天皇にはないとはっきり言っていて、天皇陛下の絶対的な権力を基礎としたいわゆる戦前の国体は完全に否定されてなくなっているにもかかわらず、堂々とこう言うのです。詭弁(きべん)でしかないのですが、これで押し通す以外に天皇陛下の身柄を守りぬく方法はないのだから、言外に「おまえたち、ぐずぐず言わずに納得してくれ」と言っているわけです。

この方針で、吉田さんの代わりに答弁に立つ金森さんも、どんな質問をされようと「とにかく国体は変更されていない」「国民主権であっても君臣一如だから同じなんだ」と答え、戦中に聖戦完遂(かんすい)・鬼畜米英を叫んでいた不満でしようがない代議士たちをも押し切ったのです。

一方、リベラル派だとか社会党には「GHQ案で日本の国はよくなる」と喜ぶ人もいました。面白いのは、共産党がなぜか「軍隊を持たない」「戦争放棄」の条項に猛反対したんです。これでは国民の権利である自衛戦争も認められないではないか、と。今の共産党とはずいぶん違いますね。

こうして議会で激論が交わされ、ＧＨＱ草案が少しずつ手直しされ、しかし大原則としての「国民主権」「象徴天皇」「戦争放棄」はしっかり守りながら、憲法は審議決定されていきました。やがて議会で全条項が可決され、昭和二十一年（一九四六）十一月三日、「日本国憲法」が国民に公布され、翌年五月三日からの施行が決まりました。これが実際に生きた憲法として、その後の戦後日本の土台となるわけです。いや、機軸となったのです。

公布の前に、天皇陛下が新しい日本国憲法に署名をしましたが、それは五十七年間続いた大日本帝国憲法の解体を意味する最後の儀式でした。こうしてやっと、憲法が成立したのです。

そして、ここまでは、ＧＨＱによる改革で日本ががたがたと解体される話でしたが、これからは、いよいよ、この憲法を機軸に新しい日本をつくるために日本人がどうやって努力してきたかの話になっていくわけです。

＊1——極東委員会　ソ連など他の連合国の要求により、ＧＨＱの占領政策をチェックする対日政策最高決定機関として昭和二十年（一九四五）十二月、ワシントンを事務局に設けられた。

＊2——御文庫　防空施設として昭和十六年（一九四一）、宮城の吹上御苑の森を切り開いてつくり、戦後も天皇の居所として使用された。

第六章

「東京裁判」の判決が下りるまで

冷戦のなか、徹底的に裁かれた現代日本史

この章の

✷ポイント

昭和二十一（一九四六）年五月三日に開廷した東京裁判においてA級戦犯として二十八人が裁かれました。当時、世界では冷戦が激化し、少なからず裁判に影響を与えます。東京裁判の意味は、①日本の考え方は間違った戦争観だったことの証明、②連合国側の国民を納得させる復讐の儀式、③日本国民には責任がないことを示して民主主義国家へと導くための啓蒙教化でした。昭和二十三（一九四八）年十一月に判決が下り裁判は終了しましたが、天皇の訴追は免れました。

✷キーワード

チャーチル／鉄のカーテン／社会党内閣／片山哲（かたやまてつ）／民法改正／帝銀（ていぎん）事件／イスラエル建国／ベルリン封鎖／国際検事団／ニュルンベルク裁判

今日は極東国際軍事法廷、いわゆる東京裁判の話をします。

東京裁判は昭和二十一年(一九四六)五月三日に開廷し、昭和二十三年十一月十二日の判決まで、市ヶ谷の現在は自衛隊がある当時の陸軍省講堂で行なわれました。その場所は今はすっかり変わってしまいましたが、法廷そのものは記念の建物として敷地の端のほうに残されていますから、申し込めば見ることができます。ちなみに三島由紀夫さんが自決した部屋も、今は法廷跡とくっついたかたちで残されています。

冷戦のはじまり

東京裁判の中味に入る前に、まずはその頃、日本や世界でどのようなことが起こっていたかを、大ざっぱに見ておくことにします。

まず昭和二十一年三月五日、イギリス首相チャーチルが、「鉄のカーテン」という言葉が世界的に有名になった演説を、アメリカ旅行中のミズーリ州フルトンという町で行ないました。

「バルチック海のステッチンからアドリア海のトリエステまで、ヨーロッパ大陸を横切り鉄のカーテンがおりている。その背後に……弱小であった共産党が、いたるところで全体主義的な支配をしこうとしている」

ソ連邦が東欧諸国を次から次へと押さえて共産化し、まさにヨーロッパが真っ二つに割れ、東側つまりソ連側からは一切の情報が出てこなくなった。同盟国として協力してドイツや日本を打ち破ったはずの米英と、ソ連ならびにその衛星諸国とは真っ向から対立しはじめた、というのです。その頃、ソ連は原爆を作りはじめていましたが、それも公開せず秘密にし、米英そしてカナダの軍事同盟に対抗しようとしていると。このへんから、いわゆる「冷戦」の言葉で象徴される、東西が本格的に正面から対立して世界を動かしていく態勢がはじまったのです。

一方、日本では、前回も申しましたように、共産党が急激に勢いを増し、今にも革命が起きるんじゃないかという雰囲気でした。よく知られる例を挙げますと、五月十二日、世田谷区民が〝米よこせデモ〟を起こしました。とにかく腹がぺこぺこだというので、なんとかしてくれとデモンストレーションをかけたのです。デモ隊は坂下門からついに宮城の中に押し入り、「天皇の毎日の食事の献立表を見せろ」と前代未聞の叫びを上げました。まあ、ふたを開けてみるとたいしたものを食ってなかったので呆気（あっけ）にとられた、という話も残っているのですが。

さらに一週間後の五月十九日、東京都民全体規模の「飯米獲得人民大会」、いわゆる食糧メーデーが日比谷（ひびや）公園で開かれ、大いに意気が上がり、参加者は二十五万人に達したといわれます。この時、たくさん立てられたプラカードの中に、目を引くものがありました。

「国体はゴジ（護持）されたぞ／朕（ちん）はタラフク食ってるぞ／ナンジ（汝）人民／飢えて死ね／ギョメイギョジ（御名御璽）」

この大きな文字には皆が拍手喝采を送りましたが、まだ日本には当時、不敬罪（ふけいざい）が刑法として残っていまして、「けしからん、皇室をないがしろにするのもはなはだしい」というわけでプラカードを作った松島松太郎（まつしままつたろう）さんは逮捕されたのですが、のちにこれがきっかけとなって不敬罪は廃止され、松島さんは無罪放免となりました――というくらいに、日本国内では社会主義化といいますか、とくに東京では革命の機運がたいへん盛り上がっていたようです。私はその頃、新潟県長岡にいましたから、実際にはわからないのですが……。

さらに、議論を重ねてきた新憲法が十一月三日公布、翌昭和二十二年五月三日施行と決まり、議会成立を前に内容が固まってきた六月二十四日、議会では、戦前からの共産党トップ、獄中生活十八年という徳田球一（とくだきゅういち）さんが演説し、これが非常に話題になりました。

「吉田内閣の政策の基本は……労働者、農民、勤務者、戦災者、帰還同胞（外地から帰ってきた人）、復員戦士、中小資本家の利益の一大飛躍を、政策の中心とするのでなければ、日本民族は破壊に陥ると信ずるのである。しかるに政府諸君がかかる重要なことを考える前に、憲法を設定しようとしているのは、何事であるか。われわれは憲法よりも食糧を、これがわが党のスローガンである。また労働者、農民、一般人民諸君の叫びである……」

憲法よりまず食い物だ！　と、共産党代表が議会で大演説をぶったのです。これが大きな話題になるくらいに、社会主義的な動きが顕著だったと言えるのです。

そして今でも強く記憶に残るのが、十一月一日発売の雑誌「世界」十一月号で、のちの京都大学教授の桑原武夫さんが、「第二芸術　現代俳句について」という文章を発表し、これがまた大変な話題となったことです。芭蕉以来、日本人がもっとも好むところの俳句が、芸術でもなんでもない、くだらない第二芸術である、というわけですから。

「……他に職業を有する老人や病人が余技とし、消閑（ひまつぶし）の具とするにふさわしい。しかし、かかる慰戯（遊びごと）を現代人が心魂を打ちこむべき芸術と考えうるだろうか。小説や近代劇と同じようにこれにも『芸術』という言葉を用いるのは言葉の乱用ではなかろうか」

それなら短歌も日本の私小説も第二芸術かと。敗戦後、日本の伝統文化なんてものは全部だめなんだといった空気に乗っかったかたちで、大騒ぎになりました。

もうひとつ、昭和二十一年で中学生の私などが非常に印象深いのは、十一月十六日、当用漢字が発表されたことです。日本の文化が世界に劣っているのは、漢字が多すぎて、それも難しいのが原因である。さらには教育の民主化のためもある。といって全部かなにしてしまうと読みにくいので、当面使う漢字を千八百五十字に決めてしまおうという内閣告示がなされたのです。いわゆる漢字制限ですね。同時に、「てふてふ」を「ちょうちょう」とは読めないじゃないか、というのでかなづかいも「現代かなづかい」に改めました。たとえば「塔」を「たふ」と読みがなをふるのは意味があるからなのですが、それも無駄である、と旧かなづかいは否定されてしまいました。

ただよく見ると、当用漢字に「拷」や「隷」なんていう難しい文字が残っている。なぜか？すでに新憲法に記載されていたからです。一方で、日常的な「皿」「鍋」「釜」といった漢字がなくなってしまい、書こうとすれば「さら」「なべ」「かま」となる。「なんでこんなことになったんだ」「あたりめえじゃねえか、うちの台所にねえんだから」なんて、私たち中学生どもは馬鹿笑いしたのを覚えています。

ついでに申しますと、女へんの「奸」「姦」「妖」「嫉」など、あやしげな文脈にしか使われない言葉は全部カットされました。これも「仕方ない、男女同権だもんな」と納得したり、さらに「妾」もなくなりまして、我ら悪童どもは「ああ、将来これを持ちたかったのに、夢も希望も消えてしまった……」と大いに嘆いたものでした。

それはともかく、漢字制限や現代かなづかいは、戦後の日本を象徴するような大きな政策転換のひとつの表れだったと思います。

＊社会党内閣の成立

翌昭和二十二年になりますと、一月十五日に日本初のヌードショーが行なわれました。「国破れて裸あり」。新宿の今の伊勢丹（いせたん）の前にあった映画館「帝都座（ていとざ）」の五階に小さな劇場がありまして、そこでいわゆるストリップがはじまったのです。そうは言ってもタイトルは「名画ア

日本初のヌードショー「名画アルバム」（撮影＝石井幸之助）

ルバム」。〝ヴィーナス誕生〟と銘打って、カーテンが上がると女の人が額縁を背景に大きな帽子を持って舞台に立ったまま動かないのです。下半身は帽子で隠されているけれど、たしかにハダカなんです。まあそれでも男どもは押し寄せまして、固唾をのんで舞台の上にはじめての女性のヌードを見たんですね。この時のヌード第一号が甲斐美春さんという若い女性だそうですが、彼女は間もなく親父さんに怒られてやめてしまい、その後に出てきたのがヒロセ元美さんという非常に有名なストリッパーです。彼女は「立っているだけじゃつまらない」と自ら動き出し、見事な裸踊りを披露して場内はたいへんに沸きました。これを警察が取り締まることもなく、ストリップは一気に盛んになったんですね。

ちなみに、この年の夏くらいから、浅草の大都劇場やロック座でも華々しいストリップがはじまりまして、昭和二十三年に長岡から東京に出てきた私もよく通わさせていただきました。

それから半月後の二月一日、現在はストライキが禁止されている官公庁ですが、その頃はG

ＨＱの「労働者は解放せよ」の方針のもと、官僚だって労働者というわけで当然ストライキが許されていて、全官公庁といえば大蔵省から東京都まですべての役人ですからたいへんな人数のストが計画されました。当時は国有鉄道ですから、電車もすべて止めるというものすごいゼネストです。私もよく覚えていまして、もし成功したら、たちまち人民内閣が出来上がって日本は社会主義国家になるんじゃないかと予感させる、大きな動きでした。

しかし前日の一月三十一日夜、ＧＨＱのマーカット経済科学局長が、スト計画の最前線に立っていた全官公庁共闘会議議長の伊井弥四郎さんを呼びつけ、「国家の安定を乱すストは許さん」と強引に割って入って禁止命令です。泣く子とＧＨＱには勝てない。そこで伊井さんは、ならばラジオで全官公庁の組合員にそのことを知らせたい、と願い出て許可されました。涙ながらの声で「ストはやむを得ず中止する」と語る放送を私も聴きました。そして伊井さんはこう締め括りました。

「……最後に私は、声を大にして日本の労働者、農民のバンザイを叫びたいと思います。一歩退却、二歩前進。労働者、農民、バンザイ。われわれは団結しなければならない」

この一歩退却、二歩前進、という言葉が非常に流行しまして、「今日の試験は失敗した」「一歩退却、二歩前進……できんのかよぉ」「ダメダメ、お前は一歩前進、五歩退却だもんな」なんてやりあったものです。ともかくこれは、日本の社会主義への動き、滔々たる革命への波が頭からガシャッと封じられたような大きな事件で、戦後日本の進路はここから変わったんじゃないかとさえ感じさせたのです。

かわりに、と言いますか、新憲法が施行される前日の五月二日、マッカーサーが吉田茂首相宛に書簡を送り、五月三日以後は国会、最高裁判所、首相官邸、皇居に国旗を掲げることを無制限に許す、と伝えました。敗戦以来、占領下の日本は日の丸を掲げることはなかったのですね。といっても、最初はそれこそ官公庁で許可されたのであって、日本領土内に無制限に日の丸を掲げてよいことになったのは、昭和二十四年（一九四九）一月一日からです。

こうして、一方では日の丸の掲揚を許可し、他方では社会主義の人民政府成立かという動きを制止する、というふうに、このへんからGHQの方針がちょっとずつ、以前のようにひたすら民主化を叫んで過去の日本を壊してゆくやり方からは変わってきていました。ただそれは後にわかったことで、当時の日本人はそう感じてはいなかったでしょう。そして面白いことに、GHQが日本政府に猫なで声を出しはじめた頃にあたる四月二十五日に総選挙が行なわれ、なんと社会党が百四十三名当選して第一党になったのです。現在の社民党議員は何人いるんでしょうか、今昔（こんじゃく）の感がありますねえ。

ともかく、与党の敗北という結果となり、吉田茂さん率いる自由党は「それなら第一党に譲る」とあっさり内閣を総辞職しました。これが非常に鮮やかだったものですから、立派立派ということで、日本人のすこぶる気に入るところとなり、結果として後に自民党内閣がずーっと続くことになるのですが。

ただし第一党とはいえ社会党は、過半数には達していませんから、連立せざるを得ません。すると、学者でもある荒畑寒村（あらはたかんそん）氏を中心にした社会党左派が「とんでもない」と言い出し、「三日天下でもいい、社会党単独内閣で社会主義政策を断行すべきだ、今がチャンスなのだ」と強く主張したのです。党内は大揉めとなりますが、なんとか左派を押さえつけ、片山哲（かたやまてつ）さんを総理大臣とする民主党、国民協同党との連立内閣を組織しました。こうして、一応社会党を中心とする内閣が日本ではじめて成立したのです。五十年もたってもう一度、できるのですが。

この片山内閣の成立は社会主義的な風潮、当時の日本人の心を象徴するような事ではあったのですが、結果的には民主党や国民協同党といったやや自由党寄りの人を入れた連立とならざるを得ず、わずか九ヵ月足らずで総辞職に追い込まれます。それを引き継いだかたちの芦田内閣が七ヵ月ほど続き、そして再び吉田内閣が登場するわけで、この吉田内閣はなんといっても先の日本人好みの潔い身の引き方が人気を得て、長期政権を予想させました。まあ、今なら社会党内閣ができてもどうってことないじゃないか、と思われるかもしれませんが、当時はほんとうに画期的だったのです。これがもし一年でも二年でも続けば、どんどん社会主義政策が断行されたかもしれない、そうしたら日本はどう変わっていったか、いやいや興味深い「イフ」ですね。そういう意味では外せない重要な出来事でありました。

続いて同年の暮れ、十二月二十二日に片山内閣のもとで「民法」が改正されます。日本がこれから民主国家になろうというのですから当然、すべてにおいて民主的かつ自由平等的でなければならない、すると、どう考えてもそれまで日本人が保ってきた封建的家族制度は全否定されなくてはならない運命にありました。というわけで、夫婦平等、戸主権や長子相続権の廃止、成年者の自由結婚の尊重（親の許しはいらない）——現在のわれわれの暮らしを見ればわかることが、どんどん決まったのです。元東大教授の養老孟司さんは、「戦後日本をおかしくした最大の要因は民法改正だ」とおっしゃってました。過去の全否定でなく、非常に大事な法律ですから、もう少しきちんと考えて、うんと議論を重ねて改正すべきであったと。そうなんです、この結果、おやじさんは「月給運搬人」となって権威失墜、昔は一番偉い戸主のもとに集まって暮らしていた大家族主義は核家族となり、全相続権をもつ長男が親の面倒もちゃんとみるという既定の事実もなくなった。今まで威張っていた男の権威はどこへやら、居場所もなくなり、濡れ落ち葉、「オヤジ、もう少ししっかりしろよ」という現代の風潮につながった……ですが、この民法改正以来培ってきた民主的かつ自由平等的社会は、とうてい元に戻すことなどできないでしょう、そう私には思えます。

✹激変する世界情勢

年が明けた昭和二十三年（一九四八）も見ておきますと、一月二十六日に帝銀事件という世にも不思議な事件が起きました。豊島区椎名町の帝国銀行支店にやってきた男が赤痢の予防薬だと言い青酸カリを十六人の行員にのませ、このため十二人が死亡、犯人は十六万円余を奪って逃走したんです。七カ月後に画家の平沢貞通を逮捕しましてね、最高裁までいって死刑が確定しました。しかし、ほとんどの日本人は彼が真犯人とは思えませんでした。当時は旧刑事訴訟法による捜査で証拠より自白が重視されていた。ですから、平沢には死刑執行がなされず、死ぬまで獄中にいたんですよ。では、真犯人は？　となって、ここに満洲ハルピン郊外にあった石井部隊、または七三一部隊つまり細菌戦のための秘密の陸軍部隊の元隊員が浮かび上がったのです。ここで働いた医師や隊員なら毒物を扱うのにも手馴れていますからね。戦争という残酷にして不気味な影がなお尾を引いているのを誰もが感じさせられた事件だったのです。

また五月一日、歌手の美空ひばりさんがデビューしました。

さらに、現代の世界を考えるための一つの重要な要素として、五月十四日にイスラエルが建国したことをあげておきます。今のイスラエルの地はもともとイギリスが押さえていて、イギリス総督が絶大な権威でもって支配していました。それが、パレスチナ委任統治の期限が切れる前日のこの日、イギリス人はさーっと引き揚げてしまったのです。英国国旗を降ろし、総督以下軍隊まですべてがこの地を立ち去ると、そこへ数時間もたたないうちに、イスラエルの指導者たちが乗り込んできて、テルアビブの博物館で大会議を開き、臨時政府の長としてベングリオン議長がコンコンと小槌を鳴らし、「聖書のなかの祖先の国」イスラエル国の建国を宣言しました。あっという間の出来事でした。

これは世界史のなかでも実に奇妙な話なんです。イギリスはなぜあんなにあっさりと統治を投げ出し、あんなに危ない場所をポンとイスラエルに譲り、早速乗り込んできたイスラエルがパレスチナ人を追い出し、独立宣言をしてしまったか。現在のアラブ、イスラエル、パレスチナの問題はここに発しているのです。アメリカもソ連もイスラエルの建国宣言を認めたのですが、実際はアメリカ国務省も国防省も、中東にイスラエルなどという独立国家をつくることは大変に危険で賢明ではない、とはじめは猛反対していました。アラブが石油を握っているという軍事的観点からすれば、アメリカはアラブ側につかなくてはならないのに、なぜイスラエル側につかなければならないのかと国内も非常に揉めました。ところがトルーマン大統領は、「ユダヤ人の祖国の発展に助力できることがあれば、なんでもやる」と、あらゆる反対を押しのけて新国家イスラエルの誕生を祝ったのです。まさに新国家はアラブ世界の真ん中にですよ。この時、世界のリーダーたちはもう少し慎重に、どこに独立国家をつくるべきか考え、互いに意見を戦わせなければならなかったのでしょうが。

このへんから、世界情勢は激変しはじめます。この前々年に鉄のカーテンが敷かれ、冷戦がはじまっていた、さらに中東ではイスラエルとアラブというものすごい火種が生まれる。それに加えてもう一つは、イスラエル建国からひと月少したった六月二十四日のことです。

「ベルリンの壁」とよく言われますが、ドイツのかつての首都ベルリンは、ヤルタ会談やポツダム会談でドイツをソ連、アメリカ、イギリス、フランスの四国が分割統治することが決まって四等分されたうち、ソ連圏内にポツンと孤立して入っていました。しかもそのベルリンそのものも英米ソ仏の四つに分けられ、はじめこそ、全体を管理する管理委員会の統治のもと、連合国は仲良くやっていて、互いに自由に交通できました。ところが一九四六年のベルリン市長選挙で西側の候補が当選すると、ソ連はこれを非常に重要視して、四ヵ国で構成していた管理委員会から脱退し、自分たちだけで東ベルリンを支配すると主張しました。こうして六月二十四日、突然ベルリンは東西に分割され、自由な行き来もできなくなる。それどころか、外との交渉はまかりならんと周囲がドーンとソ連軍によって封鎖され、完全にソ連圏の中にベルリンは孤立してしまったのです。そして後にすごい壁をつくったのです。

まさしくベルリンは東西冷戦をまともに具現した格好になり、世界中は「これじゃ戦争だ」「また大戦争か」と大騒ぎになる。ベルリンの中でアメリカ、イギリス、フランスが管理している地域は封鎖されたため食糧に困り、このままでは戦争しかない、という危機に陥った。それでも良識ある人はまだ多く、地上からの援助がだめなら空から物資を送り届けようというので、三ヵ国が協同して飛行機で食糧や水や薬など必要なものを次々に運び込むことになります。これが「大空輪作戦」としてニュースや新聞で毎日のように報ぜられ、戦争は回避したものの、なんとソ連は世界戦争を辞さず強硬手段を駆使するすごい国かという印象を与え、ますます東西冷戦が厳しくなることを人びとに予感させました。

このように、日本で東京裁判が行なわれている時に、世界情勢は激しく動き出し、ソ連とアメリカを中心とする西欧諸国との対立、抗争が大戦争の一歩手前になるほど激しくなっていったのです。これはGHQにとっては何を意味するか——日本国内で革命の機運がある折、占領政策をこれまでのように頭ごなしにやり続け、もし日本が社会主義国家を志向するようになったら大変じゃないか、という懸念が生まれたのです。日本人を怒らせ共産圏側に走らせるようなことがあったら大変です。こういった背景のもとでの東京裁判でした。

なお、国内についてひとつ付け加えておきますと、ベルリン封鎖直前の六月十九日、社会的道徳、家庭的道徳（そういうものがあるのかどうかわかりませんが）など、かつて日本人の精神をつくってきた「教育勅語」、そして日本の軍隊の心棒をつくってきた「軍人勅諭」が完全に失効しました。

前にも触れましたが、「教育勅語」は、「父母ニ孝ニ兄弟ニ友ニ夫婦相和シ朋友相信シ　恭倹己レヲ持シ博愛衆ニ及ホシ学ヲ修メ業ヲ習ヒ以テ智能ヲ啓発シ　徳器ヲ成就シ進テ公益ヲ広メ……」といったものですが、民法が改正されますと「兄弟に友に」なんてやってられませんし、軍隊がなくなれば「一旦緩急アレハ義勇公ニ奉シ」も必要ありません。また父祖このかたの教えである「軍人勅諭」は「世論ニ惑ハス政治ニ拘ラス　只々一途ニ己カ本分ノ忠節ヲ守リ　義ハ山岳ヨリモ重ク死ハ鴻毛ヨリモ軽シト覚悟セヨ……」などといいますが、国のために死ぬのは鳥の羽よりも軽いことだなんて教えも、もはや必要なし。これには長い前文があって、「忠節」「礼儀」「武勇」「信義」「質素」という五つの教えが示されていましたが、これも民主日本には不要とされます。実際そんなことはないはずなんですがねえ。とりあえずは、日本人にはもう忠節も礼儀も武勇も信義も質素もいりません、というかたちが定められたのです。これと民法改正があいまって、日本はこれからいったいどちらを向いて歩いてゆくのか、という重大な命題がつきつけられたにも拘らず、誰もそんなことを考える余裕はなく、依然「腹がへって、腹がへって」の状態でした。

✺A級戦犯はどうやって決められたか

さて、いよいよ本題の東京裁判に入ります。

以上のような国内外の背景のもと、裁判は昭和二十一年（一九四六）五月三日に開廷し、二十三年十一月十二日に判決が下るまで、途中、夏休みがあったり、昭和二十三年の春から秋にかけて判決文を書くために休廷しましたから、二年六カ月と言いましても、正味二年間行なわれたことになります。ちなみに今流行り（はやり）なのか、「東京裁判史観」と盛んに言われます。そりゃいったい何ぞや、と問うてみたいのですが、そんな歴史観があるはずはなく、私はその言葉自体がよくわかりませんので使いません。

いずれにしろ、東京裁判をどのように話せばよいのかはなかなか難しいのですが、ともかく戦争犯罪人についてはすでにポツダム宣言に書かれていて、それに従ってマッカーサーの命令

極東国際軍事裁判開廷

で検事団が選ばれ、場所も選定され、GHQの管理下で裁判が行なわれたのです。まずは、最近の靖国問題に絡んで盛んに耳にするA級戦犯、そしてB級、C級と戦犯は三つに分かれていて、これがどういうことか。前にすでにお話してあります。

簡単に繰り返しますと、A級は「侵略戦争を計画し、あるいは指導した者、ならびに戦争を防止しなかった者」です。東京裁判のために作られた国際検事団が、これに該当する人を勝手に選んで起訴することで、裁判ははじまります。国際検事団は、アメリカ、イギリス、中国、フィリピン、ニュージーランド、カナダ、オランダ、オーストラリア、ソ連、フランス、インドといった、日本と太平洋洋上や島々で戦ったなかで大きな被害を受けた十一カ国で構成されていました。その国際検事団に「こいつはA級だ」と目された人が次々に逮捕されて取り調べを受け、なかで間違いなく

A級に相当すると判断された人は、現在の池袋サンシャインビルの場所にあった巣鴨拘置所に入れられました。百人以上もいました。さらにその中から正式に起訴して裁判にかける第一級のA級が二十八人と決まりました。実は東京裁判が終わった後、残ったA級容疑の人たちも裁判にかける予定だったのですが、二年半かかって二十八人を裁いた頃には世界情勢がどんどん変わってきて、仲良く検事団を組んでやっていられる状態ではなくなった。金もかかり過ぎました。というわけで、A級戦犯の追加裁判は行なわないことを昭和二十四年（一九四九）二月に決めました。したがって、この「準A級」戦犯は、数も多かったのですが——岸信介、笹川良一、児玉誉士夫らが有名です——全員が裁判セーフになりました。ただし、彼らには「勲章」がついてしまったんですね、堂々たる大物である、という。

次にB級とは、これも繰り返しになりますが、「国際条約あるいは慣行に違反し、俘虜または住民を虐殺または虐待した事件の直接または間接の責任者たりしため戦犯になった者」。そしてC級は、先の「B級の事件の直接下手人たりしため戦犯になった者」というふうに、一応区別されたわけです。ところが実際は、B級は全部、C級と同じようなものでもあるので、「BC級戦犯」と言っていっしょに裁判されました。また、国際検事団が裁くA級と違って、BC級戦犯は、虐殺などその直接の関係国のみによって裁かれました。たとえば南京事件であれば中国、シンガポール虐殺事件であればイギリス、インドネシアでの事件はオーストラリアといった具合です。ただし重なる場合には、二カ国以上によって裁かれた例もあります。

もとに戻って、東京裁判といえばA級戦犯というわけです。ではどうやって、A級戦犯の二十八人を決めたのか？　もちろん非常に複雑な経緯ですから一概には言えませんが、そのために一番協力した、と言っては怒られますが、検事団にとって非常に役に立った人物が二人いて、一人が自身もA級戦犯である内大臣の木戸幸一さん、もう一人がかつての兵務局長田中隆吉さんです。田中隆吉という名前は初めてじゃありませんね。昭和七年（一九三二）、川島芳子を使って日本の日蓮宗の坊さんを殺害した上海事変を計画した男です。最後は少将ですから偉かったんですが、この人が検事側につき、相談に応じ、次々と日本陸軍内部のことを喋りました。

この経緯でいちばんすごいのは、国際検事団のサケット捜査課長が木戸さんに出頭を命じ、昭和二十一年一月十六日の第一回から三月十六日まで三十回にわたって行なった尋問です。最高の証拠物件である『木戸日記』を握られていますから、木戸さんにしてもごまかしがきかないという事情もあったのですね。

この綿密に綿密を極めた尋問記録は、後に立教大学の粟屋憲太郎教授が中心となり『東京裁判資料　木戸幸一尋問調書』という本にまとめられまして、それによると、たとえば「満洲事変の時に天皇はどうだったのか」という問いに、木戸さんは答えています。

「陛下はまったく働きかけをされませんでした」

では中国への進出についてはどうか。

「まったく反対しておられました」

国際連盟脱退についてはどうか。

「陛下は反対でした」

これに対してサケットは、「お前は天皇陛下のお気持ちばかり証言しているが、意思ではなく、実際の行動はどうだったのか」と盛んに追及するのですが、木戸さんは最後まで天皇陛下の和平思想を強調し、どうにかして身柄を守り抜こうとしました。

そのかわり、軍人や政治家についてはあれこればらすのです。たとえば「真珠湾攻撃前夜、断固アメリカを撃つべしと頑強に言い張ったのは、東条英機、松岡洋右、石原莞爾、真崎甚三郎、鈴木貞一、武藤章、佐藤賢了の七人だ」などと明かすのですが、なんでこんなところに開戦時にすでに予備役の石原と真崎が入ってくるのでしょうか……という具合に尋問は続き、ともかく結果的に木戸さんが戦犯容疑者として名指ししたのは次の人たちです。

満洲事変関係では、南次郎、荒木貞夫、真崎甚三郎、橋本欣五郎、根本博、石原莞爾、板垣征四郎、小畑敏四郎

上海事変関係では、小磯国昭

日中戦争関係では、永田鉄山（故人）、鈴木貞一、林銑十郎、松井石根、岡村寧次

南方進出（仏印進駐）については、佐藤賢了、東条英機、松岡洋右、近衛文麿、武藤章、永野修身、嶋田繁太郎、岡敬純

三月事件関係では、大川周明

この中で、実際にA級戦犯となったのはじつに十五人（★印。ただし松岡洋右、永野修身は裁判中に病没、大川周明は精神障害のため釈放）に上ります。陸軍軍人の主なところは軒並み入っています。ということは、木戸さんの証言がかなりアメリカに通じたわけなんでしょうね。こうして二十八人のA級戦犯が決まったわけです。

もっとも正式に決まるまでにじつは面白いことが起こります。最初は二十五人のA級戦犯と決めていたのですが、四月十三日に到着したソ連検事団の要望で三人増やし、二十八人にしました。そしてこれでよし、ということで裁判用の設備として、被告席を二十八作ったわけです。ところが、ですね。四月二十七日、ソ連検事団がさらに、梅津美治郎と重光葵を追加したい、と言い出したのです。しかし被告席は二十八しかありません。もう二十八人は決まっています。ソ連が断固として譲りませんので、検事団は相談してすでに決まったなかから二人減らすことにして、改めて真崎甚三郎と阿部信行をはずしたのです——というように、まことに妙な裁判であったことが、この一件をもってしてもわかります。

そして国際検事団が出した訴因は五十五項目もありました。うち1〜36項目は「平和に対する罪」、37〜52項目が「殺人及び殺人共同謀議の罪」、そして53〜55項目が「通例の戦争犯罪及び人道に反する罪」、つまり虐殺や虐待などです。しかしこのうち「平和に対する罪」「人道に反する罪」は、これまでの国際法にはなく、先にナチス・ドイツに対して行なったニュルンベルク裁判で突然出てきた罪状でした。弁護団がここを猛烈に突きます。新しく作った法律で過去の戦争を裁くのはおかしいのではないかと強く抗議したのです。ですから開廷後もしばらくの間、この裁判が正しいものか、成立するものかどうか、延々と論議が続きましたが、結果的には、弁護団が食い下がるのを検事団があくまでも突っぱね、あらゆるものを押し切るかたちで進むわけです。

東京裁判とは何であったか

五月三日開廷といっても、手続きなどがあって実際に裁判がはじまったのは六月四日です。この日、アメリカ人の検事団長ジョセフ・キーナンが総括論告、つまり起訴状をえんえんと読み上げました。午前中にはじまり、午後を経て、夕方になっても終わらないほどの膨大なもので、これによって東京裁判が有効であることを宣言したのです。重光葵さんの『巣鴨日記』に書かれたものから骨子を申しますと、

「東京裁判は勝者による軍事裁判であるが、将来の国際平和を確立せんがための新例である。日本の犯した国際平和に対する反逆、侵略戦争および不法残虐行為に対して文明の名において裁判し、過去の責任者を摘発し抹殺し、将来の戦争防止に資せんとするものである。

これらドック（被告の座る一区域をこう呼びました）に居並ぶ二十八名の被告等は、すべて一名残らず、この日本の侵したる極悪なる罪悪について責任を負わねばならぬ。彼らはいずれも極刑に値いするものである」

抗議を受けた「平和に対する罪」や「人道に反する罪」を裁くこの裁判は、将来の国際平和を確立するための「新しい例」だというのですね。この論告などから見て、東京裁判とは何であったかを考えてみますと、次の三つが挙げられると思います。

①日本の現代史を裁く

連合国が日本を相手に今度の戦争をし、アメリカは原子爆弾を投下、ソ連は満洲に侵攻したこと……などはすべて正しいのだ、連合国側にすべての「正義」があるのだ——ということを確認するための裁判であった、と私は思うのです。自分たちの側にこれまでの人類の歴史に合致する真理があり、自らの側に人道的なモラルがあった、また二十世紀においては日本人が考えるような侵略性をもつ戦争は正しくない、ということを証明する裁判だったのではないか。つまり、日本の現代史を徹底的に裁くという眼目（がんもく）がまずあったのです。

②復讐の儀式

勝ったとはいえ、連合国でもたくさんの国民が亡くなりました。その死が無駄ではなかったということを、自国民に納得させるための一種の復讐の儀式だったと思わざるをえません。キーナンさんの論告の原文を見ますと、「以下本起訴状の言及せる期間に於て、日本の対外政策は、犯罪的軍閥に依り支配せられ、且（かつ）指導せられたり。斯（か）かる政策は重大なる世界的紛争及び侵略戦争の原因たると共に、平和愛好諸国民の利益並に日本国民自身の利益の大なる毀損（きそん）の原因をなせり……」。犯罪的軍閥によって支配された日本がやったことは、すべての平和愛好的諸国民（自分たちのことですね）の利益はもちろん、日本国民の利益をもむちゃくちゃにした、したがってこの犯罪的軍閥を徹底的に裁くのだと。明らかに復讐の匂いがあるんですね。

弁護団はものすごく反対しました。勝者だけが裁判をするとはとんでもない話だ、戦争自体やった者が悪いのであって、片方のみが犯罪になるなどおかしいではないか、国家行為であり個人の責任ではない、事後法的な性格も間違っている……先に申しましたように、これらの主張を検事団はすべて払いのけました。さらに、ポツダム宣言によると、通例の戦争犯罪者しか裁かないのではなかったのか、訴因がむちゃくちゃに広げられているではないか、という反論にも、『木戸日記』によると、降伏調印の三週間前に天皇が「戦争責任者の処分」と言っている、だから通常の戦争犯罪者だけではなく「戦争責任者」を裁くのは有効なのだ、と突っぱねました。さらに、

③日本国民への啓蒙教化の目的

とにかく戦争中の言論封鎖で何も具体的なことを知らされていない日本人に、南京事件のこと、無通告真珠湾攻撃のこと、シンガポール虐殺事件のこと、バターン死の行進のこと、泰緬（たいめん）鉄道では日本人がイギリス兵をたくさん殺したなどの事実を知らしめ、片っ端から日本軍国主義の罪状を明らかにし、しかしその責任はお前たち日本国民にはない、だから責任は問わない、したがって犯罪的軍閥だけを対象にしたんですよ、と示すことで、日本国民を大いに啓蒙し、よき民主主義国家の人民になるよう導く、という意味があったと思います。

✺「天皇は訴追せず」

ともあれ、訴状の最大の焦点は共同謀議です。となると、問題は、侵略戦争の〝共同謀議〟の先頭に立った人はもちろん、それに加わった人まで罪に問われる、さらにその外側にいても追及される可能性があることです。すなわち昭和天皇も、包括的に「平和に対する罪」などという得体の知れないものに入ってしまうのではないか――というわけで弁護団や、米内光政さん、若槻礼次郎さんなど引退した人も含めて当時や過去の政界リーダーたちは憂い、あるいは何とかせねばならぬと騒然となりました。

外国の世論などをみますと、天皇の戦争責任については厳しいものでした。とくに、豪州、ソ連、イギリスでは天皇の戦争責任を追及する声が高く、新聞などはゆゆしき事態だと報じていたのですが、ところが実際は、前にも話しましたとおり、マッカーサーの昭和二十一年一月二十五日付の手紙を受けたワシントンの三省（国務省、海軍省、陸軍省）委員会で、すでに天皇はセーフ――裁判にはかけない、戦争責任は追及しない――と決まっていたのです。つまり天皇の戦犯問題はすでに解決していたのです。国際検事局のジョセフ・キーナン首席検事も、来日と同時にマッカーサーに会い、昭和天皇は訴追しない旨を承知して、あらかじめリストから外してありました。ですが日本も各国もそんなことは知りませんから、天皇はなぜ起訴されないのかという声が当然上がってくるわけです。そこでキーナンは、最後までごちゃごちゃ言っていたオーストラリアもついに説き伏せ、国際検事局としては昭和天皇は起訴しないと検事局内部で表明したうえで、いよいよ裁判がはじまるのです。

ところが開始後の十月十日になって、ソ連のゴルンスキー検事と英国のコミンズ・カー検事が、「やはり侵略戦争の共同謀議となると、すべて御前会議で決定しているので天皇の許可を得ていることになるのではないか、ならば天皇を外すのはおかしいのではないか」と蒸し返します。そこでまたキーナンは十月十一日、「もう済んだことだ」とそれを却下し、改めて「天皇は訴追せず」の声明を発表しました。これを日本人は大いに喜びます。そして安堵で胸をなで下ろしたかつての日本のリーダーたち——若槻礼次郎、米内光政、岡田啓介の元首相三人と宇垣一成陸軍大将——が、キーナンを招待して慰労の席を設けたりしました。

ですがそうなると、裁判は御前会議を否定することになります。戦前の昭和史でお話ししましたように、太平洋戦争は御前会議の決定ではじまりました。昭和十六年（一九四一）の四回の御前会議で、一段一段と戦争への階段を上がっていったのです。それが、裁判から天皇を外してしまうと、肝心の御前会議を追及しにくくなるわけです。これには検事局も悩んだと思います。そして最終的には「一握りの軍閥、侵略戦争の犯人どもが、自分たちだけで謀議し、天皇陛下にも内緒で戦争に突っ込んでいったのだ、責任はすべて大本営の参謀たちにある、非人間的な作戦を進めたのも、命令を下したのもまた彼らである、それを天皇はやむを得ず追認したに過ぎない」という構図を組み立てたのです。

さて、被告席に並んだA級戦犯二十八人を見ますと、なんと陸軍軍人が十五人もいます。それもほとんどが軍政方面つまり陸軍省関係で、参謀本部関係はきれいに除外されています。たとえば、開戦時までの参謀次長だった塚田攻さんや田辺盛武さん（参謀総長は飾り物ともいえる閑院宮様です）などは、軍令系のたいへんな責任者であるにも関わらずリストに入っていません。また太平洋戦争の作戦全般を牛耳った作戦部長の田中新一中将、そして海軍では福留繁作戦部長も除外されていて、二十八人のうち海軍はたった三人です。このほか外交官が五人、文官が二人（星野直樹、賀屋興宣）、軍人以外の首相経験者が一人（平沼騏一郎）、天皇側近が一人（木戸幸一）、民間右翼が一人（大川周明）でした――ただし大川周明は、裁判がはじまったと同時に、前に座っていた東条さんのハゲ頭をペシャンと叩いて「インド人こめんじー」などと怒鳴ってわけがわからなくなり、こりゃだめだと「精神障害」を理由に外されてしまいましたから、実質的に被告席に座ったのは二十七人ということになりますが。

このように、御前会議の決定も無視され、検事局が当初仕立てた共同謀議そのものもあやふやになってしまいました。東京裁判は日本を侵略戦争に導いた人全員を裁いたことになっていますが、そんなことはないのであって、ガタガタした挙句、結果的には「犯罪的軍閥である陸軍の大陰謀」という定義のもと、これに乗っかった軍政の将官たち、海軍や外交官はその外側にいたという構図になったのです。陸軍の弁護団は、そんな大陰謀などなかったと主張し、また海軍や外交官の弁護団は、大陰謀とは関係なしに個人的な弁護に取り組むことになります。というわけで裁判は、個人個人によってまったく違ったかたちで進んでいくのです。

そしてよく調べていくと、戦後盛んに言われた日本の無責任体制そのものといいますか、実際の日本の政戦略はどこにも責任がない、果たして誰が真の責任者なのかわからないかたちで決められていったのです。ちょうど玉ねぎの皮を一枚一枚剝いていくと、最後に芯がなくなって雲散霧消するようなもので、このときも、しょうがないので、日本の犯罪的軍閥は「侵略」という意識をもたずに侵略したのだ、なんてことで片付けられました。そしてその指導をしたのが犯罪的軍閥であり、さらにそのような陸軍の一部の行動や考えに屈伏し、便乗した人もいた。そういった連中が、自覚も確信も常識もないままひたすら武力をもって世界制覇をめざした、というのが国際検事局の主張となったのです。逆に、そんなバカな話はないだろう、というのが以後の弁護団の言い分になる――要するに作り物の裁判なんですね。結果、裁判ではさまざまなことが論ぜられ、いちいち細かく話せばそれだけで一冊の本ができますが、ここでは面白い話をいくつか挙げておくにとどめます。

＊〝茶番劇〟に敵も味方も汗を流す

第一の問題は東条さんです。犯罪的軍閥の首魁、最重要人物として東条英機をやっつけるのが国際検事団の第一目標でした。ところが、彼は非常に正直な人ですから、天皇陛下のことを下手にしゃべりだす可能性があるというので、米内さんあたりが非常に心配して、裏から手を回し、被告席で彼が何を話すのかそれとなく打診をしました。すると東条さんは、私が恥をさらしておめおめ生きているのは、我が国は侵略的な行為をしたのではなく、世界平和のために戦争を行なったのだ、その全責任は私にあるということをはっきり申し上げるためだ、と答えましたので、皆がとりあえず安心したのです。自分の言いたいことはきっちり言うけれど、天皇陛下に責任を及ぼすような発言はしないとわかったわけですね。

裁判は氏名のアルファベット順に行なわれまして、一番目がAの荒木貞夫さんで、Tの東条さんは後ろのほうです。そして昭和二十二年（一九四七）十二月三十一日、大晦日(おおみそか)になってようやく東条さんの出番がやってきます。この時は、木戸幸一さんについて調べるために、木戸さんの弁護人ローガンさんがいろいろと質問をしました。その際、

「天皇の平和に対する希望に反する行動を（木戸さんが）とったことがあるか」

と聞かれて、東条さんは答えます。

「そういう事例はもちろんありません。私の知る限りにおいてはありません。のみならず、日本国の臣民が、陛下のご意思に反してかれこれするということは、あり得ぬことであります。いわんや、日本の高官においてをや」

最初のほうはよかったのですが、後半を見ますと、日本人は天皇陛下のご意思に反すること

は一切しない、天皇陛下の言うことは全部聞くと言ってるわけです。となると、おかしなことになってきます。天皇は「平和」「平和」と言っているはずなのに、なぜ皆はそれを聞かずに戦争に突入したのか。やはり天皇陛下が戦争をやろうといったのではないか……。そこでウェッブ裁判長が、口をはさみます。

「ただいまの回答がどのようなことを示唆しているかは、よく理解できるはずであります」

自分の発言が何を意味しているのか、あなたはわかっていますね、と東条さんに聞いたわけです。これにはキーナン検事が蒼白になり、「そのような質問はうんぬん」とごちゃごちゃごまかし、正午なので休廷、と切り上げてしまいました。

大晦日ですからお昼で終わってもおかしくはないのですが、部屋に戻ると、ソ連やイギリスやオーストラリアの検事らが「天皇を訴追する十分な根拠が発見できた」と叫んでいます。こうして、東条さんの木戸さんを弁護するための発言が、妙な展開で再び天皇の戦争責任問題に及び、裁判所を俄然、揺るがすことになったのです。

幸いなことに、翌日が元日で裁判も休み、翌昭和二十三年（一九四八）一月二日にはちょっと開廷したものの、このような大事な問題は簡単に済ませられないということで保留、三日が土曜日、四日が日曜日でお休み、五日の再開に向けて、「なんとかせねば」と工作がはじまりました。あの発言は間違いだったと東条さん本人に言わせようというわけです。ところが律儀で正直な人ですから「撤回はできない」というので、裏側ですったもんだの騒ぎです。そこで、

被告席の東条英機（1884-1948）

木戸さんの息子である木戸孝彦さんが担ぎ出されました。というのも父親の弁護人の一人として法廷にいた孝彦さんは、東条さんと気心が知れていたのです。彼は五日の昼休みに東条さんと会い、説得を試みます。

「事実を言っただけじゃないか」「いや、事実は事実なんですが、この場合は違うんです、大問題なんです」

なんてことで、それまでなぜ皆がそんなに騒ぐのか理解していなかった東条さんも、ようやく納得します。そして一月六日、やりなおしというので、証人として再び法廷に立ちました。

前回、「何人も天皇の命令に従わぬものはない……」と言ったのはどういう意味なのか、とキーナンが問うと、東条さんは答えました。

「それは私の国民感情を申し上げたのです。責任問題とは別です。天皇の御責任とはまったく別の問題であって、私の心情を言ったまでです」

なんだか、靖国神社参拝は「個人の心の問題」と誰かが言っているような感じですね。つまり、個人的な話であって、法的にどうこう言ったのではないと。これにキーナンが、

「しかし、あなたは実際に、首相として米英蘭に対して戦争をしたのではないか」

と詰め寄ると、東条さんは言います。

「それは私の内閣において戦争を決意しました。天皇陛下とは関係ありません」

さらにキーナンは、

「しかし戦争を行なえというのは、つまり裕仁天皇の意思であったのですか」

東条さんは、

「いえ、首相であり陸軍大臣であった私をはじめとして、統帥部その他の責任者の進言によって、しぶしぶ御同意になったというのが事実でしょう。そして、平和御愛好の精神は、最後の一瞬に至るまで、陛下はご希望をもっておられました。……その証明として、昭和十六年十二月八日の御詔勅の中に、明確にその（平和愛好の）御意思の文句（＝アニ朕が志ならんや）が付け加えられております。しかも、それは陛下自らの御希望によって、政府の責任において入れた言葉です。それは、……まことにやむを得ざるものあり、朕の意思にあらずという御意味の御言葉であります」

これを聞いて、追及する立場でありながらキーナン検事は大満足です。そして最後、東条さんに「今の心境は？」と聞かなくてもいいことを尋ねると、東条さんは、

「間違ったことは一切していません。正しいことを実行したと思います」

と答えて、ようやくすったもんだが終わりを告げたのです。

……まあ、こういった話を一つひとつ拾っていくと、阿吽の呼吸でやっている場面など、東京裁判は一種の茶番劇かなとの思いもするのですが、いるのかいないのかわからないような犯罪的軍閥による戦争という「かたち」をつくるために、検事局も努力をし、弁護団も努力をし、被告も努力をしながら、裁判を進めていったわけです。敵も味方も汗を流してのまったく大変な作業であったんですね。

とりあえず一件落着というので、例によって若槻礼次郎、岡田啓介、宇垣一成ら（米内さんは重病に倒れており、この年の四月二十日に亡くなりました）が財界の大御所、故郷誠之助の熱海の別邸にキーナンさんを呼んで慰労しました。ご機嫌のキーナンは、東条もうまくいったよ、これで天皇陛下を被告台に上がらせることはない、と言うと、若槻礼次郎は、

「自分は今年八十三歳になるが、陛下が無罪になられたなら、いつ死んでもいい」

と涙をぼろぼろこぼして言ったそうです。若槻さんは昭和二十四年（一九四九）十一月二十日に亡くなります。戦前の昭和史で話しましたが、彼は満洲事変が起きた時の総理大臣で、「（朝鮮軍が満洲に）入ってしまったものは仕方がない」と致命的な一言を吐いた人でした。

ため息の出る裏話

もう一人、東京裁判で忘れてならないのは、田中隆吉です。元兵務局長、上海事変を起こし

た張本人でもあり、A級とまではいかなくても戦犯になりそうな人ですが、検事局にたいへんな協力をし、彼がいないと被告が挙げられないというほどいろんなことを喋ったので、被告として追及されることはありませんでした。一方、陸軍にとっては「裏切り者」というわけで、戦後も元軍人さんたちが「名前を聞くのもいやだ」というほど憎まれました。

この人は巨魁（きょかい）といってもいいような顔をした「大入道（おおにゅうどう）」で、堂々と検事局の質問に答えるのですが、これまた記憶力が抜群で、ものごとの年月などがはっきりと頭の中に入っているんです。こういうのがいるとほんとは困るんですよね。人間あまりに記憶力がいいのも考えものだというくらい、日時や場所をいちいち淀むところなく正確に答えるんです。

たとえば、満洲事変で石原莞爾と組んだ、後の陸軍大臣、板垣征四郎さんについて尋ねられた時には、本人の前で、

「私の恩人であります」

と言っておいてから、

「板垣閣下は……関東軍がもっておりました内面指導権というものをいかんなく行使せられまして、巧みに満洲国をコントロールされました」

これ、どう考えても、板垣さんが満洲国を牛耳った悪者だと言ってますよね。本人の前で、恩人と持ち上げておいて、しゃあしゃあと恐れ気もなく述べるんです。これに検事が喜ぶと、またどんどん喋るわけです。

張作霖爆殺事件については、「直接、河本大作大佐から（自分がやったと）聞きました」「長勇大尉（当時）からも（計画があったことを）聞きました」と、とも思わず堂々と言うので、いざ確認しようとすると、河本さんは中国に抑留されていますし、長大尉も、後に中将までいきましたが、すでに沖縄で戦死しています。二人とも証人として引っ張り出すわけにもいきませんから、陸軍はかたなしです。

また満洲事変については、建川美次少将が、計画を止めるために日本から派遣されたものの、飲まされて酔っ払っている間に事件が起きてしまったという経緯がありましたが、田中さんは「本人から聞かされた打ち明け話」として喋ります。

「自分（建川さん）は満洲事変を予期しておって……南（次郎）陸軍大臣は関東軍の行動を中止せしめるように……という話だったが、自分は（満洲に行ったけれども）止める意思はさらになかった……自分は（昭和六年九月）十八日の夕刻奉天についたが……料理屋に行った。そのうちに大きな大砲の音がすると芸者がぶるぶるふるえだした。自分は、なにオレがここにいる。……ブルブルするなといっても、一晩じゅう芸者ならびに家のものはふるえあがっておった。朝までぐっすり寝たら花谷（正）少佐が迎えにきた。それからはじめて関東軍（司令部）に行ったが、もう事件ははじまっており、自分の（止めに行った）使命は果たされなかった」

——このように建川閣下が言うのを、私はちゃんと聞きました、と田中さんは言うものの、当の建川さんは昭和二十年に亡くなっていて、これも証人として呼び出せません。つまり、田中隆吉少将は、ほとんど亡くなっていたり、日本にいない人たちの話を「自分が直接聞いた」と繰り返して喋るのですが、日時や場所がまったく正確ですから、なにかこう「聞いた」という内容も間違っていないんじゃないかと思わせる迫力がありました。こうして次々と自分の上の人たちの「悪行」をさらにあげつらって検事局を喜ばせたんです。

正直な話、陸軍としては当時、煮え湯を飲まされる以上の思いでこれを聞いていたでしょう。「お前、何を言っとるんだ」なんてもう言えないわけですから。板垣さんなど、目の前で恩人呼ばわりしながらなんでそんなことをばらすのか、と思ったでしょう。

さらに、満洲国皇帝だった溥儀（ふぎ）さんが登場し、「自分はだまされた、皇帝になるつもりもなく、満洲国をどうこうするつもりもなかったのに、日本軍に脅かされてやむを得ず皇帝となったのであり、まさに傀儡（かいらい）であった」などと、いけしゃあしゃあと語ったりもしました。

こういった話はいくつもありますが、一方、法廷の裏側での愉快な話もいくつかあるんです。一つ紹介しますと、巣鴨に入れられていた準A級戦犯に鮎川義介（あゆかわよしすけ）（日産コンツェルンの創始者）という人がいました。満洲を牛耳った実力者＝二キ（東条英機、星野直樹）三スケ（鮎川義介、岸信介、松岡洋右）の一人です。これはなかなか面白い人で、本も一冊書いていて、そこに出てくる話です。巣鴨時代には退屈でしょうがなかったので、芝居を作ってみた。配役は、チャーチルが「やり手婆（ばば）あ」、ルーズベルトは「大金持ちの若旦那」、ヒトラーが「大山師」、スターリンは「因業（いんごう）高利貸し」……うまいですね。チャーチルのやり手婆あなんてまさにそんな感じです。日本の方もありまして、東条英機は「一徹居士」、松岡洋右は「奇術師」。これを戦犯の皆が喜んで聞いていたそうです。

こうしていろいろなエピソードを盛り込んで裁判が進んでいる時、昭和二十一年十月一日、先にはじまっていたドイツの戦犯を裁くニュルンベルク裁判の判決が出て、結果が日本に伝えられました。ゲーリング空軍元帥以下、十二人が絞首刑——この中には行方不明のマルチン・ボルマン総統官房長も含まれます。またルドルフ・ヘス副総統ら三人が終身刑。ほかに四人が有期刑（懲役十五年など）。そして経済相シャハトほか二人が無罪。

「無罪」が出たということで、日本にも希望が出たものの、十二人が絞首刑といった非常に厳しいものでもあり、弁護団は憂色を深めました。これは被告たちにも知らされましたが、元外相重光葵日記によると、

「A級戦犯者は何等動揺なく、平常通り談笑し市ヶ谷に往復す」

というわけで、被告には動揺は見られなかったようです。

✷判決下る

いよいよ、判決の時を迎えました。開廷の時は実に五十五項目もの訴因がありましたが、裁判が進むうちにどんどん削られていき（たとえば十一カ国それぞれへの共同謀議の罪が設定されてい

起訴状中、最後まで残された罪状項目についての有罪・無罪の一覧

（●は有罪、○は無罪、×は判定せず、空白は審議せず）

	1	27	29	31	32	33	35	36	54	55		歳	経歴など
荒木	●	●	○	○	○	○	○	○	○	○		72	陸相・文相
土肥原	●	●	●	●	●	○	●	●	●	×	絞首刑	66	在満特務機関長・陸航総監
橋本	●	●	○	○	○				○	○		59	赤誠会統領
畑	●	●	●	●	●		○	○	○	●		70	陸相・中国派遣総司令官
平沼	●	●	●	●	●	○	○	●	○	○		82	枢府議長、国本社会長
広田	●	●	○	○	○	○	○		○	●	絞首刑	71	駐ソ大使・外相・首相
星野	●	●	●	●	●	○	○		○	○		57	満洲国総務長官、内閣書記官長
板垣	●	●	●	●	●	○	●	●	●	×	絞首刑	64	中国派総参謀長・陸相
賀屋	●	●	●	●	●				○	○		60	蔵相
木戸	●	●	●	●	●	○	○	○	○	○		60	内大臣・文相・内相・厚相
木村	●	●	●	●	●				●	●	絞首刑	61	次官・ビルマ派遣軍司令官
小磯	●	●	●	●	●			○	○	●		69	朝鮮総督・拓務相・首相
松井	○	○	○	○	○		○	○	○	●	絞首刑	71	上海派遣軍司令官
南	●	●	○	○	○				○	○		75	陸相・朝鮮総督
武藤	●	●	●	●	●	○		○	●	●	絞首刑	57	軍務局長・比島方面軍参謀長
岡	●	●	●	●	●				○	○		59	軍務局長
大島	●	○	○	○	○				○	○		63	駐独大使（日独伊三国同盟時）
佐藤	●	●	●	●	●				○	○		54	軍務局長
重光	○	●	●	●	●	●	○		○	●		62	駐華大使・外相
嶋田	●	●	●	●	●				○	○		66	海相・軍令部総長
白鳥	●	○	○	○	○							62	駐伊大使
鈴木	●	●	●	●	●		○	○	○	○		61	企画院総裁
東郷	●	●	●	●	●			○	○	○		67	駐ソ大使・外相
東条	●	●	●	●	●	●		○	●	×	絞首刑	65	陸相・内相・首相、参謀総長
梅津	●	●	●	●	●			○	○			67	関東軍司令官、参謀総長

10個の罪

番号	罪状
1	共同謀議の罪
27	中国に対する侵略戦争の実行
29	アメリカに対する侵略戦争の実行
31	イギリス連邦（オーストラリアを含む）に対する侵略戦争の実行
32	オランダに対する侵略戦争の実行
33	フランスに対する侵略戦争の実行
35	ソ連に対する侵略戦争の実行（張鼓峰事件）
36	同じくノモンハン関係
54	残虐行為の命令授権、許可
55	右の故意または不注意による防止の怠慢

ましたが、考えればソ連に対する共同謀議の罪だなんて実際ありません)、結果的には十訴因(1、27、29、31、32、33、35、36、54、55)のみが採用されました。うち、たとえば「1」は、漠然とした〝共同謀議の罪〟ですが、「おれはあいつと話したこともないんだが……」という被告もいたりしたようで、こういう項目を残すから話がややこしくなるんですね。そして判決は表のようなものでした。これは、たとえば松井石根(いわね)さんに対する判決文「本裁判所は、被告松井石根を訴因第55について有罪、訴因第1、第27、第29、第31、第32、第35、第36及び第54について無罪と判定する」にもとづいて、黒丸と白丸をつけて一人一人作成してみました。

表を見ていきますと、「1 共同謀議の罪」でセーフなのは、松井石根さんと重光葵さんだけで、あとは全員有罪です。また「27 中国に対する侵略戦争の実行」については、松井さん、大島浩さん、外交官の白鳥敏夫さんだけがセーフ。結果的に、一番特徴的なのは松井さんです。彼は上海派遣軍司令官でしたが、「55 右(残虐行為)の故意または不注意による防止の怠慢」以外はすべて無罪ながら、残虐行為を止めたり注意しなかった罪のみで絞首刑となりました。どういうことかと言いますと、昭和十二年(一九三七)十二月の南京事件は、上海派遣軍が攻め込んだ時に起こりましたが、その総大将が松井さんでした。したがって、中国の検事が強硬に主張したと推測できますが、松井さんは明らかに南京事件の責任を取らされたということでしょう。A級戦犯で絞首刑になった七人のうち松井さんは、表を見る限り訴因はたった一つですし、児島襄(こじまのぼる)さんの著書の別表の十一人の判事の投票内容(推定)を見ますと、米国、英国、中国、フィリピン、ニュージーランド、カナダ、オランダが死刑に賛成し、一方、オーストラリア、ソ連、フランス、インドが死刑に反対した、つまり訴因は一つながら、七対四で絞首刑と決まったわけです。中国が相当頑張ったのではないかと思います。

また大島浩さんですが、彼は日独伊三国同盟の時の駐ドイツ大使でした。訴えられた七つの

11判事投票内容（推定）

（○＝死刑反対、×＝死刑賛成　児島襄『東京裁判』文藝春秋版より）

国別判事＼被告	荒木	大島	木戸	嶋田	●広田	●東条	●土肥原	●松井	●武藤	●板垣	●木村
米国	×	×	○	○	×	×	×	×	×	×	×
英国	×	×	×	×	×	×	×	×	×	×	×
中国	×	×	×	×	×	×	×	×	×	×	×
フィリピン	×	×	×	×	×	×	×	×	×	×	×
ニュージーランド	×	×	×	×	×	×	×	×	×	×	×
カナダ	○	○	×	○	×	×	×	×	×	×	×
オランダ	○	○	○	×	○	×	×	×	×	×	×
オーストラリア	○	○	○	○	○	○	○	○	○	○	○
ソ連	○	○	○	○	○	○	○	○	○	○	○
フランス	○	○	○	○	○	○	○	○	○	○	○
インド	○	○	○	○	○	○	○	○	○	○	○

国別のBC級戦犯の死刑総数

	人員（延べ）	死刑執行
連合国	2	0
米国	1,453	143
英国	978	223
オーストラリア	949	153
オランダ	1,038	226
中国	883	149
フランス	230（欠席判決43人を含む）	37
フィリピン	169	17
計	5,702	948

ソ連は正確な数は不明であるが、約１万人が裁判にかけられ、3年以上終身までの刑に処せられた

罪状のうち、六つまで無罪とされながら、漠然とした共同謀議の罪だけで有罪、つまり大雑把な仲間の一人として反対せず同調した罪です。これも十一人の判事の投票内容を見ますと、六対五で死刑は免れたものの終身刑となりました。

このように、それぞれが、すれすれのところでセーフだったりアウトだったりしています。英国、中国、フィリピン、ニュージーランドは全員について死刑に賛成している一方、ソ連などは全員について死刑反対です。ソ連には死刑罪がなかったからです。

そこで、証拠はありませんがあえて勘ぐってみますと、といいますか、そういう見方しかできないんじゃないですかということで申しますと、まず南京事件の責任は松井石根がとらされました。また昭和十七年（一九四二）はじめ、シンガポール陥落時にかなりの人が亡くなったシンガポール華僑虐殺事件の責任を、板垣征四郎がとらされました。そしてフィリピンにおける残虐行為の責任は、じつは本間雅晴中将が「バターン死の行進」におけるBC級戦犯で銃殺刑になっていますし、アメリカが攻め入った時の残虐行為が許せないというわけで山下奉文大将がBC級戦犯としてマニラで絞首刑になっています。そのついでに、ということもないでしょうが、当時の山下軍団の参謀長だった武藤章が巣鴨で絞首刑となっている。さらにビルマでは、『戦場にかける橋』という映画にもなった、泰緬鉄道でたくさんのイギリス人の捕虜を殺したとされる事件の責任をとるかたちで、ビルマ派遣軍司令官だった木村兵太郎が絞首刑に、さらに満洲でのさまざまな事件における責任は、当時在満特務機関長だった土肥原賢二がとって絞首刑となります——といった具合に、絞首刑になった七人のうち、五人までがこうして、残虐事件の責任者として、早い話がBC級の罪状で絞首刑になったとみられるのです。

残りの二人は東条さん——この人を死刑にしないわけにはいかない状況ですからね、そしてもう一人は広田弘毅さんです。広田さんがなぜ死刑になったのかわからないという人は多く、事実、調べれば調べるほど、そうも言えるんです。判事投票の表で見ても、五対六で死刑賛成が一票多いだけなんですね。こうなると、運不運というより、判事も気ままにやったんじゃないかと疑ってしまうのですが、とにかく広田さんは一切答えず、一切弁明せずで終始しましたから、判事の印象を悪くしたのか、いやそんなことで国家的裁判が行なわれるなんてありえないはずなんですが、とにかく絞首刑になりました。あるいは近衛文麿の代わりに文官から一人絞首刑を出したかったのか？

というわけで、どう考えてもニュルンベルク裁判の向こうを張って東京裁判でも何人か絞首刑を出さないと気がすまないというのか、ある意味では恣意的な投票で死刑の賛成反対が一票差のセーフやアウトが決まったとみられるのです。

ちなみにBC級戦犯について申しますと、五千七百二人が告訴され、裁判ののち九百四十八人に死刑が執行されました。これは法廷ではなく国別で裁いたもので、イギリスとオランダが一番多いことから、その憎しみの強さがうかがわれます。そして死刑になったすべての人が、靖国神社に祀られました。

ここで改めて東京裁判の全体を見渡しますと、共同謀議という大枠は、ナチス・ドイツにはあてはまったでしょうが、首相も閣僚も軍事指導者もちょこちょこと代わってきた日本の場合、戦争にもっていくのに誰が首謀者になって大陰謀を企てたのか、となると、該当するような人はいません。雲散霧消した訴因を、無理やりニュルンベルク裁判並みにもっていこうとアメリカは頑張ったわけです。それは前にも言ったとおり、①日本の現代史を裁くため、裏返せば、連合国のやってきたことが正義だったと再確認するためです。そのための東京裁判でした。つまり、連合国は歴史に合致する正義を行なってきたこと。かつて植民地をさんざんつくってきた帝国主義は十九世紀の話であって、それを二十世紀においてやった日本の考え方は侵略的性格をもつ間違った戦争観であったことの証明、②自国民を納得させるための一種の復讐の儀式(ために無理をしても死刑を出さねばならなかった)、③何も知らされていなかった日本国民に事実を教え、侵略的軍閥の罪状を明らかにし、啓蒙すること。その際、国民の罪は一切問わず、連合国が彼らの解放者であると知らせる――だったと私は思います。

そのためにはどうしても、訴因はどんどん削られていっても共同謀議は譲らず、それによって死刑を出す、そうして裁判を〝作り上げる〟、そう決めていたのではないか。東京裁判が、連合国によるいささか強引な裁判であったことは事実だと思います。反面、弁護人が徹底的に抗議し、検事局の挙げた罪状がいかに無意味であるかを証明した部分もあり、そういう点では裁判の形式にのっとったものでもありました。ただ問題は、最後まで「共同謀議」という幻の訴因を作り上げるために強引であったこと、これは否めません。

残った後味の悪さ

死刑の七人のほか、二人が裁判中に病死（松岡、永野）し、懲役刑などを受けた人も、のち巣鴨で五人（梅津、東郷、小磯、白鳥、平沼）が亡くなっています。この十四人は昭和五十三年（一九七八）、〃国家のための殉難者〃として靖国神社に祀られました。戦犯などとんでもない、余計な罪状を暴き立てられて難を被ったというわけです。たとえば、武藤章さんなどは、死刑を言い渡されて――これ、ラジオでそのまま放送されたんです。一人一人呼び出されて、Death by hanging（絞首刑）とか、Prisonment for life（終身刑）とか、次々に宣告されるんです――判決がすむと控室に連れてゆかれるのですが、絞首刑の人が入る別室に東条さんが入った時、そこに武藤さんがいるとは予想していなかったものですから、思わず言ったそうです。

「キミを巻き添えにして気の毒だった。まさかキミが死刑になるとは思わなかった」

正直な人だから、裁判中ほんとうにそう思っていたんでしょう。また広田さんは、

「カミナリに当たったようなものだ」

と洩らしたといいます。これも災難だと思ったんでしょう。そういう意味では、殉難者といえなくもない人もいるかもしれません。ただ、皆がそうかというと、とんでもありません。歴

史上とうてい肯定できないたいへんなことをやったわけですから。

武藤さんの判決直後の日記にあります。

「判決の構成は、日本の侵略戦に関する共同謀議は、日本陸軍が中心となって、計画し準備し実行されたということになっている。この判決を首尾一貫したものにするには、陸軍を罰せねばならぬ。ところが日本陸軍のどこをとってみても、ナチスの如き共同謀議の主体がない。そこで東条を中心とした次官と局長とを槍玉にあげたものと思われる」

つまり軍務局長であった自分が絞首刑になったのも、「東条さんを中心とする次官および局長」に当てはまるのだから、と武藤さんは納得したのでしょう。フィリピンの住民を巻き添えにした戦闘はすごいものでしたので、その責任をとらされたとはいえ、自分への死刑判決は、枠内にいる人を軒並み有罪にしてコトを済ますためだったという武藤さんの観察は、かなり的を射ているんじゃないでしょうか。ですから、海軍の岡敬純(たかずみ)、嶋田繁太郎、永野修身(おさみ)の三人は死刑にはなっていません。この陸軍の大陰謀という仕立て上げは、もちろん、相当の無理があります。ただ繰り返しますが、全員が殉難者かといえばそれは違うでしょう。国を亡ぼし多くの人びとを死に追いやった、その責任は確実にあるのですから(永野は途中で病死)。

そこで、昭和二十一年から二十三年というこの時点で、もし日本人が裁判をやったとしたらどうなっていたか。ちょっと考えてみるといい。当時の日本国民が本気になって戦争責任を追及する裁判をしたら、私は、もっと判決が絞首刑の人が多く出たんじゃないかと思います。東京裁判で死刑になった七人のなかにはセーフになる人もいるかもしれませんが、もっとずっと多くの死刑判決が出たでしょう。そのくらい日本人には戦争に対する悲惨な思いが大きく、憎悪が強く、あばかれた事実に対する重い重い責任を感じていましたから。しかし、実際に執行したかどうか、それは別問題となるでしょうが。

では、日本では裁判をやろうとしなかったのか、そうでもないんです。まったく隠されているのですが、東京裁判が開廷する前に、日本人独自で戦犯裁判をやろうという大きな動きがあったのです。それは東久邇宮稔彦（ひがしくにのみやなるひこ）内閣のとき岩田宙造（ちゅうぞう）司法大臣、重光葵（しげみつまもる）外務大臣などが中心となって、密かに「戦犯自主裁判案」を作り、しかしこれを内閣でやるわけにはいきませんから、天皇陛下の詔勅を仰ぎ、すなわち勅令によって行なう計画を立てました。しかし、それをご覧になった天皇陛下はこう言ったというのです。

「昨日までの臣下の者を今日は裁くということはできない」

せっかくの案は返されて、完全にポシャってしまいました。陽の目をみなかった、正式には「民心を安定し国家秩序維持に必要なる国民道義を自主的に確立することを目的とする緊急勅令」という案でした。かなり具体的に作られていまして、全十二条のうち全体の主旨が書かれた第一条を紹介してみます。ただこれが、皆さんが一度聞いてもとうてい理解できるとは思えない、私が読んでもわからないような文章なんです。日本国憲法の前文も悪文と言われますが、だいたいこういう条令というものは悪文になるようですね。

第一条「本令は民心を安定し、国家秩序維持に必要なる国民道義を自主的に確立するため、国体の順逆を紊りて、天皇の輔翼を謬り、其の大平和精神に随順せずして主戦的、侵略的軍国主義を以て政治行政及国民の風潮を指導し、又は指導を輔け、因りて、明治天皇の勅諭（軍人勅諭）に背きて、軍閥政治を招来し、朋党比周以て之に與みし、情を識りて之を助長支援し、以て満洲事変、支那事変又は大東亜戦争を挑発誘動し、内外諸国民の生命財産を破壊し且国体を危殆に陥らしめたる者、施設又は社会組織につき之を処断し除去し又は解消せしむることを以て目的とす」

昭和二十一年ですから、民心は安定していなかったし、道義も確立してなかったわけです。国体は国のかたち、方針ですね。そして天皇の輔弼だと内閣ですが、輔翼だから軍部のことです。それが日本人のもっている平和の精神に反して、侵略的な軍国主義を指導し、またこれにくっついていく人が沢山いたと。そういった連中を反逆罪として排除していく……理解し難い部分もあって、悪文は憲法だけではないという話になるのですが、まあ、はっきりいえば国家反逆罪として軍事指導者たち戦争責任者を死刑または無期懲役に処すということですね。

もしこれが実現していれば、もう少し責任問題はすっきりしたとは思います。ただ、後できっとしっぺ返しが来たはずです。そして何年か後には逆襲が起こるというか、人間の憎悪が入り乱れて国家の秩序が一層乱れる可能性があったんじゃないでしょうか。いずれにしろ、戦争責任者の追及は、どういうかたちでやってもしこりが残りますし、後々までいろんな意味でわれわれの生活にマイナス要素が降りかかってくるものだと感じます。

ともかく昭和二十三年十一月に判決が出て、東京裁判は終わります。そして十二月には七人が東京の刑務所で処刑され、骨は横浜の葬儀所で焼かれ、米軍が海上に散骨した――ということになっています。ですが葬儀所の所員たちが、いくらなんでも、と残った骨を、ほんのわずかしかなかったようですがかき集め、それは愛知県（幡豆郡幡豆町）の殉難の碑（三ヶ根山の「殉国七士墓」）に埋められました。

その後、先に話しました通り、続けて準A級戦犯の裁判を行なう予定だったのですが、検事局が声明を出して戦犯裁判は終わることになります。ですから、例えば辻政信という大物など、当然のことながらBC級戦犯に挙げられていましたが、「潜行三千里」と称して地下にもぐっちゃったんですね。どこに行ったかはその自著に書いていて、まあ信用するわけにもいきませんが、ともかく昭和二十四年はじめに「戦争犯罪裁判はこれでおしまい！」となると、全員が大手を振って出てきたわけです。また岸信介さんや児玉誉士夫さん、例の鮎川義介さんも巣鴨拘置所から出てきました。それも、何となしに「おれはA級である」といった箔をつけてきたものですから、後味が悪いと言えば悪い別の戦後史のはじまりでした。

ここで大事なのは、やはり天皇陛下だと思います。訴追されませんでしたが、ご自身はそう簡単に「自分は何もない」とは思っておられなかったんですね。ですからこの先何度か、やはり自分は退位すべきじゃないだろうか、と口に出されます。「天皇は完全な無罪で話はおしまい」とはいかないわけです。道義的な、人間の精神の問題としての責任というものを、天皇ご自身は相当深く考えられていたと思うのです。

また、アメリカの占領政策が、東京裁判を終了するまでとその後では、ガラッと変わります。まるで東京裁判の終幕を待っていたかのようにです。前回申しましたが、簡単に言えば、チャーチルの演説にいう「鉄のカーテン」が下り、ベルリン封鎖、空輸作戦と、ヨーロッパではソ連とアメリカの対立が深刻化し、その冷戦状態がアジアにも及んできます。また中国では共産党軍と国府軍との内戦が拡大し、同時にソ連がアジア大陸にどんどん進出し、北朝鮮が共産主義国家として成立するというかたちで、冷戦が激しく強く厳しく世界を覆ってきたのです。これを受けて昭和二十三年いっぱいまでのGHQの方針は、翌二十四年から一転したのです。これがどういうふうに変わるかが、日本の戦後史を考える大事なスタートになるわけです。この授業が戦後に入って昭和二十三年が終わるまでにきわめて丁寧に七回を費やしたのも、ここまでに戦後日本の国のかたちができあがったと考えるからです。ここまでをしっかり押さえておかなければ、この後の話がでれでれとなってしまうのです。

というわけで、占領期と一口に言っても、私は昭和二十三年までとそれ以降はまったく別のものであるという見方をとっています。そして昭和二十四年以降、アメリカの方針がガラッと変わったために、日本の行き方もガラッと変わります。

次回からはそのGHQの右旋回、講和条約に向かって変わりゆく占領時期の話になります。

第七章

恐るべきGHQの右旋回で……

改革より復興、ドッジ・ラインの功罪

この章の

✴ポイント

GHQ主導で行なわれてきた日本の占領政策は、アジアに飛び火する東西冷戦という新たな世界情勢に影響され、昭和二十四（一九四九）年から「改革よりも経済復興」へと大きく方針転換します。そんな中で、ドッジ・ラインによる緊縮財政を進める政府による国鉄の大幅な人員削減計画が出されると、下山事件・三鷹事件・松川事件という三つの不可解な事件が起きました。諸説ありますが、東西冷戦の煽りが背後にあると言われています。

✴キーワード

トルーマン・ドクトリン／中国共産党／北緯三八度線／ドッジ・ライン／池田勇人／経済安定九原則／日本国有鉄道（国鉄）／下山事件／三鷹事件／松川事件

✷激しくなる米ソの対立

ここでまた話を少し戻します。チャーチルの「鉄のカーテン」演説が象徴するように、アメリカ・イギリスとソ連との冷戦はヨーロッパでは激しくなっていました。そして昭和二十二年（一九四七）三月、骨の髄から反共でソ連嫌いのトルーマン米大統領が「ソ連はもう仲間じゃない」と言わんばかりの「トルーマン・ドクトリン」といわれる声明を発表し、米ソの関係はいよいよ睨み合いの状態となりました。

ですが、戦争中から両者の関係はぎくしゃくしていたのです。というのも、ソ連が大損害を受けながらドイツ国防軍を一手に引き受けて戦うなか、「とても単独では敵わない、西方からなんとかヨーロッパに上陸し第二戦線を作ってくれ」とアメリカとイギリスに頼んでも、そう簡単にはゆかない事情もあって、米英は延ばし延ばしにしていました。そのうちソ連がおかしな気配を感じさせるようになります。米英の協力が得られないので、単独でドイツと講和を結んでしまおうといった動きです——じつはソ連はそんなつもりはなかったのですが、米英はこれを大いに懸念しました。一方、ソ連にすれば、米英は一向に協力せず第二戦線をつくる気配もない。こうして両者のぎくしゃくは、戦争が終わるとほぼ同時に、完全に冷戦状態に入るのです。その主な要因をわかりやすくして三つ挙げますと、

①東西問題――戦後、ソ連は東欧つまりチェコスロヴァキア、ポーランド、ハンガリー、ブルガリア、ルーマニアに軍隊をだーっと入れました。というより、そもそも戦争中にドイツと戦うために軍隊がそれらの国を通るのは許されていましたから、戦後もそのまま駐留したわけです。そしてソ連の大兵力の前で、またソ連共産党の後押しを得て、東欧諸国は次々に共産化し、独立はしたもののソ連の衛星国となってゆきました。米英は、「早く軍隊を引いて東欧を解放するように」と言ってもソ連が応じないので「これは共産革命の輸出だ」とその膨張を非難し、昭和二十一年後半には対立が非常に厳しくなったのです。

②ドイツ問題――ドイツが降伏して東西に分けられ、ソ連管轄圏下にぽつんとあったベルリンは、すでにふれたように四ヵ国が分割統治するという妙なかたちになっていました。当初は、いずれ東西を統合しようという話があったにもかかわらず、だんだんこじれ、ついにドイツは真っ二つに割れてしまいます。そして孤島のように取り残されたベルリンは、前に話しましたように、昭和二十三年六月にソ連によって封鎖され、米英仏による空輸作戦で急場をしのぎました。こうして東西に分かれたドイツは、政治的にはベルリンを握っている東側が断然強かったものの、経済的には、アメリカがマーシャル・プランという援助計画をどんどん推し進めたため、西側が優勢となりました。ちなみに東欧諸国はマーシャル・プランを拒否し、完全にソ連の勢力下に入ったことを示しましたから、ますます米ソの対立は深まっていきました。

③原子力問題——戦争さえできなくしてしまう核兵器については、原理はどの国も、日本でさえも知っていました。しかし、原石から連鎖反応を起こすウラニウムを取り出すなど開発の段階になると、どこもできるわけではありません。ただ、人類の将来のためには原子力を使うほうがいいことは考えられます。そこで、いろんな国が平和利用の原子力をもつようになるまでに国際的に管理できるよう、その権利を国連に預けましょうとアメリカが懸命に動きはじめます。ところが、アメリカの原爆実験が成功した直後から、ソ連は原爆の開発をはじめていました。原子力が国際管理されるとなると、下手をすれば自分たちは核兵器をもてなくなり、他の国の原子力も国連がすべて押さえるならば、アメリカの核独占状態となって世界が一国支配になりかねないので、ソ連は大いに反発します。この時アメリカは、ソ連の原子爆弾開発が五年や十年はかかるだろうと楽観していました。ところがスターリンの指揮のもと、ベリアが責任者となってシャカリキに開発していて、昭和二十二年十一月六日のロシア革命三十周年記念大会の折にはモロトフ外相が豪語します。「原子爆弾はもはやわれわれにとって秘密兵器に非ず」——つまりまもなく製造できると明言したわけです。事実、少し先になりますが、昭和二十四年（一九四九）八月にソ連は原子爆弾の実験を行ないます。原子力、核兵器をめぐる対立はその後もずっと続くわけですが、この時点ではとりわけ急を要する、運命をかけた対立でありました。

こうして米ソの対立は非常に激しくなり、これ以降の世界はいわゆる共産主義陣営と自由主義陣営に、大きな意味で東西に分かれていくことになったのです。

✸米のアジア戦略に利用される日本

以上のように、ヨーロッパを中心に考えれば米ソの冷戦は抜き差しならないところまで進んでいました。ところが、これをアジアの視点で見ますと、じつはまだそこまで至っていませんでした。

日本を占領したのも連合国であって、その総司令部GHQの最高司令官はマッカーサーではありますが、イギリスも、中国も、ソ連も、オーストラリアも、その他の国も皆、平等といってはおかしいですが、それぞれの権利をもって占領に臨んでいました。ですから東京裁判も十一カ国で検事や判事を出して運営しました。つまり、ヨーロッパでぎしぎし音を立てている冷戦状態が、アジアに直接に飛び火していたわけではなかったのです。

というのも一つには、戦争中、ソ連が中国に関してどちらかというと反共産党の態度をとり、中国共産党を圧迫している国民党のほうを支持していたのです。戦争が終わってもそれは急には変わることなく、昭和二十一年五月三日、東欧とは大違いで、日本軍を追い出して占領していた満洲からも、また朝鮮北部からも、ソ連軍は一斉に引き揚げたのです。これは、「中国は蔣介石（しょうかいせき）政権に任せる」といったような、国民党政府に協力的な態度と見られましたので、アメリカは安心しました。

アメリカは、中国共産党をどんどん西へ追いやって孤立させ、一方国民党政府を支援し、それを主要政権とする中国を堂々たる世界の五大強国（米・英・仏・ソなどの戦勝国）の一つとして育成しよう、国連もその強国で運営し、中国をアジアにおける親米の安定勢力にしよう、そうしてアメリカのアジア政策を行き渡らせようという戦略を練っていたからです。ですから、ソ連が国民党を応援しているのは非常に好都合でした。

ともかく、この戦略が裏目に出たりして、つまり中国共産党が勢力を伸ばしてくると、中国が分裂し、ドイツのように分割される可能性もあります。そうなればいったん引き揚げたソ連軍が当然、満洲へ戻って来る、となるとアメリカが考えているアジア政策など無に等しくなります。そこでアメリカは国民党政府を大事に大事にしました。実際それでなんとなしにうまくおさまるような感じでもあったのです。それで、安心してアメリカは敗戦国日本ではどんどん革命に近い改革を進めていけたのです。

が、そうしているうちに、情勢は大きく変わります。

昭和二十二年七月、延安（えんあん）に押し込められていた中国共産党軍（紅軍といいます）が俄然、大兵力をもって国民党に反攻を開始したのです。それまで国民政府軍にさんざん撃破されてきた共産党軍は、ロング・マーチ、いわゆる「長征（ちょうせい）」という大変な経験を経てわずかな残党がやっと延安に辿り着いたというありさまでしたから、これは予想もしない事態でした。ところがです。

アメリカも気付かないうちに国民党の蔣介石政権はすでに腐敗しきっており、さらに失策によるたいへんなインフレで国民の支持が下落しきっている時だったのです。人びとはどんどん中共軍側にくっついていきました。こうして内戦が激しくなり、中共軍がぐんぐん優勢になり、国民政府軍がいたるところで孤立し、昭和二十三年（一九四八）夏ごろまでには長江（揚子江）以北、北京周辺ですね、そして中央部の南京や漢口など主要地域が制圧され、広東など南方のわずかなところに退却した国府軍が集結するというように、大陸の大部分が共産党の支配下に入ったのです。

　国民党を支援していたアメリカにとってはとんでもない話で、アジアの親米安定勢力どころではなくなります。これはまずい、とアメリカはたちまち中国共産党をはっきり敵視した政策を取りはじめるなど、昭和二十三年の春過ぎからは中国の行方がアメリカの重大問題となってきます。中国というものすごく大きい国が共産主義陣営に加わってしまえば、自分たちのアジア戦略など吹っ飛んでしまうからです。

　そこで思いついたのが日本でした。当時、東京裁判や公職追放などひたすら改革を推し進めていた日本を、こうなったら、われわれアメリカが考えるアジア戦略の最前線にしてはどうか、というわけです。

　さらにもう一つ、重大な変化が起きたのが朝鮮半島です。朝鮮半島がなぜ南北に分かれているのかは、もう誰も論じないくらい常識になっています。かつては日韓併合により朝鮮半島全体が日本の属国といいますか、朝鮮人は日本人とされていたのですが、戦争に敗けた瞬間に元に戻せというわけで、朝鮮は独立国家に戻ったのです。ですが、半島にはまだ多くの日本軍がいました。その日本軍をどこに降伏させればいいかが問題となったのです。

戦争中、日本軍はアジアの至るところに展開していましたので、終戦の際、日本本土の軍隊はアメリカ軍に、シンガポールやマレー半島の日本軍はイギリス軍に、インドネシアの日本軍はオーストラリア軍に、満洲の日本軍はソ連軍（のちには中国軍）に、とそれぞれをどの軍隊に降伏させるかが決められました。そこで朝鮮半島の日本軍はどうするかという話になった時に、連合国が話し合い、三八度線から北半分はソ連軍に、南半分はアメリカ軍に降伏することにしたのです。同様のことはベトナムにも言えまして、一七度線を境に北の日本軍はフランス軍に、南の日本軍はアメリカ軍に降伏することになりました。ベトナムは今は統一されましたが、ベトナム戦争が終わるまでは南北に分かれていましたよね。朝鮮も同じで、終戦時、日本軍を降伏させる「便宜として」三八度線が引かれたわけです。

そこで日本の降伏後、米軍司令部とソ連軍司令部が合同委員会をつくり、将来の南北統一に向けて話し合い、どういう国をつくればよいかといったことを決めていくはずでした。ところが、北は朝鮮独立を目指して日本相手に戦ってきた――どれくらい戦ったかは調べていませんが――金日成（きんにっせい）将軍がいて、南はこれも反日を標榜（ひょうぼう）し地下運動を行なっていた政治家の李承晩（りしょうばん）がいる。この二人の話し合いがうまくいきません。そこに米ソの戦略が絡んで一層こじれ、昭和二十三年二月、米ソ合同委員会はとうとう暗礁に乗り上げてしまいます。
そしてその年の五月十日、アメリカは「こうなったらさっさと政府をつくってしまえ」というわけで、米軍の戒厳令のもと、南朝鮮で単独選挙を強行したのです。ソ連はこれを許しません。北は北で別の政府をつくる、と言い出して二つの政府ができてしまい、南北分断が決定的になったのです。この時もしもアメリカが選挙を強行しなければ、という思いもするのですが、歴史はわからないもので、かといって朝鮮がうまく統一されて一つの国になったとも考えられないんですね。

というわけで、「便宜上」、日本軍の降伏地域を分けたのが運のつきといいますか、まったくまずいかたちで出て、朝鮮半島は完全に南北に分断されます。そして八月十五日に大韓民国が、そして九月九日に朝鮮民主主義人民共和国ができました。これがアメリカにはまた大誤算で、つまり北朝鮮という共産主義陣営の国が一つ増えてしまったのです。とはいえ大韓民国はアメリカがかっちりと押さえ、自由主義陣営の国としました。

こうして東アジアを見渡しますと、中国も北朝鮮も共産主義陣営に向かい、わずか朝鮮の南半分だけは自由主義陣営に組み入れたものの、アメリカにすればどうみても手薄です。そんななかで、日本を今までのように国民がひいひい悲鳴を上げるような改革で締め上げ続けていれば、いずれ講和条約によって独立する時に、共産主義陣営に走っていく可能性だってあるではないか、そうなったらとんでもない話です。前にも話しましたとおり、たとえば野坂参三さんが延安から帰ってくると、「愛される共産党」というので民衆もマスコミも代々木の共産党本部に押しかけ、片や新改造内閣の成立には誰もやって来ないといった状況もアメリカは見ているわけです。また、力ずくで抑えはしましたが、官公庁の全面スト計画も背後に共産党がいたことがわかっています。すると、ほんとうに「日本民主主義人民共和国」が成立してしまうのではないか。そんなふうにアメリカ——といってももっぱらワシントンが懸念を抱き、マッカーサーに任せている強圧的な占領政策をこれからは厳しくチェックしなくてはいけないのではないか、ということになったのです。

✹GHQの内部対立

そもそもマッカーサーという人は、身分は「アメリカ太平洋陸軍総司令官（後に米極東軍総司令官）」です。これは軍の組織でいえば、大統領—陸軍長官—統合参謀本部議長（軍令）—参謀総長、その下にあたります。ですから大統領の言うことは聞かなくてはなりません。ところが本人としては、同時に「連合国軍最高司令官」でもあるという意識がありますから、ワシントンの命令通りに動いたり、拘束される必要もなく、独立してやりたいことがやれるはずだと思っているわけです。ワシントンにとっては煙たくて仕方なく、説得に手がかかるし、これはもう放ってはおけないというのでついに動き出します。

昭和二十三年（一九四八）三月、ワシントンから国務省政策企画班長ジョージ・ケナンが特別の使節として来日し、一日、五日、二十一日にマッカーサーと会談してワシントンの意向を伝えました。アジアの情勢を眺めれば、アメリカとしては日本に対するきびしい占領政策を変えなければならない、と以下のように命令したのです。

- 改革や追放などをこれ以上進めないこと。
- 日本の悪事をさらには洗い立てず、戦犯裁判（東京裁判その他）を早期に終結させること。
- 日本国民の不満解消に向け、改革よりも貿易など経済復興を第一義的な目的とすべきこと。
- 日本独立に向けた講和を視野に入れ、警察を強化する、また沖縄・横須賀の基地は確保しつつ、総司令部の権限をできるだけ日本政府に委譲すること。

最後の「警察の強化」は、じつはワシントンは「再軍備」と言いたかったのを、そうなるとマッカーサーが猛反対するのはわかっていますから、とりあえずは控えたようです。

対するマッカーサーは当初、頑として聞かない態度でしたが、やむなく「沖縄の確保」「経済復興重視」「ソ連を除いた講和会議の可能性を容認」については受け入れます。ただし、再軍備への歩みなど絶対反対、日本には憲法第九条に定められたところの非軍事的平和国家という立場を永続させるのだとして、その理由に以下の五点を挙げました。

①アメリカの国際的公約――ポツダム宣言でもミズーリ号艦上でも「日本を二度と戦争を起こさない平和国家にする」と明言し、国際的に承認されている――に大いに矛盾し、これ

から独立しようとしているアジア各国がアメリカに不信を抱き、関係を悪くする。
②これまでの占領政策の根本的な原則を放棄することになる。アメリカやＧＨＱは威信を損ない、滑稽な存在となる（すると日本人が「ざまあみやがれ」とあざ笑うだろう）。
③人びとが食うに困っている日本の現状では独力で自衛すらできない、弱体に過ぎて再軍備どころではない。
④再軍備となると武器製造などたいへんなお金がかかり、ただでさえヒイコラいっている日本経済には破滅的重圧となる。
⑤日本人は平和憲法による戦争放棄を衷心から支持しており、その意向を尊重すべきである。
こうして大喧嘩になりまして、このへんからマッカーサーはトルーマンに心から嫌われていくのです。ただどうも、以上の理由を見れば、基本的にはマッカーサーにとって日本は「自分のつくった王国」なんですね。自分は〝神様〟であって、神様の権威や権力を縮めろといわれてもとんでもないといったところです。そんな彼の自信が裏側にあって、楯突いたのだと思われるのです。

もう一つ、ＧＨＱのやってきた占領政策はまったくの押しつけではない、日本人の有識者や官僚とよく相談して納得ずくのうえであり、日本人との合作なのだ、だからワシントンが考えているように、日本がこのまま共産主義陣営に走ってゆくなどありえない、日本を一番よく知っている自分が言うのだから間違いない、という点でもマッカーサーは自信をもっていました。

彼の腰巾着（こしぎんちゃく）というか、マッカーサーのために全力を尽くした民政局次長チャールズ・ケーディス——憲法を作る時の立役者ですね——が後にこう回想しています。

「日本人の同意と助力とをもって行なわれた改革は最後まで残ったし、押しつけられた改革は、日本の独立が回復された後に、その命は短かった」

占領政策として進めた改革は、日本人の同意と助力があったから残ったので、もし日本の独立後に消えていったものがあるのなら、それはこちらからの無理な押しつけだったかもしれないと。多分にマッカーサーも同じ意見だったでしょう。

しかし、ワシントン側にしてみれば「どこまで鼻っ柱が強い奴なんだ、そうはいかん、ぼやぼやしているとほんとうに日本が共産主義化してしまうではないか」と強引に政策変更を突きつけてきます。それは昭和二十三年一月にケネス・ロイヤル陸軍長官がワシントンで行なった演説——ワシントンが何を考えているかがよくわかる、なかなかの演説です——に象徴されています。ひとことでいえば、

「これからの日本を、アジアにおいて共産主義の進出を押し留める防波堤にする」

つまり日本をアメリカのアジア政策に役立つ国家にする、そのためにこれまでの厳しい改革をゆるめ、もっと健全な自由な国家にしていくということです。

さらに五月、日本はマッカーサーが言うような貧乏でどうしようもない国なんてことはなく、経済的にも頑張れる能力のある国だ、と評価する「ジョンストン＝ドレイパー報告」が出され

ます。ワシントンは、マッカーサーが何を言おうと受けつけない、といった意思を見せたわけです。

そして同年十月、ワシントンの結論として、日本を今後どういう国にすべきか、そのためにアメリカは何をすべきかについて二十項目の案を示した「国家安全保障会議文書」が作られます。大事な項目だけを挙げますと、

●民主化の行き過ぎをチェックする――裏返せば、GHQ内で民主化を叫ぶ連中（たとえば民政局）を全部クビにするということです。

●公職追放の解除

●再軍備（警察力の強化）

●経済の復興と安定

これはきちんと大統領命令として文書で出されまして、さすがのマッカーサーも大統領の家来としては従う義務があり、降参せざるを得なくなりました。つまりこれが、「GHQの右旋回」と日本人がいう、占領政策の大転換でした。

そしてそのために邪魔になったのが、日本の民主化を――ポツダム宣言に書かれた通りではありますが――徹底的に行ない、日本人を締め上げてきた民政局（GS＝Government Section 直訳すれば「政治局」で、あらゆる政策問題を一手に引き受けていました）のマッカーサーの腹心でもあるコートニー・ホイットニー局長、そしておなじみのケーディス次長たちでした。彼らには、

「これからは改革より復興である」というワシントンの意向により、今後の占領政策の中心は経済科学局（ESS＝Economic and Scientific Section）に移すと宣告されたかたちとなりました。

しかし、ホイットニーもケーディスも「はいそうですか」と引き下がるような人たちではありません。最後の抵抗をしたのです。山崎猛首班工作といわれるものです。ここで日本の内閣の流れをちょっと振り返っておきますと、前に話しました社会党を中心とする片山内閣が、ちょうどアメリカの占領方針がぐらぐらしはじめた昭和二十三年二月に倒れ、次に、外務官僚だった民主党の芦田均さんを首相とする内閣が成立しましたが、これも昭電疑獄と呼ばれる疑獄事件のため半年ちょっとしかもたず十月に倒れます。これらは共に連立内閣でした。野党は、これも外務官僚だった吉田茂さんが率いる民主自由党でした。そうして連立内閣が二度も短命に終わったこともあり、次は野党に政権を譲るのが憲政の筋道であるというわけで、当然、吉田さんが次期首相になるはずでした。ところが、この時、GHQが自由党に「副総裁の山崎猛を首相に」と言ってきたのです。この件で中心になって動いたのがホイットニーとケーディスで、とくに社会主義者で弁護士出身のケーディスは吉田さんを嫌い、引きずり降ろしたがっていたために頑強でした。ケーディスが密かに山崎さんにこうささやいたといわれています。

「お前が内閣をつくり、（芦田内閣を倒した）昭電事件はこれ以上引っ張らず、（吉田側の）民自党方面の者だけを検挙し、他は全部もみ消せ」

山崎さんは震え上がったそうです。そんなこと出来うべくもない。

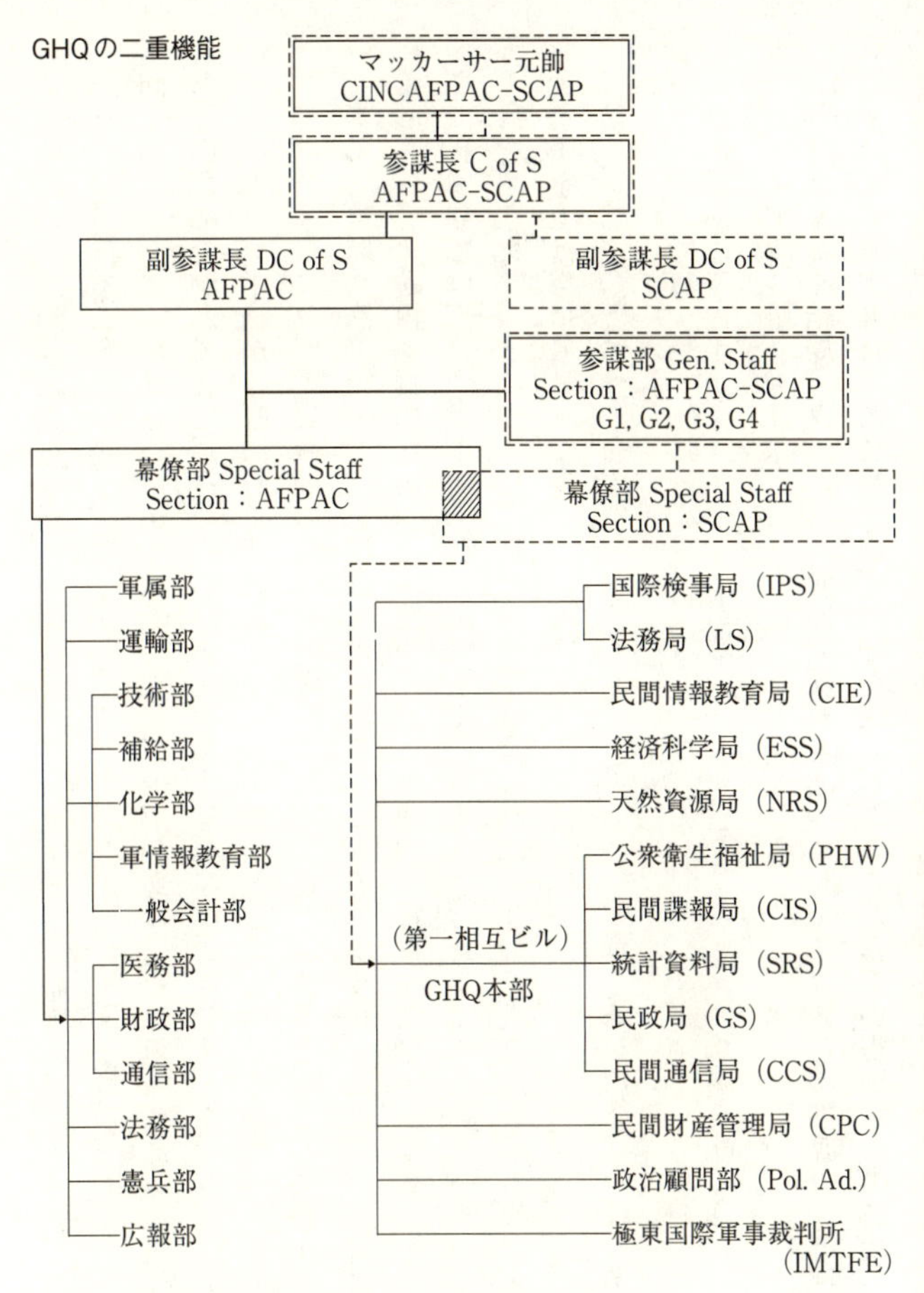

1）出典：Tokyo Telephone Directory United States Military Occupation Telephone Directory Effective, 25 April, 1946. より作成。
2）米太平洋軍司令官（CINCAFPAC）の任務は実線、連合国最高司令官（SCAP）の任務は破線で示す。
3）AFPAC は 1947年以降 FEC（極東軍）と改称。

この陰謀めいた動きに立ちはだかったのが、マッカーサーの副官のバンカーと、G2（General Staff 2 = 参謀第二部）トップのチャールズ・ウィロビー少将です（図参照）。

図で示すように、GHQのなかには参謀部と幕僚部があり、軍の組織である参謀部は第一部から第四部に分かれていて、そのうち情報を担当するのが第二部です。ウィロビーもまた、戦争中にバターン半島から脱出した時以来、マッカーサーとともに働いてきた「バターンボーイズ」仲間です。これが、民政局の陰謀を叩き潰すために動くのです。ちなみにGHQは軍隊組織であると同時に官僚組織で、幕僚部には今の日本の各省のような、民政局、経済科学局、前に話したラジオ番組「真相はかうだ」をつくった民間情報教育局などがありました。

さて自由党では、マッカーサーが「山崎さんを首相に」と言ってきた、というので驚いて代議士会を開きます。そこで注目されたのが、当選したばかりの一人の最若手の代議士でした。さっと手を上げ、指名されて発言するには、

「日本の総理大臣は日本人が決めるべきです。アメリカの言う通りに従うのはおかしいんじゃないでしょうか」

これが誰あろう田中角栄（たなかかくえい）さんで、（新潟弁だったとは思うのですが）正論を吐く珍しいやつだといっぺんに脚光を浴びました。

それはともかく結局、ウィロビー側の猛反対もあってケーディスらの陰謀工作は挫折し、昭和二十三年十月十九日に第二次吉田茂内閣が成立し、ここから長い吉田さんの時代がはじまる

のです。

これを見届けて、ケーディスさんは、十二月八日ですから「太平洋戦争開戦の日」にアメリカへ帰りました。追い出されたわけではなく、ワシントンでさらに「占領政策は変更せずにこのまま推し進めるべきだ」と訴え、説得するためでした。ところが、もうワシントンでも相手にされません。やるだけやったケーディスさんは、ここで万策尽きたのか、昭和二十四年五月三日ですから日本の「憲法記念日」に、アメリカで辞表を出し退職します。そして民政局の敗北が決定的となりました。

「改革」より「経済復興」へ

こうして改革派が去り、ウィロビーを中心にまさに軍人らしく「日本を防波堤にするには」と戦略的に考えるG2、そして経済科学局の出番です。といってもマッカーサーはまだ健在ですし、「お？　ホイットニーとケーディスは辞めたのか」てなもんですから、いっぺんに情勢が変わったわけではありません。そしてマッカーサーとツーカーのウィロビーはだんだん重要な役割を演じるようになり、じつは日本の旧軍人と示し合わせて再軍備計画を練りはじめるのです。参謀部はそちらのほうにもっぱら手をまわしてゆくのですが、GHQの政策は基本的には「改革より復興」というわけで経済が中心になりました。

考えてみれば、私が中学生で終戦になった当時、日本はもっぱら平和国家として、「アジアのスイスたれ」「日本は文化国家であれ」と盛んに言われ、私もそう思って育ってきたのですが、それが何となく変わっていったのがこの頃でしょうね。いきなり「文化よりも経済」というわけでないとはいえ、少なくともGHQの方針が、日本経済をなんとか自立化させねば防波堤にならん、と経済復興に向いてきたのです。

そして昭和二十三年十二月、ワシントンからマッカーサーのもとに、文書でもって至上命令として届いたのが「経済安定九原則」です。内容をみますと（このへんから私がもっとも苦手とする経済の話になってきまして、しどろもどろになる可能性がありますが……）、

①総合予算の均衡――戦後日本はGHQにすべて握られていて、自分たちで予算を組めなかったのを、今後は日本政府としてバランスよい総合予算を作るというわけです。

②徴税の強化――これまでもかなり高い税金でしたがね。

③信用拡張の制限（これがよくわからないのですが、一応言葉として残しておきます）

④賃金の安定――あの頃は、上がったのか下がったのかよくわからないような賃金をもらってましたからね。

⑤物価統制の強化――ヤミがインフレをガンガン増長していますから、これを抑えて物価を安定させなくてはいけません。

⑥外国為替（かわせ）統制の強化、⑦輸出増進――この二つは後で説明します。

⑧鉱工業生産の増強――それまでまったくやっていなかったわけではなかったが、原料がほとんど入ってきませんから、ろくすっぽ生産もできなかったのです。

⑨食糧供出の促進――飢餓の戦後日本を過ごした人が一様に言うのは、「とにかく百姓が威張りくさって、ぺこぺこ頭を下げても都会の人間にはちっとも食糧を売ってくれなかった」。まあ食糧を持っているのはお百姓さんだけで、もちろん威張っているわけではなく、彼らも必死に隠していたのですが、それも無理やり引っ張り出させられたのです。

そしてこの大方針のもとに昭和二十四年（一九四九）二月、デトロイト銀行頭取のジョセフ・ドッジが来日します。「ドッジ・ライン」という言葉で非常に有名になった方で、日本復興のための「経済九原則」の実行に向けて辣腕（らつわん）を振るうのです。彼はこう言います。

「日本経済は竹馬（たけうま）にのっているようなものだ。竹馬の片足は米国の経済援助、片足は国内的な補助金の機構である。竹馬の足が高くなり過ぎると、転んで首を折る危険がある」

自立できず、政府がなけなしの金でやっとこさっとこ面倒をみている日本経済は、援助や補助金だけがどんどん膨らんでしまえば今に命を落とす。したがってまず援助や補助金をなくす、そして自立に向けて頑張れ、というわけで三月七日、当時の大蔵大臣池田勇人（はやと）に迫るのです。

「日本国民に最も大切なのは、耐乏生活。占領軍や日本政府に一番必要なのは、国民に耐乏生活を押し付ける勇気である」

なんだか、小泉政権でも聞いたことのあるようなせりふですね。痛みを分かち合え、です。

まあ言われた方も「たいへんなことになるぞ」と思ったことでしょうが、ともかくこういう形で経済復興がスタートし、昭和二十四年から日本はそれまでと違う動き方をしていくのです。ただし、そのためには当然ながら、余分な労働者をどんどんクビにしなくてはならなくなります。そして提案されたのが行政整理、つまり官公庁のほうは「定員法」によって中央・地方公務員をある程度クビにし、また各企業も民間労働者を解雇していく方策でした。そうしなければ日本経済は救われない、というのがドッジさんの主張で、国民はガマン、ガマンの耐乏生活へ、そして日本政府はこれを強行する勇気をもたなければならなくなったわけです。

そこで、先ほどの「九原則」の⑥外国為替統制の強化、⑦輸出増進です。当時、日本の輸出といえば、すべてGHQが指示する物品を政府が買い上げ、それをアメリカ軍が輸出するかたちを取っていました。西欧で人気のある漆器（しっき）の場合だと、GHQの指示のもと政府が業者から漆器を買い上げ、アメリカに渡して輸出してもらい、得たお金をまた日本政府から業者に支払う、といった流れです。その際、漆器の場合は一ドルが六百円でしたが、例えば、「ビタミン油」が一時売れた時のレートは一ドルが百五十円でした。つまり一ドルの値段はアメリカの自由と言っていいくらいにまったく不安定だったのです。これを改め、日本に自由貿易をさせようというので、昭和二十四年四月二十三日、円の為替レートが「一ドル＝三百六十円」に決められたのです。若い人たちはこの時代を知らないわけですが、私たちは「一ドル」といえば「三百六十円」でした。そしてこのレートでいよいよ日本の輸出業が動き出すのです。自主的に大いに努力して輸出につとめ、金を稼げというわけです。このレートは、変動相場制に移行する昭和四十六年（一九七一）まで続きました。

✺次々と起こった怪事件

さて一方では、ドッジ・ラインのもと、どんどん〝クビきり〟がはじまります。

まず国家公務員、地方公務員から約二十万人を整理することになるのですが、そこで最初に目をつけられたのが国鉄（日本国有鉄道、いまのＪＲ）です。もともとは国家管理だったものを昭和二十四年六月一日から日本国有鉄道（国鉄公社）とし、独立採算制に、同時に人員整理をすることになったのです。しかし、そうなると組合――ＧＨＱが推奨（すいしょう）したために労働組合が至るところにできていました――が黙っていません。日本復興のために耐えねばならない痛みとはいえ、いまのように転職可能な時代ではない。解雇即生活難です。激しい闘争がはじまるのです。六月九日には国鉄公社の蒲田（かまた）・中野・三鷹（みたか）支部が次々とストに突入し、また十日には神奈川支部で車体に赤旗を描いた「人民（管理）電車」が走り、それはまあ皆が驚きました。

そうこうするうち七月四日、下山定則（しもやまさだのり）国鉄総裁が「第一次整理は三万七百人」と発表します。さらに翌々日の六日には「第二次整理九万人余」を発表することが明らかになり、最終的には計十二万四百十三人が解雇されると知れましたから、労組も騒然となりました。そして二回目の発表前日の七月五日、公社幹部とＧＨＱ関係者との打ち合わせを午後一時に控えた朝（九時三十七分頃）、下山総裁が、運転手を待たせて日本橋の百貨店三越に入っていったまま忽然と消えてしまったのです。運転手はずっと待っていましたが、会議の時刻が近くなるとさすがに心配しはじめ、ちょっとした騒ぎとなりましたが、結局夕方になっても見つからず、こんどは俄然、大騒ぎとなりました。そして翌日、常磐線の北千住―綾瀬間下り線路上で、下山総裁の轢死体が発見されたのです。「下山事件」といいまして、今も現場に碑が立っています。

　これはすごい事件でして、遺体の鑑定で自殺か他殺か、マスコミを含めて意見が真っ二つに分かれます。慶応大学医学部の中館博士の鑑定を支持した警察庁と毎日新聞が〝生体轢断説〟（生きている時に轢かれた）すなわち自殺説をとり、一方、東大医学部の古畑博士を支持した検察庁と朝日新聞は〝死後轢断説〟（死体を轢いた）すなわち他殺説をとったのです。Ｇ２は早いころから殺人事件といっています。大論争になりましたが、結局いまだに何もわからないまま、さまざまなことが言われ続けています。下山総裁が人員整理でノイローゼ気味だったとか、いや最後までクビきりに反対していたのをＧＨＱ側が総裁を交替させて強行するため殺したのだとか――そんなことはありえないのですが、まあいろんな噂やら怪説が飛び交いました。

　そして何も解明されないまま、実行されたのはクビきりだけです。騒ぎはなおさら拡大し、それも収まらない七月十二日、当初の予定よりいくらか減ったものの「第二次整理六万三千人」が発表されました。するとその三日後の十五日、今度は三鷹駅で無人の電車が突然走りはじめ、電信柱を押し倒したりで近所の住民など六人が死亡し、十四人が重軽傷を負う「三鷹事件」が発生しました。この時は警察が素早く動き、やはりクビきりに反対する共同謀議として労組関係の十一人を検挙しました。しかし最終的に、裁判官は「共同謀議などとは空中楼閣である」と判断、そのうちの竹内景助の単独犯とされ、あとの十名は無罪となりました。

後に、死刑判決を受けて刑務所に入っていた竹内景助さんの手記を（「文藝春秋」で）取ったことがあるのですが、こんなふうに話していました——自分は非常に貧しい家で育ち、偉くなろうと一所懸命に勉強しました。家族でご飯を食べる時、美味しいものは残して最後に楽しみに食べるのが習慣になっていました。……刑務所に入れられるなんて、こんな馬鹿な話はありません。私はやっていません。でも、やったと言えば死刑にならないとさんざん言われ、そうしたら私だけが死刑になりました。納得がいきません。これから私は美味しいものから食べることにします。美味しいものから食べなさい、と皆さんに言いたいです——この手記のタイトルは「美味しいものから食べなさい」でした。竹内さんは結局、獄中で病死してしまいました。

こういった事件が連続して起こり、ともに国鉄労組が絡み、それもどうやら共産主義者の支援を受けている——となると、世論は共産主義や労組関係に対してだんだん非難を高めてきます。これを受けて強気になった国鉄当局は、労組の闘争委員十四人を片っ端から免職しました。するとたちまち労組は内部分裂をはじめ、闘争体制はガラガラと崩壊してしまい、人員整理がそのまま実行されるような状況になっていったんです。

ただ、事件はまだ終わりませんでした。八月十七日、東北本線の松川駅で、上野行きの旅客列車が突然脱線して機関車が転覆、機関士一人、助手二人が死亡したのです。乗客は負傷者のみで一人も亡くなりませんでした。「松川事件」と言われますが、これは民間企業としても五千数百人の整理で揉めていた東芝の松川工場の労組と国鉄労組が組んで共同闘争した挙句、線路のクギを抜いて脱線を導いたのだということになりました。さらに事件発生後すぐ、増田甲子七官房長官が、「三鷹事件と同様に、共産党の陰謀である」と声明しましたから、世論は「また共産党がやったのか」と感じます。その後、両労組から計二十人が逮捕されたのですが、裁判は延々と続き、昭和三十八年（一九六三）になって全員無罪が確定するという、なんだか不可思議きわまりない事件になってしまいました。

このように近接して発生した三つの事件は、戦後日本の混乱の反映といえばそうですが、同時にアメリカの政策が急激に変わり、ドッジ・ラインによってクビきりがはじまったために起きたとも言えるのです。もちろん東西冷戦の煽りが背後にあります。さらに表向きは共産党ばかりが悪者にされましたが、じつはアメリカの陰謀説をとる人もかなりいるのです。とりわけ松川事件についてですが、アメリカの「キャノン機関」（CIC＝Counter Intelligence Corps　対敵諜報部隊、つまりスパイ合戦の主役の下部機関）が暗躍していたと言われていて、キャップであるキャノン中佐が三つの事件を裏側から操作したのでは、という説もあります。というのは、彼も、そして下山総裁と人員整理に関して綿密な連絡を取っていたCTS（Civil Transportation

Section）の鉄道課長だったシャグノン中佐も、ともにたいへんなガン・マニアで、しかもシャグノンさんが突然消えて、その後にキャノンさんが登場してきたので、二人は同じ人間ではないか、と疑われてもいるのです。

そうしてみると、戦後三大事件の裏にはアメリカの陰謀があった、と考える推理が当たっているのではないか。うんと極端に言えば、権力争いでＧ２が民政局を叩き潰すための手段としてやった、または共産党を後押しする民政局を追い払うためにいろいろとでっちあげた……と言えなくもないところがある。それが松本清張さん描くところの『日本の黒い霧』[*2]の骨子となるのですが、あれを読んでもはっきりとそうであるとは書いていませんし、もちろんわからないのですから結論づけられません。しかし、そういうことが十分に考えられるという点では、あのノンフィクションはたいへん面白く、ＧＨＱ内部の争いが実によく見えてくる、ということでもあるのです。

こうしてＧＨＱ右旋回の昭和二十四年は、ナゾだらけの一年間でありました。そのナゾはいまになっても解かれていません。いつの日にか解かれるんでしょうかね。

＊１――昭電疑獄　昭和二十三年（一九四八）、復興金融金庫からの融資を得るため、昭和電工株式会社が政府高官や政府金融機関幹部に対して行なった贈収賄事件。後の首相福田赳夫や西尾

末広、大野伴睦ら多くの政界・財界人が逮捕・告訴され、芦田内閣崩壊をもたらした。

＊2――『日本の黒い霧』 一九六〇年、文藝春秋新社（全二巻。現在、文春文庫 上・下巻）。「下山国鉄総裁謀殺論」「帝銀事件の謎」「推理・松川事件」「追放とレッド・パージ」など、戦後日本で起きた数々の怪事件の背後に迫った大作。GHQが陰謀の限りを尽くし暗躍する姿、一方で真相を知る術もなかった占領下の日本人を、膨大な情報と推理を駆使して描き、戦後の混乱を生々しく伝えているとされる。

第八章

朝鮮戦争は〝神風〟であったか

吹き荒れるレッドパージと「特需」の嵐

この章の

✷ポイント

昭和二十四（一九四九）年、中華人民共和国が成立すると、ＧＨＱは日本国内において極端に共産党を弾圧するようになります。また一方で、「アプレゲール」とよばれる二十歳前後の若者による事件が多発しました。そんな中で、翌年六月二十五日に朝鮮戦争がはじまります。北朝鮮と韓国が、米ソ冷戦の「代理戦争」をさせられたわけです。ただこの戦争は、日本経済にとって「神風（かみかぜ）」となります。戦争の特需（とくじゅ）により、この三年間で日本の企業は生き返りました。

✷キーワード

毛沢東（もうたくとう）／中華人民共和国／レッドパージ／アプレゲール／光クラブ事件／朝鮮戦争／仁川（インチョン）上陸作戦／特別需要（特需）／マッカーサー帰国／日本人十二歳説

至る所で「金づまり」

もう一度、ドッジ・ラインを整理しますと、要するに、戦後の日本が直面しているインフレを徹底的に抑制し、むしろデフレ（現在の日本がこれで、一種の金づまりです）状態にすべきである、ということです。でないと日本は破綻してしまう、そのためには「これ以上のことはやるな」と線を引くから「ライン」というのでしょうね。そのドッジさんが来る直前、昭和二十四年（一九四九）一月二十三日に総選挙があり、吉田茂を総裁とする民主自由党（民自党）が圧勝しました。ですからドッジ・ラインは、芦田内閣の後を受けた吉田内閣に突きつけられたわけです。これは当時の日本にとっては大変な政策で、「こんなものをやったんじゃ総倒れだ」と強硬な反対論をぶった政府のトップ七人がそろって辞表を出すほどでした。しかしドッジさんは断固として譲りません。政府が泣く泣く実施に踏み切ると、ほんとに大変な金づまりになってしまいましたが、そのかわり、モノがあっても買えないわけで、高騰を極めていたヤミ値がいっぺんに下落したんですね。

結果的に、人びとの日常生活の経済はいくらか落ち着いてくるのです。その証拠に、永井荷風さんの『断腸亭日乗（だんちょうていにちじょう）』を読んでいますと、昭和二十四年の前半までは、いかにモノが不足しているか、やっと探して買おうとするとどれだけ高いか、うっぷん晴らしのようにいちいち書

昭和24年の銀座。正面が日本劇場、右側が朝日新聞社。現在のマリオンあたり

かれていて、戦後の物価高やヤミ値は『断腸亭日乗』を見れば一目瞭然というくらいなのですが、この年の後半になると、急にモノ不足の記述がなくなり、同時に値段も書かれなくなってしまうのです。ヤミ値がだーっと落ちたからでしょうが、私が丁寧に読んだ範囲では、十月十三日の記載が最後だと思います。

「毎月寄贈の出版物を古本屋に売りて参千余円を得たれば午後銀座千疋屋に赴き一昨日見たりし小禽を買ふ。籠金八百拾円、小禽金弐千五百円。餌の稗五合にて金百円なり。……」

高いとも安いとも書いていませんが、この後、モノの値段はほとんど出てきません。日常生活でヤミに苦しむことが減ったんじゃないでしょうか。ただし、荷風さんみたいに送られてきた出版物を売るとかで金を調達できる人は別で、金のない人はどっちみち買えないんですけどね。どちらにしろ、昭和二十四年が終わる頃には、庶民生活は少しずつ安定といいますか、以前のように、ヤミが好き放題に値段を吊り上げることはなくなりました。

一方、ドッジ・ラインで強引に金が出せないようにされてしまった政府としては、この場を切り抜けるには人員整理しかありません。約二十六万人の行政整理が必要で、すでに長々と弁じましたように、はじめに天王山の戦いとして目をつけられたのが国鉄公社でした。というのも、戦後の引き揚げ者を吸収するなどして従業員が六十二万人にまで膨れ上がっていたためです。そこで労働争議が頻発すると同時に下山・三鷹・松川事件が起こり、組合を指導しているのが日本共産党であるということから、「共産党はなんと残酷なことをするのか」という世論がかたちづくられ、結果的には三事件の多大な影響を受けて組合側の敗北が決定的となり、国鉄だけで九万五千人もの労働者が解雇されたのです。そのほかにも、経済界は深刻な金づまりで、次々に企業が倒産してあっぷあっぷあっぷの状態でした。

ここでまた荷風さんの日記を見ますと、それまで浅草では大都劇場という軽演劇の小屋に入り浸りだったのが、突然、ストリップのロック座に替わります。なぜか？　大都劇場で大ストライキをやったからなんです。つまり、浅草の小さな劇場でさえ経営者から少しでも金をむしり取ろうとスト騒ぎが起こるくらい、いたるところに不況が押し寄せていたわけです。そしてストが続発していた。荷風さんはお蔭でロック座の踊り子さんたちと俄然仲良くなるんですね。

それはさておき、そういった昭和二十四年を振り返れば、国鉄、たばこ・塩の専売局などが、六月にすべて公社になりました。明るいニュースとしては、十一月三日、湯川秀樹博士がノーベル物理学賞を受賞しました。

また、一般的な社会状況のなかで特記しておきたいものを申しますと、まず五月二十四日、「年齢のとなえ方に関する法律」が通り、それまでの数え歳から満年齢が採用されるようになりました。何のためだかよくわからないのですが、突然私たちも歳がひとつ下がっちゃったんですよね。男女同権のためじゃないかとも勘ぐるんですが、かくて妙齢の女性が一つ若くなったんで非常に喜んだという話もあります。

さらに六月二十七日、シベリアからの引き揚げが再開されます。終戦時に抑留者がずいぶんいまして、日本が交渉していったん引き揚げがはじまったのですが、米ソ関係の悪化などでストップしていました。それが交渉の末に再開されて、舞鶴へ最初の船、高砂丸が着きますと、降りてきた人たちが皆、赤旗を手にして「天皇制打倒」を唱えているんです。世の中は赤を退治しようとするGHQの方針で日本共産党や社会党への圧力がかかっている時に、シベリアから帰ってきた人たちは皆、これは何事かと驚くような「赤い引き揚げ者」だったのです。その後はそういう人たちばかりではなかったのですが、当時は「洗脳」という言葉が非常にはやりました。

また、全国高校野球大会がはじまりました。それまで「中学」だったのがこの前年から高校になったと思うのですが、八月十七日、倉敷工業高校対小倉北高校の試合で、負けた小倉北のたいへん優秀なピッチャーだった福島選手が、試合終了後にすたすたとマウンドに歩いていって砂をすくって袋だかポケットだかに入れたのが「甲子園の土」の起こりです。彼は何の気なしに、自分が投げたマウンドの記念にやったと思うのですが、それが美談のようになりまして、以後やたらに甲子園の砂が取られていくようになったんですね。

もう一つ、十月五日に稀代の強姦魔・小平義雄の死刑が執行されました。買い出しなどに出ていた女性をだまして物を奪い、数十人を強姦し、しかも抵抗した七人を殺した挙句、捕まってこう言ったそうです。「中国従軍の時に覚えたあの味が忘れられなかった」。戦争の傷がまだ後を引いていたことがわかる話だと思います。

日本がそういった状況の時、お隣の中国では、毛沢東を指導者とする紅軍（共産党軍）が圧倒的な勢いで蔣介石の国府軍（国民政府軍）を打ち破ります。南部の広東へ押しやられた国府軍がどんどん台湾へ逃げていくなかで、十月一日に新しい中国、中華人民共和国の成立が高らかに宣言されました。戦前の昭和史ではもっぱら蔣介石の中国であって、共産党は延安に押しやられていましたが、ここで完全に逆転しまして、以後は毛沢東の中国になるわけです。

これは、とくにアメリカには大事件でした。蔣介石の中国を世界の五大強国のひとつとして親米政権にするというアジア政策のもくろみは完全に打ち砕かれ、アメリカの敵としての中国が現れたのですから。そこでますます日本の防波堤、最前線の橋頭堡としての役割が重要となり、アメリカの期待も高まってきました。ＧＨＱの占領政策も、これでいっそう民主化よりも再軍備を目指す勢いが強くなってきたのです。

✹「赤」はすべて追放せよ

アジア情勢がこうなって、GHQの政策は、昭和二十五年（一九五〇）が明けると同時に、共産党に極端に圧力がかかるようになります。いっとき共産党は日本人に「愛され」、労働組合なども非常に力を得ていましたが、その組合もギリギリのところで抵抗運動をせざるを得なくなりました。するとまた、それに対してさらに弾圧がかかるという状況になりました。

もっとも象徴的なのが二月十三日、共産党山形県委員会が、あるいは無許可ではなかったかと思うのですが、会合を開きました。ところが、提出した申請書と実際の内容が違うといって（おそらく人数などでしょう）団体等規正令違反とされ、また同じような経緯で約六団体が無届政治活動として次々に告発されたのです。これを第一歩として、共産党への弾圧が次々に続いてゆきます。

もっとも大きな騒動になったのが、アメリカ軍のメモリアル・デイである五月三十日、皇居前広場に左翼系の約二百団体、約一万五千人が弾圧に抗して人民決起大会を開いた時です。そこに私服警官がまじっていて、当時はまだテープレコーダーもありませんから、いちいち演説をメモしたりしていたんですね。それが見つかって、「メモをよこせ」と揉み合いになり、アメリカ人記者四人も巻き込まれるなど大乱闘になった挙句、出動したMP（憲兵隊）に八人が

共産党の演説大会。書記長・徳田球一の演説を聞くために詰めかけた大勢の人たち。かつては、日本に共産主義の時代が来るかとも思わせる熱気があった（昭和館提供）

逮捕されました。

　これでますます「共産党は何をやるかわからん」ということになり、それまで陰から圧力を加えていたGHQはついに六月六日、共産党弾圧政策を明確にし、マッカーサーから吉田茂首相への書簡のかたちで「徳田球一、野坂参三、志賀義雄、伊藤律、神山茂夫、宮本顕治など共産党の主な幹部二十四人を公職追放せよ」と命令してきました。この時、たとえば徳田球一さんはちょうど杉並区の方南小学校で演説をしていて、「革命は近い」なんて叫んでましたが、やって来た新聞記者に「公職追放ですよ」と聞くと、「そんなものには屈しない！」などと息巻いたものの、翌日になってスッと消えてしまったんですね。あるいは野坂参三さんは、キャンディを買いに行ってくる、と出かけたままいなくなってしまいました。……というように、それまでそこにいたはずの二十四人全員が、一瞬のうちに地下にもぐってしまったといいますか、それはまあ鮮やかなものでした。いくらかはGHQの強引な政策を察知していたんじゃないでしょうか、そのへんの虚々実々は、互いにスパイ活動がなかなかのものでしたから。

まあ、消えたとはいっても地下で運動していることは明白なわけで、こんどは七月十四日、法務省は二十四人の地下活動を団体等規正令違反として告発し、主要な九人に出頭命令を出しました。これを受け取ったかはともかく、出てくる人は当然一人もいませんで、ついに逮捕状が発行されました。また七月十八日、機関紙「アカハタ」が無期限発行停止になるなど、共産党は徹底的に弾圧されました。昭和二十一、二十二年の栄えある時代はあっという間に終わってしまったわけです。

弾圧は、共産党に対してだけではありませんでした。日本政府はGHQの意向を受け、職場や学校や公社にいる党員はもちろんのこと、共産主義に同情的であったり、党に同調して活動する、いわゆる「少しでも赤っぽい奴ら」はすべて追い出せ、の方針を進めてゆきます。まず七月二十四日、GHQは新聞社から共産党員とその同調者の追放を指示し、さらに九月一日、政府は公務員の党員や支援者、同調者の追放を決定します。これを「レッドパージ」(red purge) といいます。赤いのは全部追放せよというわけです。

もちろん、大学も対象になりました。それらしい先生が追放されるという噂が飛ぶと、「あらゆるところでレッドパージを行なうとはけしからん」というのであちこちで大学闘争が起こります。駒場の東大教養学部でも秋に行なわれる前期試験をボイコットすることになり、当時二年生だった私は、試験を受けにやってくる真面目な学生をキャンパスに入れさせないよう、正門に張られたピケラインに加わりました。大学側が「学生たちを入れろ」とおまわりさんを呼ぶと、「運動部の連中は強いんだから最前列へ」というので、私はボート部の選手でしたから、ラグビー部、サッカー部、水泳部など体のでかい連中とともに最前列へ出て、おまわりさんと対峙しました。当時、おまわりさんは今と違って鉄兜などかぶっていません、警棒は持っていますが普通の格好です。われわれもピケ棒など持たず、腕を組んで突入を阻止するだけです。手を出して殴ろうものなら公務執行妨害で逮捕されますので、手は組んだまま足で蹴飛ばすのですが、その程度の抵抗では全然だめで、ごぼう抜きで一人ずつ引っこ抜かれていきました。この時の騒動は新聞にも載りましたし、学生の何人かは留置場へぶちこまれました。こういった闘争は全国で起こり、早稲田大学では大隈重信さんの銅像のある広場辺りに学生が座り込んで動かないのを、これまたおまわりさんに一人ずつ引っこ抜かれて排除されました。東大教養学部の学生が早稲田に応援に行ってまた引っこ抜かれたなんてこともありました。

結果的に、昭和二十五年十二月現在で追放された人数（パージ一覧）は以下の通りです。

（民間企業）電気産業　二二三七人／石炭　二〇二〇人／化学・石油　一五〇一人／日通・私鉄　一〇四〇人／鉄鋼　一〇〇二人／新聞・放送　七〇四人／印刷・出版　一六〇人／映画　一一三人……など計一万九七二人

（公社など）国鉄　四六七人／農林　二〇一人／郵政　一一八人／専売　四三人／大蔵　三五人……など計一一九六人

新聞・放送や印刷・出版が少ないように見えますが、当時はどこも今のように大会社ではありませんし、放送はテレビもまだの時代ですから、比率としてはかなりやられているんですね。また、映画界で有名なのは東宝争議（昭和二十三年）です。アメリカ軍の戦車まで出る騒ぎになり、監督や俳優も多く巻き込みました。この時に参加した黒澤明さんは以後、東宝を完全に離れてしまいました。また国鉄の数字は、例のクビきり後のさらなる追放者です。というわけで、流行語になった「右旋回」どころではないくらい、昭和二十五年の日本は完全に右を向き、今までの目を見張るような革新はどこへ行ったやらといった感じでした。

アプレゲールの暴走

そんな頃の世相を少しお話しておきますと、ラジオでたいへん人気があったのが、三木鶏郎さんを中心とする「冗談音楽」でした。そこで流れた歌やコントは巧みに世相を皮肉っていて、たとえば昭和二十五年九月二十日放送分は、「三階節」のメロディでこう歌われました。

〽　可愛がられたキョウサン党が
今じゃ　切られて　割られて

追放のタガに　掛けられて　締められた
ハァ　締められて
今じゃ　切られて　割られて
逮捕のタガに　掛けられて　締められた

もうひとつ、「佐渡おけさ」のメロディでこんなのもずいぶんはやりました。

〽はァ　右へ右へと　草木もなびくよ
　アリャ〳〵アリャさ
右は居よいか　住みよいか
〽はァ　来いと云うたとて　行かりょか右へ
　アリャ〳〵アリャさ
右は軍閥　絞首刑

まさに右へ右への時代だったのですね。軍隊もなくなったというのに、いい気になって右旋回して、また同じ道を歩くのかと冷やかしているわけです。

また、昭和二十四年暮れから昭和二十五年にかけてとくに言っておかなければならないことがあります。

昭和二十四年十一月二十四日、東大法学部三年で当時二十七歳の山崎晃嗣(やまざきあきつぐ)が青酸カリで自殺しました。「光クラブ事件」として多くの昭和史の年表に出ています。どういう事件だったかと言いますと、彼は学生でありながらその年の一月、いわゆる高利貸しをする「光クラブ」という金融業を起こし、二十人ばかりの社員をものすごい勢いで動かしていました。千葉県の木更津からお母さんが訪ねてきた時など、社員が「あ、社長のお母さまですか」と言うので、「えっ、うちの息子は学生なんですが、大学へは行ってないんですか」「いえ、あ、社長は今、外出しております」なんてこともあったそうですが、ともかく社業は成功していながら、例のドッジ・ラインであっという間に金が行きづまり、結果的には七月にヤミ金融で摘発され、どうにもならなくなって自殺に至ったのです。彼はこういう言葉を残しています。

「人生はドラマだ。ぼくはそこで脚本を書き、演出し、主役を演ずる。その場合、〝死〟をも賭ける。死そのものを大仰に考えない」

自分は金融業に命を賭けているのだから、だめなら死ぬ、ということを常々言っていたそうです。また、「ハマグリ変じてスズメになり、東大生変じて高利貸になる」「他人のフンドシ上手に締めるは、経済原理の厳理なること」などと書き残してもいます。この事件は「今どきの東大生は」とたいへん話題になりました。

さらに年が明けて昭和二十五年一月、東大医学部副手の蓮見敏（二十五歳）が看護婦の久島美智子さん（十九歳）、鈴木正子さん（二十一歳）ら多数と関係し、あまりにも方々へ手を出すのを見かねた助教授の渡辺巌先生がたしなめると、彼は恨みに思って渡辺さんを毒殺してしまうという事件を起こしました。

また四月十九日、鉱工品貿易公団で出納課員だった早船恵吉（二十四歳）が、八千万円の公金を横領して逃亡の末、築地署へ自首しました。当時は自由貿易ではなく、鉄鋼材を輸入したり出来上がった工業製品を輸出するのは公団組織になるのですが、その金を出し入れしながらちょこちょこと鞘を稼いだのが積もり積もって八千万円になったんですねえ。発覚するとミス東京の妻の栄子さん（二十三歳）と逃げたのですが、逃げ切れませんでした。これは「つまみぐい事件」として有名になりまして、なぜ「つまみぐい」かと言いますと、じつは他の公団でも、これほどの額でなくても同様の横領事件が次々に摘発されたからです。さっそく八月三十日の「冗談音楽」でやられました。歌ではなく、男女の会話です。

男：鉱工品貿易公団の総裁は何と言ったかね。
女：ほんのつまみぐい程度。
男：食糧配給公団の総裁は何と。
女：うちの場合は、ほんの目減り程度。
男：肥料配給公団の総裁は何と。
女：ほんのハネッ返り程度。
男：船舶公団の総裁は何と。
女：ほんの水洩り程度。

実に皮肉たっぷりの口調でした。それにしても八千万円はとてもつまみぐい程度とは言えませんが、まあ上手だったんですねえ。彼がさらにすごいのは、その後保釈金を積んで出所し、市川に大豪邸を建て、外車で走り回ったというおまけ付きの点です。

さらに七月二日、三島由紀夫さんの小説でたいへん有名になりましたが、京都の大谷大学生にして金閣寺の徒弟だった林承賢（二十一歳）が、あまりの美が憎らしくなったのか目障りになったのか、金閣寺を全焼させてしまう放火事件がありました。

また九月二十四日、日本大学の公用車運転手、山際啓之（十九歳）が愛人の藤本佐文（十八歳）と、大学職員の給与百九十万円を運んでいる途中で強奪して逃走し、たちまち大塚署員に逮捕される事件があり、その時に山際が言ったせりふ「オー・ミステイク」がすこぶるつきの流行語になりました。

昭和二十四年暮れから二十五年にかけて、一方で左翼弾圧が強化され、他の一方で、二十歳前後の若者たちによるこういった一連の事件が連続して起きたわけです。「アプレゲール（フランス語で après-guerre＝戦後派の意）」と盛んに言われましたが、日本人の生活がある意味では落ち着いてきたということでもあるんですね。それまではとにかく職はない、食うものはないで悪いことを考えるひまもなかったのですから。そしてこういった若者たちを一括りに「アプレゲール」と呼び、「戦後世代はなんてひどいことをするんだ」と非難もされたのですが、もちろん悪いことなどせず一所懸命に働いていた若者もたくさんいるわけで、彼らが後によく言うんです。破天荒な行動をしたりとんでもない罪を犯したりした連中は、「戦争ですべてを台無しにされた。少なくとも勉強はろくすっぽできなかった。戦争に引っ張られ、こき使うだけこき使われて、終戦になれば放り出された。青春を返してくれ。それに引き換え、大人どもはおれたちをだまし、実に上手に世の中を泳いだ。あいつらは信用ならん。人を頼ってはダメだ、もうだまされないぞ……」という気持ちがあったんだと。そんな思いが共通してあったから、犯罪に走ったり左翼に走ったりしたんだと。

もちろんその思いを糧（かて）に真面目な道を歩く人もいました。それらの人も含めて、拭（ぬぐ）いきれない不信感、戦争やそれに関する一切への憎悪と恐怖といった共通の気持ちを象徴して「アプレゲール」というひとつの世代がありえた、ということじゃないかと思うのです。

✺朝鮮戦争で「特需」に沸く

さて、まさにこういう時、昭和二十五年（一九五〇）六月二十五日に朝鮮半島で大戦争がはじまりました。前にも話しましたが、米ソ合同委員会によって統一されるはずだった南北朝鮮は、両者が反目（はんもく）している間に北緯三八度線をもって分離、昭和二十三年八、九月に二つの国ができあがってしまいました。一方は共産主義、もう一方はアメリカの勢力下というふうに米ソ冷戦構造がそのまま反映し、ぎしぎしと小競（こぜ）り合いを続けていたのがとうとう国境線で火を噴いたわけです。今になってはじめのころの戦局を見ると、北の朝鮮民主主義人民共和国が十分に準備をして攻め入ったと考えざるを得ません。というのも当時、大韓民国（南）に駐留していた米軍はほぼ日本本土に移っていましたから、その空白を狙って、と言うと反論する人もいますが、とにかく北が三八度線を越えていきなり攻め入ってきたのです。戦闘準備不足の韓国側は、三八度線にほど近いソウルがあっという間に陥落してしまい、その後もガンガン攻められて後退に後退を続けました。

驚いたアメリカはただちに国連安保理に要請し、あれよあれよと韓国支援の国連軍が編成されました。それも主力はアメリカ軍ですから、日本にいるほぼ全米軍の約七万五千人がマッカーサー最高司令官の指揮のもと、急きょ出動準備にかかりました。ただ、アメリカが北朝鮮の動きを見過ごしているはずはなく、いくらかは察知していたと思うんです。諜報（ちょうほう）機関が事前にどのくらい情報をつかんでいたか、裏の事情が今ひとつよくわからないのですが、いずれにしろ、朝鮮への上陸作戦がただちに開始されます。

ただ、いっぺんに大兵力を運ぶことはできません。少しずつ輸送していては間に合わないくらいに戦況は悪化し、韓国側はどんどん追い詰められて南端の釜山（プサン）周辺の狭い橋頭堡（きょうとうほ）にまで後退し、そこをやっとこさっとこ守っている状態です。

その時、マッカーサーが「まともに兵力を注いでも無理だ。裏側からやろう」というわけで九月十五日、敵の背後を突く極秘の仁川（インチョン）上陸作戦を決行します。これが図に当たって見事に成功するのです。予想していなかった北朝鮮軍を後ろから徹底的に撃破し、あっという間に戦況回復、どころではなく、ソウルを奪還すると同時に三八度線を越え、十月二十日には平壌（ピョンヤン）を占領、さらに十月二十五日には鴨緑江（おうりょっこう）付近まで攻め入り、北朝鮮軍を中国東北部（旧満洲）へ追いやろうとするまでの勢いになりました。

ところが、ここまで来ると、新生なったばかりの中華人民共和国が許さないというわけで、北朝鮮の支援要請に応じて人民解放軍が参戦してきました。いっぽうソ連は、ふたたび世界戦争になることをおそれて武器と弾薬の援助のみにとどまりました。まさに北朝鮮と韓国は、米ソ冷戦の「代理戦争」をやらされたわけです。

そして十二月五日、北朝鮮が平壌を奪回し、三八度線まで兵力を押し返しました。すると韓国側連合軍がまた懸命に国境線を守り、それからは一進一退、戦争は膠着（こうちゃく）状態に入ります。そこで翌昭和二十六年六月二十三日、国連で「いい加減停戦にしたほうがいいのでは」とさすがに国連代表の元ソ連外相マリクが停戦交渉を提案しました。しかし、交渉は双方簡単には応じずまとまるわけがありません。揉めに揉めて、国連軍も、韓国軍も、北朝鮮軍も、中国人民解放軍も、たいへんな打撃を被りながら、その間もずっと戦争は続きます。後のアメリカに言わせれば、朝鮮戦争の約三年間で「太平洋戦争の三年八カ月よりも多くの弾丸を撃った」ほどで、最終的には昭和二十八年（一九五三）七月二十七日に板門店（はんもんてん）で休戦協定が調印され、再び三八度線をもって国境とすることが決まります。南北互いにもっと押し戻したかったでしょうが――とくに韓国としては首都のソウルが三八度線に近過ぎますから――こうして現在の状態になったのです。ちなみに板門店は現在、特別にお願いすれば案内してもらえます。

さて、この朝鮮戦争が日本にとって何だったかといえば、まさに「神風」でした。当時私は大学生でしたが、「神風が吹いた」などと誰かが口にすれば、「いくらなんでもそれはないだろう」とやったもんですが、明らかに日本経済にとっては神風だったと言わざるを得ないと思います。

たとえばアメリカのジャーナリスト、ジョン・ガンサーは『マッカーサーの謎』という本でこう書いています。

「朝鮮戦争が始まるや、日本は一夜にして前例のない平和な社会的、政治的、経済的改革の舞台から、アジアにおけるアメリカの軍事力ならびに政治勢力の武装された橋頭堡となった」

つまり、日本は米軍を主力とする国連軍の前進補給基地であると同時に、国連空軍の攻撃発進基地であり、さらに有力な「兵站基地」、要するに弾薬や食糧の輸送はもとより、戦争で負傷した兵隊さんの治療や兵器の修理や整備をする場所になったというわけです。もし日本本土がなければ、数多い航空母艦や多くの輸送船と護衛部隊を集結せねばならず、アメリカ軍はたいへんだったはずです。なのに「沈まない大航空母艦」の日本を思う存分利用して、バカスカやれたわけです。

これをふつう、「特需」（特別需要＝Special Procurement）と呼びます。なぜ特別需要かと言いますと、それまでの日本とGHQの関係からすれば、GHQが必要なものはまず日本政府に依頼し、日本政府が予算に組まれた終戦処理費の中からそれらを調達していました。たとえばビタミン剤なら、何ケース必要かGHQから指示された日本政府が、予算調達費から薬屋に金を払って購入してGHQに渡す、というパターンでした。ところがこの時は、政府を間に挟まずにGHQが直接、業者からジャカスカジャャカスカとモノを調達する、だから〝特別需要〟といわれたのです。

こうして朝鮮戦争がはじまると同時に、たとえば蔵前橋(くらまえ)の西側、蔵前工業高校跡（後に旧・蔵前国技館となる）に山のように積まれてあった戦災後未整理の焼けトタンが、あれよあれよと軍需用品としてなくなってゆき、二カ月で一掃されました。また、野球もまだそれほど盛んではないので三池炭鉱の野球場一面に石炭の山が貯められていたのですが、それもあっという間になくなります。日本じゅうにある屑(くず)鉄もすべて買い上げられました。まさに特需は神風であったと言えるのです。

私が今でも覚えているのは「ガチャ万(まん)、こら千(せん)」という言葉で、機械に「ガチャ」とかければ織物ができ上がり、たちまち一万円で買ってもらえる。ヤミであれ、おまわりに「おい、こらーっ」と追いかけられても千円出せば見逃してくれるからどんどん作れという話だそうで、ほんとかなーとは思うのですが、まあそれぐらいバカバカ儲(もう)かったんですね。「三白景気(さんぱく)」という言葉もはやりました。セメント、肥料（硫安）、紙・パルプのことです。これも飛ぶように売れた。

という具合に、綿布、毛布、毛糸、建築用鋼材、有刺鉄線、トラック、麻袋、さらに歯ブラシ、石鹸など、人間の使うものならなんでもと言っていいくらい、しかも価格についてはうるさいことを言わずにGHQが買い上げてくれました。なぜ戦車や飛行機はないのかと聞かれても困りますが、日本は当時、一切の軍需産業はやっていませんし、船舶もろくなものを造ってはいませんでした。

ちょうど朝鮮戦争がはじまった時、後にたいへん活躍するトヨタ自動車販売社長の神谷正太郎さんはアメリカのロサンゼルスにいたそうです。それまでトヨタといってもトラックの注文は年間三百台がやっと、膨大な在庫を抱えていました。そのうえドッジ・ラインによるデフレもあってふうふう言っていたのですが、開戦の報を聞いてあわてて帰国すると、GHQから生産が追いつかないほどの注文がきて、一挙に月千五百台にまで増大したそうです。それでとにかくどんどん生産し、お金がザクザク入ってきましたから、今日のトヨタの基礎はここでつくられたと言えるわけです。

ソニーもそうです。かつては「東京通信研究所」といいまして、若い技術者七、八人が寄って、アメリカから間もなく許可が下りるだろう短波受信機につける短波用アタッチメントを作って売り出そうと細々はじめたのですがなかなか解禁されず、次に「東京通信工業」と名を変え、今度は録音機のリールのテープを作っていました。もっとも成功したのが肩掛け式携帯録音機〝デンスケ〟で、今見るとやたらに重くてでかいのですが、これがヒットしてやっとこさっとこ息をついていたのです。ところが朝鮮戦争がはじまると、あらゆる電波探知機に関する需要がどんどん膨らんで会社は急速に大きくなり、現在のソニーの基盤がつくられたのです。こういう話はいくらでもありますが、ソニーの例でいいますと、終戦直後の昭和二十一年五月～十月の売上高は七十二万二千円、利益金二千円、それが朝鮮戦争開始後の昭和二十五年十一月～二十六年四月には売上高五千二百五十三万円、利益金四百七十九万円に跳ね上がったといいます。くり返しますが、これは一例に過ぎません。

　こうして日本経済は、朝鮮戦争のおかげであっという間に大きくなったのです。参考までに、経済企画庁発表の全体の特需契約高をみますと、

　＊昭和二十五年七月～二十六年六月……物資＝二億二九九万五千ドル、サービス＝九八九二万七千ドル、計三億二九〇〇万ドル弱

　＊昭和二十六年七月～二十七年六月……物資＝二億三五八五万一千ドル、サービス＝七九七六万七千ドル、計三億一五〇〇万ドル強

　＊昭和二十七年七月～二十八年六月（朝鮮戦争休戦協定直前まで）……物資＝三億五五四万三千ドル、サービス＝一億八六七八万五千ドル、計四億九二〇〇万ドル強

　つまり朝鮮戦争の約三年間で、日本の特需契約高は十一億三六〇〇万ドルを超えたわけです。日本円（一ドル＝三六〇円）に換算して四千八十九億円超という金額です。

このように戦後日本は朝鮮戦争の三年間で生き返りました。たとえば、サービス部門では、評論家の大宅壮一さんが命名するところの「3P」が現れます。パルプ（紙）、パチンコ、パンパンのことです。パンパンについてちょっとだけ言うと、アメリカ兵が本土からどんどん日本にやって来て朝鮮の戦場に送られ、休養のためにまた日本に帰ってくるのですが、それまで「夜の女」としてそこそこ営業していた日本女性たちが、この時は堂々とアメリカ兵の腕にぶら下がるようにして実に仲良くやっていたのを、私も目の前でたくさん見たものでした。

さようなら、マッカーサー

そういう意味では、昭和二十五年の日本は、驚いてひっくり返るような景気のいい時代になったのです。ところが、その時に流行語になったのが、

「貧乏人は麦を食え」

という言葉でした。十二月七日の参議院予算委員会で、経済学者でもある木村禧八郎議員の質問を受けた池田勇人蔵相の、次のような答弁から出ました。

「戦前は、米一〇〇に対して麦六四パーセントぐらいで食べていたが、今は（敗戦後、朝鮮米や台湾米が入って来なくなったので）米一〇〇に対して小麦九五、大麦は八五という割合になっている。それで何とか均衡がとれている。今の日本は田も疲労し、牛馬も疲労している。どうし

たって生産が間に合わなくて米が足りない。そこで私は、所得に応じて、所得の少ない人は麦を多く食う、所得の多い人は米を食うという経済の原則に沿ったほうへ日本をもっていきたい」

要するに「貧乏人は麦を食え」と言ったわけではないのですが、ともかく朝鮮戦争がはじまってからも、日本はまだ食糧的には完全ではなかったことがわかります。

当の池田さんは剛毅な人で、熊本五高時代にお祖母さんが学費として大事に使いなさいとくれた五十円を、友達と毎晩のように赤提灯で飲んで使い果たしたり、歌でいえば「愛染かつら」の「行くが男の生きる道」が好きだったそうです。広島県知事選の応援に行った時に、聴衆から「ようっ、麦めし大臣」という声が掛かると、「貧乏人は麦を食えというのが悪かったら、汽車の一等、二等、三等もやめたらどうだ」と言い返したといいます。

いずれにしても、日本はまだ貧しくはあったのですが、しかしこの三年間で企業は完全に復興し、同時に、特需を通じてのアメリカの指導によって、大量生産方式と品質管理を完璧に学びました。お金はいくらでも出すかわりに不良品は一切受け取らないというアメリカの厳しい姿勢に対応し、日本の人たちは敗戦の影響による旧式設備でたいへんな苦労をしながらも誠心誠意、努力しました。神風が吹いたとはいえ、ただそれをいい気持ちで受けていたのでなく、日本人自身がものすごく頑張って、工夫して、後に非常なる威力を発揮する大量生産、品質管理をこの時にマスターし、次代への基盤を築いたことは忘れてはいけないと思います。

そんななかで、昭和二十六年（一九五一）四月十一日、突如、マッカーサー元帥がトルーマン大統領により罷免（ひめん）された、最高司令官をクビになったという報せがラジオの臨時ニュースで流れました。いやまあ、私など腰が抜けるほど驚きました。〝神様〟がクビになるなんてことがあるのかいなあと。もうひとつ感じたのが、戦後やたらに聞かされてきた「シビリアン・コントロール」とはこれかと。大統領が軍人さんのクビをパッと斬れるのだと。軍人の最高の地位にいる、あんなに偉い、山ほど功績のある人でさえそうなのか、とつくづく思いました。

後で聞くと、三八度線を挟んで膠着（こうちゃく）状態に陥っていた朝鮮戦争に我慢できなくなったマッカーサーは、旧満洲に集められた北朝鮮軍や中国人民解放軍への補給物資などを徹底的にぶっ潰さなくてはだめだ、原爆を投下すればいっぺんに解決する、などと言い出していたのです。ところが旧満洲は中国領です。人民解放軍は支援というかたちで参戦していますが、はっきりと宣戦布告をしているわけではありません。そこに原爆を落とされれば、中国としては戦争布告せざるを得なくなります。二年以上続いている戦いをさらに拡大させ世界大戦へ導くような、無謀で無駄なことを言い出すマッカーサーを、トルーマンは罷免したわけです。

私たちはそんなことは知りません。理由は朝鮮戦争にあるとわかっていましたが、偉大なる大将のクビなんてうそだろう、というような印象でした。しかもマッカーサーが日本を発つのが、また早かったんです。四月十六日に離日することになり、日本人は驚きながらも、「たいへんお世話になった」というので当日、約二十万人余りが羽田空港への沿道を埋め、アメリカと日本の国旗を持って見送ったのです。私は隅田川でボートの猛練習をしていたから、そんなのには加わっていませんよ。

日本人がどのくらいマッカーサーを名残り惜しんだかは、四月十二日付の朝日新聞社説を見ればわかります。一部を紹介します。

「日本国民が敗戦という未だかつてない事態に直面し、虚脱状態に陥っていた時、われわれに民主主義、平和主義のよさを教え、日本国民をこの明るい道へ親切に導いてくれたのがマッカーサー元帥であった。子供の成長を喜ぶように、昨日までの敵であった日本国民が、一歩一歩民主主義への道を踏みしめていく姿を喜び、これを激励しつづけてくれたのもマッカーサー元帥であった。……」

まことにマッカーサーさまさまといった感じですが、これは何も朝日新聞だけではなく、各紙すべてこの調子でした。そしていよいよ日本を発つ時には、NHKが実況中継したんですね。担当は当時、実況の名人と言われた志村正順さんでしたが、長々とたくさん志村さんが話したなかからほんの一部を（アナウンサーの気分で）読み上げてみます。

「……ついに姿を消し、扉が閉ざされました。三たび万歳と拍手のどよめき、軍楽隊、一斉に『蛍の光』の演奏を開始しました。百メートルほど離れておりまして、わずかに元帥らしい人の顔が飛行機の丸窓から見えております。参列のMPさらに親衛隊は、いま粛然と威儀を正し、スタートを開始いたしました飛行機の後を見送っております。マッカーサー元帥よ、さようなら。いよいよこの瞬間がお別れでございます。五つ星のマークも鮮やかに、コンステレーション・バターン号は、いまスタートを開始して、右へ向きを変えまして、滑走路の方へ向かっております。日本を混迷と飢餓より救ってくれた元帥。昭和二十年八月三十日、厚木飛行場到着いらい、五年七ヵ月余の日本、十四年ぶりに故国アメリカへ飛び立ちます。……」

この後、国会はただちにマッカーサーへの感謝決議をし、また有志は銅像を建てようとし、さらに秩父宮殿下を筆頭に、同妃殿下、長谷部忠朝日新聞社社長、本田親男毎日新聞社社長、元駐米大使の野村吉三郎大映社長ら、各界名士が名を連ねてマッカーサー記念館、別称マッカーサー神社をつくろうと計画するほど、皆が名残りを惜しみました。しかし、今日本のどこを見ても、マッカーサーの銅像も、記念館も、いわんやマッカーサー神社などというものもないわけでして、なぜそうなったのか。それにはまことに面白い話があるのです。

というのもそれからひと月もたたないある日突然、「日本人十二歳説」として残るマッカーサーの発言がアメリカから届き、新聞にドンと出ました。それで「なに？　マッカーサーは日本人を十二歳呼ばわりした？　そんなやつの銅像や神社などとんでもない」と計画はいっぺんに潰れてしまったのですね。ただ、今になってよく読めば、必ずしも当時の日本人がカッカと怒るような意味の発言ではなかったんです。昭和二十六年（一九五一）五月六日、米上院で外交軍事合同委員会が開かれ、帰国したマッカーサーを呼んで極東戦略、外交戦略が間違っていないかなどについて質疑した折に、「日本人十二歳説」が出てきました。

ロング議員の「日本人は占領軍に好意を寄せているか？」という質問に答えてマッカーサーは言います。

「日本人は敗戦の事実を、それが完全な軍事的敗北であること、外国軍隊によって占領されることを知ったばかりでなく、実にこれまでの生活の信条に不信を抱かされ、それとともに自己軽視に陥ったのである。この虚脱状態のなかにアングロサクソンの礼節とフェア・プレイと正義が演ずる役割があった。後進的、孤立的、封建的であった日本人がアメリカ的生活態度になじみ、個人の自由と尊厳を重んずるようになった」

敗戦で、日本人は自分たちの信条に不信を抱き、自分たちを情けなく思った。その時に占領軍がいろいろな事を教えてやったと。まあ、自身の功績を自賛してるんですね。

さらにロング議員が「では日本とドイツの違いはどこにあるのか？」と聞くと、マッカーサーはこんなふうに言ったのです。

「科学、美術、宗教、文化などのあらゆる発展の面からみて、アングロサクソンは四十五歳の壮年期にあり、ドイツ人はそれとほぼ同年輩である。しかし日本人はまだ生徒の時代で、まず十二歳の少年である。ドイツ人は、現代の道徳や国際道義を知っていて怠けた、つまり意識してやったのである。国際情勢に対する無知識のためではない。その失敗は、日本人が犯した失敗とはおもむきを異にする。ドイツ人は、第一次世界大戦に続いて再び自分たちのやりたいようにやったのであるが、日本人は違う」

　要するに、日本は何も知らないで失敗を犯したのであって、戦争に対する国民の意識もドイツとはまったく違う。ドイツは確信犯であるが、日本はまことに無邪気であった――という意味でマッカーサーは言ったのですが、これを詳しく読む日本人がいなかったんでしょうか、「コノヤロー」とたちまち神社どころか銅像も建てられなくなり、今やマッカーサーの名すら、日本人には知られなくなったのです。まったく言葉は災いのもとでありますね。

第九章

新しい独立国日本への船出

講和条約への模索

この章の

✷ポイント

昭和二十六（一九五一）年九月、朝鮮戦争のさなか、日本を独立国として味方陣営に加えたいというアメリカの戦略を背景として、サンフランシスコ講和条約が締結されます。「全面講和」ではないという問題を残しつつも、日本は独立国として世界に認められました。同時に、日米安全保障条約がアメリカとの間に結ばれます。ここで基地問題と沖縄問題を曖昧なままにしたことが、国内での闘争を招き、大きな問題となってしまいます。

✷キーワード

サンフランシスコ講和条約／日米安全保障条約／芦田均（あしだひとし）／
中ソ友好同盟相互援助条約／全面講和・単独講和／吉田内閣／南原繁（なんばらしげる）／
ジョン・フォスター・ダレス／警察予備隊／駐留軍

✹反米ムードに苛立つアメリカ

今回は、サンフランシスコ講和会議について話します。念のために申しますが、昭和二十年（一九四五）九月二日にミズーリ号上で行なったのは、あくまで日本が降伏することを証明する停戦の調印式でした。この後に、戦争の当事者が集まって、これから仲良く平和にやろうと会議を開くわけです。それによって賠償金、領土などの問題が決められます。したがって、講和会議を開くまでは日本は敗戦国のまま、つまりポツダム宣言を受諾し軍事的に降伏して連合国の監視下におかれている国でしかないわけです。講和会議で当事者同士が平和条約を結ぶことによって、日本ははじめて国際的に認知され、独立国として再出発することができるのです。

ふつう、戦争が終わるとできるだけ早い時期に講和会議は開かれます。賠償金や領土の問題も早く決めなくてはいけません。しかし日本の場合は、変な話ですが、島国なので領土が直接に隣と接していませんし、賠償金といっても戦いに戦い抜いて完膚なきまでに日本はやられてスッカンピン、もう何もない国であることを世界が知っているのです。またすでにお話ししましたように、世界情勢が少しずつ微妙に変化してきたこともあって、講和会議を速やかに開こうという意思はあったのでしょうが、結果的に延び延びになっていたのです。

ただ日本政府としては、いずれ講和会議は必ず開かれますので、早くから準備は進めていました。そこで一番に出てくる問題は、戦後日本は新憲法を制定し、軍備を一切もたない平和国家を国是とする宣言をしましたから、講和会議を経て占領軍が立ち去った後、国はいったい誰が守ってくれるのかということでした。連合軍というか、もっぱらアメリカ軍が去って空っぽになったところへ、距離的に一番近いソ連軍がするすると入ってきたら、いったいどういうことになるのか、当然の心配ですから、外務省は早めに研究を進めていたわけです。

そして昭和二十二年（一九四七）九月十二日、ちょうど社会党の片山内閣の頃です。外交官出身の芦田均外相が中心となって、政府が考えている「講和後の日本」のプランを作り、青写真をアメリカ軍にそれとなく見せることにしました。その内容は、もし冷戦下の米ソ関係が最悪にならずやがて落ち着いた場合は、新しくできた国際連合にすべての安全保障を委ねて防衛その他を考えたい、しかし冷戦状態がどんどん厳しくなっていった場合には、アメリカ軍が駐留し日本を守ることを平和条約に明記するというものでした。ところが、そんな前例のない、アメリカが日本を偽植民地にするような平和条約は、他の国から文句が出るかもしれません。そこで日本政府としては、日米の特別な合意のもと、要するに話し合いによって日本の防衛をアメリカにお願いする、というかたちにして、その軍の駐留や基地の問題の青写真を秘密文書としてアメリカに見せることにしたわけです。

当時の芦田さんのメモに、この第二案、つまり相談の上、双方が合意して日本の防衛をアメリカにとりあえずお願いするという方針でいきたい、とありまして、ここに後のいわゆる日米安全保障条約（安保条約）の原型があるわけです。こんなことを言えば日本政府のだらしなさを指摘するようですが、なんだか世界的状況をまったく無視して自分の国のことしか考えていないというか、我が国だけを守ってもらおう、そのためにはアメリカが一番都合がいいじゃないかという意図が見え見えですね。

また別の話になりますが、芦田外相はこの案を天皇陛下に見せたようです。これに従えば、アメリカ軍がすぐにでも日本本土に駐留する可能性が考えられます。たとえば神奈川県の三浦半島全部を米軍基地にしてもらおうとかいった意見が出てくるような、あまり芳しい話ではないのです。昭和天皇は、こういう日本政府のやり方は非常に不満だったようです。新憲法において天皇は政治に関与せずですから「そうかそうか」と聞いているほかないのですが、じつは別の記録によれば、日付もはっきりと昭和二十二年（一九四七）九月十九日、つまり外務省案ができた一週間後、天皇が自らの構想を、宮内府（新憲法施行により宮内省改め）御用掛でマッカーサーとの会談にも通訳として同行した寺崎英成さんを通してアメリカの連合軍に伝えた記録が残っているのです。

「天皇は、アメリカが沖縄をはじめ琉球ほかの諸島を軍事占領し続けることを希望している。天皇の意見によると、その占領はアメリカの利益になるし日本を守ることにもなる。（中略）天皇がさらに思うに、アメリカによる沖縄（および要請があり次第ほかの諸島嶼）の軍事占領は、日本に主権を残存させたかたちで長期――二十五年から五十年ないしそれ以上

——の貸与をするという擬制のうえになされるべきである」

つまり、日本本土はもってのほかで、沖縄諸島をこのまま軍事占領していくほうがいいのである。それも主権は日本にあるのをアメリカが長期間借りる——いささかおかしなかたちなんですが——ことをお互いに承認し合って沖縄の軍事占領を続けたらいかがですか、そう天皇の方から言ったことになる。そして結果的には、アメリカ軍は「なるほど、名案」とばかりにこのアドバイスに乗っかり、後にはグアム、沖縄、そして台湾を結ぶ弧状の線をアジア戦略の防衛線にするのです。朝鮮半島に大部隊を置くとか余計なことをせずに、大きな弧を描くようにアジアの防衛線をつくることをアメリカは目論(もくろ)んだのです。考えようによってはこれは、昭和天皇がものすごく戦略的にすぐれた頭をもっていたことになるのであって、片山首相以下、芦田外相ら政府の連中はいったい何を考えているんだ、という話になるんですね。

そして後になりますが、昭和天皇が亡くなる前にお倒れになった時、新聞にも出ましたが、「沖縄へは、私はどうしても行かなければならなかった」と言っていた。その時私は、本土決戦の時間稼ぎのため米軍と戦い、徹底的にやられた沖縄の人にはたいへんな迷惑をかけた、そんなお詫びの心を込めての言葉だと思ったのですが、その後、以上のような話を知り、そうか、こっちだと納得しました。地上戦が終わった直後から軍事占領され、そのまま沖縄を四十年以上米軍の占領下に置いたことに対して、もちろんこれは政治的な介入ですから公式に言ったわけではないにしろ、結果的にそうなったことを本当に悪かった、そういう思いを昭和天皇はずーっと抱いていての言葉だったのだなと、私などは後で唸(うな)りました。

いずれにしろ、講和会議の話が具体的になっていく前哨戦(ぜんしょうせん)としてこういった話が昭和二十二、三年にかけてあったのです。ところがその後、講和条約の話がスパッと消えてしまいます。前にも話しましたように、GHQが日本をあくまで民主主義国家にしようとしていたさなか、世界情勢の急変でガラリと政策転換し、日本をアジアの防波堤にするにはどういう国家にすべきか、アメリカ国務省で設計図が書けなくなり、講和会議を開く条件が整わないということでストップしてしまったのです。

ところがいつまでも放っておくわけにはいきませんので、再び昭和二十四年（一九四九）の秋頃から、講和会議の話が再燃してきました。ひとつには、アメリカが日本をアジア防衛の最前線にしようと強硬な政策をとりはじめ、レッドパージなどで共産党とそのシンパを追放し、少しでも社会主義的な考えをもった人を排除しましたので、日本国内でも俄然、「GHQの好き放題にさせておくことはない」といった声も出はじめました。ナショナリズムというのか、GHQ何するものぞの反米ムードも高まりますし、同時にストライキなど直接的な反米運動も盛んになってきたのです。「ヤンキー・ゴー・ホーム」です。アメリカは怖れました。苛立ちました。このままだと、日本がどんどん反米排米になり、目論見(もくろみ)とは違う方向へ進むかもしれません。そこで、日本を少しでも自分の陣営に引き付けておくためにも早めに講和会議を開き、日本を独立させ、かつアメリカ側に引っ張り込もうという風潮になってきたのです。

さらに昭和二十五年（一九五〇）二月、モスクワでソ連と中華人民共和国の話し合いが行なわれ、中ソ友好同盟相互援助条約が締結されます。両国が手を組むということは、隣の中国大陸がまさにソ連陣営に入ったどころか、強力な右腕になったわけです。アメリカにとっては大変なことです。これはますます、日本をなんとかなだめすかしながら仲間にとどめておかなければと、アメリカは躍起（やっき）になりはじめました。

✺全面講和か、単独講和か

昭和二十五年（一九五〇）、当時、日本は片山内閣から芦田内閣を経て、前にも話しましたように吉田内閣の時代でした。吉田内閣のやらねばならない大事な仕事といえば、まず日本を貧しさから脱却させ、一本立ちできる国にする経済復興です。加えてこの時浮上してきた講和条約をどう結ぶか、同時にその裏側にある独立日本の安全保障をいかにすべきか。これが吉田内閣の二大課題となりました。

吉田さんはもともと反共、ソ連が嫌いなんです。中国もあまり好きでありません。また外交官上がりですから目先が利きます。講和会議には当然、最後に戦争に加わったソ連も参加しますが、日本が思うような条件でハンコをついてくれることはまずない、といって、相手の言い分を聞かざるを得なくなったら大変だというので、共産主義の東側陣営はある程度無視し、西側陣営とだけ講和条約を結んだほうがよいという決意を相当前からしていたようなのです。つまり、すべての国との全面講和は不可能、いくらか片務的であっていいから早く講和を結んだほうがいいというわけです。

木戸幸一（右、1889-1977）と談笑する吉田茂（1878-1967）

ところが、世論はどうだったか。昭和二十五年、雑誌「世界」三月号（二月五日頃発売）で、平和問題談話会という学者たちの集まりが全面講和を訴える声明を発表したのです。試みにメンバーを挙げてみますと、安倍能成、有沢広巳、和辻哲郎、恒藤恭、清水幾太郎、丸山真男、桑原武夫、羽仁五郎、久野収、都留重人、田中耕太郎、大内兵衛、中野好夫、蠟山政道、矢内原忠雄、といった自然と頭が下がるような人びとがダーッと名を連ね、要するに日本のインテリゲンチャのトップが勢ぞろいして、「いいですか、やるなら全面講和です、それが世界平和のためですぞ」と大々的にその主張を発表したわけです。つまりソ連およびソ連ブロックの国々

南原繁（1889-1974）

も外すことなく、世界じゅうの国々と仲良くしようと。

まあ、後になっていろんなことを言う人はたくさんいて、清水幾太郎さんなどは転向したせいもあって、「あの時は、どなたの頭の中にもソ連や共産ブロックの脅威への恐怖感があった。おっかなかったので、この際ああいう発表をしたほうがいいとまとまった」とあっけらかんと語るのですが、どこまで本当かわかりません。それぞれの方がいろんな思惑を含みながら名前を連ね、吉田さんは「全面講和は不可能」とはまだ言っていないのですが、ちらちら見え隠れしているその政策に反対を示したのです。

表立ってはともかく、吉田さんはカンカンに怒ったようです。「ナニクソ」、の次に何がカンにさわったのか、五月三日、自由党の秘密両院議員総会で、南原繁東大総長を指して「あいつの言っていることはまさに曲学阿世だ」と言ったのです。公の場の発言ではなかったにもかかわらず、これが毎日新聞のスクープで第一面にデカデカと出たんですね。

「南原東大総長がアメリカで全面講和を叫んだが、これは国際問題を知らない曲学阿世の徒で学者の空論にすぎない。全面講和を望むことはわれわれとしては当然であるが、現在は逐次事実上の講和を結んでゆく以外にない」

理想はともかく現実的には全面講和はできないのだ、おかれた情勢からは一つ一つつぶしながらなんとか講和にもっていくよりしょうがないのだと。ただし、考えてみれば、先ほどの「世界」の平和問題懇談会の中に南原先生の名前はないんです。ないんですけれど、吉田さんは「コノヤロー」と思ったんでしょうね。なぜかというと、じつは南原さんは前年、昭和二十四年十二月にワシントンで演説し、その内容が新聞に載ったのです。

「世界は現実において二つの相対峙する陣営に分かれ、所在に対立し、ヨーロッパもアジアも冷たい戦争の舞台と化している。私自身は、これが直ちに近い将来において、世界大戦に導くものとは思わない。しかし万一かく想像するも恐ろしい最悪の事態が仮にも起ったとしたならば、如何であろうか。その際に日本のとるべき道は既に明らかである。日本は厳正なる中立を守り、いかなる戦争にも絶対に参加すべきではない。……」

だからこそ、日本の立場としては全面講和が望ましい、という意図を示していたのです。しかし、半年も前の演説です。忘れた頃に突然、南原さんを槍玉（やりだま）にあげて吉田さんが曲学阿世とやったもんですから、ご本人はもちろん、談話会の人たちも「エッ!?」と驚いたことでしょう。南原さんは直ちに反発して記者会見を行ないました。

「かかる刻印（曲学阿世）は、かつて学者に対し、軍部とその一派によって押しつけられたもので、学問の冒瀆（ぼうとく）、学者に対する権力的弾圧以外のものではない。全面講和は国民の何人（なんぴと）もが欲するところであって、それを理論づけ国民の覚悟を論ずるのは、殊に私には政治学者としての責務である。また、それは、現実を知らぬ空論であるというが、国際の現実は政府関係者だけが知っているとするのは、官僚的独善といわなければならない」

南原さんは非常に常識的に、自分が言うのは政治学者としての一つの責任であり、全面講和に関して言えば空論かもしれないが、国民が等しく望んでいることではないだろうかと、吉田さんのようにカッカと喧嘩を売るかたちではなく述べたのですが、これが大変話題になりました。平和条約が全面講和になるのか、それとも単独講和——実際は対米単独というわけではなく調印する相手はたくさんいるのですが——か大議論となりました。

ところで南原さんの言葉のなかに、政府関係者だけが国際情勢をわかるというのはおかしいとありますが、実際当時の新聞はせいぜい四ページ程度で、国際情勢など詳しく載ってないといえば載ってないのです。だから吉田さんにすれば、「おまえら、いろんなことを言うけど、新聞を見ている程度じゃあ何もわからないじゃないか」と感じたんでしょうね。当時大学生だった私も、確かにそれほど国際情勢をわかっていたとは思いません。ですが、南原さんのように英語もできて、いろんな新聞や雑誌をどんどん読んでいる人はその範疇に入りません。ですから、そういう人に「国際問題を知らない」などと言うのは非常に失礼なことであったと思いますよ。

ちなみに「曲学阿世」という言葉は、司馬遷の『史記』に出てきます。うんと昔、漢の武帝時代(紀元前一五八〜前八七)に、轅固という九十歳の学者が、若い公孫弘を諭して、「常に正しい学問を考え、それにもとづいて発言することにお努めなさい。学問を曲げて世の中におもねることにならぬように」と言ったことから、学を曲げて世に阿ることを「曲学阿世」というわけです。

実は私はボート部の選手時代、一橋大学との対校戦に勝ち、応援に来ていた南原さんがものすごく喜んでいっしょに祝賀会でお酒を飲んだことがあります。記念に、一緒に並んで撮った写真もあります。話した印象からも、たいへん立派な方だと思います。学を曲げるなんておよそしないでしょうし、況や世におもねるなど、これっぱかりもやらないでしょう。やはり吉田さんは方向を間違えたんじゃないか、某先生あたりならどうかな……などという気がしないでもありませんが。

まあ、こういう騒動を経て本格的な講和会議がはじまるのです。そこはさすがに政治家、吉田さんはすでに手を打っていて、曲学阿世発言の少し前、昭和二十五年四月に池田勇人大蔵大臣を首相の密使として渡米させています。これは表向き、ドッジ・ラインにともなう財政経済問題を協議するため、つまり経済政策の一つとしながら、じつは密かに池田さんに与えられた使命は講和をどういうかたちでやるかということの瀬踏みでした。そしてアメリカで池田さんはドッジさんに会い、もちろん財政経済問題も話したとは思いますが、連れ立って吉田さんの極秘メッセージをトルーマン大統領以下、アメリカ国務省の人たちに渡したのです。それによりますと、

1、全面講和でなく、多数講和（マスコミの言う単独講和）の方式で講和条約を結びたい。
2、条約締結後、米軍の日本駐留を認める。
3、必要ならば、日本政府から何らかのかたちで駐留の依頼を申し出る方法を研究してもよい。この点は憲法違反にならないように留意する。

アメリカにすれば、各国のいる席上で自ら「日本に駐留する」と言えば「なんだ、お前だけがいい思いをするのか」と非難されますので、日本の方からお願いするかたちにしてほしい、と密かに思っているわけです。それを先取りし、日本から申し出る何らかの方法を考えてもいい、ただし憲法違反にならないことだけは互いに注意したい、というのです。とにかくこの案はアメリカ側を喜ばせました。国務省はもとより、早期講和に難色を示していた国防省も乗ってきたのですから。

当時、こんなメッセージを密かにアメリカに伝えていることは、吉田さんと池田さん、そしておそらく同行した宮沢喜一（みやざわきいち）秘書官以外、誰も知りません。そしてこれが、結果的には日米安保条約の基礎と思われるものになったのです。

こういうかたちで講和についての工作が進められていたのですが、なんといっても吉田さんは運のいい人でした。いちいちごちゃごちゃやっていたら大変なことになる、という時に朝鮮戦争が起きちゃったんですね。もう、アメリカにすれば日本を味方にするのが最大の目的になりまして、他のことなど一切かまっていられません。前にも話しましたように、日本ではドッジ・ラインのために汲々（きゅうきゅう）とし、経済再建でふうふう言ってる時に朝鮮戦争が起こり、多くの難問がいっぺんに吹っ飛んでしまいました。経済をどうするかという大事な議論をあまりしなくていい状態になると、内閣の仕事はあとは講和条約だけです。そしてアメリカはとにかく日本を味方にしたい、なんのことはない、ここでもまさに「神風（かみかぜ）」が吹いたのです。

吉田VSダレスの攻防

朝鮮戦争がはじまる直前の五月十八日、トルーマンはわざわざ野党の共和党から大物ジョン・フォスター・ダレス――この人は今後も非常によく出てきます――を引っ張ってきて極東問題担当の国務省顧問に任命し、かつ特使として日本へ派遣します。彼に専任として対日講和を進めてもらえば大変うまくいくだろう、つまり、トルーマンは対日講和問題を超党派で一丸となって進めようと意図したのです。

ジョン・フォスター・ダレス（1888-1959）

ちなみにトルーマンは、ミズーリ州出身の田舎のとっつぁんです。戦争中、副大統領の時にルーズベルトが突然死んでそのまま大統領になったものの、実は日本のことなど何も知らず、関心もなかったのです。まして愛情など少しもなく、だから原爆を落としたと言えるところもあるような、自分のこれまでの人生においては日本などまったく無関係の人でした。だから尚更のこと人任せというか、対日講和問題も共和党の大物に放り投げてしまえば話は済むだろうといった、まことにいい加減な部分もあったと思います。まあ、大統領ですからなんでも好きにできるんです、今の日本の小泉首相もそれに近いところはありますが。

じゃあダレスさんがどの程度日本のことを知っていたかといえば、これも大問題ですが、ともかく彼について確かなのはコチコチの反共主義者だったことで、ソ連に有利な対日講和になることは決してありません。かつ有能な実務家で、損になることは一つもしたくない人でした。彼はアメリカを発つ時、対日講和について「ヴェルサイユの誤りを繰り返さない」ということを言っています。第一次世界大戦後の対ドイツ講和条約であるヴェルサイユ条約では、非常に過酷な条項を連ねてドイツを締め上げ、ドイツ国民が悲鳴を上げているところにヒトラーが現れたために、皆がワーッと乗っかっていったんですね。同じことを日本でやればとんでもない事態になってしまうので、過酷な条約を押し付けることはしないというのです。吉田内閣も、今度アメリカから来る特使が反共主義者で有能な実務家ということは知っていましたが、当人のこの発言を聞いて胸をなでおろしたそうです。

こうしてダレスは、昭和二十五年六月にはじめて日本を訪れて以来、翌二十六年末まで約一年半の間に実に四回来日し、吉田首相と講和条約に関する下交渉を十分に行ないました。まあ、三、四回目あたりは、すでにでき上がっているかたちに目鼻をつけるようなものでしたが、一回目、二回目などはそれこそ大激論を交わしたという記録が残っています。

一回目の来日は六月二十一日で、朝鮮戦争が起こる直前でした。ダレスはまず国内を旅行し、日本人に触れ、土地を眺めながら、さてどのように吉田内閣とやり合うかと思案していたところ、二十五日に朝鮮戦争がはじまり、状況が一変しました。アメリカにとって大事なのは、とにかく日本を味方に引っ張り込み、戦争を有利に進めるため日本の国土を最大に使うことを許可してもらうことです。「基地はお貸しできません」とか「憲法に違反するので困ります」とか難癖をつけられると面倒くさいわけです。今はとにかく基地の自由使用を認めさせる、講和条約を手早く結ばず少し先延ばしする、など本国の方針がこうしてダレスのもとにどんどん届くようになりました。

ダレスは日本を旅しながら、人びとの気持ちや生活ぶりを観察していたんでしょう、本国の方針を承知しながら、それに従えば日本はますます反米の空気を強くすると感じました。基地は自由に使用させるが、講和条約を先延ばしにするなんて方針ではダメ、日本の内閣の希望を容(い)れて講和会議を早いことやったほうがいい、と返答しました。ワシントン、とりわけ国防省はもともと早期に反対でしたから、「今は戦争が大事、講和のコの字も迷惑だ」と反論するものの、ダレスも頑として聞かず、国防省のお偉方(えらがた)を説得するのに「このままだと日本は本当に反米となり、基地なんて貸してくれなくなる」と主張し、「とにかくやるんだ」と言い張ります。そこに事情をあまり知らないトルーマンが出てきて「ダレス特使の言うのはもっともだ」と抑えつけたものですから、国防省もしぶしぶ交渉開始を認めました。

さて、ダレスの交渉の相手は、かの吉田茂さんであります。これまたダレスに劣らぬ反共主義者、しかも頑固さでも負けません。ダレスが余計なことを言うといちいち突き返すかたちで大喧嘩がえんえんと繰り広げられるのです。ダレスの使命は、なんとか講和後の日本を再軍備させ、アメリカ陣営に引き入れることでした。かたや吉田さんの反論の骨子は、あの独特のキィキィ声で言ったと思うんですが「日本は再軍備などできましぇん!」でした。なかで一番面白いのは六月二十二日の交渉で、再軍備、再軍備というダレスに吉田さんはひと言、「たとえ非武装でも世界世論の力で日本の安全は保障されると思うのであります」とやったんですね。ダレスは目を丸くして「不思議の国のアリスに会ったような気がする」とつぶやきました。本当の話ですよ。ダレスさんのような現実主義者からすれば、「世界世論が国を守ってくれる」なんていってのほほんとしている総理大臣を前に、それこそ「不思議の国」に来た思いだったかもしれません。

いずれにしろ、交渉を重ねているうちに双方の言いたいこともわかってきます。アメリカはとにかく日本を再軍備させて味方陣営にとり込むという条件つきで講和条約を結びたいわけです。その交渉の真っ最中の七月二十九日、参議院外務委員会で社会党議員の質問に吉田首相はこう答えています。

「私は軍事基地は貸したくないと考えております」

ホントにそう言ったのかなと思うのですが、記録に残っているのです。先ほど話しましたように、彼は池田蔵相を密使としてアメリカに送り、条約締結後の米軍の日本駐留は認める、こちらから依頼するかたちにする、などと伝えているのです。しかしそんなこと知らぬ存ぜぬの顔をして答弁を続けます。吉田さんの口調で言いますと、

「単独講和の餌に軍事基地を提供したいというようなことは事実毛頭ございましぇん！」

吉田さんというのはまあ、タヌキですねえ、社会党議員は何も知りませんから、「おお、いいことを言っている」と納得するんでしょうが、後ろでは何をやっているんだか、ということになるわけです。

そしてダレスさんはいったん帰国します。日本側の意向を斟酌した講和条約の条項を作成し直し、二回目として昭和二十六年一月から二月にかけて来日しました。ちょうどこの頃、朝鮮半島ではアメリカと韓国の連合軍が、中国から義勇軍の介入もあって大苦戦中でした。ダレスさんはこの時、アメリカ国内の軍部と議会のタカ派を説得するため、「なんとか日本に軍事的貢献、とくに再軍備をさせ、同時に沖縄などの基地を自由に使える施政権をアメリカがもつことに対して必ずうんと言わせてみせるから」と言って乗り込んできました。再び、再軍備論をぶつダレスさんに対し、吉田さんは「えー、ダメダメダメダメでしゅ。とにかく現在復興再建中の

日本はまことに脆弱でありますから、再軍備などすれば国はつぶれちゃいます」「今の日本国民はとにかく平和を望み、武器をとることはまったく望んでおりましぇん。平和主義的国民世論を尊重しなきゃなりましぇん、再軍備はおろか、朝鮮派兵など真っ向から反対しましゅ」と頑として再軍備できないの一点張りでした。

両者のやり合いの圧巻は、一月末から二月にかけて、実に五回にわたった会談のようです。言い合い、押し合い、圧し合い、土俵の上でとにかく共に転びませんからもう大変、横綱同士の大相撲以上の取り組みです。そこで吉田さんはダレスさんをマッカーサーのもとへ連れていき、元帥を交えての議論となりました。吉田さんてのは非常に外交上手です。マッカーサーが再軍備に賛成するわけないからですね。

ダレスさんはとうとう、「どうも吉田総理大臣という人は、私の言ってる英語がぜんぜん理解できていないのではないか」と嘆息したそうです。マッカーサーはダレスの肩を叩き、「あなたの言うこともよくわかるが、自由世界が今、日本に求めているのは軍事力じゃないんだ。平和憲法を作った日本が再び軍事力をもつなんてことは、実際できないのだ」と吉田さんに加勢しました。これがまたワシントンに伝わると、トルーマンを筆頭に国防省筋の怒りを買い、「あのマッカーサーの野郎、また出しゃばりおって」と嫌われるもとになりまして、「あいつを早くクビにしなくては」とこのへんから狙われていたわけです。

けれども、しつこいダレスとの交渉を進めるうち、吉田さんはついに、「今すぐに再軍備をするのでなく、ゆっくりと、段階的に長期的に、いずれ日本も軍備をもつ方向にしていきたい」と提案せざるを得なくなります。また、ついては過去の旧日本軍とは異なり統帥権がなくなったのだから、代わる文民統制[*1]が何であるか、まったく知らない日本人に一からわからせる必要があり、そのためにも時間がかかる。そして将来は、五万人程度の国防軍をつくるプランを研究してみたい――まあ、それくらいのことを言わないとダレスも引き下がらないんですね、ワシントンに請け合ってきたのですから――と言いまして、相手も「それならまあいいだろう」と不承不承ながら納得します。吉田さんは付け加えました。

「ただし私が言ったことは、二人だけの極秘の話であって、外に漏らしてもらっては非常に困る。絶対に秘密にしておいてほしい」

ダレスさんも「わかった、わかった」と答えました。

✷〝軍隊の卵〟警察予備隊の編成へ

さて、講和会議のためにこういった議論をしているのですが、すでに話しましたように、その前から朝鮮半島の戦況はどんどん変化してきています。この激しい交渉の前、昭和二十五年七月八日には、マッカーサーその人から吉田さん宛に手紙がきていて、実はそのなかで、日本に警察予備隊をつくるようにと言ってきているのです。軍隊ではありません、あくまで警察の予備隊(National Police Reserve)でした。この書簡は残っています。まあマッカーサー独特の、飾った言葉で偉そうなことをもってまわって書きつらね、何を言いたいのかわからないような文章なのですが、一番大事なのは次の箇所です。

「この(アメリカと日本の)良好な状態を維持し、法の違反や平和と公安を乱すことを常習とする不法な少数者によって乗じられる隙を与えないように……警察力を増大強化すべき段階に達した」(とまず自分の認識を示したうえで、)「従って私は日本政府に対して七万五千名からなる国家警察予備隊を設置するとともに、海上保安庁の現有海上保安力に八千名を増員するよう必要な措置を講ずることを認可する」

日本から何もお願いしてないのですが、〝神様〟であるマッカーサーが「認可」する、つまり「早くやれ」という「命令」です。日本政府は驚いて、すぐに岡崎勝男官房長官がホイットニーのもとへとんで行き、「これはいったい何を意味するのか」と聞くと、もちろん内緒ではあるが、単なる警察の増員ではなく、ゆくゆくは銃火器や戦車を持った「軍隊の卵」をつくってほしいのだと判明します。要するに日本に軍隊をもてということなのだな、と納得して岡崎さんは帰りました。

七万五千人はだいたい四個師団分の人数で、これは朝鮮戦争がはじまった時に日本本土にいた米陸軍兵力数そのものに相当します。戦争勃発で全員が朝鮮半島に行き、空っぽになった本土の真空状態を「軍隊の卵」で埋めてほしいという意味だったのです。

日本政府としては、憲法違反じゃないかと思いながらも、命令ですからやらなくてはなりません。ところが、話はそんなに急にはじまったものではなく、もうずっと前から、ダレスと吉田さんの大喧嘩とは関係なしに、GHQ内部で日本再軍備論の賛成派と反対派が大喧嘩していたのです——かのウィロビーの参謀第二部（G2）と、ホイットニーの民政局の例の対立ですね。反対派である民政局の根拠は、①アメリカそのものが戦争状態にならないかぎり日本の再軍備は望ましくない、②警察力を軍隊になどと簡単に言うが非現実である、③平和条約締結前に再軍備するなど、アメリカは何を考えているのかと世界世論に疑惑を生じさせる、さらに④その前に憲法改正が必要になってくる、でした。

しかし「カタイことを言うな」とばかりに、参謀第二部はウィロビー少将を中心にすでに密かに準備をはじめていました。厚生省の中につくられていた第一復員局（陸軍）と第二復員局（海軍）に、将来に備えて非常に優秀な旧日本軍人を雇っていたのです。彼らは、少尉以上のプロの軍人がすべて追放されたのに対し、アメリカ軍が雇うというのでそれを免れ、再軍備のための研究をどんどん進めていたのです。しかも連中は、いざという時のために、追放をくった七万人以上の正規の軍人、士官たちの完全な資料を持ってきていました。通常、これは「服部（はっとり）機関」といわれ、またウィロビーがつけた暗号名で「森機関」とも呼ばれます。

服部機関（森機関）のメンバー（カッコ内は士官学校の期数）は、ノモンハン事件の参謀で太平洋戦争前の作戦課長、また戦争中に作戦部長だった服部卓四郎（はっとりたくしろう）大佐（34）、そして西浦進（34）、堀場一雄（34）——彼らは陸軍士官学校34期の大秀才三羽ガラスといわれます、そして井本熊男（37）、稲葉正夫（42）、原四郎（44）、田中耕二、田中兼五郎（45）。稲葉さんや原さんは、後にできた防衛庁戦史室長時代に、私など大変ご厄介になりました。また田中耕二さんは陸軍の航空参謀で、特攻についてかなり詳細に研究・考案された人です。晩年の松本清張さんがこの服部機関を主題に書こうとされたのですが……。いずれにしろ、旧陸軍きっての秀才連中である佐官クラスがキープされていたわけで、その彼らが「時こそ来たれ」と動き出したのです。ところで、ここに辻政信が入っていないのはなぜか、と考える人もあろうかと思いますが、残念ながらこの時はまだBC級戦争犯罪人としてイギリス軍に追われ、〝潜行三千里〟の最中で行方がわからなかったためです。でなければ当然登場していたでしょう。いずれにしても「大日本帝国」時代の陸海軍を昔どおりに復活させようと考える人たちの集まりです。いやはや恐ろしい話ですが、この件が今まで調べられたことはありません。おそらくかなり周到なものだったでしょうが、どのくらいきちんとプランを立ててやっていたか詳細はわかりません。

そこに、やがて吉田さんとダレスさんの交渉もあって日本の再軍備問題が取り沙汰されるようになったため、連中も少しずつ元気になって、この動きが表立ってきたんですね。これにいち早く気付いたのが民政局のホイットニーでした。仇敵のウィロビーがとんでもないことをやっている、というのですぐにマッカーサーに告げ口に行くと、マッカーサーも「何をやっとるのか」とカンカンに怒って、それが吉田さんに伝えられます。

すると吉田さんと側近たちは、「なにぃ!?　東条英機の元秘書官が三人（服部、西浦、井本）もいるではないか。そんな旧参謀たちにコソコソ動かれて、揚句にそれを警察予備隊に入れるなどとんでもない」と猛反対しました。もしこの動きが見つからなければ、警察予備隊は本当に「軍隊の卵」として登場するくらいのものになったかもしれません。結局、マッカーサーが「服部機関排除」を決定し、メンバー全員を警察予備隊から排除することとなります。八月九日、ウィロビーが服部たちを呼んで経緯を話し、メンバーたちは無念の涙をのんで解散しました。ただし彼らはその後も、復員局にずっと在籍し、防衛庁ができた時にそれぞれ、戦史室長などにおさまることになります。

いずれにしろ、こうして警察予備隊は、プロを排除した「素人」ではじまるのです。

第一回の隊員募集は満三十五歳までで、健康で軍隊経験があればなお結構だったでしょう。給与は衣食住つきで月給五千円、二年勤務後に退職金六万円——私が昭和二十八年（一九五三）に文藝春秋に入社した時の月給は一万二千円でしたから、昭和二十五年ですと割といい方かもしれませんね。そして八月十七日、全国の百八十三カ所で試験が実施されます。『自衛隊十年史』とかいう本に出てくるのですが、大変な就職難時代にいい月給のうえ衣食住つきですから三十八万二千三百人が応募したそうで、競争率は五・一倍になりました。とにかく「早くつくれ」と急がれたのです。とりわけ朝鮮戦争で最後の米軍師団が九月十日に朝鮮へと出兵することになっていた北海道配置部隊が、その補充の配置に急を要しました。どうも当時、樺太に旧日本軍を交えた二個師団のソ連軍が集結し、北海道上陸を狙っているという情報があったようで――こんな話あり得ないと思うのですが、それこそ素人の観測でしょうか。いずれにしろ、アメリカ軍が出て行くと同時に警察予備隊を駐屯させたかったのですね。

こうして警察予備隊の組織化が完了したのが昭和二十五年十二月二十九日でした。当然のことながら、あれは軍隊ではないか、警察にしては武器が違うではないか、という声が上がります。そこで翌昭和二十六年（一九五一）三月六日、参議院予算委員会で問い詰められて吉田首相が答えたのが、「自衛のための戦力は合憲である」という発言で、これが後の自衛隊合憲論のスタートとなりました。

こんなふうに、日本の再軍備が急がれ、ダレスが焚きつけ、吉田さんの必死の抵抗もものかは、マッカーサー命令で「軍隊（のちの自衛隊）の卵」は出来上がる、といった状況のなか、GHQも政策をどんどん日本を助ける方向にしていかなければというわけで、八月以降、中佐から下の旧軍人のパージ（追放）はぞくぞく解除となり、またその秋までには、一部の将官を除いて大佐をも含むすべての旧軍人の追放も解除されました。警察予備隊は昭和二十七年（一九五二）八月に「保安庁」となるのですが、その発足の折、元陸軍大佐十人、元海軍大佐一人が頂点の幹部となりました。さらにこれが自衛隊になってゆく過程は、後の話になります。

✸講和・安保条約の二つの問題

　そうこうするうち、いよいよ日本は講和条約を結ぶことになりました。何度も申しますが、朝鮮戦争のさなか、日本を早く独立国にして味方陣営に入れ込もうというアメリカの戦略を背景にして、条約は昭和二十六年（一九五一）九月八日、サンフランシスコで結ばれました。発効は翌年ですが、ともかくこの時から戦後の独立国日本がスタートします。そしてかたちとしては、親米的な、アメリカの傘下に入った、同時に重装備の軍事力を持たない「通商国家」として国際復帰することが決定づけられたのです。つまり戦後日本は「通商国家」として世界の一員になったものの、さて実際どうなるかは今後の大問題となります。

　条約は、参加五十二カ国のうち日本と四十八カ国が署名し、ソ連、チェコスロヴァキア（当時）、ポーランドのいずれも共産主義の三カ国が拒否しました。ソ連は日本再軍備制限案を盛り込む修正案を提出し、それが否決されて調印を拒んだのです。ここになぜ中国がないのか、というのはややこしい話ですが、国民政府はいたのに中華人民共和国はまだ国連に入っていなかったのです。この時、吉田首相は謝礼の演説で、講和条約の文書は実に「和解と信頼の文書」であり、「公正にしてかつ史上かつて見ざる寛大なもの」と述べましたが、そう感謝するほどのものだったかは疑問です。ともかく、条項の一つに「請求権」がありまして、そこには「すべての当事国は賠償請求権を放棄する」とあります。当事国とは「日本と交戦関係にある国でアメリカの提案を基礎に講和の意思をもつ国」を指すとあり、それが四十八ヵ国だったわけです。まあ、日本と戦争した国が五十一ヵ国あったこと自体、驚くべき数字です。宣戦布告だけした国もあるかと思いますが。とにかくうち四十八ヵ国が日本への賠償金の請求を放棄すると決まりましたが、先の三ヵ国と中国が入っていませんから、問題点は残ります。もちろん日本は独立したのですからたいへんなプラスなのですが、払った代償がないわけではなく、その最大のものが、つまり全面講和でなく多数講和であることからくる問題でした。

一つは中国問題です。アメリカの強い要請で、日本は署名した四十八ヵ国に含まれる台湾の国民党政府を中国の代表として扱うことを余儀なくさせられたので、以後、中華人民共和国との国交回復に長い長い時間を要することになったのです。これは他の共産主義三ヵ国にも言えることで、ソ連とは未だに講和条約を調印していないと言いがかりをつけられることもあるほどです。昭和三十一年(一九五六)に鳩山一郎さんが出向いて行ってやったじゃないか、いやあれはちゃんとした講和条約ではないんだと。北方四島の問題は依然として何も解決していませんしね。いずれにしろ、大きな宿題を残したのです。

そして講和条約と同時に、日米安全保障条約(日米安保)が結ばれました。これは日本とアメリカだけの二国間で署名しました。しかし、本来は講和条約締結後にゆっくり、改めて相談し合って結ぶべきものだという意見が日本には根強くあります。挙国一致で結んだものではない。同行した民主党最高委員長の苫米地義三さん、参議院の緑風会議長の徳川宗敬さんの両全権大使は調印の席にも出席しませんでした。また、全権随員の池田勇人、星島二郎、一万田尚登さんらは、列席したものの署名しませんでした。というのも、吉田さんが「これはおそらく日本でたいそう評判がよくないだろう」と一人だけで、「悪者になるなら俺だけで」とばかりに署名したからです。

そして代表団が日本に帰り、講和条約と安保条約について衆参両院が討議して賛否を投票した結果、衆議院では講和条約については「賛成」が三〇七票、「反対」が四七票、参議院では「賛成」が一七四票、「反対」は四五票、いっぽう、日米安保条約については衆議院での「賛成」が二八九票、「反対」が七一票、参議院での「賛成」は一四七票、「反対」が七六票にのぼりました。吉田さんが予想したように、講和条約に対しては大方が賛成ですが、安保条約については反対が少なくなかったわけです。なお、社会党はこの時、両条約の賛否で激しく対立して左右に分裂します。右派は講和条約のみ賛成、左派は両条約ともに反対でした。後にまた統一されますが、社会党はこのへんから離合集散をくり返し、土台がガタガタしはじめるのです。

さて講和条約と安保条約の問題点がどこにあるかを改めて考えてみます。

まずこの時から、「占領軍」は「駐留軍」になりました——もっとも「占領軍」なんて言葉はそれ以前からあまり使いませんでした——が、安保条約の条項は非常にややこしく後からどんどん改定されますけれど、ともかく最初期の条項では、アメリカが日本の安全の責任を全面的に負う、そのかわり日本は基地を提供するとあります。この基本関係はわかりやすいのですが、肝心の「どこに基地をおくか」を決めていませんでした。日本の政府が協議をしてノーと言わない限り、あらゆる場所を基地にしてもよいということになってしまうのです。これは非常にまずいんじゃないかということで、後に改定されます。

また、いざという時の事前協議を一切しない、つまり事前協議制度を欠いていました。こういうのは独立国家としては異例です。国内に他国の軍隊がいて、それが何かをやる時に勝手にできるとなると、たとえばいったん緩急ある時は「羽田基地をよこせ」といきなりアメリカの戦闘機がダーッと羽田に降りてくる……なんてことはふつうあり得ない話です。日本には義務だけあって権利がないのです。一方アメリカは、徹底的に日本を防衛することは必ずしも義務づけられず、日本防衛の名のもとに責任の範囲を極東全域に拡大してしまえたのです。これを「極東条項」といいます。つまり、安保条約はアメリカにとっては極東戦略を最大限に拡大したものであり得たのです。

二つ目の問題は、領土です。軍事占領を続けている沖縄はアメリカの領土なのか、アメリカが日本政府から借りるのか、はっきりしなかったのです。ダレスは「戦略的必要に基づいて管理する」部分以外の「主権は日本に残されている」と言い、吉田さんは講和条約受諾演説のなかで「これらの地域の主権は日本に残されている」と述べました。こうして、主権は日本にあるといいながら、戦略上は必要に基づいてアメリカが管理する、というのでは、沖縄統治の主権は本当はどっちにあるのか曖昧模糊としたまま条約が結ばれたのです。主権の確認がもし無理ならば、日米共同の施設にするか、あるいは将来は日本に復帰させることを約束してほしい、と日本は必死に粘ったのですが、アメリカ側が聞かないので、結局はあやふやのまま引き下がったという経緯があるようです。現実主義者のダレスさんに「軍事力の一つもなしに、どうして主権が確保できるのか」とガンガン言われれば、吉田さんも唸ってしまうだけだったのでしょう。結局、アメリカに基地を貸すこと、そして沖縄および近くの島々をアメリカが管理することについて全面的に譲歩してしまったのです。

そして戦後の独立国日本は、この曖昧な二点をきちっとさせるために多大のエネルギーや時間やあらゆる努力を費やして解決に当たることになりました。

要するに、「通商国家」として国際復帰した戦後日本ですが、安保条約のもとに、基地問題、沖縄問題を曖昧なままずーっと引っ張って、えっちらおっちら交渉を続けていかねばならない、これは大変な重荷でした。そのために国内でさまざまな騒動や事件が起こりますが、当時、蔵相秘書官だった宮沢喜一（みやざわきいち）さんが回顧録に書いています。

「現実には米国の保護を受けるとしても、独立した国家がいかなる説明と構成によって他国の軍隊の駐留を認め得るかという点について、大多数の国民が納得する方式は容易に見出しえなかった」

国民皆が納得できるような米軍駐留への方策を見出し得ないままに安保条約を結んでしまったということです。作家の大岡昇平（おおおかしょうへい）さんが「俺は日本を大事と思うが、日の丸の旗は掲げない。

アメリカ兵が一人でもいる間は独立国日本ではないからだ」というようなことを書いていますが、それほど強情な人も出てくるくらい、ずぅーっと後を引く大変な問題でした。

ともかく昭和二十七年（一九五二）四月二十八日、サンフランシスコ講和条約と日米安保条約が発効します。この日から日本は被占領国家ではなく、独立国家となりました。GHQも廃止になりました。ここからが戦後日本のスタートなのですが、その後三カ月の間に大きな騒擾事件が次々と起こるのです。

まず五月一日の「血のメーデー事件」です。皇居前広場を借りた大市民大会ですが「貸した覚えはない」「いやそんなことはない」と警察とデモ隊がぶつかり合い、まさに大射撃戦が繰り広げられました。まるで戦争のような騒動になり、自家用車はひっくり返され、警官隊はピストルを撃つで、二人が射殺され、千二百三十人が逮捕されました。私は当時、ボート部員で、春先のまだ掌がしっかりしていない頃なのでマメができて包帯を巻いていたのですが、地下鉄浅草駅を降りたところでおまわりさんにつかまりまして、メーデー事件に参加した負傷者と思われたらしいのです。それほど大層な騒ぎだったわけです。

また六月二十四日、大阪の吹田で朝鮮動乱二周年記念集会が行なわれ、デモ隊九百人が警官隊と真正面から衝突し、六十人が逮捕されました。

さらに七月七日、名古屋市大須でデモ隊と警官隊が衝突し、ここでは火炎瓶とピストルの投げ合い、撃ち合いで百二十一人が逮捕されました。

これらは国が独立してすぐの事件ですから、いかに安保条約が国民に不人気だったかがわかります。その後、早稲田大学構内をはじめ、至るところで条約に反発した騒動が起きたことは歴史の年表を見ればわかります。また基地問題に関してもあらゆるところで騒動が起こり、沖縄に関しては現在に至ってもいろんな事件が絶えません。

✹〝天皇退位〟発言は「非国民」なり

ここで一つ、補足的にお話しておきます。昭和天皇の問題です。前にも何べんか出たと思いますが、天皇陛下はご自分で「退位」について発言されたことが大きくいって三度あります。最初は終戦直後の八月二十九日、戦犯として逮捕される人が出はじめた時、「戦争責任者を連合国に引き渡すは真に苦痛にして忍び難きところなるが、自分が一人引き受けて退位でもして納めるわけにはいかないだろうか」と木戸幸一内大臣にもらしています。前にふれておきましたね。この時は、「今、退位をされるとかえって戦犯指名につながってしまいます。あるいは（強硬に天皇制廃止を主張する国もあるなか）天皇制廃止にもつながります」と、木戸さんと藤田尚徳侍従長が反対し、陛下も気持ちを仕舞い込まれました。ところが当時の東久邇宮首相と近衛文麿さんは、むしろ退位を期待し、口にも出していました。そこで、木下道雄侍従次長が御用掛の寺崎英成さんを通してＧＨＱの考えを打診すると、マッカーサーは「アメリカはまったく天皇退位を希望しとらん」と答え、話は立ち消えになったのです。もっともその後に、木戸さんが戦犯として巣鴨刑務所に出頭する前、十二月十日に昭和天皇に会った時に、「講和条約の成立した時、皇祖皇宗に対し、また国民に対し、責任をおとり遊ばされ、御退位されるのが正当なり」と恭しく申し上げたのは確かで、天皇陛下もまたこれを「そうか」と聞くだけは聞いたようです。

二回目は、東京裁判の判決が出た時です。この時は、世論でも天皇退位論が高まり、マスコミにもたくさんの議論が出ました。天皇もそう思われたらしい。GHQが心配して「退位など考えないでくださいよ」というような手紙を寄越したのに対する昭和二十三年（一九四八）十一月十二日付の返事が残っています。

「閣下が過日、吉田首相を通じて私に寄せられたご懇意かつご厚意あふれるメッセージに厚く感謝いたします。私は国民の福祉と安寧を図り、世界平和のために尽くすことは、私の終生の願いとするところであります。いまや私は一層の決意をもって、万難を排し、日本の国家再建を速やかならしめるために、国民と力を合わせ、最善を尽くす所存であります」

こうしてこの時も、自分は退位などせず、国民とともに国家再建と世界平和のために最善を尽くすという決意を示され、この時も話は立ち消えになりました。

そして三回目ですが、さきほど木戸内大臣が天皇に言上したように、講和会議の調印後、国家が独立した時に退位されるのがよいのでは、という意見はかなりの人がもっていたんですね。例の南原繁さんもどこかで「日本が独立した時に、天皇陛下は責任をお取りになって退位されるのがよいのでは」という意見を喋っています。その一つの面白い話の代表として、講和会議が済み、条約の発効を待っている昭和二十七年（一九五二）一月の衆議院予算委員会で、中曽根康弘議員がこう質問しました。長いので抜粋してみます。

「……神聖不可侵のご身分より解放せられた天皇が、地上のわれわれと同じ一員として、過去の戦争について人間的苦悩を感ぜられておることもあり得るのであります。もしこの天皇の人間的苦悩が、外からの束縛によってほぐされない状態であるならば、この束縛を解くことが、古くして新しい天皇制にふさわしいことといわなければなりません」

おやおや、と思うところもあります。天皇陛下は「人間的苦悩」なんて安易な言葉で扱ってもらっちゃ困ると感じていたかもしれませんが。そして次は一般的な意見です。

「天皇が御みずからのご意思でご退位あそばされるなら、……最後の機会として、平和条約発効の日がもっとも適当であると思われるのであります」

「皇太子も成年に達せられ……今日、天皇がみずからご退位あそばされることは、遺家族その他の戦争犠牲者たちに多大の感銘を与え、天皇制の道徳的基礎を確立し、天皇制を若返らせるとともに、確固不抜のものに護持するゆえんのものであると説く者もありますが、政府の見解はこの点いかがなものでございましょうか」

「説く者もありますが」なんて他人に被けたようですが、ご自分が思ってらっしゃることなんでしょうね、ともかくこれに対して吉田首相はこう答えます。

「日本民族の愛国心の象徴であり、日本国民が心から敬愛している陛下……そのご退位を希望するがごときは、私は非国民と思うのであります」

　忠臣吉田茂の面目躍如です。一言のもとにはねつけて中曾根議員を「非国民」にしてしまった――という話が残っているくらい、議会においてもマスコミにおいても論ぜられたわけです。そして、天皇陛下ご自身も退位のご意思をかなり固められていた。この時、猛反対したのが吉田首相でした。今、退位などすればかえって混乱を招く、これから日本が再出発しようという時に、それを引っ張っていくためにも天皇陛下はますます大事である、と。

　五月三日、皇居前広場で大々的に講和条約発効式典が催されましたが、そこで天皇陛下が読むお言葉について、ご本人がこういうことを言いたいというものを文章化したものを、事前に小泉信三元慶応義塾大学塾長、三谷隆信侍従長、宇佐美毅侍従次長らが目を通して検討した際、「退位」などという言葉などもってのほか、さらに原案に二、三カ所あった「敗戦の責任を国民に詫びる」に近い表現など「今さら陛下が謝罪するのはおかしい」と削ってしまったという。側近はそれほど、今に及んで天皇が戦争責任問題を云々したり、まして退位などを口にすることなど必要ない、という態度でしたから、天皇も再びお気持ちを引っ込められました。そして当日、天皇が読み上げられた言葉は以下のようでした。

「この時にあたり、身寡薄なれども、過去を顧み、世論に察し、沈思熟慮、あえてみずからを励まして、負荷の重きに堪えんことを期し、日夜ただおよばざることを恐れるのみであります。こいねがわくば、共に分を尽くし事に勉め、相たずさえて国家再建の志業を大成し、もって永くその慶福を共にせんことを切望してやみません」

相当に悩まれたことははっきり述べられています。新しい日本の出発を考え、「自分も」と思ったところもあったけれども、じっと考え抜いてやはりここは国民と一緒に歩いていくことを決意した、そう日本の船出を祝ったのです。

そしてこれ以後は、昭和天皇の退位や戦争責任に関する問題が云々されることはなくなりました。こうして日本は、新しい国づくりに出発したわけです。

＊1——文民統制　軍部の政治介入を防ぐため、職業軍人の経歴をもたない政治家が国防に関する最高指導権をもつこと。シビリアン・コントロールの訳語。

第十章

混迷する世相・さまざまな事件

基地問題、核実験への抵抗

この章の
✷ポイント

昭和二十七（一九五二）年四月、前年結ばれたサンフランシスコ講和条約が発効。日本国内から占領の影が薄れ、同年開催のヘルシンキ五輪への参加が認められたことは、国際社会の一員となったことを国民に実感させました。一方で、混血児や引き揚げ、基地問題など、戦争の傷跡は社会の至る所に残っていました。さらにビキニ環礁（かんしょう）での第五福竜丸（ふくりゅうまる）の被爆など、国民を不安にさせる重大な事件が相次いだことで、世相は混迷していきます。

✷キーワード

メーデー事件／破壊活動防止法（破防法（はぼうほう））／羽田空港の返還／ヘルシンキ五輪への参加／アメリカの水爆実験／第五福竜丸事件／内灘（うちなだ）闘争／NHKがテレビ放送を開始／力道山（りきどうざん）／旭丘（あさひがおか）中学事件

✹消え行く占領の〝影〟

少し前回の復習を兼ねたお話をします。昭和二十六年（一九五一）九月八日、サンフランシスコ講和条約が締結され、日本は占領が終わり、国家主権を取り戻して独立国となることが世界的に認められました。講和会議が開催された九月四日、全権大使・吉田茂首相が短い演説をしたなかでこう述べています。

「外交の権力をもっていない国は亡びるともいいますが、この条約によって国際社会に戻ることになった日本は、真に外交能力をもつ国になりたい」

これは非常に意味のある言葉で、日本は昭和八年（一九三三）、「栄光ある孤立」といって国際連盟を脱退してから、外交はほとんどないといっていいくらいでした。それがはじめて孤立から脱し、世界の一員に加わったのです。会議場では参加五十二カ国の国旗の最後尾に日の丸が掲げられ、世界の仲間入りをしたことが国際的に認証されたのです。

吉田さんの言葉をわざわざ引いたのは、「真に外交能力をもつ国になりたい」と強く主張したものの、その後の日本は果たしてどうであったか、これが今後の昭和史を考えるうえで大きなテーマとなるからです。この講義はおそらく多くは語れないと思いますが、ともかく日本の外交はどうあるべきかをしっかりと考えなくてはなりません。結論だけ先に言ってしまえば、昭和八年以降の国際的孤立、それに続く占領によって日本の外交は、どうもおんぶに抱っこと言いますか、世界の情勢とあまり深く関係しない場で考えられ続けてきた気がしてなりません。自前の情報をもたず、自立的に判断したことがない。「外交の権力をもっていない国は亡びる」という吉田さんの言葉を、今の日本はどのように聞くでしょうか——それを最初に問うておいて、本題に入りたいと思います。

講和条約と同時に安保条約が結ばれたことは前回にお話しました。日本にある米軍の軍事基地は認める、そのかわり日本の防衛をすべてアメリカが担うという内容です。そして昭和二十七年（一九五二）四月二十八日、平和条約が発効し、日本は完全な独立国になって国家主権を回復しました。日本人は、喜んだと同時に、占領時の不満は山ほどたまっていましたし、国家の政策がアメリカべったりですから、果たして一国に頼り切った状態でいいのかという声も出て、五月にはメーデー事件、早大事件などの争乱が相次ぎます。さらに新宿駅前でデモ隊と警官隊が衝突して市街戦となった時は、学生が投げた火炎瓶（かえんびん）が燃え上がり、西口から南口にかけてはさながら火炎瓶広場でした。

これを受けて政府は「破壊活動防止法（破防法（はぼうほう））」を作成、七月、一気に施行にもっていきます。国内的な暴動に対処するための法律でしたが、左翼弾圧のための法律ではないかと勘ぐって、「特高警察の再現だ」と猛反対した人たちと揉め、一連の騒動は破防法闘争といわれました。ちなみに、惨憺（さんたん）たる悪評のもとで施行された破防法ですが、実際に適用されることはほとんどなく、近年になってオウム事件で大々的に適用が議論されました。

いずれにしろ、昭和二十七年から、過去七年間の占領の〝影〟と言いますか、至る所にアメリカ兵がいてパンパンと腕を組んで歩き、ジープが街の中を疾走するといった風景が、面白いくらいにどんどん消えていきました。いっぺんになくなるのではなく、まるで映画のフェイド・アウト——溶暗と訳すそうですが——のようにスーッと薄くなって消えていく感じでした。そしてその代わりというように、アメリカの「文化」がどかどかと入ってきたのです。

一例として、キャメルやフィリップ・モリスなど、それまで手に入らなかったような外国タバコが自由に買えるようになりました。こんな話があります。永井荷風のもとへ、朝日新聞の人が何か書いてもらおうと外国タバコをワンカートン持って訪れ、「先生これお好きでしょう」と差し出したんですね、すると荷風さんは、「いやぁ、こんな珍しいもの、はじめて見ました」と喜んでおし戴き、早速しまい込もうと後ろの押入れを開けると、同じタバコがダーッと積んであった……。まあ、当時は非常に珍しかったですから、各新聞雑誌社が次々に持ってきたのを荷風先生、そのたんびに「いやぁ、こんな珍しいもの」と言って溜め込んでいたという、時代を感じさせる笑い話です。

同時に、競技場やゴルフ場、羽田空港、の港湾施設などのほか、GHQに接収されていた土地や建物が次々に返還されます。四月二十八日現在で、返還施設は一般施設が一四二八件、個人住宅が一九六七件でした。個人住宅というのは、たとえば、いま鎌倉文学館になっている旧

銀座4丁目の服部時計店はPXとして敗戦直後、アメリカ兵で賑わっていた

前田公爵邸をアメリカ軍が接収してどなたかが住んでいた、といったケースがたくさんありまして、それらも皆戻ってきたんですね。当然、マッカーサーの牙城があったお濠端の第一生命相互ビルも返され、GHQは今自衛隊のある市ヶ谷へ去り、各局は小さな部屋をいくつか占めるくらいに縮小されました。また当時、銀座四丁目でPXといってアメリカ兵用のお土産などを売っていた場所も、もとの服部時計店に戻されました。今の和光ですね。さらに太平洋戦争で殉職した新聞記者の名を取ってアーニィ・パイル劇場と呼ばれた有楽町の東京宝塚劇場も返還されました。もちろん東京だけでなく、関西や九州やその他の地域でも接収施設はどんどん返還され、いかにも「ああ占領時代が終わったなあ」といった風景に映りました。

七月には羽田空港も返還されます。飛べるのはすべて連合軍機のみという時代が終わったのです。そしていよいよ日本の民間航空がスタート、とはいうものの、残念ながらすぐに実現したわけではなく、日本の空は依然としてアメリカ軍の管制下にありました。戦後、軍需は一切許されないということで、飛行機製造は日本の産業からまったく消えていました。フランス文学者の辰野隆（たつのゆたか）さんが、「この空はわが空ならず秋の空」といった作者不詳の句をエッセイに引いていますが、空を見上げながら、ここに広がっているのは日本の空じゃないんだよなあ、と日本人の誰もが考えたんじゃないでしょうか。それがこの羽田空港の返還でようやく日本人のパイロットによって日本の飛行機が空を飛べる。日本の空が戻ってきたということになります。

また、昭和二十七年（一九五二）夏のヘルシンキ五輪に参加を認められたのは大きな出来事でした。戦犯国はオリンピックには参加させないと言っていたＩＯＣ（国際オリンピック委員会）がまずドイツ、そして日本の参加を認めたのです。そうして日本の選手団が晴れ晴れとした顔をしてヘルシンキに行きましたが、そこに実は、ボート選手として私もいたはずでした……前年の代表決定戦で、慶応大学に三〇センチ、いや六〇センチ、いやいや一メートルという人もいますが、ともかく僅差（きんさ）で敗れ、まことに残念ながら私は出場できなかったのです。それはともかく、日本人が五輪に参加できたことは大変な喜びであったのは事実です。この時、前回昭和二十三年（一九四八）のロンドン五輪には日本は参加を許されませんので、そのロンドン大会に時間を合わせて日本水泳選手権が行なわれ、五輪の優勝者のタイムをはるかに凌ぐ世界記録で、古橋広之進選手が優勝しました。で、日本のストップウォッチは壊れているんじゃないかとさえ言われたほどでした。その古橋選手が出場しましたが、四〇〇メートル自由形決勝で八人中八位の惨敗に終わりました。峠を越えている歳で、五輪には縁が薄かったのですね。その時、ご本人かあるいはどなたかが「飛魚敗れて北欧の月を眺む」と詠んだそうです。

「金は一年、土地は万年」

こんなふうに、独立後の日本が活気づいてきたことは確かで、それが顕著だったのは芸能界です。その筆頭がラジオ番組「君の名は」でした。菊田一夫さんの作で、真知子さんと春樹さんがすれ違いを重ねる話ですが、あんまり人気が出たものですから、毎夕、放送時間になると銭湯の女湯が空になったと言われまして、本当かどうか知りませんが。映画にもなりました。また放送開始は四月ですが、延々と続いて寒い季節になると、街では若い女性に「真知子巻き」が流行りました。皆が映画における真知子さんの真似をして頭にくるくると布を巻いたんですね。さらに、番組の冒頭のせりふ「忘却とは忘れ去ることなり」、当たり前じゃないかと思うのですが、これがまた非常に流行りまして、「あの苦しかった戦争は忘れようよ」といった思いがどこか、それぞれの人の心に湧いたのかもしれません。

　また私は全然記憶にないのですが、四月二十八・二十九日、デビューして五年目の美空ひばりさんがなんと、東京の歌舞伎座でリサイタルを開いたというんです。超満員だったそうです。その昔、オッペケペー節で知られる川上音二郎（明治四十四年没）が歌舞伎座の舞台に立った時、九代目市川団十郎（明治三十六年没）は「あんなやつが踏んだ舞台を踏めるか」とカンカンに怒ったそうですが、この時に生きていれば「あんなこまっちゃくれた娘が？」と窒息してしまったのではないでしょうか。

　その他、アメリカン・ジャズがどんどん入ってきて、トニー谷、ロイ・ジェームス、E・H・エリックなど横文字名前の人がわんさか出てきます。もちろん少し前から兆しはあったのですが、ブーム到来というか、ジャズ演奏会などがますます盛んになりました。

　それともっともアメリカ的なものが輸入されてきました。ジーンズです。辞書によると「丈夫な粗い布地でつくったズボン」とあります。東京都内のジーンズショップが百軒を超えたのがこの年の九月。ヨーロッパ諸国からみると、日本はかなりの後進国であったようです。

　どうも、当時の日本人は「いやなことは忘れよう」と、とにかく明るいことを好んだんですね。うんと皮肉っぽく社会を諷刺したラジオの「日曜娯楽版」は「世相批判がひどすぎる」というので逆にダメになりまして、「ユーモア劇場」と名前を変えて奮闘したものの、ワサビがきかなくなって人気は凋落の一途を辿りました。つまり、なんとなく世相が全体的に、尻をまくったり後ろからポカンとやるような陰湿で暗い感じのものから、ともかく楽しく明るい感じの方へと傾いていったのです。そういう流れのなかに、ひばりちゃんの歌舞伎座リサイタルやジャズのブームがあるのかもしれません。

国際的には、アメリカが十一月一日、マーシャル諸島エニウェトク環礁で人類初の水爆実験を行ないました。広島の原爆の七百倍以上の威力をもつもので、これで核戦争の可能性はうんと減ったと考えられました。もし戦争が起こるようなことがあったら人類は滅亡です。冷戦は続くであろうが、「恐怖による平和」というものが保たれるだろう――と楽観的なことをいう学者が、とくにアメリカに多く現れました。これは翌年の話に絡みますので記憶しておいてください。

ともかく昭和二十七年、日本は独立し、日本人は元気になり、わっさわっさと国づくりがはじまりました。ボートの選手だった私は、以前は腹をへらしてばかりでしたが、この頃になると食う物もだんだん豊かになって、眼の色を変えてガツガツする必要もなくなり、隅田川で猛練習のあと、吾妻橋畔のビヤホールで先輩にビールをおごってもらって何度も乾杯した思い出があります。国全体が豊かになってきたことを実感できるようになりつつありました。

とは言いながら、戦争から占領時代にかけての依然として消えない〝傷痕〟のようなものが、社会の至る所に残っていました。見れども見えず、まあできるだけ見えないようにしていても、ちゃんとあったのです。混血児、引き揚げ――シベリアにはまだたくさんの抑留者が残っていました――、そして基地問題です。安保条約で、日本の方々に残る基地をそのまま認めることになりましたが、そこで起こるアメリカ兵の犯罪などの刑事裁判権は日本にはありません。さらに大きな問題として、沖縄と奄美（あまみ）諸島、小笠原（おがさわら）諸島がそっくり占領されたままでした。基地問題はこの後、住民の反抗や左翼勢力の厳重抗議など、あらゆる地域で紛争として表れます。その一番最初の大騒動として象徴的なのが、内灘（うちなだ）闘争でした。

石川県内灘村にあった米軍の試射場で、米軍が実弾を撃つことを日本政府が承認したことが発端です。弾丸が海にどんどんぶち込まれますから、漁業が大変な痛手を被るので村民は猛反対します。ついにムシロ旗を立てて県庁に抗議に行ったことから「内灘紛争」は社会的大問題となり、全国の反基地闘争の先陣を切ったわけです。そして翌年、雑誌「世界」九月号に清水幾太郎（いくたろう）さんが「内灘」という論文を発表するや大反響を呼びます。基地を日本が全面的に認めているのは独立国家とはいえない、と論調は明快で、清水さんは「内灘のスター」とさえ言われました。こうして土地や生活権を守ろうとする住民が政府と正面衝突した紛争は四年間ほども続き、「金は一年、土地は万年」というスローガンまで生まれます。アメリカ軍にだまされて、日本政府が基地使用を認可した代わりに金をもらうとはとんでもない、金は一年で終わるが、われわれが住む先祖伝来の土地は万年も続くのである、という意味で、この後、基地闘争が起こるたびに必ず登場する言葉になりました。

ところが現実には、内灘村の漁獲量は年間二百万円に満たないのに対し、米軍が試射場の使用に対して日本政府に支払った金額は四年間で約七億円に上るんです。つまり今になって中味をひっくり返し、基地闘争とは何ぞやという話を金銭で換算すると、訳がわからなくなるんです。しかし当時はそういう展開にはならず、当事者は本気になって闘争しました。内灘は昭和三十二年（一九五七）の米軍撤収で終わりましたが、政府対土地住民及びその支援者の基地闘争は、この後も全国各地で延々と続きます。

当時の日本を振り返れば、占領が終わってなんとなしに明るい気持ちになり、大多数の人は、至る所に残る傷痕は見ないように、というかあまり本気になって考えず、自分たちの生活を維持するのが大切とばかりに懸命に働いていたのが実状じゃなかったでしょうか。

＊『東京物語』が描いた戦後の気分

さて年が明けて昭和二十八年（一九五三）です。基地問題があちこちで表立った年でした。細かく言えばとても拾い切れませんが、横浜の岸根基地、群馬県の妙義山（みょうぎさん）訓練所、長野県の浅間山演習場、富士山麓など、日本じゅうあらゆる地域で土地問題から漁業権、農業権の絡んだ反対闘争が見られました。その中で最大の紛争となるのが、昭和三十年（一九五五）から翌三十一年にかけての東京立川（たちかわ）の砂川（すながわ）基地闘争でした。占領は終わった、独立はした、なのに至る所にアメリカ軍の基地、訓練場、演習場がある、ならば国家主権はどこにあるのか——というのが当時の日本でした。しかしうんと皮肉っぽくいえば、基地周辺の人たちにとっては大変な問題ではあっても、それ以外の人にとってはどうだったか？　どうも無関心なところがあるというか、日本人はこれに本気で取り組んだとは思えない気がします。それは、政治に関して選挙の投票結果を見ればよくわかります。

そしてそんな時代を語るのに一番いい例じゃないかと思うのが、この年に制作、封切られた小津安二郎監督の映画『東京物語』です。広島県尾道に住む老夫婦が、戦争が終わって平和になり、元気なうちに東京にいる息子たちに会いにいこうじゃないかと上京してきます。東京には町医者をしている長男坊、美容院をやっている娘、戦死した次男坊のお嫁さんがいて、夫婦は順番に訪ねるのですが、食うのに一所懸命な息子も娘も、せっせと働いていて忙しく、一応歓迎はしてくれるものの、どこか喜ばないわけです。ついに兄妹が相談し、両親を熱海の温泉へと送り出すのですが、そこでは団体客が夜通し大騒ぎして老夫婦は寝てもいられない——考えてみればこの頃すでに熱海へ団体旅行が来ていたんですね——とても静かに温泉をたのしむ雰囲気じゃありませんので、二人は一泊しただけで東京に戻ってしまいます。兄妹は「もう帰って来たの」と参ったようす。たしかに家も狭い、子供たちもいて大変なわけで、結局は嫌な顔をしてしまうんですね。そこで父親役の笠智衆がこんなふうに言うんです。「とうとう宿無しになってしもうた」。すると奥さん役の東山千栄子が、例ののんびりした調子で「そうですねえ」と答えます。

仕方なく二人は、原節子さん演じる次男のお嫁さんのところに転がり込みますと、彼女はやはり忙しく働きながらも懸命に二人の面倒を見るわけです。まあ、結果的には原節子さんの美しさとやさしさと、なんともいえない温かさが浮かび上がってくるというまことにうまい仕組みなんですが、なによりも、無下にあしらわれながら両親は、愚痴もこぼさずに息子たちに「お前も忙しいじゃろうに」とねぎらい（実際彼らはそれぐらい働いていたんでしょうね）、「こんなに散財かけて」と感謝さえするのです。この情景が、私は、あの時代の日本人の全体的な気分に非常に合っているように感じました。狭い家に暮らしながら、周囲をかまっているひまがないほど皆が本当によく働いているようすが出ていましたし、さらにその両親の思いが、当時の日本のお父さんお母さん、おじいさんおばあさん、つまりある意味で戦争責任ある人たちの共通の思いであった気がするのです。

　夫婦は旅の帰途、大阪の三男夫婦の家に寄ります。そこで二人がしみじみ語り合うのはなかなかいい場面でした。父親が「まあ、欲を言えばきりがない。われわれはいい方だと思うよ」と言えば、母親は「いい方でさあ」と受けます。「よっぽどいい方でさあ。幸せな方でさあ」と、東山千栄子さんの悠々たる口調がじつに印象的で、もっと不幸な人が世の中に山ほどいるのに比べれば、自分たちはまったくいい方なんだと――二人が本気でそう思ったかは知りません、むしろ自らに言い聞かせるような、なにか淋しさや哀しさが漂っていて、ともかく当時の日本がよく描かれているなあと思いました。つい最近テレビで放映していたので見直したのですが、戦後東京の風景も実によく描かれていて、ああこんなふうだったなあ、と身につまされて思い出したものです。いずれにしろ、当時の日本人は本当によく働いていましたね。

さて、この年の出来事をいくらかトピック的にお話しますと、まず天皇皇后両陛下がはじめて歌舞伎を鑑賞されました。私も知らなかったのですが、明治天皇が明治二十年（一八八七）に観覧して以来六十余年間、天皇家は歌舞伎に関係しなかったようで、しかもなにより、天皇と皇后が並んで席に座った姿を日本人が見るのはこれがはじめてだったそうです。今はなんでもない話ですが、当時は「男女同権はかくなるものか」というわけで、天皇皇后自らが新しい時代の到来をしっかりと日本国民に見せた、非常に印象深い場面なのだそうです。

そして二月一日、いよいよNHKがテレビの本放送を開始しました。前年の実験放送を経て、われわれ一般視聴者の前についに現れたのです。ここから日本のテレビ時代はスタートするのです。民放は八月二十八日の日本テレビ、NTVが最初でした。当初、受像機（テレビ）は八百六十六台あったそうで、会社などが購入したのでしょう。まあ高いものなので、庶民は簡単には買えません。これまた小津安二郎さんの映画『お早よう』（昭和三十四年、佐田啓二、久我美子、笠智衆ら出演）がその周辺を描いていて、子供たちがどうしてもテレビを欲しいとお父さんにねだる話です。土手下の、昔でいう長屋（戦後に多く建てられた共同住宅）を舞台に、当時の雰囲気がよく出たユーモラスな傑作でした。

私はこの年の三月に就職していましたが、新橋駅前に街頭テレビが五台ほど置かれ、仕事の帰りにそこで力道山のプロレスを、黒山の人だかりとはあのことを言うんでしょうが、皆と一緒に見たのを覚えています。五台とも同じものを流していましたが、あれは読売新聞社社長で日本テレビを創った正力松太郎さんの発案だそうです。テレビが見たくてしょうがない人が大勢いるんだけど、皆買えないんだから街頭で流して見せてあげようというわけで、もっぱらプロレスが中心でしたが、会社の帰り道にあそこで空手チョップの力道山を応援して、終われば飲み屋に入って大酒飲んでプロレスごっこをやった思い出があります。

そういえば私が文藝春秋に入ってすぐ、ガーデン・パーティがありまして、何事かと聞けば社長夫妻がイギリスに行くというんですね。あの頃の渡英なんて大変なことで、エリザベス女王（今もって現役ですよね）の戴冠式を見るためと知って、ほやほやの新米としてはへえーっと驚いたもんです。さらに聞けば、皇太子殿下（現在の天皇陛下）も日本の皇族代表で列席されるという。日本が独立して平和になったおかげで、おめでたい席に皇族が参加できたのですね。六月二日に行なわれたその戴冠式の華々しい模様は新聞に出まして、各国のそれなりの高貴な方々に混じってわが皇太子殿下もいらしたわけですが、ものすごく後ろの席で、なんでもネパールの王子様の隣だったということが話題になりまして、その位置は果たしてどれほどのものなのか、どうも大したことないらしい――これが当時われわれが新聞を読んで受けた印象でした。日本はまだ世界で本当に大したことのない国と見られているのだなあ、と言い合ったものです。

世界情勢としてさらにおめでたかったのは、七月に朝鮮戦争の休戦協定が結ばれたことです。けれど、これは本当の平和協定というより、両軍がへとへとになって戦闘を止めたようなもので、いわゆる儀式らしい儀式はありませんでした。アメリカの代表が「戦争が終わったのではない、ただ戦闘が終わっただけである」と言ったのが非常に印象的でした。米ソの対立はいっそう激しく続き、アジアで言えば、アメリカとそれに加担する日本と、ソ連・中国・北朝鮮は依然として敵対国家であり続けたのです。

もう一つ言えば、その少し前、三月にスターリンが亡くなりました。正直なところ、「やっと死んでくれたか」の思いでした。とにかく彼が世界をかき回している印象がありましたから。これでともかくも米ソの緊張が緩和するだろう、朝鮮戦争も終わるだろうと皆が予想したものですが、同時に株価がだーっと下がりました。「スターリン暴落」と言いまして、変な話ですが、米ソ冷戦が緩和され、朝鮮で火を噴いている戦いが終われば、戦争景気も終息するからというわけなんですね。とどのつまり戦争が景気の世界ではいかに貴重であり、金儲けの種であるかがよくわかる話です。情けないことに、日本の新聞史を見てもそうです。満洲事変で新聞社は大儲けをした。このことひとつをとってみても瞭然のように、戦争が不景気を吹っ飛ばす仕組みになっているわけで、それを象徴するよ

スターリン（1879-1953）

うなスターリンの死による株価の暴落でした。

　私は雑誌をつくっていましたから、スターリンの死の際にはいかに特集を組むか、朝鮮戦争の休戦で世界はどうなるかといった誌面作りなど、いろいろ記憶に残ってはいるのですが、ま、略します。

　楽しい話題としては、伊東絹子（いとうきぬこ）さんがミス・ユニバースの世界第三位になった話があります。それまでミス・ユニバースそのものも知らなかったのですが、日本の女性が世界の晴れ舞台で三位になったというので驚きましたよ。彼女は身長一六四センチ、日本の女性も大きくなったなあと皆が感嘆していましたが、同時に「八頭身（はっとうしん）」という言葉がはやりまして、これも聞いたことなかった言葉ですが、要するに首から上の顔の部分が身長の八分の一、それまでの日本人は周りの女性たちを見てもまあたいてい六頭身くらいでしたからね。それで「ハッとするようなシャン（ハットウシャン、シャンは「美人」の意）」なんて言葉がはやりましたな。

　さらに映画『ローマの休日』が封切られ、主役のオードリー・ヘップバーンさんを見た時はびっくりしましたねえ、こんなにきれいな人が世界にはいるのかいなと。ビリー・ワイルダー監督は、「彼女は女優の大きなバストを過去のものとする」と評しまして、これはうまいこと言ったなあと感心したものです。

　とまあ、賑やかに昭和二十八年も終わるのですが、最後にニュースになったのが、皇居のお濠（ほり）に白鳥が浮かんだという話。私もわざわざ見に行った覚えがあります。何年ぶりだったんでしょう、戦争中はまったく見ませんでしたから。ただ、マッカーサーがやって来た時に浮かんでいたとかいう話もあるようですが……。

✹改憲・再軍備論を生んだ復古調の波

翌昭和二十九年（一九五四）に入ります。この時代を見ますと、日本はすっかり復古調なんですね。前年秋くらいから、それまでのＧＨＱ政策による改革や革命的な流れに反して、どんどん〝逆コース〟を辿りはじめたのです。

たとえば祝祭日。この一、二年前の法律で改めて名称が決められていたのですが、二月十一日を昔のように「紀元節」と呼ぼう、などと声高に叫ばれたのが象徴的で、着物が流行ったりもしました。ところが、紀元節復活が唱えられている最中に、三笠宮(みかさのみや)殿下が「神武天皇が橿原(かしはら)神宮でどうのこうのは神話であって紀元節なんておかしい」などと言い出したんで、今度は右翼が怒って脅す脅さないの騒動になったとか……どうもデマのようなのですが、そんな噂もありました。

そんな時代の流れを受けて、六月に防衛庁設置法ができ、自衛隊法が公布されました。防衛庁は、前に申しましたように、アメリカの要請で日本の国を守るために吉田内閣がつくった警察予備隊がその後、保安庁の発足によって保安隊となり（昭和二十七年七月）、さらにきちっとしたものにというので、防衛庁が設置され自衛隊となったわけです。これが現在の自衛隊で、当時の隊員は十五万人だったそうです（現在は約二十四万人）。

このころから復古調の波に乗って再軍備論が復活するのです。当然、裏側に改憲論がちらちらします。後に鳩山内閣がそれを唱え世論が二分します。以後現在まで、再軍備について、レベルは違いますが同様の論議が続くのです。日本人は懲りない民族だなあと思わないでもありませんが。

また、教員の政治活動を禁止し、教育の中立を守るための教育二法がつくられます。さらに警察制度の一本化を図るために警察法が改正されます。

こんなふうに、戦後GHQの改革によってガラガラと崩された国のかたちを再び立て直そう、できるだけ昔どおりに戻そうといった法律がどんどんつくられたのです。当時の国会はさながら〝法案製造所〟であって、一つひとつ丁寧に見ていきますと、法案の内容はすべて官僚によってつくられています。政治主導ではないんですね。日本の官僚は、戦前から代々東大の成績上位者といった非常に優秀な人材が多く、GHQもこれを利用したほうが占領政策がうまくいくというので戦後もうまく温存されました。昔どおりに残したわけではないにもかかわらず当人たちの意識は昔のまま、すなわち「天皇の官僚」です。「天皇の軍隊」は消滅したが、民を導く「天皇の官僚」は残った。そして官僚が法案をつくるという慣習はこの後もずーっと続きます。要するに、国会は〝法案製造所〟で、その法案のもともとは官僚がつくり、受け取った与党はそれを議会に提出して成立させる〝ゴリ押し部隊〟、対する野党は「絶対反対！」と唱える、つまり〝絶対反対人形〟という構図です。当時のニュース映画などを見ればわかりますが、国会といえば議長席周辺で与党と野党が揉み合っているシーンばかり、乱闘国会のはじまりですね。

法案は、最初はでかいものが多くても、そのうちだんだん細かいものになっていきます。するとたとえば、金儲けになる法案を官僚がつくって与党が通す、それによって大いに利益を得る業界があり、その業界がニコニコと与党に献金をする、おこぼれが官僚に流れる、そして天下りなどの余得にあずかる——という流れ、のちにいうところの〝輸送船団方式〟、そのシステムがこの頃にはじまりました。独立した日本が動き出した時のこのかたちは、その後もずーっと続いていくのです。

そうそう、この年最大の事件といえば、一月二日、皇居の二重橋上で参賀に来た人びとが押すな押すなで倒れ、十六人が圧死したことです。これは皇室に対する国民感情がものすごくやわらかくなったことの裏返しでもありました。かつてのように、「天皇は退位せよ」「天皇の戦争責任は」なんてことはほとんど論じられなくなり、この前年あたりから皇室参賀が流行といっては変ですが、国民が盛んに天皇陛下にごあいさつに出かけたのです。

この時ちょうど、先年（二〇〇六年一月六日）お亡くなりになった加藤芳郎さんの漫画「まっぴら君」が、毎日新聞夕刊で連載をはじめようとしていました。加藤さんはすでに出来上がっ

皇居二重橋圧死事件をユーモラスに描いた加藤芳郎作「まっぴら君」第１回

ていた第一回の原稿を、この事件を受けて描き直します。亡くなった人へはもちろん、負傷者にも天皇家からお見舞いが下賜(かし)されたため、「わしにもおがませてくれ」と見舞い客が殺到して負傷者がまた一人ふえた……という笑い話になっています（昭和二十九年一月五日付）。もちろん事件は悲劇なのですが、国民に皇室へのやさしい気持ちが芽生え、退位や戦争責任などのぎすぎすした論議がほとんどなくなってきたことをも表しているわけです。

さらに重要な事件をお話しておきます。昭和二十七年にアメリカが人類初の水爆実験を行なったことには触れましたが、この年三月、ビキニ環礁(かんしょう)で再び実験があり、ちょうど日本からマグロを捕りに来ていた漁船・第五福竜丸(ふくりゅうまる)がまともにその灰を浴びたのです。三月十四日、第五福竜丸は静岡県焼津港に帰港しますが、放射能を受けた乗組員全員が原爆症になってしまい、「死の灰」という言葉が生まれてたいへんな流行語になりました。同時に灰を浴びたマグロも「原爆マグロ」として、食べてはいけないのではと大騒ぎになりました。

当時、私は「文藝春秋」編集部にいまして、ルポルタージュを書いてもらうために東京工業大学の桶谷繁雄先生と一緒に焼津港へとんで行きました。周辺をあちこち歩き、いろいろと取材をし、インタビューなどをしたことを今でもよく覚えています。乗組員の一人で間もなく亡くなった久保山愛吉さんに話を聞いた時、「とにかくこの苦しみは、オレ一人で沢山だ」と語られたのが非常に印象に残っています。髪がはげ落ちるなどはもちろんですが、ともかくその苦しさは大変なものらしく、広島や長崎でわかっていることとはいえ、核爆弾が人体に与える影響は想像を超えてものすごいものだと実感しました。辺りには、「この店では原爆マグロは出しません」と貼紙をした店が見られたものです。

ほかにも印象に残っている事件があります。五月、京都の旭丘中学校で、日教組（日本教職員組合）と教育委員会が対立して分裂授業が行なわれ、「旭丘中学事件」としてものすごい騒ぎになりました。当時は日教組が強く、マスコミもまた大いに肩をもったんで優勢だったんです。以後もよく出てきますので日教組について説明しておきますと、昭和二十二年（一九四七）六月に結成されまして、当初の組合員は五十万人。もちろん、給料を上げろという経済闘争とともに、民主教育、平和教育を追求することを主眼として全国的に運動を展開していました。

この日教組のあり方の是非をめぐってはのちのちまで大問題が続くのですが、その最初の典型的な騒動が旭丘中学事件だったのです。

この時も私は、評論家の臼井吉見(うすいよしみ)さんと現場に行ってあちこち取材したのですが、まあ日教組の先生たちの徹底した平和教育ぶりにはなかなかにびっくりしました。これじゃあ生徒たちもたまったものじゃないと感じたのも確かで、臼井さんが日教組を少し冷(ひ)やかしたルポを書いたんですが、方々から総スカンを食らいましたね。

定まらぬ目標にガタガタゆれる日本人

さらにもう一つ、忘れられない話と言えば、六月の近江絹糸(おうみけんし)ストライキ騒動です。経営者の超封建的なやり方が許せないと立ち上がった組合員五千七百人対夏川嘉久次(なつかわかくじ)社長という「大組合員VS個人」の闘争でした。糸工場で女性工員が多いのですが、彼女たちの主張といっても、「結婚の自由を認めよ」「宗教の強制をするな」「信書を開封するな」などという根本的なもの。つまり社長の許可がないと結婚できなかったり、宗教を強制されたり、手紙を開封されたりしていたわけで、実に人権の根本的な問題でストが行なわれているわけです。ところが夏川社長というのは、頑迷固陋(がんめいころう)とはこの人に使う言葉じゃないかというすごい人物で、要求を一切認めない。女工さんたちの『らくがき帳』を見せてもらうと、「このままではとてもお嫁にいけない」とか、「こんなに安い月給では遊びにも行けない」「金のことばかり言うな」「お前だってお金がなくて困ってるだろう」なんてことがだーっと綴ってあって、なかに「タワムレに財布測りてそのあまりカルキに泣きて三日間寝ゆ」という歌もありました。これも私は取材に行きまして、夏川嘉久次さんの名で「人われを民衆の敵という」の見出しがついた記事が「文藝春秋」に載ったことを覚えています。今思えば、この会社には〝戦後〟はまだ来ていなかった、GHQの民主化もいまだ及ばざるところがあった、ということになります。

また、映画『ゴジラ』の第一作が封切られました。娯楽の話かとお思いでしょうが、あの怪獣が東京湾の外側に設定された大戸島にグワァーッと姿を見せるのがこの年三月十三日なのです。東京上陸はそのすぐ後ということになっています。ということは、先ほど話しました第五福竜丸が焼津港に帰港（三月十四日）した直後に当たるのです。つまりあの映画は、海底に眠っていたゴジラが水爆実験によって突然目を覚まし東京を襲ったという話で（ニューヨークを襲えばいいのにと思いますがそうはいきませんで）、「原爆や水爆をやめろ」と、平和を願う日本人がかたちを変えて行なった〝抗議〟ともとれるわけです。とすればまことに意味深い話で、ゴジラは水爆の恐怖の象徴としてつくられたわけです。世界がそういう危険な状態にあることを、この頃すでに日本人が懸命に警告し、世界に発信していたんですね。しかしその一方では、独立国日本は、今こそ再軍備を、の声もたいへんかまびすしくなってきた——と、まあ、まことに複雑な、そういう時代でもありました。

最後にひとつ申し上げますと、この年六月二十九日の朝日新聞に「国民所得戦前水準を抜く／消費増で国際収支赤字」という記事が出ました。変な話で、国民所得は戦前の水準を抜いたのに、消費が増えて収支が赤字というのです。調べてみますと、昭和二十八年度の国民所得は、昭和九年（一九三四）から昭和十一年（一九三六）——日中戦争がはじまる前で、満洲国建国のあとまだ戦争らしい戦争もなく、全体的な生活水準と言いますか、経済的には戦前の日本で一番いい時期です——の平均を一〇〇とすれば、総額で一三四、個人当たりで一〇六。ですから、戦後の生活がかなり安定し、所得もどんどん増えていたわけですね。ところが、なぜ国際収支がそんなに大幅の赤字なのか。どうも焼け野原から立ち上がって、懸命に働き、やっとまとまった金が入ってきたというので日本人は気が大きくなり、金をぼかぼか使って贅沢ざんまいしはじめたようなのです。それ以外には考えられません。このあたり、日本人のあっさりしたというか、懲りない一面がうかがわれるわけです。『東京物語』の熱海でのどんちゃん騒ぎもそうかもしれませんね。そこで日銀はおったまげて突如として金融を引き締めました。お蔭でこの年から昭和三十年にかけての二、三年はたいそうな不景気となり、大就職難が続きました。といっても、もとに戻れば日本人はすぐにどんちゃん騒ぎをはじめちゃうんですね。

こうして独立した日本は、あっちを向いたりこっちを向いたり、より改革へ進もうとしたり後戻りをしたりしながらもとにかく皆がせっせと働きました——おもしろいことに、それは明治維新後の日本とよく似ているんです。維新のあと明治十年（一八七七）の西南戦争まで、政府内部でもどういう国家をつくればよいのか、どんな国家目標を立てればいいか、国家形態をどのようにすればよいのか、やはり大揉めに揉めていましたし、国民のなかにも政府への不安があって、なんとなしにまとまらずガタガタしていました。それが昭和二十七年（一九五二）に独立してから昭和三十六年（一九六一）くらいまでの十年間の日本と同じなんです。どういうかたちの国家をつくり、どの方向に進んだらいいのか、よくわからないままガタガタと揉めるのです。その揉めていたようすをこれからお話することになります。

結論的にいえば、一方には吉田ドクトリンと言われる、「日本は通商国家ないし貿易国家としてしか生きられず、軍備などは不要だ」という吉田茂首相の主張があります。軍備はアメリカにお任せして日本はせいぜい経済を立て直し、貿易国家として生き延びたほうがいいという意見ですね。またその一方に、鳩山一郎さんを中心に、「何でもかんでもおんぶに抱っこはいけない、やはり憲法も変えて再軍備して堂々たる国家にすべきだ」という主張が出てくるのです。つまりこの二つの政治路線の衝突です。

以上のように、今回お話した時代は、日本にとにかくいろんな考えの人たちが出てきて、さまざまなことが主張され行なわれ、かつてのようにアメリカだけに向いているのではなく、あっちこっち向きながら、それでも皆が仲良くやって、大いに働いていました。それはまあ面白くて活気のある時代ではありました。

次回は、この吉田さんと鳩山さんの対立にはじまるごたごたをお話することにします。

第十一章

いわゆる「五五年体制」ができた日

吉田ドクトリンから保守合同へ

この章の

✷ポイント

独立後の日本は、国家形態をどのようにするべきか、大きく二つの考えで対立します。吉田茂首相は「通商国家ないし貿易国家としてしか生きられない日本に軍備は不要」と主張する一方、鳩山一郎を中心に「憲法を変えて再軍備し、堂々たる国家にすべきだ」という主張が出てきます。しかし、やがて吉田内閣が退陣に追い込まれると、保守が一つになり、昭和三十（一九五五）年十一月に「自由民主党」が誕生することとなりました。

✷キーワード

吉田ドクトリン／党人派／岸信介／佐藤栄作／憲法調査会／日本社会党／三木武吉／大野伴睦／正力松太郎／自由民主党／保守合同／五五年体制

✷吉田ワンマンの長期政権

さて、サンフランシスコ講和条約当時の総理大臣吉田茂さんが、アメリカに依存しすぎではないかと悪口を言われても、軽武装と経済復興を主眼においた政策をぐんぐん推し進めていました。そしてそのために、自分の手助けになる池田勇人(はやと)さんや岡崎勝男さんら、有能な官僚をどんどん引き立てました。

ところが、吉田さんのそういう政策を勘弁できないと思っている人が、とくに〝党人派(とうじんは)〟といわれる、戦前の政友会、民政党などの政党出身の政治家の中にたくさんいたのです。軽武装で経済復興など生ぬるい、むしろ占領軍の押しつけ憲法を改正して再軍備を推し進め、昔ながらの強力な国家をつくろうという意見でした。彼らは吉田さんの内閣の間は追放をくっていましたが、まもなく解除されて次々と政界に復活してきます。その御大将が鳩山一郎さんでした。彼は戦前の昭和史でも、たとえばロンドン軍縮条約をめぐって議会で「統帥権干犯(とうすいけんかんぱん)じゃないか」と叫んだ人で、つまりそのくらい昔からの大政治家でした。もう一人が岸信介(きしのぶすけ)さんです。これまた戦前からの大物で、復帰すると声を合わせたように「憲法改正」「再軍備」と叫ぶのです。そして一日も早く吉田内閣を倒そうと政治闘争を進めるわけです。

今日は、その吉田路線がいかに敷かれ、いかに反対派によって潰され、次の路線が出てどういう形になっていったか、という話をします。ところが、このへんは本当にごちゃごちゃごちゃごちゃややっこしくて、やたらにいろいろな人間が出てくる。それが離合集散、くっついたり敵視したり、まさに歌の文句ではありませんが「昨日勤皇、明日は佐幕」というわけで、正直申せばわかりやすく整然と明快に喋るなんてとてもできません。そこで、かいつまんで、わかってもわからなくてもいい、まあこういうもんだというふうに突っ走ることにします。

　ずいぶん前に話しましたが、民主・社会・国民協同の三党連立の芦田内閣が昭電疑獄で倒れたあとを受けて昭和二十三年（一九四八）十月、自由党内閣として成立したのが吉田内閣で、ここから吉田さんの長ーい時代が続きます。昭和二十九年（一九五四）十二月まで第五次までの内閣、実に六年二カ月の長期政権でした。この間に講和条約を締結し、さらに安保条約を、署名としては個人で結んできました。吉田内閣としてはそれが最大の使命でしたから、見事に成し遂げた当時が人気が絶頂といいますか、国民の中に吉田さんへの敬愛の念もあったのです。が、この時期を過ぎますと、いくらたっても辞めないうえに、独特の風格をもった人物で、まことに傲岸無類、新聞記者なんて相手にしない。しかも和服を着て白足袋を履き、葉巻をぷかぷかふかす貴族趣味、その辺の政治家とはまったく違って、吉田ワンマンといえば知らない人はない、というくらいでしたから悪口も出てきます。

　ちなみに吉田さんが辞めたうんと後の、昭和三十年代終わり頃に、私は「文藝春秋」編集部にいて吉田さんにインタビューしたことがあります。「お元気ですねえ」と声をかけると、葉

巻をふかしながら、

「うーん、俺はなにしろ人を食って生きてるからねえ」

「おいしいですか」

「いやぁ、あんまりうまくねえなあ」

といった調子でした。ともかく面白い人ではあるんですね。ただ新聞記者嫌いであったばかりに、どうにもならないくらいに評判が悪かったのです。長すぎるのはよくないんですなあ。清水崑さんという漫画家が新聞などに描いた作品のうち、吉田さんを題材にしたものだけで分厚い一冊の本になっていたり（吉田茂国際基金『吉田茂諷刺漫画集』中央公論新社）、実に辛辣な諷刺で見ているとまことに楽しいのですが、当時は清水さんだけでなく、近藤日出造さんや横山泰三さんらが寄ってたかって吉田ワンマンのほとんど悪口そのものの漫画を描きました。まあ、ある意味で人気があったゆえにとも言えるのですが。


そこに、先ほど申しました戦前からの政治家が追放解除されて登場してくる。〝打倒吉田〟で結束する。そして党内でいろいろと画策がはじまるわけです。

✺鳩山派の反抗で自由党はまっぷたつ

さて吉田さんは、自由党内のごたごたに関しては嫌がって手をつけず、代わりに戦前からの

清水崑の漫画「絶対多数」に、党人派の大野伴睦（右端、1890-1964）、広川弘禅（中央、1902-1967）と吉田茂が登場。昭和24年1月の総選挙で吉田率いる民主自由党が絶対多数を得た時のもの。吉田茂が閣僚候補として2人を鑑定する「古着屋」の主人として描かれている

党人派、大野伴睦、広川弘禅の二人の大物に党務は任せていました。また政策面では池田勇人、佐藤栄作、岡崎勝男などもっぱら官僚出身者にやらせていました。そして軍事費をどーんと削減し、防衛はアメリカにお任せすることにして、余った金といっちゃなんですが、残りの予算でもって復興に全力を注いだのです。

そこに昭和二十六年（一九五一）六月以降、吉田の政策はアメリカ依存で日本の独自性がない、と不満をもつ人たちが追放解除されて政界に戻ってきます。その最初に挙げるべき旗頭となった人が先ほど申しましたが鳩山一郎さんで、以下、石橋湛山、三木武夫、安藤正純らが政界復帰します。岸信介さんは情勢を見るのに聡く、すぐには復帰せずじっと様子を見ていました。

鳩山さんは、実はうんと前に、自由党ができた時の総裁でした。ですから当然、総理大臣になれるはずだったのですが、追放が決まったため、復帰するまで党を誰かに任そうということで吉田さんが首相になった経緯がありました。「留守の間は頼む」「わかった」というはずだったのです。ところが妙なもので、追放解除で出てきた途端に鳩山さんは、脳溢血で倒れてしまいました。吉田さんが、実際はそう思っていなくても「鳩山さんに譲ろうか」という姿勢をちらっと見せた時に鳩山さんが倒れたものですから、やっぱりだめじゃないかと続行することになった。そうすると鳩山さんの周囲はカンカンに怒り、いろんな怨念も絡んで、吉田さんの足を引っ張りはじめました。そういうわけで、吉田内閣は長く続きましたが、党内的にはのべつごたごたがあったことになります。対立がどんどん大きくなり、鳩山グループが吉田さんに「早く政権を寄越せ」「いつまでもやってるんじゃない」としつこく突き、対する吉田さんも「うるさい！」と頑張る。自由党内は足の引っ張り合い、狐の化かし合いのようなことばかりになっていくわけです。

昭和二十六年五月頃、まもなく鳩山さんが戻って来ることを見越して鳩山派が結成されます。この時の自由党内の形勢は、吉田派百四十人（うち広川派七十四人）、鳩山派百十九人、どっちつかずの中間派が二十六人でした。まさに勢力伯仲、こういう中で吉田さんが政権を維持するのは大変です。さらに外側を見ますと、戦前の民政党の大麻唯男や松村謙三といった人たちが新政クラブをつくり、昭和二十七年二月には国民民主党と合同して改進党を結成。その総裁が重光葵（しげみつまもる）、幹事長が三木武夫というふうに、保守派の中が自由党と改進党の二つに分かれ、さらに左右の社会党の勢いも強く、という次第で、吉田さんの政権運営は困難を極めていました。

そこで、鳩山派が勢力を蓄えて第一勢力を狙っているのを見越した吉田さんは、連中がより強くならないうちにやっちまえ、と昭和二十七年八月、抜き打ち解散をします。これでまた吉田さんはひどいやつだと言われるのですが、結果としては自由党二百四十人、改進党八十五人、右派社会党五十七人、左派社会党五十四人――当てにしていた勢力が伸びないどころか、むしろ右派左派に分かれた社会党が躍進した。共産党は全滅してしまいましたが。自由党で当選した人の内訳を見ると、吉田派七十三人、鳩山派六十八人、どっちが強いか見定めている中間派が九十九人という情勢でした。なお、この時は追放を解除された人が三百二十九人立候補し、百三十九人も当選しましたから、俄然旧（ふる）い勢力が出てきたことになります。

かくて吉田派はとうてい盤石（ばんじゃく）とはいえません。いつだってひっくり返る人が九十九人もいるのですから。そこでなんとか政権を維持したい吉田さんは、第四次内閣には外から小磯・東久邇内閣で閣僚経験のある大物・緒方竹虎（おがたたけとら）さんを官房長官に迎え、党内に精通した広川弘禅さんを再び農林大臣に据えて――広川さんというのは後に消えてしまうのですが、当時はなぜか非常に勢力のあった不思議な人でした――鳩山派を押さえ込もうという作戦にでました。

これに反発した鳩山派は、党内に「自由党民主化同盟」という派閥を堂々と結成し、政党が二つあるような状態になって、何かと言えば吉田さんに反抗して足を引っ張りました。

そういう折の十一月二十七日、吉田さんが可愛がっていた池田通産大臣が、のべついろんな発言をする人ではあるのですが、「中小企業者の倒産、自殺はやむをえない」なんてことを議会で言ったんですね。これが大騒動になって、野党は「けしからん」と池田さんの不信任案を提出。決議では自由党が一致団結すれば否決できるはずなのですが、肝心要の鳩山さんら民主化同盟の二十五人が欠席して不信任案は可決され、池田さんは辞任に追い込まれます。

また翌昭和二十八年（一九五三）二月二十八日、こんどは吉田さんが自ら予算委員会で、社会党右派の西村栄一さんの質問があんまりしつこいんで、ついに「バカヤロー」と、例の声で言っちゃったのが聞こえたわけです。議員をバカヤロー呼ばわりするなど前代未聞というので大騒ぎとなり、吉田さんは暴言を吐いたカドで懲罰委員会にかけられることになります。これも珍しい話で、総理大臣が懲罰委員会にかかるなんてことは、おそらく日本の憲政政治がはじまって以来だと思います。

「バカヤロー」で懲罰を受ける吉田茂。清水崑・画

民主化同盟はもちろん反対に回らず欠席し、懲罰委員会は可決され、吉田さんが「申し訳ない」と謝罪することになると、自由党がまっぷたつに割れているぞと野党

は勢いづき、背後で動き出して内閣不信任案を提出します。当時の世評は「もうワンマンはたくさん、早く去れ」というくらい吉田不人気で、とうとう不信任案が可決されます。するとその直後、広川弘禅が、ふだんから吉田さんが官僚出身者を優遇するのを不満に思っていたのか、あるいは誰かが「こっちの陣営に入れ」と袖を引いていたのか、ついに鞍替えして脱党し、民主化同盟と組んで新たに分党派自由党を結成してしまいます。総裁は鳩山一郎がなり、こうしていよいよ吉田さんと鳩山さんの対決が表に出てきたわけです。

さて不信任案可決を受けて国会は解散、総選挙となるわけですが、ここでじっと様子を見ていた岸信介さんが、「吉田さんが間もなくいなくなり、鳩山さんは表に出て行ったのだから、おれの順番が来るだろう」と考えたかどうか知りませんが、自由党に入党しました。戦前からの大辣腕家が、このへんから徐々に党内の重石といえる中心人物になっていくのです。

こうして昭和二十八年四月に総選挙が行なわれます。結果は自由党百九十九人、改進党七十六人、分党派自由党三十五人、左派社会党七十二人、右派社会党六十六人、また左派から分かれた急進的労農党が五人でした。前と比べれば保守派が凋落してむしろ左翼勢力が躍進しました。結果として政界は保守系が自由党と分派、改進党の三つに分かれ、社会党も右派と左派に分かれ、さらに労農党が出るなど、とにかくごちゃごちゃ訳がわからない混乱状態になります。また面白いことに、広川弘禅坊主がこの時、吉田派が立てた対立候補に敗れて落選してしまうのです。彼はその後いろいろな画策をするものの、復活できずに消えてしまいました。あんなに可愛がってもらったのに吉田さんに叛旗を翻すのはどうもよろしくないということだと思うのですが、人気がガタ落ちしてしまったようです。

この広川坊主がどういう人だったか——当時、というか、これより少し前、朝日新聞の夕刊で斎藤信也さんという記者のコラム「人物天気図」が辛辣をもって鳴らし、広く読まれて長く続きました。もちろん政界だけでなく、財界や芸能界やマスコミやいろんな人が登場するのですが、その中に広川弘禅が出てきます。これがすこぶる面白いので一部を紹介します。

「側近派だとか、お小姓組だとか、官僚派だとか、つまり吉田茂にはお茶坊主が多すぎるに非ざるや。『ん、ん、あれば断然キリマス。切ってみせます。みていなさい』（当時ラジオやなんかで私も聴きましたけれど、この弘禅坊主がまた変な声を出すんですね——半藤注）。どうせ、口先だけに決まってる。それが証拠に、その後、お取巻が減ったということは聞かぬ。もっとも、口の悪いのに言わせると、お茶坊主ナムバー・ワンの広川に、そんな芸当をやらせるのはドダイ無理な注文なんだそうである。和尚、突如、聞きもしないのに窓外の畑を指さし『漬もの好ギだなア、コドシ（今年）このハダゲ（畑）でダイゴン千本とれたア。漬もの絶やすエエ（家）は栄えねエわ。くに（広島）では、そう言うもんな』。やがて保守大合同の朗報来たり、絶対多数党・自由党のお家繁盛ユメ疑いなしとの寓意なんであろう」

こういう調子ですから、愛嬌はあって面白いんですが、口先だけで当てにならないところは昔からあったようです。いずれにしろ、広川さんという、政界のある種〝惑星的〟な人があっさり消えていったのです。

なお、この選挙では旧軍人、戦前の右翼が追放から復帰して大勢立候補し、なかには選挙の時に「大東亜戦争には敗けていない！」などと言う人もたくさんいました。ということは、この頃からすでに再軍備の声がかなり強まっていたのですが、吉田内閣は「ダメ！　軽武装・経済復興が先！」と突っぱねていました。選挙の結果、圧倒的多数を得た吉田さんは改進党と提携し、五月に第五次内閣を成立させたものの、すでに命運は尽きつつあったと思います。人気はどん底まで落ちていましたし、政策がどうのというよりワンマンを茶化すのにはもってこいでしたから、われわれ新聞雑誌の類は悪口雑言をふんだんに載せていました。

ところが、やはり政治がこういう状況では困るといって間に立つ人がいて、十一月、密かに吉田さんと鳩山さんの会談が行なわれます。吉田さんは、鳩山さんが主張する「憲法改正、再軍備」に「うん」とは言わないのですが、政権運営のためには鳩山派の勢力がどうも大きすぎるので、とりあえず鳩山さんの主張する党内に憲法調査会をつくるということにはオッケーしました。それならば、と鳩山さんは分党派から自由党に戻ることになります。この時、分党派から大勢がどーっと自由党に復党しましたが、三木武吉、河野一郎ら八人だけは、「吉田は口だけで信用できない」と断固として拒み、日本自由党を結成しました――自由党だらけで紛らわしいですね。ともかく彼らは〝打倒吉田〟活動を続け、二十九年四月封切りの黒澤明監督の傑作『七人の侍』をもじって、当時は「八人の侍」ともてはやされたものです。

✹「史上最大の政変」、吉田内閣ついに倒れる

こうして一応、鳩山さんの復党で自由党はうまくいくのかな、と思われた矢先、昭和二十九年（一九五四）春頃のことです。日本は戦前から練磨した造船技術をもっていますから、各国からの注文をどんどん引き受けていました。その際に計画造船資金というものがあって、その利子の補給をめぐり、要するにピンハネですが、造船汚職が明るみに出てしまったのです。そのトップに吉田さんが一番可愛がっている佐藤栄作さんの名があがったんですね。彼は当時、自由党の幹事長で、議会がはじまっていたため逮捕はされませんが、四月二十日、検察庁から逮捕許諾が請求されます。これを衆議院がオッケーすれば逮捕できるのを、犬養健法相が「まかりならん」と指揮権発動したのです。検察庁がやろうとしていることを法務大臣が頭から抑えつけるなんてのも前代未聞ですから大騒ぎになり、責任をとって犬養さんはすぐに辞めることになります。でも佐藤逮捕はありませんでした。

当時はほんとうに佐藤さんがポケットに金を入れたのだろうかと思われていましたが、今になれば、一説に、鳩山、三木、河野さんらを自由党に戻すため、戦前戦後にいろいろと困って抵当に入っていた鳩山さんの音羽の御殿（今でもありますね）を救おうとして、佐藤さんが二千

万円という大金を都合して渡したんだ、と言われています。真実はわかりません。当時は鳩山さん一派はむしろ佐藤さんをガンガン追及していました。おかげで幹事長を辞めざるを得なくなった佐藤さんは、以来、徹底的な鳩山嫌いになります。そして、その後日本の政治が動いていくなかで鳩山政策へのアンチテーゼの役割を佐藤さんが果たすこととなるのです。

そういうわけで吉田ワンマン内閣が頑張れば頑張るほどごたごたが起こる状況下、政界というのは裏で何が行なわれているのかはわかりません。自由党内の鳩山派、改進党、そして「八人の侍」の日本自由党が密かに会合を開き、吉田打倒のためにはこの際、合同しようという話が密かに進んでいたというのです。それには自由党内の岸派も含まれていて、十一月二十四日、三者がパッと一緒になって日本民主党が成立しました。吉田さんもおったまげたでしょう。せっかく裏でお金をかけて鳩山さんを復党させたのに、自分の子飼いの佐藤さんや犬養さんが首を斬られただけで、連中は飛び出して別の党をつくったのですから。総裁は鳩山さん、幹事長は岸さんです。このへんが岸さんの動きの速いところですね。

手足をもがれてままならぬ状態の吉田さんは、「ちきしょー」と臨時議会を召集してただちに解散を主張しましたが、緒方副総理ら党人グループに「それは無理だ」と反対されます。頑固な吉田さん、それならばと今度は緒方さんを罷免する。逆にそれがあだとなって大野伴睦さん、松野鶴平(つるへい)さんらに責任を追及され、ついに「アカーン、自由党総裁を降りまーす」と辞意を固めたのです。ということは総理大臣も降りることになります。党総裁は緒方さんが引き継ぎ、追い出された格好で吉田さんと佐藤さんは自由党を離れて無所属になる。こうして吉田さんの時代はあっさり終わりを告げました。つまり、ここで吉田さんの敷いた路線は一度パァになったわけです。

とにかく吉田退陣は当時の大ニュースでした。私のいた「文藝春秋」などは、ただちに「史上最大の政変」と銘打った臨時増刊を出して、大いに稼いだものでありました。「史上最大」とは大袈裟もいいところですが、実感としてはまさにそのものずばり、というところでした。佐藤さんや池田さんも冷や飯を食ってショボーンとなります。代わりに、戦前からの政治家であった人たちが天下を取り、昭和二十九年（一九五四）十二月十日、めでたく鳩山内閣が成立したのです。戦後すぐに総理大臣になれたはずの人が、追放のためにかなわず、解除されたと思えば脳溢血で倒れ、その後も吉田さんが頑張ったために「永遠のかなわぬ夢」でついになれないんじゃないかと思われもした人が、とうとう首相になったわけです。

鳩山一郎（1883-1959）

この時の外相には重光葵さん、蔵相には

一万田尚登さん、通産相には石橋湛山さん、ほかに鶴見祐輔さん、安藤正純さん、河野一郎さん、三木武夫さん、大麻唯男さんらが入閣し、つまり党人派、戦前政党政治家が閣僚としてずらりと並びました。戦前、大政翼賛会の選挙に野党で出馬した人や、追放から解除されてめでたく復帰した面々のオンパレードです。かたや吉田さん側近の官僚グループは残らず逼塞します。もちろん代議士ではありますが、閣僚には起用されず、隅っこに追いやられました。

昭和三十年（一九五五）一月、記者会見でさっそく鳩山さんは大々的に、「一、中国・ソ連と国交を回復する」「二、再軍備を意図する憲法改正を実行する」と表明します。吉田路線にかわる戦後日本の別の路線が表面に出てきたのです。そして、新政権発足ですから次は選挙です。二月の総選挙の結果、鳩山さんを支える民主党が百八十五人、自由党は百十二人、左派社会党が八十九人、右派社会党が六十七人、左派から分かれた労農党が四人、そして共産党が二人という勢力分布となりました。しかし憲法改正に必要な三分の二には届かず、鳩山内閣が大きく掲げた目標は残念ながらしぼんでしまうんですね。この時にもし、鳩山政策支持の選挙結果が出ていればそれこそ「想定外」のことになったのですが、そうならなかったのは、やはり国民のなかに平和日本の思想がすっかり根づいていたためじゃないでしょうか。数字を見れば、憲法を必ずしもアメリカからの押しつけとして排除するのではなく、むしろ平和を新しい日本の国是にしようという国民の気持ちが強かったことがわかるのです。

ではありますが、鳩山内閣はここでともかく、吉田さんと合意した憲法調査会を正式に設置できる道筋を得ました。後に民主党と自由党が合同して自由民主党になるのですが、この時にいわば「憲法を変えるための研究会」としてできた憲法調査会が今日の自民党にまで続いてきているのですから、改憲は自由民主党の最初からの大テーマであるとも言えるんですね。

一方、鳩山さんのスローガンを見た社会主義勢力は、「このまま保守派が合同なんかして三分の二に達すれば大変だ」と危機感を覚え、講和条約締結の際にソ連を入れるかどうかで右派と左派に分かれたままの状態からの合同を模索しはじめました。こうしてマルクス主義べったりの親ソの左派・鈴木茂三郎の鈴木派と、ヨーロッパ式の社会主義に傾倒する反ソ派の右派・河上丈太郎の河上派とが、「抵抗勢力は一つになったほうがよい」と急接近し、左派が少し譲歩するような形でここに日本社会党として一つにまとまったのです。

こうなると、保守勢力は「ゆゆしきことである」と脅威を感じます。同時に、保守派には「吉田さんをやっと追い落としたのだから俺たちはみんな仲間だ」という意識もありました。こうして〝保守合同〟の話が芽生えるのです。ただし、そういいながらも戦前の民政党と政友会の流れを汲む人たちは昔から仇敵です。どう考えても別の流れであって、口も利かない人たちも少なくないのです。その御大格の人物が、旧民政党の三木武吉さんと旧政友会の大野伴睦さんでした。何度も出てきましたが、三木さんは反吉田です。かたや大野さんは吉田さんの下について自由党内のまとめ役としての重鎮でした。二人は犬猿の仲で、選挙の折など口の悪い三木さんは大野さんをクソミソにやっつけたりしていたのです。しかし看板である民主党の鳩山さんと自由党の緒方さんとは別に、三木・大野という太い心棒が動かないことにはなんともなりません。そこでなんとか二人を会わせて腹を割って話させたほうがいいのではないか――そう考えたのが議員になったばかりの正力松太郎(しょうりきまつたろう)さんでした。

やっと「保守合同」成る

さて、ごちゃごちゃ離合集散ばなしをやってきましたが、ここからはさらに政界講談の一席となります。その昔、政治評論家の御手洗(みたらい)辰雄さんから聞いた話を中心に、少し楽しく語らねばなりません。

正力さんは前にも出ましたが、読売新聞の社長で、鳩山内閣ができた時の衆議院選挙に自由党から出て七十歳で初当選しました。その筋では〝重鎮〟ながら、議員としては新人です。当選した翌日、正力さんが三木さんのところへ行き、「昔の怨念(おんねん)で仲違(なかたが)いしているなんて大人気ない」と説くと、三木さんは「政界は複雑怪奇なんだ。君が思うように簡単にいかぬよ。あのタヌキの大野が俺の方を向いて一緒にやろうなんて言うはずはないよ」と合同の難しさを訴えます。警察畑出身の正力さんは、戦前に三木武吉が政治運動で警察にぶち込まれた時の署長ですし、大野さんともよく知った仲だったのですが、説得はなかなかうまくいきませんでした。

ところが三月末、三木さんが突然、正力さんを訪ねて言ったのです。

「いろいろ考えてみたが、どうも君の言うとおり保守は一つにまとまった方がいい。それしか日本を安定させる道はない。なるほどそれには僕と大野の協力以外に方法はないようだ。大野と会うことにする、よろしく頼む」

三木さんが何を考えていたのかわかりませんが、ともかく社会党の左右統一をかなり深刻に受け止め、憲法改正・再軍備の路線を強力に推し進めるためには、過去を一切水に流して保守合同しようと決意したようです。

正力さんは「よしきた」とさっそく四月五日、大野さんを訪ねます。しかし大野さんは「三木のような古狸を相手にかかる国家的大事な話ができるもんか。あのやろうは俺を罵倒し続けてきたんだ」とけんもほろろに断ります。正力さんは「三木とはちゃんと話した。俺が保証する。ケチな個人感情で国家の大計をおろそかにしてはいかん。それに、実はきのう鳩山にも話したところ、保守合同には賛成で、しかしその成否は大野の決心にあるとも言っておったよ」と若干おだてながら説得したのです。

「すると俺が一番大事な人間ということか」といい気持ちになった大野さん。まあこの辺はキツネとタヌキの化かし合いで、どれがほんとうかよくわからない話なんですが、本をただせば大野さんは鳩山一郎の推挙によって東京市会議員となって政治生活をはじめ、それを足場に国会入りした、そもそも鳩山さんの側近第一号なのです。それが戦後、鳩山さんが追放されている間、吉田さんの下で働きました。しかし心の中では「忠臣伴睦」と言っていたそうで、鳩山さんと仲が悪いわけはなく、自由党にいるからそういう顔は見せなかっただけなのです。しかもこの方は「義理と人情が人生で一番大事」という親分肌です。義理は自由党にあるが、人情は鳩山さんに向いている、その点を正力さんがこちょこちょとくすぐったわけですね。「うーむ、義理と人情の板ばさみか」と芝居めいたことを言いながら、大野さんはそれじゃあ三木に会おう、ということになったわけです。

五月十五日、高輪のある財界人の邸で大野と三木の初会見がもたれます。実に三時間に及んだそうです。正力さんが間に入っていたと思いますが、最初は好き放題喋り、罵倒し合っていた二人もだんだん打ち解けていき、結果的には三木さんが説いたようです。

「今まではいろいろなことがあった。君も腹の立つことはたくさんあろうが、今は国の一大事である。この際は水に流してくれ」

まるで手をつかんばかりに言うと、人情に弱い大野はほろほろとなって、

「そんな昔のことは気にするには及ばんよ」

たちまち意気投合、百年の知己のようになってしまいます。後に大野さんは語っています。

「大狸に騙されまいと用心したが、話しているうちにその誠意に打たれ、国家のために是非、大合同をやらねばならぬと決心した」

やがて二人は肝胆相照らす仲となり、ここに保守合同への道がだーっと開けたのでありました……一席のお粗末というところですねえ。

ここで、ちょっと面白いので例の斎藤信也さんの「人物天気図」から、大野伴睦さんの項を引いてみます。

「赤い鼻と、アルコール漬みたいなツヤツヤした皮膚と、一枚看板の人情と、金を集めては散ずる党人気質(かたぎ)（とにかく政治家としては優良で、金を集めるのがものすごくうまく、それもどんどん人にくれてやる親分肌でした――半藤注、以下カッコ内同じ）と、ただそれだけである。識見が高いのではない。人格清潔、というわけには参るまい。政治的手腕があるというのでもない。にもかかわらず、吉田ワンマンといえども一応は大野の存在を無視し得ないのは何であるか。鳩山の後光(ごこう)（そもそも出が鳩山さんの側近ですからね）と、追放旋風の真空の中で、伴睦の相対的比重がふくれていっただけのはなしである（もしかしたらそうかもしれませんね。追放で皆がいなくなった所に一人ぽつんと残ったので、ものすごく大人物に見えたのかもしれません。ただ、自分が引き受けたことはちゃんとやった人ではあったようです）。（略）『吉田総理か。日本の第一人者じゃ、いわゆるワンマンじゃ、ハハハ』。保守合同は如何？『大合同なら反対せんが、某々一派（三木や河野らの「八人の侍」を指すのでしょう）の救済合同は国民が納得せん』。国民は、でなく、大野・幣原(しではら)がだろう。好漢うらむらくは、国民がてんで無関心なることを知らないのである（このインタビュー当時は保守合同などあり得ない雰囲気でしたから、国民は無関心だったと思います）。『蔵書万巻、専門がないから片っ端からよむんじゃ。夜酔うて帰っても枕もとで本をひもどかんことにゃ眠れん、ぼくは寅年五十九歳じゃが、斗酒にして未だトラになったことがない。アッカンがええな。酒はのむべし、のまるるべからず、これがぼくのテツガクじゃ』」

いわゆる昔ながらの政治家で、人物としては面白かったでしょうが、書いてあるように、何にも識見はなかったと思います。ただ、義理人情では生きた人でした。また、残念ながら三木武吉は「人物天気図」に出てきません。そこで彼については御手洗辰雄さんの「保守合同と女と三木武吉」という文章を引用してみます。

「策士といわれるが、実は正直な男で、怪異な容貌（骸骨というか、ガンジーのような顔をしていました――半藤注、以下カッコ内同じ）と猛烈果敢な闘志、そしてスッポンのようなシツコサが、怪物とか策士とかの伝説をつくり出しているにすぎない（御手洗さんは三木さんが好きなんで、ほめ過ぎるきらいがあるんです）。（中略）世間では三木がいろいろな陰謀術策をもって、吉田を攻めたてたように噂されているが、実際はむしろ逆で、手のこんだ策略をめぐらしているのは白足袋総理、吉田茂の方で、三木は吉田の官僚的独裁を、鳩山の党人民主制に切り替えようと努力し、後に保守合同をふりかざして率直大胆にその実行をせまったただけである。なるほど、一見、広川弘禅を丸めこんだやり方などは（つまり、広川の袖を引っ張ったのは三木武吉だったというわけです）、策士たる三木のやりそうな手だと思われるが、実際は吉田にソデにされ始めた広川が、三木のふところに近づいていったというのが真相だ。そのプロデューサーは三浦義一と児玉誉士夫の二人である」

こういう名前が出てくることでわかりますように、三木さんはチャキチャキの右翼なんですね。愉快なエピソードがあります。香川県で選挙の時にこんな野次(やじ)が飛んだのです。

「お前は妾(めかけ)を三人も連れて故郷(くに)に帰ってきて議員になろうとは不届(ふとど)きだー！」

三木さんは答えました。

「まことにその通りである。しかし訂正をお願いしたい。連れてきた女は六人である。しかも女を食い物にしているのではない。羽振(はぶ)りのいい時はそのくらいのことをやったが、そうでなくなっても捨てるわけにはいかんだろう。仲を交わした女を最後まで面倒を見るのが男のやることだろう」

この逆襲に、聴衆からわーっと拍手が沸いたという有名な話です。まあ大人物ではあるんですね。ともかくこういった人たちが中心になって保守合同が成立し、党名を自由民主党として十一月十五日に結党式が行なわれます。総裁については、自由党には緒方竹虎がいますし、揉めたのですが、結果的には一人に決めず、とりあえず代行委員に鳩山、緒方、三木、大野の四人が就任しました。これが今日の自由民主党のそもそもというわけです。

社会党は現在は落ちさらばえて名もなくなりましたが、この時に自由民主党と社会党の二大政党という構図が成り、日本の政治はその後、ごちゃごちゃしながらもこのかたちでだーっといくのです。これを政治学界に発しまして一般的には「五五年体制」と言います。

これは平成五年（一九九三）までつづきます。日本政治の基本構造は長い間、この「体制」

であったわけです。自民党と社会党の二大政党（数でいえば一対一でなくほぼ一・五対〇・五になりますが）の対立、保守と革新、与党と野党という決まりきった構図です。しかも、この体制が成立してからずっと、自民党がほとんど衆議院で過半数を得ていたというのは、びっくりするほかのない事実なんですね。唯一の政権政党として、いろいろな毀誉褒貶を一手に引き受けながら、自民党が戦後政治をリードしていく。ということは、自民党がいつも国民の相当多数の支持を得てきたということを意味します。一党独裁だったなんて悪口をいう人もありますが、それはいけません。国民の選択を常に基盤にしているという事実は隠せないんですよ。つまり国民は社会主義国家になることを拒否し続けてきたんですね。

でも、よくよく考えてみると、戦後日本の長い歴史において、この二大政党しか選択の幅がなかったというのは、私たちにとってあまり有難くない、むしろ不幸なことであったと思えるんですが。

第十二章

「もはや戦後ではない」

改憲・再軍備の強硬路線へ

この章の

✷ポイント

公約に掲げた憲法改正・再軍備を実現するために、多数党に有利な小選挙区制の導入をもくろむ鳩山内閣でしたが、世論の反発にあい見送られました。もうひとつの公約だった共産圏と国交回復を何とか推し進めたいと考えます。これが講和条約を結んでいないソ連の思惑と一致し、昭和三十一（一九五六）年十月に日ソ共同宣言を締結しました。しかし北方領土返還については合意に至らず、現在も続く領土問題につながっていきます。

✷キーワード

フルシチョフ／憲法改正・再軍備／河野一郎（こうのいちろう）／日ソ共同宣言／北方領土／国際連合／石橋湛山（たんざん）／岸内閣／安保条約改定／勤務評定問題（勤評問題（きんぴょうもんだい））／警察官職務執行法（警職法（けいしょくほう））

✷憲法改正・再軍備の失敗

　鳩山内閣は首相が病軀をおして第三次まで続きますが、第一次（昭和二十九年十二月十日〜三十年三月十八日）は、どちらかというと吉田内閣を倒したあとの、選挙をする「選挙管理内閣」といった性格が非常に強いものでした。常道に即して総選挙は昭和三十年（一九五五）二月に行なわれ、そこで鳩山さんが公約として押し出したのが、前にも話しました憲法改正・再軍備、そして対共産圏外交でした。今までのようにアメリカの言う通りに対共産圏とは外交しないというのではなく、われわれは独立国家なのだから、日本の自主的な外交政策として共産圏ともつきあおうというんですね。

　社会党はこれにはなぜか猛反対です。この時点ではまだ右派と左派に分かれている時ですが、両派とも大反対し、改憲問題もからんで、選挙は大変な争いになりました。この結果、前回にもふれましたが、自由党は圧勝できず、両派社会党が躍進しました。というように、第一次鳩山内閣はこの選挙をするための内閣だったと言ってもいいかと思います。

　ともあれ、圧勝こそできませんでしたが、昭和三十年三月十九日、継続して第二次鳩山内閣がスタートします（〜同年十一月二十一日）。鳩山さんは、自分の任期中に対共産圏、とりわけソ連となんとか交渉の窓口をあけたいと考えていました。ソ連はサンフランシスコ講和条約に調印しませんでしたから、依然として日本とは敵対関係にあります。それを、今度は独自に交渉し、なんとか日ソ間での友好条約が結べないかと考えたわけです。

その間にもいろいろな事件が起こります。以前にも出てきました水爆実験による第五福竜丸事件（昭和二十九年三月）を契機に、民衆の間でも原水爆禁止運動が拡大してきまして、昭和三十年八月六日、広島ではじめての原水爆禁止世界大会が開かれました。

また、米軍基地反対闘争が各地で起こり、同じ年の七月には、東京・立川（たちかわ）基地拡張に関して、地元の砂川（すながわ）で闘争がはじまりました。九月には警官隊と民衆が大激突し、「砂川闘争に勝たんかな」がスローガンのように叫ばれ、まさに左翼運動の象徴的な闘争となりました。

そんなふうに鳩山内閣のもとの昭和三十一年頃までは、しばしば流血の紛争事件が起こり、それには平和に対する国民の強い希望が注ぎ込まれました。こうしてどんどん強まる平和運動は同時に、裏を返せば憲法を護ろう、との護憲運動にもつながっていきます。それは鳩山内閣が掲げる政策の憲法改正・再軍備は認めないという趣旨ですから、病状もよくない鳩山さんとしては、なかなか思うような政策が実行できなかったのです。それでも使命感を抱く鳩山さんは、議会でも両派社会党が猛烈に反対する中、保革の正面対決であろうが意に介せず、自分の政策を押し出そうと頑張ります。それにはまず平和憲法――鳩山さんからすればアメリカからの押しつけ憲法――のどこが悪いかをきちんと調査する必要があるというわけで、懸案の憲法調査会をつくるべく「憲法調査会法案」を議会に提出しました。さらに日本の国防をもっときちんとしたものにしよう、すなわち再軍備の必要性について「国防会議の構成等に関する法律案」も持ち出しました。これらが社会党と激突して大揉めしてずいぶん時間を費やした結果、両方とも審議未了で廃案になってしまいます。正直言いますと、このことが、「こんなことをくり返していてはたまったものじゃない」とすでにお話した保守合同への道につながるわけです。さらにいえば、その前に両派社会党が合併しちゃいましたから、ますます民主党の政策を議会で通すのが困難になり、自由党と一緒になって大政党をつくって社会党と対決しなければならない、とより一層、保守合同の必要性が高まったわけです。

というようなことで、第二次鳩山内閣は、理想は高く掲げながらももたもたと何もせず、いつも審議未了で廃案、なにやら保守合同のための内閣と言ってもいいようなものでした。

さて保守合同の結果、圧倒的多数の与党となって、第三次鳩山内閣が昭和三十年十一月二十二日に発足します（〜昭和三十一年十二月二十日）。それまで野党の反対もあり、揉みに揉まれてにっちもさっちもいかない状況が続いただけに、こうなると「今度は大丈夫だ」と強気になります。たしかに保守合同の結果、大自民党は三分の二を獲得せんばかりの勢いではありましたが、やはり平和思想の強まる中、革新政党が三分の一を超えていたんですね。もしもこの時、自民党が三分の二を超えていれば、憲法改正の動きがかなり具体化したと思うのですが。しかしなんとか憲法改正に漕ぎ着けたいという思いもあり、やっと憲法調査会をつくるところまではいったんです。しかし改正そのものはまだまだ遠い先の話でした。

そこで知恵者の鳩山さんは考えます。一つの選挙区で四、五人も当選するという中選挙区制ではなく、自民党が三分の二を獲得するには、小選挙区制が必要だと思いついたのです。そこでその法案を提出しました。ちなみに現在、日本でやっているのは小選挙区制ですね。ですからその先駆というわけです。これに社会党はとんでもない、と猛反対。それにくわえて新聞雑誌のマスコミも反対のうえに、与党の議員の中にも反対者が続々出てきました。というのは、与党でものべつ安心立命して当選する人ばかりでなく、すれすれの人もたくさんいて、小選挙区制になれば落選するのが目に見えたからです。これを押し切ろうと鳩山内閣はすったもんだをくり返します。この時に流行ったのが「ハトマンダー」という言葉です。アメリカでかつて同じように、ゲリーさんという人の発案で小選挙区制への試みがなされ、「ゲリマンダー」[*1]と呼ばれたのに由来します。しかしいくら強引に押し切ろうとしても、世論もマスコミも大反対、党利党略のための小選挙区制、「ハトマンダーとはすなわち党利党略である」と言われたほどで、結局、衆議院は強引に通したものの、参議院で揉めているうちに議会の会期が終わり、時間切れで廃案となったのです。ただ、このハトマンダー案、ずっと後に小沢一郎(おざわいちろう)さんあたりが持ち出して小選挙区制が実施されることになった際、ずいぶん役立ったんじゃないかと思うんですよ。ですがその時、あまりハトマンダーのことは言いませんでしたねえ。

まあ日本はだいたい、テメエたちが天下をとろうとすると、小選挙区制がいいということになるんですね。結果として社会党も共産党も凋落しましたから、党利党略のためにはある種、役立つ話なのかもしれません。いずれにしろ、鳩山内閣時代には、この案はだめでした。後に『鳩山一郎回顧録』という本が文藝春秋から出たのですが、その中でハトマンダーつまり小選挙区制案は「鳩山内閣最大の失敗」であった、と鳩山さんは嘆いています。これで与党内もごちゃごちゃ揉めて何にもできない状態になりましたからね。ちなみにこの『回顧録』出版の担当者はなんと私でした。音羽御殿に何度もお伺いしましたが、書いたのは鳩山さんじゃなくて政治評論家の細川隆元(たかもと)さんなんですね。校正ゲラが出ると鳩山さんに一通、細川さんに一通持って行った覚えがありますから。

✸驚きのソ連との国交回復

さて鳩山さんは、志した二つの大目標のうち憲法改正・再軍備に手が届きませんでしたから、残るのは対共産圏外交です。これに政治生命を賭けることになりました。折も折、そのソ連で昭和三十一年(一九五六)二月、フルシチョフ——なつかしい名前ですねえ、彼は第一書記なのですが、なんと議会でかつての首相スターリンを猛烈に批判し、それをアメリカ国務省が全文を公表して全世界にひろまったのです。スターリンという男は、自分の意に染まないジノビエフ、カーメネフ、ブハーリン、トハチェフスキー——すべてソ連共産党の大物で、いつの間にか消えていきました——らは皆、彼が無実の罪をきせて死刑や収容所で命を落としたのであ

フルシチョフ（1894-1971）

ると暴露したのです。それだけではなく、側近だったベリア、マレンコフ、モロトフ（元外相で、戦前の昭和史に出てきましたね）などが粛清ないし追放された経緯まで明かされました。これはウォール街の株価を暴落させるぐらい、世界中を驚倒させました。もちろん兜町も、です。私たちでさえ、スターリンはとんでもないやつだ、ありゃ人間じゃないと思ったほどです。

一方、これでソ連という国の内部が、昔のように秘密主義でなく、開放的になったことが示されました。かつて戦争が終わった途端に「鉄のカーテン」が降ろされ、ソ連のことは何もわからなくなったとチャーチルが言ったほどの徹底的な秘密主義が、その後さらに強まって本当にわからない国になっていたのですが、このスターリン批判の後、少しずつ国際的にも開かれた国家になってきたことが強く感じられたのです。ソ連の方も、自分たちがもはや秘密国家ではないことを国際的に示したかったんでしょう。

これをチャンスとみたのが鳩山さんです。もともと静かながらしつこく裏工作をしてはいました。というのは、講和条約まで日本は被占領国家ですから、当然ソ連からも代表部が駐留していましたが、日本が独立したあとも残留していた元ソ連代表部首席ドムニツキーが、前年の昭和三十年一月二十五日に突然、鳩山さんを訪れて一通の文書を手渡していたのです。それは日ソ国交正常化に関する文書でした。ソ連側からむしろ働きかけて、鳩山内閣に相談をもちかけるかたちで門戸開放の姿勢を見せ、そこから下交渉がはじまっていたわけです。その後にスターリン批判が起こり、鳩山さんに対共産圏自主外交の道がうまく開かれたのです。

翌三十一年、スターリン批判の後、四月に河野一郎農相がソ連を訪れます。日ソ間は講和会議をしていませんし、いわば戦争状態のところへ乗り込んでいったわけですね。農林大臣所轄の漁業は、カムチャツカ半島の北洋漁業など日ソ間で常に揉めてきました。そこでとりあえず揉めている問題を解決しようと訪問して日ソ漁業条約を調印（三十一年五月）したのですから、まずはトントン拍子でした。

ソ連側も、自分たちが開かれた国であることを世界的に見せたいものですから、どんどん攻勢をかけてきます。次は松本俊一外務次官が特使となってソ連に行き、さらに交渉が進められます。そしてついに七月には、重光葵外相がモスクワに出かけていき、外相同士の正式交渉に入りました。

懸案は、現在も続く領土問題です。平和条約は、これをきちんとするためのものでした。当初、ソ連側はハボマイ、シコタンのみの返還を提案してきたのですが、日本側はそれでは困る、クナシリ、エトロフを含めて四島をそっくり返還してほしいと主張し、すったもんだがあり、いったんは暗礁に乗り上げます。しかし、いずれ日ソ間で平和条約をきちんと結ぶ際にはハボマイ、シコタンをお返しするということでなんとか国交回復を図れないか、というソ連の提案を日本は信じることにして、日ソ国交回復の共同宣言に合意したのです。これを受けて、鳩山さんは河野一郎と自分との二人を全権とする代表団を自らつくり、車椅子の状態をおしてソ連に乗り込んでいったのです。

当時の新聞各紙も、また国民も「鳩山さん頑張れ」といった全面的応援の調子でしたが、肝心の与党はそれまでの行状からソ連を信用していないのか、「意味ないんじゃないか」てな感じで実に冷淡なんです。かたや一所懸命だったのは社会党です。鳩山さんが出発する時、社会党の浅沼稲次郎書記長は羽田まで見送りにきて、十月八日付朝日新聞の言葉を借りれば、「情熱をこめて」激励したほどでした。

そしてその結果は、たぶんうまくいかないんじゃないか、という予想もあったのですが、これがうまくいったんですね。残念ながら、平和条約の締結までは無理でしたが、日ソ国交回復だけは調印に漕ぎ着けました。いうまでもなく、平和条約はいまだに結ばれていません。ですからこの時の共同宣言に基づいて平和条約を結ぶ際にハボマイ、シコタンを返してくれるという約束も当然実現していません。一度奪ったものは返さない、それがソ連という国だといわれていましたが、ロシアに変わった現在も、とにかく四島一括返還はおろか二島返還も絶望的という状況です。依然として現在も領土問題は揉め続けているのです。

それはともかく、鳩山さんは自主的外交を打ち出し、平和条約は結んでいませんから完全ではないとしても、少なくとも日ソ間の戦争状態を終わらせて国交を回復するという大きな仕事をしたわけです。

この結果、日本は独自の力を世界で認められたと言いますか、二ヵ月後の三十一年十二月、晴れて国際連合に加盟することができました。これで日本は戦争犯罪国から脱し、完全な国際復帰を遂げたと言ってもいいんじゃないでしょうか。そして鳩山さんは帰国と同時に、この成果を花道として退陣を表明しました。この時「よくやった」と人気も出て、政権はまだまだ続くと思われたのですが、病気のこともあったでしょう、ともかく自分の内閣としてやろうとしたことを達成できたので退陣すると言ったのです。

人気のあるうちに自分の意志に従ってお辞めになったケースは、野垂（のた）れ死にが多いこれまでの首相のなかにあっては、この方だけじゃないでしょうか。小泉さんも九月に辞めれば、ことによると、世論の後押しがあるのに自らの意志で退陣する珍しい首相になるかと思わないでもないんですが、さてどうでしょう。

✷「もはや戦後ではない」

第三次鳩山内閣がソ連との国交回復に向けて大いにハッスルしはじめた昭和三十一年（一九五六）夏のことでした。実はこの年を象徴する「もはや戦後ではない」という言葉が盛んに言われはじめました。そのことについて、ちょっと脱線いたします。自由民主党と社会党という二大政党による五五年体制が確立し、経済的にも力をつけてきた日本はまさに「もはや戦後ではない」時代が来たのですね。この言葉は、七月に発表された経済白書（正式には「年次経済報告」）の第一部総論の「結語」として使われました。

「戦後日本経済の回復の速さには誠に万人の意表外にでるものがあった（確かにそうだったと思います。もちろん朝鮮戦争という神風が吹いたこともありましたが——半藤注、以下カッコ内同じ）。それは日本国民の勤勉な努力によって培われ、世界情勢の好都合な発展（朝鮮戦争や米ソの冷戦状態ですね）によって育まれた。……貧乏な日本のこと故、世界の他の国々にくらべれば、消費や投資の潜在需要はまだ高いかもしれない（日本はまだそれほど金を使っていませんし、会社も力はあっても設備投資などをする状態ではありませんでした）が、戦後の一時期にくらべればその欲望の熾烈さは明かに減少した（この後は消費もどんどん伸び、投資も盛んになっていくだろうということですね）。もはや戦後ではない」

この年の産業全体の生産指数は、戦前の最高水準（昭和十九年）を突破しました。輸出が急激に伸びて、国際収支危機も解消し、GNP（国民総生産）は一〇パーセントの伸びを達成したのです。そういう時代ですから、「もはや戦後ではない」のキャッチフレーズは国民の胸に大変強く響いたわけです。

これを執筆したのは当時の経済企画庁調査課長の後藤誉之助さんであることははっきりしています。以降、有能な経済官僚が次々に出てきます。政治家どもは権力闘争などでごちゃごちゃやってますけれど、一方で国の根幹を支える官僚からは、ものすごく優秀な人たちが輩出するのです。後藤さんがその第一号といえるんじゃないでしょうか。要するに、日本経済は発展するのだから、いつまでも戦後気分でいるのでなく、国民は高度成長の条件をしっかりと承知して実践していこうじゃないかと経済白書で主張したわけです。そして、今は詳しく話しませんが、昭和三十年から三十二年にかけて第一代の神武(じんむ)天皇以来の好景気とされる時期がやってきて、「神武景気」という流行語に残ります。

ただ、「もはや戦後ではない」という言葉そのものは、経済白書より前、同じ年の一月十日発売の「文藝春秋」二月号で、英文学者で評論家の中野好夫(なかのよしお)さんの論文タイトルとして発表されていました。当時、私は編集部にいて中野さんともつきあっていましたが、この原稿をもらったのが果たして自分だったかの記憶がどうもなさけないくらい曖昧なんです。またタイトルをつけたのが中野さんか、編集部なのかも定かではありません。いずれにしろそのタイトルで、中野さんの場合は経済云々ではなく、人間の気持ち、意識の問題を扱っているんですね。むしろわれわれ日本人がこれから生きていく目標として、もはや戦後ではないという考え方をしたほうがいい、つまり思想や精神のあり方において「戦後」意識からの離脱、脱却を説いた内容でした。骨子としては、

「敗戦の教訓への反応にしても、明暗ともに単なる感情的な反応だけでは不十分であり、無意味である。／少なくとも私は、もうそろそろ私たちの敗戦の傷は、もっと沈潜(ちんせん)した形

で将来に生かされなければならない時であると思う」

いつまでも敗戦の傷を表に出して「敗けたんだから仕方がない」というのではなく、その傷はもっと深く沈めてむしろ土台にして、堂々と明るい方へ向かって進んでいこうじゃないかという意味でありました。戦後日本を言論や思想面においてリードしてきたというか、なんだかぐちゅぐちゅ渦巻いていた戦後思想を問い直し、しっかりとした日本人の精神のあり方を考えた方がいい。そういう意味では今、まさに意識の面で曲がり角に差しかかっているのではないかというのが中野さんの論でした。ともかく、後藤さんが中野さんの文章を読んで採用したのかどうかわかりませんが、奇しくも同じ時期に精神・思想面では中野さん、経済や生活面では後藤さんが、「もはや戦後ではない」という言葉を使い、それが大流行したのです。

ところで、中野さんの言う「日本人がいつまでも引きずっている敗戦意識」の一つの象徴が前年に発売されて大ベストセラーとなっていた岩波新書の『昭和史』でした。遠山茂樹さん、今井清一さん、藤原彰さんの共著です。内容はいうところの左翼史観――日本はくだらない国だといわんばかりの敗戦史観に彩られていました。これに対して評論家の亀井勝一郎さんが昭和三十一年三月号の「文藝春秋」に「現代歴史家への疑問」と題した論文を発表しました。簡単に言えば、

「一、この歴史には人間がいないということである。『国民』という人間不在の歴史である」

「二、田中義一、近衛文麿、東条英機といった個々の人間の描写力も実に乏しい」

「三、昭和史は戦争史であるにも拘らず、そこに死者の声が全然ひびいていない」
「四、（太平洋戦争について）ソ連の参戦という重大事実に対してなぜ批判を避けたのか（何も書かれていないのです）」

という主旨でした。そういった一定の史観で書かれている歴史は歴史ではない、「人間不在の歴史」である。歴史とはもっと膨らみのある、もっと面白いものであるはずなのに、ここには痩せ細った一つの史観しかない、と猛烈に批判したのです。

これは間違いなく、私が戴いてきた原稿です。亀井さんの所で、「あの本を読んだかね」と聞かれて「読みました」と答えると、「面白いかね」「いやぁ、くそ面白くもありません」「どこが一番悪いと思うかね」「あそこには血の通った人間が書かれていません」などと偉そうなことを言いますと、亀井さんは「そうか、君もそう思うか」とにこにこしていました。

これが「昭和史論争」として大論争になったのですが、最初に載せたのは確かに「文藝春秋」なんですが、左翼の歴史家などが猛烈に反発した舞台が「中央公論」だったために、以後の論争の舞台は「中央公論」に移ってしまいました。いっぺん載せて話題になると「よかった、よかった」といっておしまい、文藝春秋は三木武吉的なしつこさがない変な会社というか、ともかく論争は「中央公論」で延々と続きました。

いずれにしろ昭和三十一年は、戦後が終わって次の新しい時代がはじまるのだと、国民の気持ちがあらたまるような、「戦後は終わった」という意識がいろんな面で出てきた時代だったと思います。

短命惜しまれる〝野人〟首相

閑話休題、つまりそれはさておきというわけで、政界の話へと戻ります。鳩山さんは去りました。さあ自民党は、次の総理大臣を誰にするかということが大問題になります。俄然、重きをなしてきたのが岸信介さん、そしてやはり戦前から言論人として活躍し、戦後に追放を経て政治家になった元東洋経済新報社社長の石橋湛山さんの二人が浮上してきます。石橋さんは鳩山内閣の通商産業大臣で、戦後日本の経営に経験も積んでいました。党内の総裁選挙が行なわれることになると、ここに石井光次郎さんが加わり、三つどもえの総裁選となりました。

当時の自民党内部は、「八個師団三連隊」と呼ばれていました。師団とは二十人以上の国会議員を擁する派閥、連隊とは十人前後の派閥を指します。かなり大きな派閥が八つ、少し小さな派閥が三つ、つまり十一の派閥が入り乱れて権力争いをしていたわけです。ですから誰が総裁選に出ても容易に勝つのは大変で、大激戦になるのです。念のために申し上げますと、師団は岸、石井、石橋、大野伴睦、河野一郎、三木武夫、松村謙三、吉田さんの跡継ぎ（池田派かつ佐藤派）の各派、連隊は北村徳太郎、大麻唯男、芦田均の各派でした。この派閥の中をうまく乗り切って総裁に選ばれるのは大変なことです。

最初の投票では一位が岸さん、二位が石橋さん、三位が石井さんでした。この時、石橋派と石井派は裏側で、どちらが二位になっても、決選投票では三位になった方が二位を推すという密約を交わしていました。岸さんが圧倒的な得票であれば問題はなかったのですが、それほどではなく岸さんと石橋さんの決戦投票となります。石井さんを推していた人びとがここで石橋さんにそっくり乗っかって、二百五十八票対二百五十一票、つまり七票差のすれすれで石橋湛山さんが勝ったのです。この総裁選ではものすごく金が乱れ飛んだようで、どちらかというと左派的な歴史学研究会編の『戦後日本史』第三巻によりますと、買収に用いられた金額は岸派一億円、石橋派六千万円、石井派四千万円だったそうです。ほんとですかね。

ともかくこうして昭和三十一年（一九五六）十二月二十三日、石橋内閣がスタートします。石橋さんは経済畑の専門家ですから、鳩山さんのように憲法改正など打ち出さず、日本の経済をしっかりさせようというので池田勇人（はやと）を蔵相に就任させ、石橋・池田コンビの「積極財政」で日本をガンガン復興させることを政策の目玉としました。また石橋内閣の実現にものすごく働いた石田博英（ひろひで）さんを官房長官にして石井派を抱き込み、三木武夫さんを幹事長に、また敗れた岸さんには特にお願いして副総理格で外務大臣として入閣してもらいました。このへんが石橋さんの心のでかいところで、岸さんが何を考えているかを百も承知での措置でした。そして政策の二本の柱として、鳩山さんの対共産圏外交を受け継ぎ、ソ連の次には中国と関係改善し国交を回復すること、さらにすべての日本人が仕事にありつける、積極財政に基づく完全雇用

――を打ち出したのです。

ところで戦後の総理大臣は、鈴木貫太郎さんや宮様の東久邇さんは除いて、幣原、吉田、片山、芦田、鳩山さんらは官学出、東大出身ばかりです。ところが石橋さんは早稲田です。私学出身の総理大臣は戦後はじめてで、「野人首相」として非常に人気が出ました。理屈っぽくて七面倒くさいだけの官学出とは違って何か破天荒なことをやってくれるだろうと。もともと石橋さんはジャーナリストですからね、そういうのはだいたい野人なんですよ。それで本人も、積極的に国民と話し合おうとラジオに出演したり、一所懸命にやったのですが、張り切り過ぎたせいか、過労で倒れちゃったんです。最初は二、三日で治るだろうと思っていたのが、十日、二十日過ぎてもだめでした。そこで首相になってから二十九日後、しっかり医者に診てもらうと、当分静養が必要という診断が下されました。すると石橋さんは鮮やかというか、見事というか、議会の最重大な国政審議に病気で出席できないのでは総理大臣の資格はないと言い出します。周囲が「大丈夫、誰かがカバーするから」となだめても、いやそれは無責任である、総理大臣を辞任する、と聞きませんでした。病床で石田博英さんにこう話したといいます。

「私権や私益で派閥を組み、その頭領に迎合して出世しようと考える人は、もはや政治家ではない。政治家が高い理想を掲げて国民と進めば、政治の腐敗堕落の根は絶える」

甲府の日蓮宗のお寺出身なんですが、私利私欲のまったくない、まあ非常にさわやかな人です。あっさりと、そしてきっぱりとしたものでした。いいですねぇ。三木幹事長宛に書いた辞表の中の声明書の前半部分には、こうあります。

「友人諸君や国民多数の方々には、そう早まる必要はないというご同情あるお考えもあるかもしれませんが、私は決意いたしました。私は新内閣の首相として、最も重要な予算審議に一日も出席できないことが明らかになった以上は、首相としての進退を決すべきものと考えました。私の政治的良心に従います。また万一にも、政局不安が、私の長期欠席のため生ずることがありましては、これまた全く私の不本意とするところであります」

以下、自民党は仲良くしてほしいとか、政治というのは私益でするものではないとかいったことが書かれていました。ともかくこうして、石橋内閣はわずか六十三日間でさよなら、あとを受けて自民党両院議員総会では当然のごとく、首相臨時代理を務めていた岸信介さんを首班に選任します。

あまりの短期間で石橋内閣は何もしなかったのでしょうか。いや、そうでもなく、あえて挙げれば石橋さんが打ち出した「一千億円減税」は、三月二十九日の税制改正法の成立によって実現への道が開かれ、また石橋・池田体制のもとで編成された昭和三十二年度積極予算は、岸内閣によって三月三十一日に原案通り可決しました。対中国外交にまでは及ばなかったとしても、石橋さんのやろうとした一部の政策は明らかに成立したと言えるのです。

そこでもし仮に、石橋さんが首相を続けていたら——と考えてしまうのです。彼はここで死んじゃったわけではなく、間もなく病気が治って政界に復帰し、それこそ対中国国交回復のためにうんと働きます。ですから周囲の言うように、ここでちょっと休養していてくれたら後の日本の進路は……と思うのですが、そうはいきませんで、ここに岸信介さんというまことに有能にして策略に富み、剛毅（ごうき）な人が登場するのです。そして日本は安保騒動という大きな波瀾（はらん）へと動いていくわけです。何べんも言いますが、歴史に「もしも」はありません。ですから、こういうことは言わないほうがいいのですが、石橋湛山という、あまり政治家らしくない見事な生き方をした人の政権が続いていれば、日本の国家体制というか、国家のあり方はずいぶん変わったであろう……と思わないでもありません。

✺不安を広げた強硬路線

いよいよ岸内閣です。昭和三十二年（一九五七）二月二十五日、岸さんは、なりたくてなりたくてしょうがなかった総理大臣にやっとなりました。念のために申しますと、彼はA級戦犯として巣鴨に入れられました。けれども、いわゆる東京裁判で被告としては裁かれず、準A級戦犯として巣鴨に入っていました。でもGHQの政策の変更で多くの人が間もなく出てきたんですね。岸さんはそのなかの一人です。ちょうど先の東京裁判の判決が下り、東条さん以下A級戦犯七人が処刑された翌日、昭和二十三年（一九四八）十二月二十四日に巣鴨を出所しましたが、すぐに政界には復帰できず、二十七年の講和調印まで公職追放されていました。ただいろいろなツテがありますから、ともかく食うには困りませんでした。そして講和条約の発効による追放解除を待って、昭和二十八年（一九五三）四月の総選挙で政界復帰したのです。

何べんもふれましたが、鳩山さん以上に強力な憲法改正・再軍備論者です。ですから、吉田さんが敷いた軽武装の通商国家路線など目もくれず、あんなものは愚の骨頂であるとして、「戦前の大日本帝国の栄光を取り戻すこと」を政治目標とし、対米従属関係を一切払拭して「自由独立」体制を確立するという壮大なる政策目標を掲げました。そして鳩山さんが苦心惨憺して作った憲法調査会の会長として憲法改正・再軍備に懸命に取り組みます。さらに、吉田さんが一人で結んできた安保条約は憲法と同様、アメリカに押し切られたものだから、日本の立場がもっと強く出るように変えるべきであるとして、安保条約の改正まで言い出すんですね。安保条約には期限がありませんから、知らん顔していればなんてことないんですが、日本の立場が無視されているからきちんと改正しなければならんというわけです。正直言うと、憲法改正・再軍備ができれば一番いいのですが、かならずしも情勢が許さないのをいくら彼でもよく知っていて、せめて安保条約の不平等を正したかったのです。

試みに、内閣が出来上がった時の世論調査を朝日新聞で見ますと、鳩山内閣の時は（内閣ができて）「よかった」が四〇パーセント、「よくなかった」八パーセント、その他・無回答五二パーセント、国民は吉田ワンマンの代わりに誰が内閣になっても同じくらいに思っていたんですかねえ。そして石橋湛山内閣は「よかった」四一パーセント、「よくなかった」一一パーセント、その他・無回答四八パーセント、まあ鳩山さんとあまり変わりませんね。対して岸内閣は「よかった」が三三パーセントと低く、「よくなかった」一三パーセント、その他一五パーセント、無回答三九パーセント――だからといって不人気ではなかったんです。当然、国民の中には〝強い国家〟を望む人もいますから。ただ鳩山さんの時も石橋さんの時もいくらかブームらしきものはあったのですが、どうも〝岸ブーム〟は起こらなかったようですね。

そんなこともあって岸さんは、最初はかなり低姿勢でした。ただし防衛問題と、とりわけ憲法解釈に関しては低姿勢をかなぐり捨てて、猛烈なタカ派になるんですね。たとえば五月七日の参議院内閣委員会で、大胆このうえなく「憲法は自衛のための核兵器保有を禁ずるものではない」と発言します。日本国憲法をよく読めば、自衛のための核兵器を持つことを禁じてはいない、それどころか持つべきだと言わんばかりの調子でした。いいですか、核兵器を、ですよ。これにはおったまげた社会党がただちに内閣不信任案を提出したほどです。もちろん多数の与党に否決されましたが。

また防衛問題にもものすごく積極的で、国防会議がもってきた第一次防衛力整備計画を即座に了承しました。陸上自衛隊に十八万人、海上自衛隊に艦艇十二万四千トン、航空機千三百機の整備、と過去から見れば倍には届きませんが、かなりの戦備拡張です。

そして、わが国はこんなに国防に力を入れているんですよ、とこれを手土産に岸さんは六月十六日、訪米に出発しました。そこでアイゼンハワー大統領やダレス国務長官と会談し、安保条約改定の話も持ち出し、またアメリカ各地で機会あるたびに堂々と演説して強い反共的な立場を明らかにしました。要旨は次のようなものでした。

一、自由世界を守るためには日米の緊密な協力が必要である。

二、日本は国力の許すかぎり自衛力を増強しようと努力している。

三、日米安保条約を早急に改定したい。

安保改定の具体的な内容を言うのでなく、まずはプロパガンダとして、日本とアメリカが対等の立場で相互に積極的に協力し合う「日米新時代」の到来を主張したのです。

こういう話が新聞などで日本に伝わりますと、岸さんはいったい何を考えているのかということになってきます。反共のみならず軍事力をどんどん拡大していくのでは、といった印象がはっきりしてきたんですね。まあ岸さんが総理大臣になった頃から、「ちょっと待てよ」の空気が生まれていたのは確かでした。それがこうも大々的にやってくれると、平和主義が精神の基底に根づきつつある日本人のなかに、どうも岸さんのやり方は危ないんじゃないかといった雰囲気が広まっていったのです。

ところで岸内閣が発足した時、石橋内閣をそっくり引き受けましたから、閣僚もそのままでした。そこで、発足以来だいぶんたってそろそろ自前の内閣をつくろうと、まず七月一日に池田蔵相をクビにします。そしてむしろ積極財政に批判的だった一万田(いちまだ)尚登(ひさと)さんを蔵相に据(す)えました。要するに岸さんにとって大事なのは、財政の充実より憲法改正、安保改定なのです。それで旧吉田グループの人たちは、実弟の佐藤栄作さんを除いてすべて追い出してしまいました。外相には、日本商工会議所会頭の藤山愛一郎さんを推しました。この人は私も何度も会いましたが、穏やかないい紳士で、政治家になるなんてお辞めになればいいのに、と思ったものです。巷では「絹のハンカチ」が派閥争いに揉まれるうちに「絹のゾウキン」になるんじゃないか、と心配されたほどです。実際、岸さんと安保改定のために働くことになったものの、派閥的な裏の駆け引きなど一切できない人で、持っている金をどんどん出してしまい、ついに残ったのは井戸と塀だけだった——昔から清廉潔白に働く政治家を「井戸塀政治家」と言いましたが、今はいなくなりましたねえ。お国のためどころか、自分のポケットに金を入れることしか考えない人だらけで、藤山さんが「最後の井戸塀政治家」と言われる所以です。

ちなみにこの時、佐藤派の田中角栄さんが郵政大臣として初めて入閣しました。吉田派を追っ払いながら、実弟の佐藤さんだけを入閣させるのはいくらなんでも、というので佐藤さんの入閣は見送った代わりに田中さんを入閣させたといわれています。これが角栄さんの出世コースのスタートとなりました。

さてここで岸さんは面白いことをします。彼は常々こう言っていたそうです。

「解散は抜き打ちでやるべきではない。民主主義のルールにしたがって、二大政党間でフェア・プレーでいきたい」

この前、わが小泉首相は郵政問題で抜き打ち解散をしまして、造反派のみならず民主党もあっけにとられて振り回されましたが、ああいうことをしてはいかん、ちゃんと民主主義のルールにのっとって二大政党間のフェア・プレーでいくぞというわけです。そして昭和三十三年（一九五八）四月、社会党の御大将である鈴木茂三郎さんとの会談で「話し合い解散」を決めました。やはりここで解散して国民に信を問うことは必要だったと思います。なぜかというと、鳩山さん時代の昭和三十年（一九五五）二月に総選挙をして以来、保守系も革新系も大合同をして政界のかたちがずいぶん変わり（五五年体制に）、さらに鳩山、石橋、岸さんと内閣が交代したにもかかわらず一度も総選挙をしていなかったからです。まあ、岸さんとしては、もしかしたらこれで一気に勢力を伸ばせるのでは、という腹もあったと思いますが。

昭和三十三年五月、総選挙が実施されました。結果は、自民党二百八十七人（選挙後に無所属から十一人が入党）、社会党百六十六人（選挙後に一人入党）、共産党一人、諸派・無所属が十三人。自民党は計二百九十八人ですから、岸さんがどれくらいの数を目論んだかわかりませんが、解散時よりほんのちょっと、はっきり言えば一人増えただけでした。安定多数を保っているとはいえ、これではまだまだ憲法改正は無理、ならば安保条約だ、というので「第二次岸内閣といえば安保改定」となるのです。

✳「勤評問題」と「警職法」

さて昭和三十三年（一九五八）六月十二日、第二次岸内閣が発足します（〜三十五年七月十五日）。藤山外務大臣以外は総入れ替えし、大野伴睦副総裁、川島正次郎幹事長、河野一郎総務会長、福田赳夫（岸派）政務調査会長、そして蔵相には実弟の佐藤栄作を充てます。実に閣僚の十一人が主流派でした。ただ全員というわけにもいかず、反主流派の池田勇人を国務相、三木武夫を経済企画庁長官に据えて一応の体裁を整えました。

ともかくすごい高姿勢の内閣でした。第一に、安保条約改定への動きをはじめれば当然反対勢力がカッカとしますから、その前に反政府運動を徹底的に押さえ込もうと、日教組への攻撃を開始したのです。いわゆる「勤務評定問題」（勤評問題）です。だめな教師を即座に追い出すわけにはいかないでしょうが、ともかく先生方を一人ひとり勤務評定しようという。しかし生徒だけを前にした授業を評定するのは難しい話ですよね。さらに道徳教育の実施を促進するといいます。猛反対の日教組が九月十五日に勤評反対全国統一行動を起こすと、これが父兄を巻き込んで大騒ぎとなり、教育問題が先鋭な政治問題と化してしまいました。

その混乱のさめやらぬうちに今度は「警職法」です。昭和三十三年十月八日に突如、警察官職務執行法の改正案が提出されました。これまでと違っておまわりさんがどんどん「キミ、ちょっと」と職務質問をでき、怪しいと思う人の所持品を調べ、危険に見える奴には保護措置を取り、土地や建物に立ち入り、何でも「コラ待て！」と警告制止措置を取ることができる——つまり、おまわりさんの権限が大幅に強化、昔ながらの「オイ、コラッ」に近づけようという内容でした。岸さんはこう言ったそうです。

「政府にとってみて、警察をにぎっていないのは淋しい。戦前の政府は警察をにぎっていたので、強い政治ができた。いまは公安委員会を通じての弱いものでまったく困る」

警察力を政府がにぎらねば、という本音です。いよいよ何を考えているんだという感じです。安保改定の折に起こるだろう反対運動に備え、秩序を維持する必要のため、そして万一の時には警察の力を借りて押し切るための措置だと、岸さんは自分で回想を書いています。

これには国民はびっくり、国会も大混乱です。案が提出されてひと月というもの、日本じゅうが「警職法」騒ぎで明け暮れたと言ってもいいと思います。われわれから見れば、戦前の「オイコラ警察」の復活じゃないか、というので「デートを邪魔する警職法」なんて、やや頼りない流行語も生まれました。また反主流派の閣僚、池田さん、三木さん、灘尾弘吉さんらが法案に反対して辞任するなど党内は大揉めし、なんとかしようといろいろ手も尽くされます。本会議の開会ベルを抜き打ちで鳴らして「賛成多数！　賛成多数！」といったことまでやりましたが無駄で、結果的に法案はポシャりました。

ただこのことで、国民がこういう問題に対してかなり神経質になることがわかりましたから、安保改定は相当揉めるだろうと岸さんも予感、いや覚悟はしたようです。

しかし、岸さんは何があろうと強行突破をおのれの使命としたようです。勤評問題と警職法での大騒ぎも何のそのです。といって、そのまま突っ走れば日本じゅうが混乱しいかなる事態になったかわかりません。が、そこは世の中はよくしたものです。ここに騒動を沈静させるまことにうるわしい話題が登場するのです。それは次回のお楽しみとなります。

＊1——ゲリマンダー　一八一二年、マサチューセッツ州知事E・ゲリーがつくった選挙区地図の形が伝説の怪物サラマンダー（火の中に住むトカゲ）に似ており、自党に有利になるように選挙区の区割りをすることを風刺的に言った。

第十三章

六〇年安保闘争のあとにきたもの

ミッチーブーム、そして政治闘争の終幕

この章の

✷ポイント

昭和三十五（一九六〇）年六月、内閣総理大臣の岸信介は、戦後最大とも言われる激しい反対運動が起こる中、強引な手法で日米安全保障条約を改定し、成立した四日後には内閣を解散しました。この退陣とともに、安保騒動は驚くほどあっさりと終わってしまいました。政治闘争はもうたくさん、経済を優先しようと、日本は経済大国への道を目指したのです。そして「所得倍増」をスローガンに掲げる池田内閣が誕生します。

✷キーワード

ミッチーブーム／日米安全保障条約改定／全日本学生自治会総連合（全学連）／共産主義者同盟（ブント）／民主青年同盟（民青）／安保闘争／アイゼンハワー／清水幾太郎／池田内閣／所得倍増計画

✺ミッチーブームがもたらしたものは?

昭和三十三年(一九五八)末、岸さんが国内の治安をがっちりと締め付けようと警職法なんてのを出したために、世の中がギスギスし、国会も大揉めで、第二次岸内閣のスタートはしっちゃかめっちゃかだったのですが、そこにうまい具合に、この騒ぎを沈静するようなまことにうるわしい話題が登場します。いわゆる〝ミッチーブーム〟です。当時、皇太子殿下もいいお歳でしたから、お妃(きさき)に誰が選ばれるのか、かなり話題になっていました。そこに突然といってもいいくらいに正田美智子(しょうだみちこ)さんが登場したのです。ジャーナリズムにいた私たちもエッと驚くような方でした。美人で、なんとも申しかねるほど清楚(せいそ)で、皇后になるために生まれたような方で、しっかりした口調で話される。その中身も国民を感嘆させるものでした。軽井沢のテニスコートで〝お見合い〟をされた時の印象について、十一月二十七日の記者会見で、

「ご清潔で、ご誠実で、ご信頼申し上げられる方」

とまあ、へえー皇太子はそのような方なのか、と思いましたが、さらにこうも言ったのです。

「柳ごうり一つでももらって下さるなら……」

日清製粉という大きな会社社長のお嬢さんですから、柳ごうり一つってことはないと思いますが、なんと殊勝(しゅしょう)な、これでいっぺんに日本じゅうが沸いたといってもいいでしょう。日本じ

昭和34年４月10日、皇太子御成婚パレードの最中に皇居前で起こった投石事件の瞬間（撮影＝浜口タカシ）

ゅうに和やかなほわんほわんした空気が流れ、険悪化していた世情もたちまち安定ムードとなりました。そして翌昭和三十四年（一九五九）四月十日、盛大なるご成婚の式典が行なわれたわけです。

ちなみにこの日、二人の乗った馬車が三宅坂（みやけざか）を降りて桜田門にさしかかった時に突然、一人の青年が警官の制止を押し切って飛び出し、馬車めがけて石を投げたんです。あっという間に押さえられましたが、何も皇室に恨みがあったわけではなく、長野県の人で、自分が通っていた中学校が火事で焼けたのにいつまでも再建してもらえない。それを常日頃不満に感じていたところ、国を挙げての盛大なお祭りが行なわれている。そんな金があるならなぜ中学校を建ててくれないんだ——とムラムラと思いが募ってつい石を投げてしまったというのです。意図的ということは言うまでもありませんが、そんなことさえも賑やかさを添えるような、ともかく華やかな催しでした。

これに絡んで二つのことをお話しますと、まずテレビです。日本ではまずNHKが昭和二十八年（一九五三）二月に放送を開始しましたが、テレビは一般の人には高くてとても買えず、三月末までに企業も含めて計千四百八十五台しか普及していませんでした。それが、皇太子ご成婚の話がちらつきはじめてから徐々に増えだして、昭和三十三年暮れには実に百万台を突破したのです。さらにご成婚の時には、パレードを中継で見ようと猫も杓子（しゃくし）もと言ってはなんですが、金持ちはもちろん、少々貧しい方もどんどんテレビを買って、たちまち二百万台に達しました。また東京タワーが同年十二月にでき、これを利用していくつもの民放が放送開始準備に入ります。つまり、ミッチーブームがきっかけとなり、ご成婚を機にテレビ時代がはじまった、そのシンボルが東京タワーだった、と言えるんじゃないでしょうか。

もう一つは、週刊誌です。今はたくさん出ている週刊誌の隆盛も、ご成婚と関係があると言えなくもないのです。戦前から続いていたのは「週刊朝日」と「サンデー毎日」ぐらいで、昭和二十九年（一九五四）に「週刊朝日」が、吉川英治（よしかわえいじ）（一八九二―一九六二）の「新平家物語」と、徳川夢声（とくがわむせい）（一八九四―一九七一）が各界あらゆる人を呼んで対談する「問答有用」の人気で百万部を突破しました。また「サンデー毎日」も、大佛次郎（おさらぎ）（一八九七―一九七三）の「鞍馬天狗（くらまてんぐ）」などを擁（よう）して対抗します。それを見て、新聞社の雑誌があんなに売れるのならわれわれもできるのではないか、と考えたのが各出版社です。早くから準備したところもあれば、もたもたしたところもありましたが、昭和三十一年(一九五六)二月には、新潮社が出版社としては初の「週刊新潮」を創刊します。

当時、文藝春秋にいた私は「うまくいかないんじゃねえか」と思っていました。というのも、東京の出版社は支局のある新聞社のようには地方で取材できませんから、毎週ネタを探すのは困るんじゃないかと密かに感じていたのです。それがふたを開ければ豈図らんや、ぐんぐん伸してきたんですねえ。〝色〟と〝金〟を主題にしましてね。五味康祐さん(一九二一―一九八〇)の「柳生武芸帳」、柴田錬三郎大先生(一九一七―一九七八)の「眠狂四郎無頼控」と、二つの時代小説連載も大当たりしたんです。この頃は、週刊誌を買って小説やコラムや読み物を読むことが主流だったわけですが、今そんな人いないんじゃないですか。

ともかく誰もが飛びつく看板小説がないと週刊誌は成功しないとわかったものの、新潮社でもできたのだから、と昭和三十二年(一九五七)から三十三年にかけて多くの出版社が創刊に踏み切ります。「週刊女性」(主婦と生活社)、「週刊明星」(集英社)、「週刊大衆」(双葉社)、「週刊女性自身」(光文社)。今はありませんが、当時は「週刊明星」が大いにハッスルしまして、皇太子のお妃をどうしても突き止めるんだ、と見事にスクープをものにしました。後に作家となる梶山季之さんを中心に岩川隆さんら、のちにトップ屋とよばれるようになる集団でライターをしていたのです。

こういう状況を見るに、文藝春秋はなぜおくれをとったのか、われわれこそ得意な分野ではないかというわけで、翌昭和三十四年（一九五九）四月、まさにご成婚に合わせて「週刊文春」が創刊されました。私も編集部員として参加し、創刊号ではご成婚のトップ記事を書きましたが、今読むと手放しのお祝いをせず、「馬車がゆく、砂利（じゃり）がきしむ音がする、その音は何百万の戦死者のうめきと聞こえるであろう」なんて調子で、若気（わかげ）の至りと言いますか、そんなこともありました。

さらに中央公論社から「週刊コウロン」、また「少年サンデー」「少年マガジン」などの少年週刊雑誌、さらに硬派の「朝日ジャーナル」までが登場し、週刊誌時代がやってきたのです。これらはテレビとともに以後、いよいよ日本の文化をリードしてゆくわけですが、そもそもミッチーブームをきっかけに、ほんわかした空気に乗って雨後のタケノコのように登場したもの、そんな気がしまして、余計なことかもしれませんがお話いたしました。

✹安保改定への始動

こうして世の中はなんとなく落ち着いたし、そろそろ本筋を通すか、というので岸さんもソロソロ動きはじめます。ご成婚も無事に済んだ昭和三十四年（一九五九）六月、参議院通常選挙が行なわれます。自民党は改選前より五つ議席を増やし、合計百三十二議席の安定多数を獲得しました。ちなみにこの時、創価学会が六人の候補者を立て、全員が当選しました。当時はナニモノであるか、という感じでしたが、これが後の公明党になるわけですね。いずれにしてもいい結果だというので、一時は警職法でやられて頭をやや引っ込めていた岸さんも自信を取り戻し、いよいよ使命とする安保条約改定に向かって歩みだします。ただその前に、しっかり体制を整えておこうというので、党の役員、内閣の改造に手をつけます。ふつう年表などでは、岸さんは第二次内閣までということになっていますが、あえて言えばこの時の改造で第三次岸改造内閣になったと言ってもいいかもしれません。

　この内閣改造の際、自民党は大揉めに揉めます。岸さんの片腕となって裏で支えていた、かの大野伴睦、河野一郎ら党人派といわれる人たちが、「これからは表舞台に出る、幹事長にしろ」と乗り出してきたのです。岸さんにすれば、大物が表に出るとややこしいことになるので気が進まないでいるところに、弟の佐藤栄作蔵相が猛反対してきます。困ったことになった、とはいえ、ともかく勇往邁進しなくてはなりません。そこで反主流派、つまり池田勇人ら吉田学校の優等生たちを抱き込もうと考えます。もともと佐藤さんは吉田派で、池田さんとはツーツーカーですから、彼が間に立って池田さんを閣内に引き込もうと企んだのです。

　池田さんは最初はいやがっていましたが、今閣内に入れば、「岸さんもそうは長くはやらないだろうから次のチャンスが回ってくるかもしれない」という思惑もあったでしょう。それじゃあ、と一転して誘いに乗っかって、通産相に就任しました。結果的に藤山愛一郎外相、佐藤栄作蔵相以外はすべて新顔、吉田学校の人たちが入閣し、大野伴睦や河野一郎ら党人派が皆、役職を離れることになりました。岸さんにすれば、今まで与党で自分を支えていた人たちがいなくなり、毛嫌いしてきた吉田派が入閣するかたちで改造内閣ができたわけです。ともかく、こうして派閥抗争や党人派の不満を押さえ切って、岸さんはいよいよ安保改定へ一歩も二歩も進みだすのです。

十月、岸さんはまず党内で安保改定案を取りまとめます。そして翌三十五年（一九六〇）一月十九日、ワシントンでアメリカと安保改定の調印式を行ないます。ここまでは、下固めもあり、過去にすでにある条約の改定としてそう問題はなく進みます。しかし、日本にもって帰って議会で批准（ひじゅん）（承認）しなければこれは生きてきません。そしていよいよ国会にかけたところで問題がはじまったわけです。

さて安保改定案とはどういうものだったか。そもそも安保条約は、何べんも言いますが、吉田茂さんが一人で署名して結んできたもので、どちらかというとアメリカの言いなりといいますか、アメリカの指導でコントロールされた内容でした。今回、岸さんは何はともあれアメリカと日本が対等でなければならぬと主張します。基地を貸す以上は、アメリカは日本の防衛を義務として本気でやってもらわないと困る、その代わり日本も全面的に協力する、積極的になるというわけです。

具体的には、まず日本は国連を重視する（この方針は今でも生きています）、また日本国憲法の制約――軍隊をもたない、戦争をしない――をアメリカは常に十分尊重してほしい、さらに日本を基地とするアメリカ軍の戦闘作戦行動――たとえば朝鮮戦争のように、日本を基地として戦闘機が飛び立って行くなど――の場合は事前に協議をしてもらわねばならない、その代わり日本は在日米軍のための施設や区域その他、日米地位協定というものを決める――要するに、「共通の危険に対処するために日本はアメリカに協力する、その代わりアメリカは日本を完全に守ってほしい」というわけです。さらに、ここが後に問題になったのですが、「極東（きょくとう）における国際平和および安全の維持のために日本は協力する」というものです。では「極東」とはどこまでを指すのか。ひとことで言いますと、それまでの反共産主義という立場の単なる砦（とりで）だった段階から、日本を共産主義に立ち向かうための共同の陣営、有力な国家として認めさせる。つまり、アメリカの日本防衛の義務を明確にするとともに、日本は憲法の範囲内で、在日米軍への攻撃に対しては積極的な軍事行動を取ることを約束する、というのです。日本はアメリカさんと一緒になって一所懸命にやる、だからアメリカさんには義務としてしっかり防衛してもらうんだ、という取り決めなのです。

　アメリカもこれをあっさりのんで調印しました。なぜかというと、スターリンが死に、朝鮮戦争もめでたく休戦し、日本をあわただしく再軍備させて戦わせる必要がなくなったからです。むしろ日本には、経済復興で国内を安定させ、共産主義勢力の入る余地をなくすほうがいいだろう、つまり軍事国家にするより経済国家にしてアメリカが使いやすいようにしておくほうが得策だと方針を変えていたんですね。

　まあ、考えようによれば吉田さんの時のように、一方的なアメリカの思うままの条約でなく、アメリカは日本防衛の義務をもつ、一方日本は憲法の制約内でそれに協力するという一種のギブアンドテイクでしたから、それほどの悪法というようなものではなかったんです。ところが、細かく条項を調べていくと、例の「極東（far east）」の範囲の問題――仮に中国と国民党政府の台湾とで何かあった時、そこまで入るのか、いや地図を見れば朝鮮半島と日本がfar eastなので、そんなわけないじゃないか――などいろんな論議がでてきました。結局、安保改定に関しては比較的理解を示す人が多かったのですが、細かく突っ込んでいくと、なんだかずいぶん危険である、改憲や再軍備とは銘打ってないものの、あっさりそっちへの道を開くことになるんじゃないか、だっていざという時にはアメリカ軍と一緒になって出て行かなくてはならないのだから……というわけです。こうして批准をめぐって与党と野党の対決がはじまり、国会は大きく揺れだします。

　そもそも前年の昭和三十四年三月には、社会党と総評（日本労働組合総評議会。連合の前身）を中心に安保条約改定阻止国民会議が結成されていました。これに共産党は、オブザーバーとしてしか参加していません。全学連を使おうという思惑があったことが後にわかるのですが。ともかく社会党は今とは違って大勢力ですから、翌年になって大々的な阻止活動が盛んになってくると、一般の関心も高まり、国民にも浸透していきます。

世論としては、前に話しました第五福竜丸事件もあって、「原爆許すまじ」「水爆実験反対」の平和主義の声が高まり広がっていました。戦後の日本では、アメリカの押しつけだとか言われますが、新憲法に定められた平和主義は国民的なものになりつつあったのです。そこへ出てきた安保改定は、なんとなしに改憲・再軍備につながるんじゃないかと、「再軍備反対」「安保改定阻止」の大運動に発展していくわけです。国内が騒然としはじめます。ところが岸さんははじめから使命として強行突破を表明していました。ですから、いよいよの時には、騒動、事件が起きるのではないかとも予想されていたのです。まだ岸さんが首相になる前の昭和三十一年七月三日、死の床にあった三木武吉さんが岸さんを呼んで言ったそうです。「岸君、無理押しをするんじゃないよ。無理押しというのは、一生に一度しか通らないもんだ」。このまま強引に突っ走っていくとついには辞職に追い込まれるような大騒動になると思うよ、とさすがに長年、政治の世界で生きてきた人には予感があったんでしょう。ところが、岸さんは大先輩の忠告などきく気はまったくなかったのですね。三木さんは翌日亡くなりました。

✹デモデモデモに明け暮れて

ここで社会党と労働組合に加え、安保改定反対に全学連が動き出しました。全学連というのは昭和二十三年（一九四八）に結成された全日本学生自治会総連合のことでして、はじめは共産党の統制下にあったものが、そこから離れ、昭和三十三年（一九五八）十二月に執行部を共産主義者同盟（通称ブント）として結成し、安保闘争をはじめました。いっぽう共産党系の民主青年同盟（民青）が独自に反対運動を起こしていましたから、二つの対立がかえって「負けるもんか」と運動を激しくしていきました。やがて全学連が力を強め、安保闘争の前面に立つようになってきます。ただ社会党、総評、全学連がガンガン反政府運動を進める中で、一般の人たちはまだそれほど乗っかってはいない状態で、いってみれば、もっと素朴に平和国家、護憲を望み、軍事条約などには加入しないで今まで通りのやわらかい安保でいいんじゃないの、といった程度の反対でした。少なくとも私の周囲では、お酒を飲みながら不賛成をぼやくくらいの雰囲気だったと思います。

ところが国会では、先の「極東」の範囲などをめぐって社会党が猛反対するものですから、議論が果てしなく続きます。議論を重ねるほどに、なにかしら条項に不備が出てきて揉める、の繰り返しでした。にっちもさっちもいかなくなる中で、昭和三十五年（一九六〇）六月十九日には安保条約の日本の批准（ひじゅん）を見込んでアメリカのアイゼンハワー大統領の来日が決まります。そうなるとなおさら、新安保条約を衆議院で批准させることが岸内閣の大命題になります。条約というのは衆議院を通過させれば、参議院の議決がなくとも三十日後には自然に成立することになっています。従って、五月十九日までに衆議院で可決すればアイクをお迎えした時にめでたく成立していることになるのです。岸内閣は是が非でもその日までに安保条約の衆議院通過を決意します。

しかし議会は入り乱れてとてもそんな状況にならぬまま、とうとう五月十九日になってしまいました。野党は、「今日をなんとか乗り切れば」と衆議院議長、清瀬一郎さん（東京裁判の日本側の弁護士で、東条さんを弁護した方です）を議長室に押し込め、スクラムを組んで表に出させないよう、いわゆる缶詰状態にしてしまいました。一方、強行突破を期する岸内閣はその日の夜十時過ぎ、本会議開会を知らせる予鈴を鳴らし、安保特別委員会を開きます。そして野党が欠席のまま政府と与党だけで委員会を通し、こうなるともう時間との戦いですから、ただちに本会議にもっていこうとします。ところが議長がいません、どうしようか、やむを得ないというので警官隊五百人を導入し、議長室の前でスクラムを組んでいる社会党議員を一人ひとりゴボウ抜きにして排除して中から議長を救い出し（という表現でいいのかどうか分かりませんが）、担いでいって衆議院本会議の議長席に座らせます。そこで清瀬さんが「ただいまより本会議を開会いたします」と押しくら饅頭状態でマイクにしがみついて宣言する有名な写真が残っています。こうして与党だけの本会議で法案はたちまち採決されました。大野伴睦や河野一郎ら、自民党の反主流グループも欠席していましたが、それでも午前零時六分、議長は本会議閉会を宣言し、この大事な法案はわずか数分で可決してしまったのです。

野党に知らせずいきなり本会議のベルを鳴らしてたちまち採決、閉会――という方法は前にもやっています、お話ししましたね。ですから野党は十分に警戒していたのに見事にやられてしまったんです。この強行採決は、ニュース映画にもなりましたし、翌二十日の新聞は全紙が「暴挙」「議会制民主主義の危機」としてムチャクチャに書きまして、大問題となります。すでに批准されてしまったからいまさらしょうがないといえばそうなのですが、やり方があんまりだというので怒りが沸騰し、労組と学生とさらには一般市民までが一緒になって、その日から未曾有のデモ隊が議事堂を取り囲みはじめました。ここから、東京の中心を毎日のようにデモ隊が行き交い、戦場さながらにした安保騒動がはじまるのです。

ひとつには、マスコミのキャンペーンが大効果を挙げ、さらに大学教授や作家、文化人らが新聞や雑誌で強く反対を訴えたこともあります。たとえば五月三十日の夜には、断固岸内閣打倒の抗議集会として「若い日本の会」が草月会館で結成されます。呼び掛け人が石原慎太郎、江藤淳、大江健三郎といいますからこの頃は仲がよかったんですねえ、それが今は……なんともかんとも申しかねますけれど……ともかくまだ三人とも作家になったばかりの颯爽たる頃でした。

以後、約一カ月はまさにデモに次ぐデモ、もうデモデモの毎日です。警戒する警官隊との小競り合いが次第にエスカレートする。しかし岸さんは、すべて終わるまで、つまり六月十九日に自然成立するまで、何があっても頑張る、総辞職も解散もしない決意です。五月二十八日の記者会見でガンガン突っ込まれて答えるに、

「いま（デモ隊に）屈したら日本は危機に陥る。私は〝声なき声〟に耳を傾けねばならないと

思う。今あるのは〝声ある声〟だけだ」

これがまた火に油を注いだんですね。そんななか、雑誌「世界」五月号の、デモ隊をさらに奮起させる大論文が話題になります。これが後々まで語られる名論文でして、清水幾太郎の「今こそ国会へ請願のすすめ」というものでした。一部を読みますと、

「今こそ国会へ行こう。請願は今日にも出来ることである。……北は北海道から、南は九州から、手に一枚の請願書を携えた日本人の群れが東京へ集まって、国会議事堂を取り巻いたら、また、その行列が尽きることを知らなかったら、そこに、何物も抗し得ない政治的実力が生まれて来る。それは新安保条約の批准を阻止し、日本の議会政治を正道に立ち戻らせるであろう」

これが評判になりまして、その呼び掛けに応えるかのように「さあ国会へ行こう」と、各地から多くの人びとが上京してきて、五月から六月にかけて毎日数万の請願デモが国会に押し寄せました。そしてそのクライマックスは六月十五日夜でした。デモ隊が議事堂の門を突き破って中に突入したことから、警官隊がデモ隊に襲いかかり、それこそ数万人同士の大乱闘になりました。それで午後七時頃、東京大学文学部の学生だった樺美智子さんが、南門でしたか、大混乱のなか転んで踏みつけられて死亡したのです。その後も火が焚かれ、ライトがつけられて一晩じゅう戦争のような状態が続きました。後の東京消防庁の発表では、重傷四十三人を含む五百八十九人が負傷したということですが、もっと多かったのではないでしょうか。

それでも岸さんは動じません。六月十六日の会見で、記者から「国民が大きな社会不安をもっている。人心刷新が必要ではないのか」と質されても、「私は諸君とは見方が違う。デモも参加者は限られている。都内の野球場や映画館は満員で、銀座通りもいつもと変わりがない」

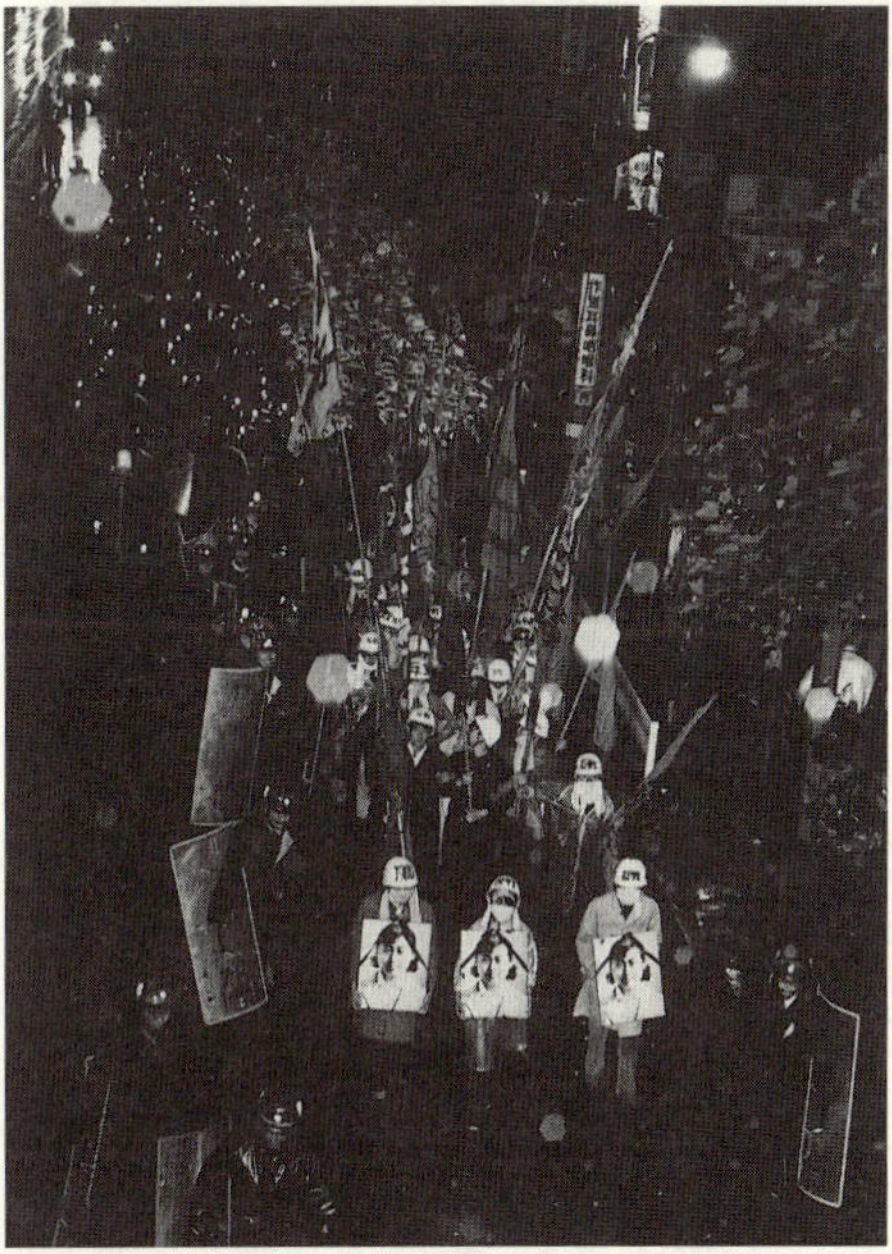

60年安保騒動で亡くなった樺美智子さんの追悼集会が昭和44年6月になっても行なわれている（撮影＝浜口タカシ）

と剛毅な答弁をしたんですね。これが「それでも後楽園は満員だ」とワンポイント・センテンスで伝わりましたから、なにを!?　とさらに反発をかいました。

ここでさすがに臨時閣議が開かれることになり、治安が保てないという理由でアイゼンハワー大統領の訪日は中止してもらうことに決まります。それでも死んだつもりで自然成立の日まで押し切っちゃおうという覚悟でしょう、デモは続けど、とうとう六月十九日がやってきます。夜十二時が過ぎれば新安保条約は自然成立です。国会を取り巻く約三十五万人のデモ隊からも、時刻が十二時を過ぎた瞬間、心からの大きなため息が漏れたということです。

岸さんはといえば、回顧録によると、十八日から十九日の朝にかけて佐藤蔵相と二人でブランデーをなめなめ時を待っていたようです。十九日の朝がくるとひと言、

「棺を蓋いて事定まる」

自分が死んだ後にはこの事が理解されるだろう、という意味だと思いますが（出典は中国の「晋書」だそうです）、そんなせりふを残して官邸を去り、私邸に戻ったそうです。こうして岸内閣の目標だった安保条約改定が成立したわけです。

ところで清水幾太郎さんですが、著書『わが人生の断片』で、安保条約改定反対闘争はバトル（戦闘）ではなくて、ウォー（戦争）だった、と回想しています。どういう意味なのかはっきりしませんが、さらにこう書いています。

「（新安保条約が自然成立した時）涙が出てくる。……多くの友人には申訳ないが、あの時、私は民主主義の危機などを感じてはいなかった。涙が出たのは、何年間も、安保改正反対と言って暮らして来た新安保条約が、予期していたこととは言え、終に成立してしまった口惜しさのためである。勝つ見込みが殆どないとは知りながら、負けてしまった口惜しさのためである。民主主義の危機や崩壊ということは、全く念頭になかった。……とにかく、

私にとっては、民主主義などは、どうでもよかった。ただ喧嘩に負けた口惜しさだけであった」

先ほどの論文「今こそ国会へ」では「日本の議会政治を正道に立ち戻らせる」と書いてましたが、要するに関係なかったんでしょうかね。清水先生にとっては勝つか敗けるかの国内戦争だったわけで、敗軍の将となり口惜しかったんでしょうが、これはあんまりじゃないかと私なんかは思うわけであります。

こうして六月二十三日、目黒の外相官邸で、ひっそりと日米の批准書が交換されました。その直後、岸さんは退陣を表明します。

✹もう政治はたくさん、これからは経済だ

さて、じゃあ、あなたはその時何をやってたんですかと聞かれれば、私は当時、銀座近くの日航ホテル前の社屋で「週刊文春」の記事を一所懸命に書いていました。議事堂まで近いですから、後ろでわんわんやっていたはずなのですが、岸さんが言ったように、銀座通りは静かなものでした。ほとんど終わった頃に議事堂付近に行きますと、催涙弾（さいるいだん）のあとでしょうか、とにかく硝煙がいっぱいで目がチカチカするし、旗やらが散らばってさながら戦場跡のようでした。

その翌日か翌々日だったかの編集会議で、六月二十七日号で緊急特集「ついにアイクは来な

い」、そして第二特集「デモは終わった　さあ就職だ」が決まりました。紀元二六〇〇年の時の「祭りは終わった、さあ働こう」を思い出しますが、最初はこれもいかにもふざけているようで、どうかなと私は思いましたよ。でも「これが正しい見方なんだよ」と言われまして、なるほどと思いまして、さっそく取材に走りました。終戦のとき十五歳の中学生もすでに三十歳の、分別のつきはじめた人間になっていたんでしょうかね。

いや、今になって本誌といっていた「文藝春秋」の目次を見てみると、「安保」はほとんど登場していないんですね。三十四年（一九五九）十二月号に、歴史学者で評論家の林健太郎（はやしけんたろう）さんが書いた「安保闘争に理性を——日本外交の新構想」の一論文だけ。私が勤めていた文藝春秋という雑誌社の性格がそれでよく察せられると思うんです。冷めていた、というか、上手にいえば〝平常心〟を保っていたのか。雑誌記者は「現代史の証言者なり」とふだんは偉そうに言っていたんですがね。

もう一つ、今になって考えると、運動の中心となった当時の学生つまり青年たちは、私より十年ほど後に生まれた世代で、徹底的に戦後民主主義の教育を受けてきたんですね。戦前をほとんど知らないといっていい、物ごころついていないころですからね。空襲も焼死体も知らない、戦後民主主義の申し子たちです。私たちは、空襲などの戦争体験もあり、戦前の大人も戦後の大人も知っていて、背信（はいしん）に次ぐ背信から、奴らが当てにならないことも知っています。ですから人生に対して一直線でなく屈折し、さばけていたのですが、学生たちは本当に真面目でした。白紙状態に、かつての軍国主義、大日本帝国時代への嫌悪や反発を叩き込まれて育っています。あの東条内閣の閣僚であり、それもA級戦犯で本来もう表に出てこなくていい岸さんが、議会政治を無視して軍事化路線を突き進むような法案を強行採決するのを見たのです。岸さんその人への嫌悪感、感情的反発は非常に膨らんでいたと思います。何となれば、新安保条約をひっそりと結んだ当の藤山外務大臣への怒りの声は一切なかった。それはすなわち軍事大国日本への決別の思い、平和国家日本への強い祈願であったでしょう。

そして騒動は、岸さん退陣の瞬間に驚くほどサアーッと終わってしまうのです。昭和三十一年に「もはや戦後ではない」が流行語になり、たしかにそういう感じはありましたが、日本の真に戦後的な気分が終わったのは、ですからこの時じゃないでしょうか。安保騒動は、戦後の憤懣(ふんまん)をもすべて吹き飛ばしたいわゆるガス抜き、〝戦後日本〟のお葬式であった（たしか哲学者田中美知太郎さんの言葉ではなかったでしょうか）、と見られなくもないのです。その後、日本人は足並みをそろえて、経済的実力と高い技術水準を備えた経済大国への道を志すようになるのです。つまり、面白いくらいに「デモは終わった　さあ就職だ」であって、「週刊文春」の第二特集は、今からすれば時代をよく見ていたと言えなくもないのです。

ところで私は、ここまでは日本がどういう国家をつくっていくかの選択はいろいろあったと思います。文化国家たらん、いや、強力な軍事国家に戻るか、あるいは何もしないアジアのスイスかスウェーデンのような静かな国家になるか、いろんな選ぶべき道があった。しかしガス抜きが済んだら、もはや選択は決まったといっていい。政治的闘争はもうたくさんだ、国内の大混乱はもういい、これからは日本を豊かな国にしよう、廃墟からの再生、さらに復興そして繁栄に向かおうじゃないかという方向へ皆の志が向き、デモをやった人たちが、こんどはたいへんな働きバチになって一所懸命働きはじめるのです。

昨日(平成十七年十一月七日)の毎日新聞に中曾根康弘さんが書いていたのがちょっと面白いので読んでみます。

「自民党初代総裁である鳩山一郎首相は、憲法改正による自衛軍創設を掲げる一方で、日ソ共同宣言に調印し、日本の国連加盟を実現した。この政策的な幅の広さが、保守の政治だ。戦後保守主義の基礎工事をしたのが鳩山さんと岸さんだろう」

前半はまあその通りですが、最後は中曾根さんが鳩山・岸の流れをくむ、つまり改憲・再軍備路線の旗振りであることを証明しているわけです。しかし安保騒動の後、ずいぶんと長い間、その路線は消えていたと私は思っています。この次に出てくるのが岸内閣とはまったく方向を異にする池田内閣だったのです。それは佐藤内閣へと、すなわち吉田茂路線が長く長く続きます。そして昭和が終わったのち、その反動が来たかのように、憲法改正・再軍備の声が再び高くなってきます。自民党の本卦帰り(ほんけ)というのかな。ま、先走って大ざっぱに言うと、そういう経過を日本はたどって今日に至る、というわけです。

月給が倍になる

それはともかく、岸さんが辞めるというので昭和三十五年（一九六〇）七月十四日、自民党総裁選に大野伴睦、石井光次郎、藤山愛一郎、池田勇人の四人が立候補しました。金が乱れ飛んだすごい争いだったそうですが、一位と二位になった池田さんと石井さんが決選投票を行ない、池田さんが当選しました。自民党内にも「もう政治より経済第一に」という雰囲気があったのかもしれません。何度も言いますが、池田さんは吉田茂門下の優等生で、岸内閣で通産大臣をやりましたが、もともと経済に明るい人です。ちなみにそもそもどういう人物だったか、前にもちょっとふれましたが、改めてもう一回、朝日新聞の夕刊連載、例の斎藤信也さんの「人物天気図」で、池田さんが政界に出た頃の記事を引きましょう。

「数字を並べたてて、相手を煙にまいてしまうのが、彼の十八番だそうである。で、数学好きなんですか？『中学時代は英語、国語より、ずうッと数学が得意でしたネ』。あなたはドッジ、シャウプ両氏の伝声管に過ぎんとのセツがあるですな？『いや、それはですね、シャウプ博士の場合は税率をナントカ、所得税をナントカ、勤労控除をナントカ、地方税をナントカ……（ナントカと書いた所にすべて数字、要するに、税金を安くするために骨折ったという結論なんである）（斎藤さんはこの数字を覚えてられないんですね——半藤注）、ドッジ氏の場合は、二度目の予算の時など僕が持っていった通り』。大いに『主体性』を強調するのだが、だれも真相は知らないんだから、一向構わぬだろう。（略）高飛車で、横柄で、思い上っとるという最低のヨロンに御感想ありや？『ぼくの表現が下手なんですよ。「官僚」出身だから場をふんでない。イヤ「役人」出身と書いて下さい。それからですね、国会の質問は建設的な議論がきわめて少い。ぼくは結論が早い方で、まどろっこしいのはきらいな方でしてな。ぼくをハッタリだというが、君こそハッタリじゃないかといいたいんですよ』」

とまあ、相手を数字で煙に巻きすぐに結論という人であったことがよくわかります。

そして七月十九日、池田内閣が成立して最初に言ったのは、「これからの私の政治は、寛容と忍耐です」。これで「寛容と忍耐」という言葉がはやりました。安保大騒動の後ですし、横柄と評判だった池田さんも低姿勢になったんです。しかもキャッチフレーズに「国民の所得を倍増する」とすごい大風呂敷を広げました。後になってみると、これは側近の大平正芳さんや宮沢喜一さんの発想だったようですが。

ただし付け焼刃ではなく、池田さんは政界に出た頃から日本の経済をいかに立て直すかの研究をはじめていまして、すでに大蔵官僚の下村治さんを中心とする研究会をつくり、子細に検討していたのです。ですから自分が首相になればこれを必ず実現してみせると思っていたでしょう。そこに幸いといっては何ですが、これが歴史の面白いところで、いわゆる強硬路線で日本じゅうがガタガタし、国民が「もう政治の争いはたくさんだ」と感じていたところにスッと池田さんの出番がきた。彼は鳩山、岸と続いた改憲・再軍備路線と違い、軽軍備・通商国家を目指してきた吉田ドクトリンの申し子です。新聞なども「政治の季節はもう終わった、これからは経済の季節だ」と謳（うた）いはじめ、まさに「デモは終わった　さあ就職だ」の時代になったわけです。日本の行くべき道はこうして決まりました。

所得倍増計画は十二月二十七日、あっさりと閣議決定されます。以後三年間の経済成長率は年平均九パーセントを保つように努力する、という大方針は二日後に大々的に発表され、池田さんは独特のダミ声で言いました。

「日本国民の所得はアメリカ人の八分の一、西ドイツの三分の一。この所得を倍にします。つまり国民の一人ひとりの月給を二倍にするのです」

「私はウソを申しません」

もっと詳しく言えば、国民総生産を今の十三兆円から倍の二十六兆円にする。昭和三十六年（一九六一）から四十五年（一九七〇）までの十年間にこれを達成する。そうすれば国民所得も約十万円から二十万円に、つまり月給が二倍になるというわけです。

ホントかよオイ、そんなことができるはずないじゃないか、とも思ったものの、まさにこれは日本の高度経済成長の幕開けとなり、皆がここを出発点に走りはじめました。

池田さんは、ともかく首相になってから横柄（おうへい）さが消えてまるくなったと言われていますが、自身も所得倍増実現のためには「料亭にもゴルフにも行きません」と宣言し、料亭好きで酒のみで毎晩のように通っていた人にも拘らず、公約として奮闘努力し、守り通したそうです。そして安保闘争でデモに励んだ人たちは、これからは「働けばそれだけ経済的利益がある」という池田スローガンに合わせてガムシャラに働き出しました。

この後は高度成長時代が到来し、日本がいかにぐんぐん豊かになっていくかの話になります。しばらく政治の話題が続きましたが、次回からは戦後日本の精神や生活がどんなふうに変わっていったかを眺めながら、東京オリンピック、新幹線、万博へ向けてワッショイワッショイの時代を一気呵成(かせい)にお話いたします。

第十四章

嵐のごとき高度経済成長

オリンピックと新幹線

この章の

✴ポイント

朝鮮戦争の特需(とくじゅ)により、昭和三十(一九五五)年前後には国民の生活はかなり裕福になっていました。ここに池田内閣の所得倍増計画の影響も加わり、大衆消費の時代が到来しました。ソニーやホンダといった企業が新技術を導入し、新製品を次々と開発。日本経済はあっという間に発展していきました。昭和三十九(一九六四)年になると、日本はＩＭＦの八条国入り、ＯＥＣＤにも加盟。さらに同年、東海道新幹線が開通、東京オリンピックも開催されました。

✴キーワード

高度経済成長／ＩＭＦ(国際通貨基金)／ＯＥＣＤ(経済協力開発機構)／東海道新幹線／東京オリンピック／神武(じんむ)景気／スエズ動乱／宇宙開発競争／キューバ革命／ケネディ暗殺

✺ただただ勤労ニッポン

今日は高度成長の時代をお話します。昭和三十五年（一九六〇）、岸内閣の後を受けた池田内閣が唱えたのが、月給二倍論でした。GNP（国民総生産）を毎年八・八パーセント上げていくと、十年後には二・三倍になる、すると必然的に私たちの月給は一人当たり一・九倍になるというものです。ただ往々にして間違うのですが、実際は池田内閣ができたからいっぺんに経済成長がはじまったわけではなく、すでに昭和二十八年（一九五三）頃から日本人がどんどん働きだして、ある種の高度成長時代に入っていたのです。朝鮮戦争の神風（かみかぜ）が吹いたこともあり、日本人の労働力はぐんぐん増してきましたし、昭和三十年くらいには国民の生活はすでにかなり裕福になっていました。私も、かつては焼酎（しょうちゅう）しか飲めなかったのが、やがてトリスになり、オーシャンになり、サントリーの角（かく）（角瓶）になって……そういえば隅田川でボート選手だった昭和二十六、二十七年頃は、先輩が吾妻橋（あづまばし）あたりでビールを飲ませてくれるというと感涙（かんるい）にむせぶくらい嬉しかったのが、この頃になるとビールなんてガブガブ飲めるようになっていました。それにつれて隅田川の水がどんどん汚くなりました。川上にある工場群が大いに稼働しはじめたからです。実際、昭和三十年から三十五年までの五年間でGNPの年平均成長率は八・八パーセントを上回って年一〇・四パーセントで成長し、一人当たり給料が二・七倍になるほどだったのです。その証拠ともいえる世相についてはあとで詳しくお話します。

ところが日本の経済学者はいつだって大間違いをする癖があるようで、そんなことできるわけないじゃないか、と池田内閣の政策についてはクソミソでした。そこで池田さんの最大のブレーンだった開発銀行理事の下村治(しもむらおさむ)さんがいみじくも言った言葉が、私などは非常に印象に残っています。

「日本経済についてありとあらゆる欠点を並べたててあざ笑う人々を見ていると、私はアンデルセンの『醜(みにく)いあひるの子』を思い出す。……日本経済は白鳥の子らしい特徴をもった発育を示しているのに、あひるの目で見れば異常なのかもしれない」(『日本経済は成長する』弘文堂)

これを読んだ時、「えっ!? オレたちは白鳥なのかな。いや、まだアヒルなんじゃないの」なんて言ったものです。ともかく下村さんは断然たる自信を示しました。そんな時にはやったキャッチフレーズが「国民よ大志を抱け」——クラーク博士の"Boys be ambitious."をもじったものですね。また「育ちざかりの日本経済」なんてことも言われました。

さて、そういった政策を受けて、すでに頑張りはじめていた各企業は、「政府の後押しがあるならば」とさらにハッスルします。これまでに続けてきた設備投資をもっともっと進めようじゃないかと積極的になっていきました。生産を上げるための設備投資によって生産が上がればさらに投資する——というかたちで生産力をどんどん膨らませていきます。

また国民も、月給が二倍になるというのでマイホームへの夢を膨らませはじめます。それまでは、狭い家に何人もの家族がゴタゴタと一緒に住んでいたのですが、昭和三十年代半ばからマイホームへの夢が膨らむと同時に、家族の一人ひとりが自分の部屋をもつことをものすごく願うようになりました。考えてみれば、これが核家族のスタートだったのでしょうが、人間は夢が膨らむにつれて一人になりたいという思いが強くなっていくようです。

また労働組合も、それまでのようにギスギスした闘争ばかりやっているのではなく、給料もどんどんベースアップしていくに違いないというので、かなり穏やかになっていきます。お話しましたように、政治的には安保改定といいますか、むしろA級戦犯の岸さんが総理大臣になって勝手なことをやろうとしていることに対する反感でもって闘争は起こったのですが、労働者と経営者の関係についてはずいぶんやわらかくなりだしたわけです。そんなふうにして企業はぐんぐん発展していく。その典型的な戦後企業の具体的な例としてソニーとホンダについてお話してみたいと思います。

✺大衆消費時代の到来――ソニーとホンダ

ソニーは昭和二十一年（一九四六）に発足しまして、昭和三十三年（一九五八）までは東京通信工業と名乗っていました。スタート時は非常に小さな会社でしたが、ご存じのように、井深(いぶか)

大さんと盛田昭夫さんが、非常にうまいコンビネーションで技術と経営の役割分担をしていました。私がよく覚えているのは、デンスケという四五キロもある大きなテープレコーダーです。昭和二十五年（一九五〇）に国産第一号を発売しましたが、これが十六万円と高かったんですね、半年で一台しか売れなかったそうです。その後どんどん研究を重ねてコストダウンし、軽量化し、学校を中心に少しずつ売れるようになっていきました。そうするうち、昭和二十九年（一九五四）、日本初のトランジスタラジオの試作に成功したのです。当時、テレビが売られはじめた頃でしたが、ほとんどの人が高くて買えませんから、情報源としてラジオが貴重でした。そこに小さなラジオを開発したものですから、よく売れた、たいへん成功したのです。

この技術は、アメリカのウエスタン・エレクトリック社から導入しまして、そのパテント（特許）料が九百万円と当時としてはものすごく高かったんですね。私が文藝春秋に入った年の月給が一万二千円、一年たった二十九年が一万三千円に上がったという時の九百万円でした。通産省は、「こんな小さな会社が莫大な特許料を払うのは無謀だ」と許可しませんでした。それならばと融資を頼んだ三井銀行も「トランジスタというのは真空管の代用品なんでしょう。そんなに高いはずないんじゃないんですか」と馬鹿にしてはじめは取り合わなかったそうです。事実、アメリカではトランジスタはわずかに補聴器に利用していたそうで、ラジオに生かすなんてことは考えませんでした。そこにソニーが目をつけたのです。よき発想の勝利です。井深さんは言ったといいます。

「補聴器のような市場規模の小さいものでは意味がない。やるからには誰でも買ってくれる大衆製品にしよう。それならラジオだ」

こうしてラジオに全力を注いだのが大成功し、後のソニーの基盤になりました。これを見ても、すでに昭和二十年代の終わり、莫大なパテント料を払っても「大丈夫だ、日本人の購買力はこれからどんどん増えるんだ」という自信があったわけなんですね。

もう一つはホンダです。本田技術研究所として昭和二十一年（一九四六）に設立、ごくごく小さな町工場で自転車に小型エンジンをつけてバタバタと走り出したようなものを造っていた。社長の本田宗一郎（ほんだそういちろう）、専務の藤沢武夫（ふじさわたけお）が、これも技術と経営のコンビネーションよろしく、次々と技術改良し、本格的なオートバイへと進んでいったのです。昭和二十四年（一九四九）には二サイクル、九八CCのオートバイ「ドリーム号」（私オートバイのことはまったく知りませんので資料を写してきただけですが、一台十八万円もしたそうです）、当時これは欲しい人にはものすごく欲しいものだったようです。さらに昭和二十七年（一九五二）には四サイクルエンジンを取りつけた「白いタンクに赤いエンジン」の「カブ号」（もちろん、私は存じませんが）を発売して大当たりし、いよいよ昭和三十八年（一九六三）には四輪車に進出するという発展ぶりでした。

じつは昭和二十七年、ホンダは資本金がわずか六百万円の時に、量産工場をつくるため、アメリカ、ドイツ、スイスなどから工作機械を四億五千万円というものすごい値段で購入しています。社長がいくらオートバイ狂とはいえ、もし成功しなかったらどうするんだ、と周囲が危ぶんだそうですが、本田さんはこう答えたといいます。

「会社はつぶれても機械は残る。誰かが使うから、日本のためになる」

これが本田社長のいいところだと思いますし、成功の原点です。昭和三十年の秋でしたか、私は本田社長に談話筆記で会社経営の苦労話をお願いしたことがあります。快諾してくれまして、本田さんが喋ったのを私が「バタバタ暮らしのアロハの社長」という記事にして「文藝春秋」に載りました。これを本田さんが喜んでくれましてね、藤沢さんと一緒に神楽坂(かぐらざか)でご馳走になったんです。神楽坂浮子(うきこ)さんという流行歌手兼芸者さんがいたりして非常に楽しい夜だったのですが、その時、本田さんに言われたんです。

「何かお礼を差し上げたいのだが、お金というわけにもいかないから、うちの株を少々もらってもらいましょうか。今は安いけれど、きっとものすごく高くなるから是非」

私は株なんて興味ありませんから、お断りしました。それがずいぶん後にあるパーティでお会いしてこう言われました。「あの時、あんたが断ったから今さらあげるわけにはいかないけれど、うちの株はあれから数百倍になったんだよ」と。当時ホンダはボーナスが出せないので株券を社員に渡していたそうで、男の社員は酒を飲むためか何かですぐ売っちゃうんだけど、それを買ったり、一切売らないでため込んできた女性社員のなかには、今や億万長者が何人もいるんだ、などと聞かされた覚えがありまして、ああ、あの時に株をもらっておけば今ごろ……なんて思いもするわけであります。

　ともかく、会社はつぶれても機械は日本人の誰かが使うのだから日本のためになる、という言葉がたいへん印象に残っています。

✸日本の風景が変わった

　ソニーとホンダを例にあげましたが、いずれにしろ新技術をどんどん導入し、それによって新製品を開発していく、これは他の会社にもいえることで、戦後の日本企業の経営戦略の基本姿勢です。同時に、懸命な努力をして国民が喜ぶように軽量化、コストダウンし、それが量産化を実現する。するとまたそれが大量消費をもたらし、各企業がぐんぐん成長していったのです。戦前に創業の松下電器、シャープ（当時は早川電機といいました）、それに戦後創業のサンヨー（三洋電機）などがぐんぐん力をつけ、また戦前からの大企業である日立、東芝、三菱電機がさらに追いかけ、いずれもあれよという間に大きく発展していきました。要するに、そういった土台があったところに政府が積極的にこれを支援するかたちになったので、この後昭和三十四年（一九五九）から三十六年、三十七年へと嵐か疾風（しっぷう）のように続く高度成長がスタートし、日本の国力が目を見張るくらい伸びていったわけです。

　またその結果、オートバイだのさまざまな製品の基本になる鉄の産業がこれもどしどし大きくなります。そしてそのために日本の国はすっかり様相を変えていきます。どういうことかと言いますと、東海道、つまり太平洋の海岸線に、鉄鋼、次に石油のでかい工場がにょきにょきできたのです。北九州に製鉄所があった八幡製鉄は、堺と君津にも工場をつくりました。さらに富士製鉄は名古屋と鶴崎に、川崎製鉄は水島に、住友金属は和歌山と鹿島に、日本鋼管は福山と扇島に、神戸製鋼は加古川に……とまあ、バブル崩壊後の不況でお閉めになるところもあったでしょうが、現在も東海道・山陽新幹線に乗れば見ることのできる製鉄所がこの時代にだーっとできたのです。

　石油というのは、石油精製と石油化学コンビナートです。出光の徳山、三井の岩国と五井、住友の新居浜と広島、三菱の水島と四日市、日石の根岸と川崎。今ではなんでもなく昔からそこにあるような工場が、この頃にできたんですね。なぜその場所かと言いますと、原料を海外に頼っているため、大型専用船で持ってくるには海岸線が便利だし、需要地と近く輸送コストを引き下げることも可能でした。こうして、日本の昔からの自然はかろうじて日本海側に少し残りましたが、太平洋沿岸はほとんど様相を変え、今日見る新しい日本の風景ができあがってしまったのです。

　こうなってくると、何よりも労働力がありません。日本ではたくさんの人が戦死し、空襲で亡くなりましたから、労働を担う人材が減っているわけです。そこでまず目をつけられたのが、中学を卒業した人たちです。会社がこれをどんどん引っ張るものの、いややっぱり高校へ行きたいという人が増えてくると、今度は高校卒業の人を引っ張る、このように昭和三十六年（一九六一）あたりから中卒、高卒の人が珍重されたのを「金の卵」と言いまして、加藤芳郎さんが漫画「まっぴら君」（昭和三十九年二月二十四日付）でも象徴的に描いています。私が社会に出た昭和二十八年（一九五三）から昭和三十年頃まではたいへんな就職難だったのに、その後はそれどころじゃない、求人のほうが増えたんです。

同時に、田舎のお父さんたちも都会へ出稼ぎに出て働くようになります。そのために昭和三十年代の後半あたりから、地方の農家は衰微していき、残ったじいちゃん、ばあちゃん、かあちゃんの「三ちゃん農業」が主になりました。このへんから日本の産業は変貌していったとい

当時、引っ張りだこだった「金の卵」を描く加藤芳郎さんの「まっぴら君」

いますか、農業体質を薄め、工業国家（一気にというわけではありませんが）への道を歩みはじめたわけです。そのくらい日本人はよく働きました。

さあ、するといつまでもヒーヒーいっている敗戦国というわけにはいきません、国際的にも「あの国の力を世界的に使ってもらおうじゃないか」ということで、日本は昭和三十九年（一九六四）、IMF（国際通貨基金）の八条国（国際収支の赤字対策などを理由に為替取引を制限しないことを約束する。貿易・為替の自由化が推進される）に入ります。続いて同年、先進国としてOECD（経済協力開発機構）に加盟しました。競争力をつけた日本は、国際経済の仲間入りをし、自由な貿易関係を回復すべきであるというところまできたわけです。現在も、日本がまだ中国にODA（途上国援助）を出す必要があるのか、などと議論されていますが、そういった話もこの時にはじまったのです。そして九月七日には、実に百二カ国、千八百人が参加して東京でIMF・世界銀行東京総会が開かれました。こんな華々しい催しを当時の日本がやったのか、と今でも驚くような感じですが、事実、池田首相がそこで歓迎の大演説をしました。その中で今でも印象深く、多くの人が記憶している言葉に次のようなものがあります。

「所得倍増計画は国民に自覚と自信を与えた」

これ、まったくその通りだと思います。

「戦後十九年の高度成長で日本の国民所得は西欧水準に接近しつつある」

しつつある、でなく、すでに到達していました。

「戦前八十年でできなかったことを戦後は二十年でやろうとしているが、これを可能にしたのは国民の努力と国際協力である」

とまあ、他国にも華をもたせて池田さんは胸を張ったのです。こうして敗戦国日本はいっぺんに、国民の自覚においては「大国」になっちゃったのです。続いて十月一日には東海道新幹線が開業し、時速二〇〇キロのひかり号が東京—新大阪間を四時間で走りました。そして十月十日、東京オリンピックが開幕します。念のため申しますと、昭和三十年（一九五五）にミュンヘンでのＩＯＣ（国際オリンピック委員会）で、次のオリンピックは東京でと決定していました。ですから、それを目標に東京改造がはじまっていたのが見事に花開いたというわけです。まさに戦後ニッポンが世界的に名乗りを上げ、実力を世界に示したのがこの年で、ひとつのエポック・メイキングと言えるでしょう。

実はここまでは今日のお話の大雑把な概要でありまして、以下、この時期の国内外のトピックを取り上げながら、日本の発展を、世界の情勢も絡めて示していきたいと思います。

✵神武景気でマネービルが建つ

「もはや戦後ではない」というフレーズは昭和三十一年（一九五六）でしたが、文学の世界ではその言葉通り、まさに「もはや戦後ではない」時代になっていました。戦後文学はまことに暗く、重く、自分たちの怨念と悲惨さと情けなさばかり描かれていたのがこの年、そんなものとはまったく無縁の途轍もない小説が登場してきました。世間はアッと驚きました。まさに新時代の開幕です。ご存じ、「文藝春秋」一月号に芥川賞作品として発表された石原慎太郎さんの「太陽の季節」です。私はこの時、その編集部におりましたので非常によく覚えていますが、前年十一月の選考会ではかつてない大激論が交わされました。でかい声を出す人も出て、端でお手伝いをしながら聞いていた私など「ヒェー、こんなに本気になって」と驚くほど作家たちがまともにやり合っていました。この作品を推すのが舟橋聖一さんと石川達三さん、「こんなものは絶対に認めない」と主張していたのが佐藤春夫さん、宇野浩二さん、丹羽文雄さんでした。間に立って、しぶしぶ支持しているのかなあというのが中村光夫さんと井上靖さん、どっちつかずで発言しなかったのが川端康成さんと瀧井孝作さんでした。論争の骨子を再現しますと、佐藤春夫さんが言います。

「この作者の鋭敏げな時代感覚はジャーナリストや興行者の域を出ていない。決して文学者のものではないと思っている。また、この作品の美的節度の欠如を見て最も嫌悪を禁じ得なかった」

文学ではなくて興行ですから、今でいうパフォーマンスといいますか、見世物といいますか。また「美的節度」云々に関しては、例の障子破り、いや、ご存じの方はご存じであるということにしておきます。それに舟橋聖一さんが反論します。

「若い作者が世間の目を恐れず、素直に生き生きと〝快楽〟に対決し、その実感を容赦（ようしゃ）なく描き上げた肯定的積極さが実にいい。また、この作者の描く快楽は、戦後の無頼（ぶらい）とは異質的、節度のあるものだ」

かたや節度がないと言い、かたや節度があると言う。いつまでやり合っても終わらないんですよ。そんな時、佐藤春夫さんの弟子格である井上靖さんが口を開きます。

「佐藤先生のおっしゃるほど、悪い作品ではないと思いますよ」

これが決定的になったんです。佐藤さんはむっとしたような顔でしばらく黙っていたのですが、「君がそう認めるのか」という感じになると、中間派だった川端さんも賛成に回り、やがて佐藤さんと宇野さんは無言の行となって、結局当選が決まったのです。この作品は結果的に、文壇だけでなく社会的な事件ともなり、多くの人に知られまして、風俗としては「太陽族」[*1]なるものまで生みました。ジメジメした暗い戦後文学といったものが吹っ飛んでしまう。〝節度のない〟、と言っちゃあ石原さんに怒られますが、まあそういう作品が芥川賞となった、そのことがまさに新時代的であったとも言えるんじゃないでしょうか。ついでに、この作品が映画化されて、慎太郎の弟の石原裕次郎がデビューし、銀幕の大スターが誕生する、というおまけもありました。

同じようなことが、昭和三十二年から三十三年にかけての開高健（かいこうたけし）さんと大江健三郎さんとの一騎打ちにも起こります。開高さんの「裸の王様」を支持するのが中村光夫、石川達三、佐藤春夫、丹羽文雄の各氏、大江さんの「死者の奢り」を推すのが川端康成、井上靖、舟橋聖一――佐藤さんと舟橋さんは文学観がまったく違うようですね――の各氏で、これまたどちらも譲らないんです。結果的には開高さんが受賞しましたが、この時は落選した大江さんも後にすぐ受賞しました。

いずれにしろ、長老方が、大江さんのように当時は大学生だったり、石原さんのように大学を卒業したばかりの若い人たちの作品を題材に真っ向からやり合ったんですよ。文学の世界では滅多にないことで、それはそれは華々しく面白かったのです。これが日本の文学を勇気づけ活気を与えたといいますか、それまでのメソメソしたような文学から、ハツラツと明るい方へと移っていきました。「もはや戦後ではない」の言葉とともに景気のうえでも賑やかになり、生活も豊かになった状況が、「太陽の季節」や「裸の王様」（抑圧された金持ちの子供が画塾に通い、自然と接するうちに、想像や表現のエネルギーを取り戻します）などの作品にも表れたんでしょうね。

当時、日本は神武天皇以来の好景気だというので「神武景気」と呼ばれました。ちょうどそんな時、世界では昭和三十一年（一九五六）十月にスエズ動乱が起こります。かつてイギリスが管理していて戦後はエジプトが管理するようになったスエズ運河を、ナセル大統領が「エジプト国有にする」と言い出すや、「とんでもない」と世界的な反感が起こります。とりわけ反発したイスラエルが――前に話しましたようにあんなところに建国したからものすごく影響が大きいのですが――電撃的にエジプトに攻め入ったのです。これが世界を揺るがし、「文藝春秋」もただちに臨時増刊号を出して大いに働かされた覚えがあります。朝鮮戦争がそうであったように、スエズ動乱も日本経済にとっては「第二の神風」になりました。すでにかなり景気がよくなった時期の世界的動乱、しかも遥か遠い場所ですから直接的には被害も受けません。たいへんな儲けを生み、好景気にさらに弾みがついたのです。

まったく戦争というのはいつの時代でも儲かるのです。新聞雑誌もそうです。だから変なことを考えるやつが絶えないのです。ともかく日本では、スエズ動乱直後の兜町（かぶとちょう）の東証ダウ平均株価が五百円を突破しました。これに乗じた人もたくさんいて、日興証券が言い出した「マネービル」という言葉がはやり、素人（しろうと）までが株に手を出す大衆投資時代が到来したのです。さっきも申しましたが、私は株にはまったく詳しくありません。残念ながらノー・タッチです。されど「マネービル」という言葉だけはしっかりと覚えております。

✺三種の神器でよろめいて

翌昭和三十二年（一九五七）、映画館では画面が横にワイド化した「シネスコ」が現れます。それまでチャンバラ禁止令でアメリカに抑えられていた剣豪（けんごう）たちが続々と画面の上で活躍します。同時に「三人娘」――美空ひばり、江利（えり）チエミ、雪村いづみ――が華やかに登場し、大画面にのべつやたらに並んで出てくるのです。これまたシネスコに合うんですよね。また、〝カリプソ娘〃——なんでそういうのか知りませんが——浜村美智子さんがひょろひょろっと出てきて「デーオ・イデデ・イデデ・イデデ・オ」と歌います。かと思うと、男が女の格好をした〃シスター・ボーイ〃丸山明宏さんが（今の美輪明宏さんですね）、「メケメケ　バカヤロウー　情なしのケチンボ」とやるわけです。まあこういう歌がやたらはやったんですよ。

またあの頃、「よろめき」というのがよく言われました。日本人は変わり身が早いというのか、少し裕福になるとたちまちこうなっちゃうんですね。昭和三十年代以降、企業が大衆向けにさまざまな便利な商品を開発し、電化ブームが起こります。テレビ、電気洗濯機、電気冷蔵庫の「三種の神器」で家事から解放された主婦たちが、大当たりした三島由紀夫さんの小説『美徳のよろめき』のようになったと言いますか……。また自動炊飯器、電気掃除機、より小さくなったトランジスタラジオなど、耐久消費財が登場してきました。

文学では、これは三十三年ですが、松本清張さんの『点と線』[*2]が話題となり、清張ブームが起こります。この頃から日本のミステリが本格路線をゆくようになり、「日本の推理小説は清張にはじまる」とも言われました。というのは、それまでの日本の探偵小説は犯人探しばかりでしたが、清張さんの作品は、普通の人間が罪を犯さざるを得なくなる社会的な背景を描き、誰しもの身の回りに起こりうる犯罪を題材にしたからです。また、人間がしっかり書かれています。犯罪の動機がまことに一般的で、読者のだれもが身につまされるんです。それをまた、地味な刑事が靴をすり減らしてふうふう言いながら追う、現実的なんです。ほんとうに現代的なんです。そういった社会派の推理小説がはやったのです。

外に目を向ければ、三十二年、ソ連は十月四日に人工衛星スプートニク一号を打ち上げました。それまで冷戦は、もっぱら核兵器の競争でした。戦争中から核爆弾をつくっていたアメリカに対し、戦後に核実験をして競争をはじめたソ連が、いきなり「宇宙」というものに手を出したのです。いつから目をつけはじめたのか、なかなか問題なのですが、終戦後、アメリカがドイツからロケット科学者たちを連れ帰ったのに対し、ソ連は図面や設計図を持ち帰りました。そして共に宇宙に関する研究をはじめたのですが、結局は人間でなく、図面や設計図などの資料を徹底的に研究したソ連が先んじたわけです。面白いもんですねえ。

スプートニクは重量八三・六キロ、これを宇宙に打ち上げたというのですから「そんなに重いものが上がるわけない、八キロの間違いではないか？」と世界じゅうが驚き、アメリカは悔しまぎれに、「スプートニクの軍事的影響はゼロである。宇宙にロケットが上がったからといって、純軍事的な意味においての東西のバランスはなんら変化はない」、とは言ったものの実は顔面蒼白、その後シャカリキになって宇宙研究に取り組むようになりました。

そういったなかで十一月十八日、モスクワで六十四カ国共産党・労働者党代表会議が行なわれた際、中国の毛沢東国家主席のぶった大演説が、私たちにも非常に印象的でした。

「アメリカ帝国主義は、原子爆弾をもってはいるが、いずれ倒れる張り子の虎である」

以後、〝アメリカ帝国主義は張り子の虎〟というのがはやりまして、さらに、

「世界にはいま、東風と西風の二つの風が吹いているが、やがて東風が西風を圧倒するであろう」

共産圏の社会主義国家が、資本主義国家アメリカを圧倒するであろう――見事に宇宙時代到来の先陣を切ったソ連のほうが、アメリカより一歩も二歩も三歩も先を進んでいるという自信の表れでした。以後、冷戦がさらに厳しくなっていくなかで、日本はどちらにも関係ないような顔でのほほんとして、せっせと働いていました。

✺ダンチ族はエリート族

年が明けて昭和三十三年（一九五八）。日本の風俗をさらに見ていくと、ロカビリー旋風です。今でも記憶に残るのが、渋沢財閥の端っこにいた軽妙な筆致のエッセイスト、渋沢秀雄さんと一緒にコンサートに行って原稿を書いてもらったことです。それが傑作で、

「ギターを弾きながら歌う歌手は、みな昔の車屋さんのハッピみたいな細ズボンで、両足をひろく開き、上半身を左右にクネらせ、背中のカユいような恰好をしながら、全身を小刻みにケイレンさせ、いや、全身これ貧乏ユスリという感じであった。……」

まことこの「全身貧乏ゆすり」で平尾昌晃やら山下敬二郎やらが日劇の舞台に立って……ま

あ、なんともかんとも申しかねる時代が来たんだなァと思いましたけど。

　この年の生活といいますと、昭和三十年に発足した日本住宅公団による公団住宅ができはじめます。今では公団住宅というと長屋のようなイメージがありますが、当時は高嶺の花で、ぼこ、ぼこ、と日当たりのいいところに建つじゃありませんか、入れるなんて夢のまた夢のような話でした。家賃は2LDKで三千五百円から四千八百円、申し込み資格は平均月収二万五千円以上（所帯用）。念のために申しますと、当時の国家公務員の上級職の初任給は九千二百円でした。この時はやった「ダンチ族」という言葉を命名した「週刊朝日」の七月二十日号の調査結果によると、三十代の夫婦、子供は一人か二人の核家族で、月収が二～三万円、「電気洗濯機が二軒に一台、電気冷蔵庫は七軒に一台、電気釜は三軒に一台……」あったということです。ダンチ族は当時、ものすごいエリートだったのです。

　そして八月、日清食品の初のインスタントラーメン「チキンラーメン」が発売されました。一袋三十五円、熱湯をかけて二分後に食べられるというので、爆発的に売れました。今でも覚えていますが、私の編集部でも、記者なんか夜遅くなると、食べるものがなくなってこればっかり食ってましたねえ。

　十月にはフラフープが売り出されます。腰のところでくるくる回すんですが、「ウエストが細くなり、お年寄りなら曲がった腰が伸びます」の宣伝文句はウソのこんこんちき？

　ところで今、何か昭和三十年代ブームのようなものがあって、大いに懐かしがられている。

東京タワーができる昭和三十三年あたりを扱った『オールウェイズ』[*3]という映画も人気を集めているそうですが、あの頃の生活といえば、ダンチ族で電気洗濯機が二軒に一台、電気冷蔵庫は七軒に一台、電気釜は三軒に一台ですから、行き渡ったわけではないにしろ、基本的には日常生活の一番大事なものとしてそれらがわれらが家に存在しはじめていたわけです。つまり、今私たちの日常生活で使っているほとんどの器具は、昭和三十三、三十四年くらいにだいたいそろったんですね。極端な言い方をすると、このころにあの貧しかった戦後生活がパァッと様変わりしちゃったんじゃないか。いまの私たちの日常生活のスタートはまさにこのころに切られた。昭和二十年からのあの飢餓と貧しかった生活とは連続しないで、ここでスパッと切り換わり、新しい戦後がはじまった、と私なんか非常に強く感じるのです。

今、「昭和」を懐かしがっている若い人たちは自分たちの今の生活の原点をそこに見ている。電気釜や冷蔵庫の古い型を見て、ああ今使っているあれこれは、この時代はこんなにチャチだったのか、と。私たち戦前を知っているロートルたちには、昭和三十年代の暮らしなど懐かしくもなんともありませんが、若い人たちの話を聞いていると、そこに自分たちの生活の原点を見出して素晴らしい、懐かしいと思っているようにも見えるわけです。日本人の（意識じゃありませんよ）生活としては昭和二十年代の戦後史とはここでいったん切れて、昭和三十年代以後の戦後史がはじまった。いや、それこそが「戦後」なんですね。と考えると、今ああいった映画がはやっている理由がよくわかるのです。

ではその時、なくなったのは何か。戦前から昭和二十年代までの日常生活品です。ちゃぶ台、たらい、火鉢、アンカ、柱時計、蚊帳、蠅たたき、家の外に置いてあったゴミ箱、そして縁側……私たちロートルにとっては一番懐かしく、これぞ戦後じゃないかというものがすべて消えたのです。代わってこれらとは縁がない今の若い人たちが、その目で間違いなく見てきた、電気冷蔵庫、電気洗濯機、電気釜という近代文明が登場する。原点、言い換えれば自分たちのふるさとは、まさにこの時代にあるんですよ。苦闘の戦後がここでひと区切りして新しい時代がはじまった。生活の基本が変わると、さあ今度は意識のうえでも新しさがやってきた。それはすなわち経済重視、お金、お金で、「精神はどうでもよい」の時代であったかもしれません。

✸冷戦激化、緊張する世界

先を急いで昭和三十四年（一九五九）。海外の話になりますが、一月にキューバ革命が起きて、カストロが首相になります。これは世界の情勢を理解するために非常に大きなことです。どこの国家でも一番のウィーク・ポイントとなるアキレス腱といいますか、突きつけられた匕首というようなものがあります。日本の場合それは朝鮮半島ですが、アメリカにとってはキューバ。そのキューバが革命によって独立国をつくったのです。最初、カストロ政権はアメリカ寄りだと思ってにこにこ応援していたアメリカは、あにはからんや、とんでもないと気づいて幻滅し、

「ヤツは共産主義者ではない、ただのファシストだ」とガンガンやりはじめます。が、そんなものはへでもありません。堂々たる共産主義国家の誕生であり、アメリカが常にノド元に匕首を突きつけられる事態となる。世界史の大きな分岐点ともなったといえます。

さらに九月十四日、ソ連は初の月ロケットを打ち上げ、見事到着に成功します。そして十五日、ソ連のフルシチョフ首相がアメリカを訪問し、いいようにアメリカ国民をおちょくります。宇宙の競争でどんどんリードしていますから、ざまみろという感じで言ったセリフが、

「われわれはあなた方を葬るであろう」

宇宙を制するものがこれからの世界を制すると大きな声で怒鳴った、そうアメリカは受け取ったのですが、実は「共産主義は資本主義より長く生きるであろう、だからあなた方のお葬式を出してあげますよ」の意味だったそうです。しかし「オレたちはリードしているんだ、アメリカなどくそくらえ」と解釈したアイゼンハワー大統領は、「何を言うかっ、クルックチョーフ君」、とやり返します。クルックには「ならず者」の意味があって、フルシチョフはカンカンに怒りました。いずれにしろ、キューバ革命もありますし、米ソ関係はますます険悪化、世界が緊張してゆくのです。アメリカは負けまいと宇宙開発はもちろん、軍事力強化にもより力を注ぐなか、いよいよケネディ大統領が出てくるわけです。

✹ジャーナリズムに〝冬の季節〟

続いて昭和三十五年（一九六〇）です。日本では安保闘争の大動乱の年で、戦後の鬱屈した時代の〝ガス抜き〟が終わったということは前回申しました。その年の九月、アメリカは原子力航空母艦エンタープライズをつくりました。ソ連は宇宙であれこれやっているけれど、われわれはいずれ原子力潜水艦を建造し水の底から姿を見せずに核兵器を撃つようにするぞ、という態度を見せたのです。すでに引退しましたが、この空母は八万五千トンというものすごい大きさで、八基の原子炉で航行、最高速力は三六ノット、巡航速力三三ノットで十四万海里を無寄港で走り回れるといいます。艦載機は百機でした。昭和四十年（一九六五）、私は米国東海岸の軍港ノーフォークで日本人としてはまさしく最初にこれに乗ったのですが、残念ながら、八基の原子炉は軍事的な大秘密であるといって見せてくれませんでした。冷暖房完備だとか、いいところばかり見せられたわけです。そしてただただびっくりするばかりでした。

いっぽう日本では、ジャーナリストにとって非常に大きな事件が起きました。岸さんが辞めて池田さんの新内閣が、国民に信任を問う選挙をするというので政治的闘いがはじまった直後でした。十月十二日、日比谷公会堂で与野党党首の演説会が行なわれていたその会場で、社会党の浅沼稲次郎委員長が演説の最中、突然壇上に上がってきた十七歳の右翼青年、山口二矢に長い匕首で二度刺されて殺されたのです。これはテレビで中継されてたんですね。私は「週刊文春」の編集部で、テレビをつけたまま何か原稿を書いていました。浅沼さんが「われわれ社会党は……」なんてやっていると、いきなり刺されたのですから愕然としました。

その後、少年鑑別所で自殺した犯人をモデルにして大江健三郎さんが小説「セブンティーン」を書いて雑誌「文學界」に発表しますと、これが大問題になりました。「山口君は英雄なのだ、このような描きかたは許せない」と右翼がどかどかと文藝春秋に乗り込んできまして、公安の刑事立ち会いのもとで編集部と大激論をやったんです。われわれは隣の部屋にいて、何かあったら飛び込もう、と身構えていました。後で聞くと、相手は激昂すると灰皿をつかんで投げる仕草をしたり、いきなり突き出してこちらの目の前でパッと止める。決して当てない。当たれば暴行の現行犯として警官がただちに取り押さえますからね。

そんなことがあってさらに十一月です。十日発売の「中央公論」十二月号に深沢七郎さんの小説「風流夢譚」が載りました。皇室を、何と言いますか、誹謗というか、馬鹿にしたというか、まあそういった内容で、当然のことながら右翼団体が厳重抗議します。そしてついに翌年の二月、中央公論社の社長宅に右翼が強引に押し入る事件が起き、社長はいませんでしたが、奥さんとお手伝いさんを襲い、お手伝いさんが亡くなってしまいました。

こうした言論機関への右翼による猛烈な抗議が続くと、さすがに言論界も震撼し、各新聞雑誌社などが加入する日本ジャーナリスト会議が声明を出します。

「今日の暴力は言論機関に携わるすべてのものに加えられたテロであることを確認し、断固たる態度で言論、表現の自由を守らねばならない」

まあ、その通りなんですが、こんな声明だけで大丈夫なのかいな、という、非常に寒々しい思いを私たちなどはもっていました。「文學界」も中央公論も陳謝状を出して、やがて解決はするのですが、それでも何カ月かの間、日本の言論界はまことに頼りなく、情けないくらいにシュリンクしたといいますか、私たち編集者も荒涼たる気分で元気がなくなっていたのです。字義どおり〝冬の季節〟でした。

安保騒動に続いてそういうことがあったわけで、騒動の後に池田内閣が発足してたちまち高度成長に入り、日本中がわっさわっさと急に元気になったというわけではなく、まさにいろんなことがあったことを記憶にとどめておいてほしいと思うのです。こういう冬の時代がいつ来ないとも限らないのですから。昭和六十二年（一九八七）五月三日の憲法記念日、朝日新聞の阪神支局が襲われて記者の方が亡くなった事件も、今もって犯人が捕まりません。暴力のもとにジャーナリズムは必ずしも強くないのです。戦前、軍の暴力のもとにジャーナリズムがまったく弱かったのと同様で、それは残念ながら、しっかりと認識しておかなくてはいけません。表現の自由を断固たる態度で守らねばならないというのはその通りですが、断固たる態度を必ずしもとれないところがジャーナリズムにはある、それは反省と言いますか、情けないくらいの私の現実認識でもあるのです。

✹わかっちゃいるけど無責任時代

さて昭和三十六年（一九六一）です。一月、ケネディがアメリカ大統領に就任し、かの名演説を行ないます。英語で聴いていても「なんだかいいことを言ってるなあ」と、わかったわけじゃないのに感心していましたが、後で翻訳を見るとやはり名文でしたねえ。

「同胞のアメリカ国民諸君、国が何をしてくれるかではなく、国のために自分が何をできるかを問うてもらいたい。世界の同胞諸君、アメリカが何をしてくれるかではなく、人類のため、みんなで何ができるかを問うてもらいたい」

これはなかなかいい言葉でねえ、私たちはいつだってそうでなきゃいけないと思うのです。してもらうのでなく、自分が社会や国のために何ができるのかを常に問うことは、これからの人類にとってたいへんに必要なことじゃないかと思うのですが、まあねえ、実際そんなことやってるヒマもなくて、自分のほうが大事だという人も多いわけです。

ケネディさんは、日本に対してもひとこと言っています。

「太平洋は日米両国をへだてるものではないと考える。それどころか太平洋は私たちを強く結びつけている」

かつての日米戦争は、太平洋をへだててお互いの意思はまったく、言葉さえ通じなかったのですが、これからは太平洋がむしろ日米両国民を結びつけるものだというのです。といって隷属してはいけません――とケネディさんの代わりに付け加えておきますけどね。

さてこの年はまた宇宙です。四月十二日、ソ連の宇宙船ヴォストーク一号が、当時二十七歳のガガーリン少佐を乗せて、地球をぐるっと回ったのです。この時はさすがに、へェー、地球を回れるんだと驚きましたね。すると、ソ連の宇宙兵器はアメリカ上空でストンと核兵器を落とせるわけですから、軍事的に非常に有効なのです。それはともかく、この時はガガーリンさんの言葉が世界的に有名になりました。

「空は暗かったが、地球は青かった」

アメリカの第35代大統領ジョン・F・ケネディ（1917-1963）は就任の名演説の2年10カ月後、銃弾に倒れた

この後、たくさんの人が宇宙へ飛んで行っていろんなことを言ってますが、この言葉ですべて尽きていますね。ちなみに私は、人間が宇宙へなど行く必要はないと超保守的に思っています。軍事的なこと以外にほとんど意味がないからです。あとは気象衛星くらい上げておけば、莫大な金を使ってわざわざ行く必要はないんじゃないでしょうか。それはともかく、ガガーリンさんはこの七年後、飛行訓練中に事故で墜落死してしまいます。まことに人間の栄光の裏には悲劇が待っていると言い

ますか、短く華々しい生涯でした。一方で、アメリカは頭が痛いんですね、またソ連におくれを取ったというので、冷戦は一層激しくなります。

この年はまた、米ソ冷戦激化の証拠のように八月十三日、ベルリンに壁がつくられました。私はベルリンの壁が壊された翌年、一九九〇年十月の東西ドイツ合併のひと月後にベルリンを訪れました。飛行場の中のロシア語の看板が全部外されている最中(さいちゅう)で、そこでずいぶんいろんな話を聞きました。東ドイツの人にとっての壁とはどういうものだったのか、という問いに、東ベルリンの子どもたちは、「ソ連の特別の好意で、自分たちの国をつくらせてもらった。壁は国を守るための防壁である」と教わってきた、と話してくれました。いずれもソ連さんのお蔭だと。「ほんとにそう思ったの?」と聞くと、「思っていた」と答えました。教育というものの恐ろしさです。壁が崩れ落ちるまで三十年近くかかったのですが、実際は、これを乗り越えようとしてたくさんの人たちが犠牲になったのです。国家の分断による犠牲とは本当にひどいものだと思います。『壁を跳(と)ぶ男』[*4]というドイツの小説がありまして、ある男が西から東へベルリンの壁を跳んで反対側に入っちゃうのです。捕まって調べられ、何らの政治的意図がないことがわかって追い出されると、また西から東へ跳んで行っちゃうんです。何度もやるうちに、向こうがついに捕まえて送り返すのに飽きちゃう、という話です。諷刺としてはまことに面白い作品でありました。

このように世界が緊張を増している時も、日本では経済成長でますます生活が豊かになっています。私など、いつも月給を使い果たしてボーナスから少しずつ前借りし、いっぺんに引かれてボーナス袋の中に一銭も入っていなかったこともありましたが、それでもちびりちびりとお金が残るようになってきたのがこの頃でしょうか。世界がどうなっているかも知らないで、ほんとうに皆が人生を楽しんでいました。世相全般が明るかったですね。大いにはやったのが「スイスーダララッタ　スラスラスイスイスイ　チョイト一杯のつもりで飲んで　いつの間にやらハシゴ酒」、植木等さんが歌う「スーダラ節」です。まことに無責任時代と言いますか、日本人がいい調子になった時代を象徴する歌だと思いますが、慶応大学国文学の池田弥三郎先生の感想があります。

「現代の生活というか、いまのサラリーマン哲学というものにピッタリだよね。『わかっちゃいるけどやめられねぇ』てぇ言葉は」

まったく、わかっちゃいるけどやめられなかったねえ、あの頃は……。それほど日本は、高度経済成長がはじまり、政治的紛争もなくなり、元気がよくていい時代が続いたのです。

そうそう、「トリスを飲んでハワイへ行こう」という名文句が流行ったのもこの年でした。ちょっと古いが、〽ああ憧れのハワイ航路……なんて歌ってね、ハワイ旅行を夢にみた時代です。いまじゃハワイなんて……というところですがね。

✳やはり外交なき日本

その池田弥三郎さんが翌昭和三十七年（一九六二）、「女子学生亡国論」を唱えて大いに話題になります。この少し前に、早稲田大学の暉峻康隆さんが「大学は女性ばかりになった」ということを発表していて、それを受けたわけでもないでしょうが、池田さんが「婦人公論」誌上に「大学女禍論」を書いたのです。

「私立大学の文学部は女子学生に占領されて、いまや花嫁学校と化している」

その占める割合は、学習院大学で八九パーセント、青山学院大学八六パーセント、成城大学七八パーセント、早稲田六五パーセント、立教六四パーセント、同志社五六パーセント、慶応四四パーセント。つまり慶応を除けばすべて半分以上、こうなれば大学は「花嫁学校」で日本の将来は危ない、というわけです。これが女性およびフェミニストたちから総スカンをくいまして、当たり前ですよね、今や亡国どころか「男子学生亡国論」というくらいに、女性の力で大学は、いや日本はやっとこさっとこもっているんじゃないかという感じで、まあこの頃から女性の向学心が高まっていたわけです。「日の本は女ならでは明けぬ国」のはじまりです。

そんな時、世界ではついに冷戦が衝突しました。十月二十二日〜二十八日のキューバ危機です。先ほど申しましたカストロのキューバにソ連が船で核兵器を持ち込もうとし、あちこちにミサイル基地をつくっていることが、空からの偵察で確認されたのです。できてしまえばアメリカは防衛のしようがありません。アッという間に届いてしまう距離ですから、匕首どころではなく大ピンチです。つまり基地完成の暁には世界戦争にならざるを得ませんから、その前に防がねばならない。ケネディ大統領は「（ソ連の船舶によるキューバへの核兵器持ち込みを）断固封鎖する、封鎖ラインを突破すれば撃沈する」と表明します。さあソ連がどう出るか、そのまま突っ込んでくれば、当然アメリカは飛行機と軍艦でもって攻撃しソ連船を撃沈し、キューバを爆撃します。そうなれば世界戦争です。アメリカのトップであるケネディ大統領、弟のロバート・ケネディ司法長官は非常に慎重でしたが、軍部は皆ものすごい強硬姿勢で、あの時もしかするとほんとうに第三次世界戦争すなわち核戦争が起きたかもしれなかった。ギリギリの時間に達して、ついにアメリカはソ連に、二十四時間以内にミサイルを撤去するか、あるいは戦争かと迫ります。最後になってフルシチョフが「われわれは戦争を望んでいるわけではない」とミサイルを撤去し、船も全部戻す、といって危機が回避されたのが二十八日でした。

まさにこの一週間、世界はたいへんな緊張状態におかれました。すべての国が戦闘態勢です。日本はそんなこと存じません。当時、日本の外交はまったく何もしていません、出る幕なしです。そんな状態をとらえ、日本は結構ですなあとばかりに、フランスのド・ゴール大統領が「池田さんはトランジスタラジオのセールスマンと同じである」とからかったのが新聞に載りました。日本は復興し繁栄することが大目標なのだから少々は構わないや、とも当時は思いましたが、この時に米ソの緊張が核戦争の手前までいったということを、われわれはほんとうには認識していなかった。もっともわかったとしても手の打ちようもなかったのです。

昭和八年(一九三三)の国際連盟脱退以来、日本はなんら外交で苦労もせず、戦後も占領下にありましたし、独立後も一所懸命働くばかりで危険な外交問題を抱えているわけでもない。外交で必死に汗をかいたことがない。というわけで、いまの日本人は外交下手としか思えない。日露戦争の頃は立派にやっていたのですから全然できないはずはないのですが、どうも昭和の日本は外交というものを知らない国ではないか。現在もまた、小泉さんの靖国参拝をめぐって中国や韓国とまずくなり、それがアジア全体に波及しつつある、どうにも手の打ちようのない外交の状態がつづくのを見ますと、国際連盟脱退以降、日本はあまりにも世界情勢について無関心で、そして何かというとどこかの国におんぶにだっこで、習練不足で、不勉強にすぎたのはたしかなことじゃないかと思いますね。

✷ケネディ暗殺がもたらすことは

昭和三十八年(一九六三)になりますと、一月一日に手塚治虫さんの漫画「鉄腕アトム」がテレビに登場します。ロボットがこれから、という時代にもう早々と出てきていたんですねえ。「アトム」という名前もすごいです、原子ですからね。手塚さんは天才なんですね。

そして四月七日、NHK大河ドラマ「花の生涯」がスタートしました。たいへんな意気込みでつくられました。力が入っていました。井伊直弼を主人公とした舟橋聖一さんの原作に、尾上松緑、淡島千景、佐田啓二、香川京子、中村芝鶴、北村和夫など、当時の歌舞伎、新劇、映画界のスターをだーっとそろえて大当たりしました。今日まで続くシリーズのはじまりです。

世界では、あのたいへんなキューバ危機回避のあと、ケネディとフルシチョフはお互いに親密感が湧いたのでしょう、八月五日、英国もあわせて部分的核実験停止条約に調印します。角突き合わすだけではなく、核戦争が起こらないかたちでお互いに協調するところは協調し合わなきゃならないと歩み寄り、二人して冷戦状態を収めようとしたのです。これには米ソ両国とも軍備縮小につながるので、軍部をはじめ、猛反対派がたくさんいました。アメリカでは石油資本を握っている人たちも大反対します。ケネディは言いました。

「君たちは核爆弾が何発あれば十分だというのだ。相手をたたき潰すのに何メガトン要ると思うのか。もうこれ以上実験しなくても、いまあるだけの核爆弾で、一時間以内に三億人を殺せるんだ」

こうしてあらゆる反対派をおさえ、一方でフルシチョフも軍部や科学者に対して言います。

「君たちは有能な科学者だ。軍人だ。しかし、微妙な駆け引きを要する外交政策は、われわれに任しておいてくれたまえ」

こうして両方が責任の重大さを痛感し、とにもかくにも自国をおさえたのです。しかしこれが、共にものすごい反発を生み出します。そのために、と言ってはなんですが、十一月二十二日、ケネディが殺されてしまいます。日本時間では翌日、勤労感謝の日の祝日に、日米間のテレビ宇宙中継の第一回実験放送が流れてきたのですが、その第一報がなんと「ケネディ大統領暗殺」でした。驚きました。当時、私は腰を痛めまして、家で寝ながらテレビを見ていたんです。そこに会社から電報が届き「ただちに緊急出社せよ、車差し向けた」というわけで、この事件についての特集記事を「文藝春秋」に書かされました。ケネディの死を一番嘆いたのはフルシチョフであろう、と「フルシチョフの胸の底には」というタイトルになりました。

その後あの事件についていろんなことが言われましたが、あの時の世界には、何か大きなものが失われたような雰囲気がありました。せっかくはじまった平和への歩みが、またゼロに戻ったということでしょうか。翌日には、ジャクリーヌ夫人の「オー・ノオー」という悲痛な声が伝わってきまして、ともかくたいへんショックを受けた事件だったことを覚えています。

✺オリンピックと新幹線

さて昭和三十九年（一九六四）です。この年は問題なく、オリンピックと新幹線なのですが、その前に四月一日、日本人の海外旅行の自由化が実施されます。先ほど申しました、ＩＭＦとＯＥＣＤへの加盟で国際社会に仲間入りしたことから実現しました。かくてこの後「猫も杓子も海外へ」となるわけですが、この年の旅行者でいえば約十二万八千人、それも公務員や商社マンが仕事で渡航したのがほとんどで、わざわざ観光旅行をした人は一万九千人でした。自由化されたとはいえ、日本人にはまだ海外へ行く準備はできていなかったのですね。でも、このあたりから海外へ目を開こうという日本人の意欲は高まっていき、さっそく翌年には、目ざといＪＡＬが「ジャルパック」という団体旅行パックをつくって海外への旅を推進しました。

この前後はふつう、「昭和元禄」と呼ばれます。はじめて言ったのは福田赳夫さんで、ただしほめた意味ではなく、「池田内閣のやっている所得倍増、高度成長政策の結果、社会の動きは物質至上主義が国民の全面を覆い、レジャー、バカンス、その日暮らしの無責任さ、無気力が充満し、〝元禄調〟の世相が日本を支配している」と六月十四日、京都の都ホテルでの記者会見で語ったので、つまりこんなに浮わついた時代であってはいかん、という、よく考えると池田政策批判なんですね。早くおれに政権をよこせ、というわけなんでしょうかね。池田さんが「お前が次だ」とひとこと言えばよかったのに、知らん顔して自策を押し付けているために福田さんや佐藤栄作さんから批判が出てくる、そうこうして揉めているうち池田さんはお亡くなりになってしまうのです。

いよいよ新幹線と東京オリンピックです。

新幹線の認可は昭和三十四年（一九五九）、予算は初年度三十億円でした。その年の夏、十河信二国鉄総裁に世界銀行への借款を勧めたのが佐藤栄作だったことははっきりしています。

「こんな大工事は一内閣の期間では完成するはずない。内閣によっては方針がどう変わるかわ

鴨宮―大磯間の試運転で、窓から手を振る十河信二前国鉄総裁
(撮影＝浜口タカシ)

からん。世銀からどかんと融資を得ておけば、その時の内閣もやらざるを得なくなる。外から縛ることができる」というわけです。そこで全工事費三千八百億円のうち二百八十八億円を世銀から借款し、工事期間は五年かかるところ、三年半の突貫工事でオリンピックに間に合わせたのです。

いまも時々、東京駅で東海道新幹線に乗るとき、18・19番線階段下の突き当たりの壁にはめ込まれている銅板の文句を読むことがあるんです。これがこよなくいい文句なんです。英文もついているのですが略します。

「東海道新幹線
この鉄道は日本国民の叡智と努力によって完成された。
東京・新大阪間　515㎞
起工　一九五九年四月二十日

営業開始　一九六四年十月一日」

どうです、驕りも高慢さも思い上がりもなく、さわやかさいっぱいの文章ですね。運輸大臣や国鉄総裁の名前なんかない。日本国民みんなして造ったんだと。これがとにかく五年を三年半に縮めた最大の理由であったんです。

そして東京オリンピックです。オリンピックといえば「東京五輪音頭」です。〽はあーあ、それ、あの日ローマで眺めた月が　今日は都の空照らす……というものですが、この歌詞はNHKが公募して島根県庁の職員、宮田隆さんの作品が選ばれたそうです。すでに亡くなりましたが、戦時中にフィリピンでの捕虜生活で餓死寸前のたいへんな苦労をされた経験から、もうそんなことがないように「世界平和を願って書いた」とか。作曲は古賀政男さん、たくさんの人が歌いましたが、三波春夫さんが一番知られています。

オリンピックについて中身は詳しくお話ししませんが、少なくとも世界じゅうが集まって競技をする大きな祭典で、日本人が心から感じたのは、これでやっと敗戦国から抜け出して国際社会の一員になった、先進国の仲間入りができた、というたしかな思いだったでしょう。そういう意味でオリンピックは、日本人の気持ちをひとつにまとめる大きな役割を果たしました。昭和三十五年の安保闘争後、浮わついたり無責任になったりしてはいましたが、ここで改めて「国家」を再認識して喜びを分かち合ったのです。

開会式を見た作家、三島由紀夫さんのエッセイ「東洋と西洋を結ぶ火」(『文学者が語る東京オ

華々しく開会した東京オリンピックで堂々と入場行進する日本選手団（撮影＝浜口タカシ）

リンピック』）を読み上げてみます。

「彼（坂井義則＝最後の聖火ランナー）が右手に聖火を高くかかげたとき、その白煙に巻かれた胸の日の丸は、おそらくだれの目にもしみたと思うが、こういう感情は誇張せずに、そのままそっとしておけばいいことだ。日の丸のその色と形が、なにかある特別な瞬間に、われわれの心になにかを呼びさましても、それについて叫びだしたり、演説したりする必要はなにもない」

日の丸を見ても、それは静かに一人ひとりが胸におさめておけばいい、ことさらナショナリズムを喚起し叫ぶことはない、と書いているのですが、その後ご本人はどうなったのかということにやがてお話は進んでいくわけであります。

いずれにしろ、オリンピックは戦後の国家建設の過程での中間点の大いなる達成でした。日本は敗戦後、占領で一度転換があり、さらに安保騒動の収束で気持ちのなかの大転換があった。それがさらにオリンピックで一区切りして、ここからもう一つ〝違う戦後〟がはじまっていくことになります。その違う戦後がどのように発展していったのか、次回のおたのしみというわけです。

＊1――「太陽族」　既成の秩序にとらわれない無軌道で不道徳な戦後の若者の姿を描いたといわれる「太陽の季節」は映画化後、登場人物のスタイルや言動を真似る若者が続出、「太陽族」と呼ばれた。スポーツ刈りの前髪をそろえず額に垂らした「慎太郎刈り」などが特徴。

＊2――『点と線』　前年から雑誌「旅」に連載され、昭和三十三年に光文社から出版。時刻表にこだわった東京駅ホームでのトリックやアリバイ崩しの絶妙な展開、人間味豊かな刑事たちの言動や「証言」による一般市民の謎解きへの参加などが共感を呼び、ベストセラーとなる。

＊3――『オールウェイズ』『ＡＬＷＡＹＳ 三丁目の夕日』山崎貴監督。吉岡秀隆、薬師丸ひろ子ら出演。昭和三十三年の東京下町を舞台にした人情ドラマ。建設途中の東京タワー、集団就職で上京する少女など、当時の雰囲気を描いて平成十七年（二〇〇五）公開されヒットした。

＊4――『壁を跳ぶ男』〝Der Mauerspringer〟ペーター・シュナイダー（Peter Schneider）作、一九八二年刊。十五回も壁をとび越え、国境線の自動射撃装置を盗みだした男の話。奇才といわれた著者が怒りと悲しみ、痛烈な諷刺をこめて「異常都市」ベルリンに肉薄したとされる。

第十五章

昭和元禄の〝ツケ〟

団塊パワーの噴出と三島事件

この章の

✷ポイント

昭和四十（一九六五）年前後は、政治的な紛争のない「昭和元禄」と呼ばれた、のどかな時代でした。しかし、ベトナム戦争やパリ五月革命など、激動する世界情勢の影響を受け、昭和四十三（一九六八）年頃から「団塊の世代」による反戦・反政府運動が日本でもはじまります。さまざまな社会事件が起こりますが、七〇年に安保の自動延長が通過すると次第に落ち着いていきます。昭和四十七（一九七二）年には佐藤栄作内閣により沖縄返還が達成され、ここで〝日本の戦後〟が終わりを告げます。

✷キーワード

佐藤栄作内閣／ベトナム戦争／文化大革命／パリ五月革命／団塊の世代／全学共闘会議（全共闘）／七〇年安保／大阪万博／三島事件／沖縄返還

✺佐藤栄作の登場と「昭和元禄」

昭和三十九年（一九六四）十月、オリンピックが華々しく行なわれ、無事に閉幕しました。しかし実は、肝心の総理大臣の池田さんはその前からガンを患って入院していて、開会式には病院から出席したんですね。本人は自覚があったのでしょう、これを花道にして、オリンピックが終わるとほぼ同時に引退を表明しました。十月二十五日のことです。自民党には当時、佐藤栄作さん、河野一郎さん、藤山愛一郎さんという次代を担う候補がいました。しかし突然ですから選挙をせずに、十一月九日に両院議員総会を開き、池田さんの裁定で次期総理として佐藤さんが決まりました。同日、池田内閣は総辞職し、佐藤内閣が成立します。といっても閣僚をそのまま残し、首相だけが替わったというかたちです。佐藤さんも、池田さんの政策を踏襲すると表明していました（ちなみに池田さんは翌昭和四十年八月十三日に亡くなりました）。

ただ、佐藤さんには自分なりの考えがありました。池田さんは、フランスのド・ゴール大統領に「トランジスタラジオのセールスマン」とからかわれるほど経済成長に全力を尽くした一方で、政治的・外交的な問題にあまり熱を入れなかったところがあるのですが、佐藤さんはそうではなく、いろいろと積み重なり残されている問題を少しでも解決しなくてはと、池田さんが意識して避けていた政治的な問題に取り組むことにします。そこでまず昭和四十年（一九六五）一月、暗殺されたアメリカのケネディ大統領の副大統領で、その後を受けて就任したジョンソン大統領と会談し、日米間の懸案だった沖縄、小笠原諸島の施政権の問題を解決したい旨を両者で確認します。つまり、佐藤さんは沖縄問題を自分の内閣のなさなくてはならない最大の解決事項として自覚し、同時にはっきりと国民にも示したのです。

続いてこれも懸案の一つ、戦後ずっと国交のなかった韓国と「隣国として互いに仲良くしようじゃないか」と国交正常化に取り組み、六月には日韓基本条約と付属の協定に調印します。これには野党の左翼勢力がものすごく反対しました。韓国と友好条約を結ぶということは、対立している北朝鮮と純然たる敵対関係になるではないか。さらに将来、これが日本・韓国・アメリカの軍事同盟に発展していくのではないか、そうなればアジアの平和的安定が一層乱されて、北朝鮮がまた朝鮮半島でどういう出方をしてくるかわからない、という理由です。

ただいずれにしろ、隣の国と長い間、国交がないのはおかしいという声もあり、なによりそろそろ貿易、つまり商売的な行き来はせざるを得ない状態になっていて、国交を結ぶことで互いに製品や人間の往来を自由にするのは不可欠でしたから、佐藤さんが思い切って成し遂げた、これは大きな仕事の一つであったわけです。ここで本来ならば、左翼勢力が結集してデモンストレーションだの猛反対運動だのが起こりそうなものなのに、そうはならず条約は無事に調印されました。

八月になると、佐藤さんは首相として戦後はじめて沖縄を訪問します。そして那覇飛行場で

堂々と宣言した名文句が、

「沖縄が祖国復帰しない限り、戦後が終わっていない」

要するに、自分は内閣の生命をかけて沖縄問題を解決するという宣言です。

思うに、戦後日本の内閣というのは、それぞれ自分が首相になったかぎりは「これは必ずやってみせる」という大きな命題を抱えてそれを成し遂げる、そういうかたちで継承されてきました。それはまた内閣として立派なことだと思います。たとえば吉田茂さんは（再軍備をしない、というのももちろん大きな仕事でしたが）講和条約を結び、鳩山さんはソ連との国交を回復しました。石橋湛山さんはこれからという時に病に倒れたので残念でしたが、次の岸さんは、猛反対のなか、日米が比較的平等な立場にたつ安保条約への改定を成し遂げました。池田さんは高度経済成長の実現です。ですから、総理大臣が自分の大仕事としてこれをやる、という意味で佐藤さんも「沖縄問題を解決する」と宣言したのだと思います。実際に佐藤さんは積極的にいろいろ外交問題に取り組み、それなりの成果を上げました。

すると人気が出そうなもんですよね。ところがさっぱり。それに近い状況なんです。慕われたいのか、自分で「栄ちゃんと呼ばれたい」なんて言ってるんですが、誰もそんなふうに呼びやしません。容貌が立派すぎるので損したんじゃないか――目がギョロッとして大きく眉が太く、なかには美男子だと言う人もいましたが、残念ながら好かれない顔というのでしょうか……ここで、例の斎藤信也さんの、うんと前ですが昭和二十年代のインタビュー記事を、なかなかうまいところをついているので読んでみます。

「(とにかく)味のない男である。材料は一応とりそろえているようだが、コクのない料理だ。鉄道の役人をやめて(もと運輸省の役人でしたから——半藤注、以下カッコ内同じ)、僅々二年、官房長官、政調会長、幹事長と栄職にばかり就いてるんだから、ウマ味が出てきようがない。ただし、三年生ないし二年生陣笠などが、とやかくいう筋合のものではない。彼にのさばらせるほど、自由党に人がいないだけのことなのである(ほんとうに若くして出世しちゃったんですよ、池田さんと佐藤さんは吉田さんに可愛がられたこともありまして)。(略)あなた、随分ねたまれてるでしょう?『いや、人間がノンビリしているから、気がつかんね』(この返事もあまりよくないねえ)。彼も、も少しノンビリすれば、味が出て来るだろう。あなたの特長を教えて下さい。『まあ、優柔不断な点だろうなア。ものをハッキリ決めない』。半分正直だとほめておこうか。半分程は切れることの自信なんだろう。(略)官僚派が漁夫の利を占めるという説は?『同じ代議士になった以上、党人だ官僚出だと分けないことにしたいね。お互いの長所を生かし党本位にやる。愛党精神だな。すっきりした強い党でありたいね』(よく読むと面白味がないですねえ)」

実際たいへんな自信家で、しかも味のない男というのですから、国民に好かれるはずもありません。政治的にはかなり成果を上げているんですが、自分でも言っているように、あまりにも官僚的といいますか、事務的といいますか。うまみのないやり方で、お辞めになるまであまり人気が出ませんでした。とくに新聞記者に嫌われました。

　一方で、国内情勢としては、オリンピックの後、高度成長も上り調子の筋道をたどり、日本をひっくり返すような安保大騒動の後に人びとが穏やかさを望んだせいもあったでしょう、政治的な激烈な対立もなく、もちろん与野党の対立はありますが、自民党内で佐藤さんに匹敵するような大物は、皆さんお亡くなりになったり引退したりで河野さんくらいしかいませんし、その河野さんもまもなく亡くなってしまい（昭和四十年七月八日）、そういう意味では佐藤さんは敵がなく、党内のゴタゴタも起こらずに動いていくのです。

　国民も、政治的紛争に嫌気がさし、静けさを望みながら、昭和三十八年から四十一年あたりはとにかく汗みどろといっていいくらいに働きました。そして限られた時間のなかでレジャーも楽しみます。といっても大したレジャーではありませんが、ともかくこれが前回に言いました「昭和元禄」を謳歌（おうか）した時代と言っていいと思います。したがって年表などを見ますと、この前後は実にのどかな、というのか、へえーっと感じるようなお話ばかりが続くことになります。少しそれを挙げてみます。

期待される人間とビートルズ

昭和四十年（一九六五）一月十一日、文部省が「期待される人間像」を発表します。元文部大臣の森戸辰男さんを会長に中央教育審議会というのができまして、文部省の諮問に答えてこれからの日本において青少年はいかにあるべきか、戦前の修身のかわりと言っちゃあなんですが、そういうものをつくろうというので、その中間的な草案が出たのです。するとたちまち「修身の焼き直しじゃないか」「そんなもの今さらつくっても何の役にも立たない」と大論争になります。現に、対象となる青少年が言ったそうです。

「だいたい平均年齢六十六歳の委員に期待される人間像なんて、チャンチャラおかしい」

やってられねえや、というわけです。でも、ともかくそのジジイどもが集まって懸命に草案をつくりまして、たとえば「社会人」の項目は、

「仕事に打ち込む。福祉に寄与する。創造的である。社会規範を重んずる。正しい愛国心をもつ。象徴に敬愛の念をもつ。すぐれた国民性を伸ばす」

なるほど仕事に打ち込むのはともかく、福祉に寄与だの創造的だのと言われたって、現実的にはまだ「何を言ってるんだ」という空気が大半でした。といっても、論議はされても大きな反対運動が起こるでもなく、皆が半分茶化しながらやり過ごしているような雰囲気でした。

またこの年は「ジャルパック」がいよいよ海外へ進出しました。一月二十日のことです。ハワイ九日間三十七万八千円、アメリカ一周十七日間六十三万九千円、ヨーロッパ十六日間六十七万五千円――当時としては相当高いんでしょうねえ、ともかく海外旅行が日本人全体のものとなり、間もなく「パリが日本女性に占領される」と言われるくらいに「われもわれも」と海

外に出かけて行く時代がはじまったのです。

そして三月十八日、愛知県犬山市に博物館施設「明治村」が開村します。お金があったんですね。だから主に東京にある明治の建築物を、わざわざ移築することもできたのでしょう。建設ブームで東京は日一日と変貌していく。一所懸命に稼いだ日本人が、そういった明治の遺産への一種の憧れもあり、今のうちに残しておこうという気にもなれたのだと思います。さりとて先立つものがないことには。それがあったというわけです。

またちょっとおかしな話では、『東京オリンピック』という映画が完成しました。監督の市川崑さんはもともと洒落ッ気があって、あの人につくらせるのは間違いじゃないかという予測もあったのですが、出来上がったものはなるほどスポーツの映画というより芸術映画のようで、富士山の下を聖火ランナーが走っていくのを延々と映すような、いくらなんでもあんまりな、という部分もありまして、あれは芸術か、あるいは記録映画かと大論争になりました。こんなテーマで多くの人がやり合ったんですからのどかなもんです。たとえば女優の高峰秀子さんは「あの感激の日の丸をもう一度……と期待する人には不満かもしれないが、それを上回る良さがある。これが『人間の記録』でなくてなんだろう」とほめ称えると、作家の柴田錬三郎さんは「太陽を映すのに、百万円もかける愚行をあえてして、小中学生の目をくらませておいて、何が芸術か」と批判します。たしかに何べんも太陽が出てくるんです。砲丸投げの選手が肩とアゴに砲丸を挟み、だぶついた肉をブルブルさせて必死の形相をしているのを長々と映されても、柴田さんの言うとおり「何が芸術か」と思ったりもしました。

また十一月八日には、日本テレビが「11PM」の放映を開始します。司会は、東京制作では大橋巨泉さんほか、関西制作では藤本義一さんほかでした。ブラウン管に女の人の裸が、といっても真っ裸じゃなくてタイツ姿なんですが、ともかく体をくねらせて出てきた時は、われわれストリップに慣れた目でも、それとは別の色気がありまして、そのセクシーな姿態に日本人男性が釘付けになったものです。後に藤本義一さんが回想しています。「イレブンをやったら、NHKをはじめとして、全部の局からキャンセルを食らうんです。それくらいエロ番組扱いだったね」。いや、当時にあっては立派なエロ番組でしたよ。

また昭和四十一年（一九六六）になりますと、六月二十九日、かのビートルズが日本にやって参りました。あの時の騒ぎはすごかったですね。私はビートルズのビの字も知りませんが、こういう世界的な大人気者を日本に呼べる時代が来たということは印象的でした。公演は翌日からわずか三日間、日本滞在は合計で百二時間、ギャラ六千万円——当時としてはものすごい額です。警備に動員された警察官のべ八千四百人、その経費九千万円。またこの騒ぎで補導された少年少女は六千五百人余り、とにかく熱狂的な騒ぎが三日間続いたわけです。

またテレビでは七月十七日、「ウルトラマン」が放映を開始します。人間が変身して、「シュワッチ！」と叫んで飛んで行ったり、腕をクロスさせると（スペシウム）光線が発射されるんですね。初の怪獣番組であり、また変身ものの第一号で、後に仮面ライダーなどが続きます。

当時、女学生がトイレに入り、普段着に着替えて出てきて「シュワッチ！」なんて言うのがはやりまして、どうも若い人たちには変身願望があったんでしょうね。そろそろ、きっちり出来上がって落ち着いてしまった時代に対しての閉塞感が出はじめていたような気がしないでもありません。

そして、この年、初の建国記念の日をつくることになります。戦争に敗け、日本の神話が全否定されて何も残っていない、そこで建国記念の日をつくろうというわけです。古き日本の復活です。二月十一日をそれと決めよう、というのは戦前派なら皆知っているんです。神武天皇が日本の国をはじめた紀元節として昔からお祀りしていたのがこの日で、それを復活しようとしたものです。すると「また神話の復活か」と大論争がはじまり、社会党は憲法が発布された五月三日案、民社党と公明党は対日平和条約が発効された四月二十八日案（昭和二十七年四月二十八日を日本の独立した日、本当の独立記念日とする考え）を出してきました。ほかにも、それなら終戦の八月十五日にしたほうがいいのでは、とかいや立春だ、元旦だ、などさまざまな案が出たのですが、結局二月十一日で押し切られます。見事に戦後復興に成功して自信のついた国民の気分も、復古調へと少しずつ変わっていたのでしょう。

ついでにいうとこの年の九月、「国民の祝日に関する法律」が改定され、「老人の日」が「敬老の日」となる。老骨が敬われなくなったはじまりがこのころなんでしょう。

翌昭和四十二年（一九六七）十月二十日、あの吉田茂さんがお亡くなりになり、三十一日に大々的な国葬が行なわれます。戦前の昭和史でお話した昭和十八年（一九四三）六月の山本五十六、そして昭和二十年（一九四五）六月の閑院宮載仁親王以来、戦後としてははじめての国葬でした。

……とまあ、国民の考え方としてはいろいろありましょうから、ときに論争が起こってもそれにともなって大きな政治的衝突とはならず、日本全体の空気としては良き時代、「昭和元禄」の謳歌が続いていたということです。

激動する世界情勢

対して外に目を向けますと、どうしてどうして世界は日本の「昭和元禄」とは関係なく、大きな動きを見せはじめていました。ひとつがベトナム戦争です。そもそもは昭和三十七年（一九六二）二月に、アメリカは在ベトナム軍事援助司令部を設置して、軍事顧問団四千人を南ベトナム（ベトナム共和国）に派遣しました。これが北ベトナム（ベトナム民主共和国）と、その後ろ盾になっているベトミン（ベトナム独立同盟会）とを刺激します。それでなくとも、攻撃側はもっぱらベトミンの兵士（いわゆるベトコン）でしたが、南と北の間では内戦的な流血のゲリラ戦が繰り返されていました。結果としては、このアメリカの積極的な南支援の介入が本格的な戦闘へと展開させることになったといえましょうか。

小競り合いが激化の一途をたどっている間に、昭和三十九年（一九六四）八月、トンキン湾で北の哨戒艇が米駆逐艦二隻を攻撃するという偽装事件が起きました。米大統領ジョンソンは議会から、以後あらゆる武装攻撃を武力撃退してよいという権限を与えられました。これに基づいて十分な攻撃準備を整えて、ジョンソンは昭和四十年（一九六五）二月七日についに大々的な北ベトナムへの爆撃命令を下したのです。それまでアメリカ軍は、介入はしていても、実際の軍隊を投入して直接北ベトナム兵と戦うことはなかったのです。しかしこの日と翌八日、実に七十機余の艦上攻撃機が一気に国境を越えて北ベトナムを攻撃したのです。さらに八日には朝鮮戦争以来はじめて重武装の海兵隊が投入され、いよいよ大戦争へと踏み切ったのです。以来、二十七カ月に及ぶ北爆は、戦費十六億ドル、出撃機数二十万機余、投下爆弾十六万トン余と言われています。ものすごいものです。総指揮をとったのがかのカーチス・ルメイ大将。そうです、太平洋戦争で日本本土のほとんどの都市を焼き払ったあの将軍です。彼は豪語しました。「北ベトナムを石器時代の昔に戻してやる」と。これを新聞で読んだ時、私は声もなくただ天を仰ぎました。

　私がこの年の秋、アメリカ東海岸のノーフォークを訪れた時、係留中の原子力空母エンタープライズに物が盛んに運び込まれていました。乗せてもらって見ると、爆弾や油を積んでいるんです。どこへ行くのかと聞きますと、ベトナムだと答えるので「ん？」と思い、今度は赤い爆弾を格納庫に入れているので何かと聞けば、原子爆弾だとあっさり言いましたから、うひゃーと驚きました。その後、私がまだアメリカにいる間に、十二月のはじめでしたか、新聞にでかでかと「エンタープライズ北爆す」の記事が出ていたのを覚えています。原子力空母を投入するほど、アメリカは全力を注いでいたわけです。

こうして実戦部隊がどかどか入ってくると、今度は対抗して中国やソ連が介入してきまして、ベトナムは冷戦下にある大国の代理戦争の犠牲となったのです。この戦争は何年も続き、世界をずいぶんガタガタさせることになりました。

いっぽうで当然、平和を望む人たちは多く、世界大戦に直結するようなベトナム戦争に対する反戦運動が世界各地で起こります。日本でもそういった声が大きくなり、共産党や社会党の後押しなしで集まった人たちが「ベ平連（ベトナムに平和を！市民連合）」を結成しました。これが翌昭和四十一年になりますと、日本ではビートルズに沸いたりしていたのですが、世界のあちこちでは、自分たちの国の政治・経済・社会のシステムが硬直化している、要するに、閉塞的で出ていくところがない、頭から押しつぶされているように感じている若者たちが、大人社会を猛攻撃するといった意味の、結果的には反政府運動が噴出してきます。

それと軌を一にしたわけでもないのでしょうが、五月十六日、中国で文化大革命がはじまりました。当時、流行語になった「造反有理」は、背くことに理がある、反逆することはむしろ正しいのだ、という意味でしょうが、蔭で文革を指導していた毛沢東は永久革命論者なんですね。革命をして新政権をつくっても、それで良しとしないのです。その政権は必ず腐敗するのだから、また革命しなくてはならない、その繰り返しなんです。とにかく繰り返し繰り返し永久に革命をしなきゃならないんですから、毛沢東さんが生きている間は中国は休まるヒマがなかったんじゃないか。そう思いたくなるくらい革命に次ぐ革命なんです。もちろんこれをおかしいと思う人もいて、なんとか抑えようとすると反革分子として追放される、粛清される、そういった以前からの動きが大々的に行なわれたのが文革なんです。そして八月半ばですから、はじまって三カ月後ですか、紅衛兵旋風が吹き荒れます。大勢の中学生や高校生らが赤い腕章をつけ、大人たちを次々にとっつかまえて三角帽子をかぶせました。かの鄧小平さんだって吊るし上げられたほどです。中国を旅行しますと、至る所で昔の遺跡などがぶっ壊され、石像の首が落っこちているのを目にしたものです。皆、紅衛兵が「偶像は革命の邪魔だ」と破壊したものでした。後になって、紅衛兵の一人だった作家、梁恒さんが回想しています。

文化大革命を指導した毛沢東（1893-1976）と紅衛兵

「今日悪者だと攻撃されたグループが、

明日は正しいものとなり、今日英雄だったものが、明日は反革命の烙印をおされた。あのころ、だれも学校や大学に行かなかった。なぜなら、『ものを識れば識るほど反動に走る』が人気のスローガンだったからだ。本を読むな、読むなら毛沢東の本（『毛沢東語録』）、だった！」

幕末のころを歌った戦前の日本の歌、〽昨日勤皇、明日は佐幕　その日その日の出来心……と同じですね。とにかく片やベトナム戦争反対、片や文化大革命、世界各地で若者たちの反乱……地球がガタガタ揺れている、いや、壊れかかっているような状態でした。

そこへまた昭和四十二年（一九六七）六月五日、イスラエルとエジプトの間で六日間戦争（第三次中東戦争）が勃発します。この時は、イスラエルが国防相ダヤン少将の指揮による電撃作戦で一気に攻め入りました。三百五十機が二十カ所の飛行場を一挙に攻撃、四百機以上を地上で破壊するなど、アッという間にエジプト軍を完膚なきまでに叩きつぶし制空権を奪いました。次いで戦車を主力にした部隊がダーッと侵攻し、シナイ半島、エルサレム旧市、ゴラン高原を占領するなど、ほんとうにイスラエル軍は強かったんです。ですから六月十一日にあわてて国連が間に入って停戦し、戦いは六日間で終わったのですが、あのまま続けば世界戦争につながっていくのではないかという危機感は全世界に走ったのです。

かと思えば、文革中の中国が六月十七日、初の水爆実験を行ない、核の保有を誇示します。また十月九日には、（キューバ革命における）英雄児チェ・ゲバラがボリビアで戦死します。

世界革命を信じる人たちにとって、ゲバラの言葉「いずこであれ、死がわれわれに不意討ちをかけるならば、それを歓迎しようではないか」は金科玉条とされ、まるで「死ぬことは恐ろしくない」と言わんばかりでした。このように、社会主義革命が世界的に大きな動きとなった時代でもありました。

そして翌昭和四十三年（一九六八）三月十六日、ベトナム戦争において、ソンミ村という小さな村で、アメリカ軍によるたいへんな虐殺事件が起こります。これが全世界に伝わります。アメリカ軍はたいへんな被害を出した、これはその復讐戦なのだ。そもそもゲリラ戦だから兵士か民衆かわからない、皆殺せ――と、兵士でないかもしれない村人百九人が殺されたのです。事件が公表された時、アメリカ人はたいへんなショックを受けました。われわれにも大きなショックでしたが。のちに心あるアメリカ人は言いました。

「第二次大戦で戦争犯罪を裁いた（ドイツ人、日本人に対して）が、われわれにはもはやその資格はない」

これほどアメリカ人は、等しくベトナム戦争でのアメリカ兵の残虐さに衝撃を受けたのです。アメリカ各地で反戦運動の勢いが高まり、同時に、戦争で一番たくさん死者を出している黒人が暴動を活発化させる事態になります。これが日本にも伝わりますと、国内の反戦運動は火に油を注がれたように広がっていきました。

さらに今度はヨーロッパです。五月三日、パリのカルチエ・ラタンにバリケードが築かれ、立て籠った学生たちのデモが、取り押さえようとする警官隊と正面衝突します。そしていわゆる「花のパリ」で大乱闘事件が毎日繰り返されたのです。フランス政府の体制への不満からはじまったこの運動は、ちょうど第二次世界大戦でパリに突入したアメリカ・イギリス軍とフランス軍が、ドイツ軍と戦った市街戦のようになってしまいます。さらに十九日には全フランスで大々的なゼネストをかける動きにまで発展し、どんどん盛んになる反政府運動は「五月革命」といわれました。

考えてみると、昭和三十一年（一九五六）のかのスターリン批判の影響が全世界的にすこぶる大きかったと思えるのですね。輝ける「共産党」がまったく信じられなくなったのですから。それで、いまやその呪縛を脱して、実に多様な反体制運動が生まれ出たんです。全世界的に。かつてのような指導部への服従なんてことは、まず否定されなければならなかった。六〇年代後半からのものすごい反体制・反社会・反戦の運動とはそういうものだったと思います。

さあ、地球が反社会・反政府運動で噴火しているような状態は、当然のことながら、昭和元禄でのんびりしている日本を直撃してきます。煽られ浮かれ調子になったわけでもないでしょうが、刺激を受けたのは確かでしょう、日本国内の革命的あるいは社会主義的な考えをもっている人たちが「われわれも負けてはいられない」とばかりに、「戦後民主主義も空洞化しつつある」「金持ちがいい気になっているような日本は前途が危ぶまれる」と、先の「べ平連」の反戦運動と若干は絡みながらもより大々的に反戦・反政府運動をはじめます。それも大学生がその中心になったのです。なぜ学生たちが運動に走ったのか。ここに、いわゆる「団塊(だんかい)の世代」という話が出てくるのです。

この時に反政府運動に走った人の主力は、いうなれば「団塊の世代」といっていい。今マスコミなどでいろいろと書いたりしゃべっている六十歳前後の人たちはほとんどが、この時に運動をやった人たち、と言っても過言ではないでしょう。

あの頃、対岸の火事のような朝鮮戦争、さらにはベトナム戦争などで儲けて豊かになった日本では、成金(なりきん)はレジャーや宴会や海外旅行にウツツを抜かしている、たしかに高度経済成長が軌道に乗り、働いている人たちは懸命に汗水流していますが、富裕になった世の中の体制はもうしっかりと確立している。まだ社会に出ていない人たちはそのどこにも入る余地がないように思われるわけです。混沌状態はとうの昔の話で、今や貧富の差ははっきりし、世の中はきちんと出来上がってしまった。閉塞感あるのみ。そこから若者たちの反逆というものがはじまるんじゃないか——ということで、ここをもう少し詳しく見ていきます。

✺ベビーブーム世代の反逆

高度経済成長の全体の動きは非常にうまくいっていました。ところが、ちょうどうまくいっているあたりから、公害問題や環境問題が方々で表面化してきました。もちろん何もこの時に

日本各地で見られた公害の風景。川崎工業地帯の黒煙は大気を汚染した（昭和45年、撮影＝浜口タカシ）

なって急に発生したわけではなく、前にも話しましたように太平洋側の美しい砂浜などの自然が次々に製鉄所や石油コンビナートなどに取って代わられてからのことですが、表面化しながらもごまかされてわからなかっただけです。昭和四十四、四十五年あたりからそれが目立ってきて、いったい何なんだろうというので研究が進み、水俣病、イタイイタイ病、四日市ぜんそく、川崎ぜんそくなど、どんどん公害による悲惨な病気の実態がわかってきて、大問題になっていくのです。遅すぎるほどでした。水俣病が公害と認定されたのは昭和四十三年（一九六八）九月二十六日です。さすがに国も放っておけなくなり、佐藤内閣がようやく環境庁を発足させたのが昭和四十六年ですから、かなり対策が遅れていたわけです。まったく軽視していたと言えば言いすぎかもしれませんが、上の方では公害というものをあまり真剣に考えていなかったのではないでしょうか。そう思うほかはない。また同時に、田子の浦へドロ、東京の光化学スモッグのような環境汚染なども、徐々に問題視されていきました。

そしてまた対外的には、アメリカがベトナム戦争で、安保条約があるために日本を基地として使用しているのは、日本政府が戦争に加担していることだと反発が高まります。また隣を見れば、中国では文革で紅衛兵がガンガンやっている、なかでも一番直接的にはフランスの「五月革命」の果敢なる闘いに影響されました。鬱屈していた日本の学生たちが昭和四十三年秋ごろからパワーを噴出しはじめます。そのパワーの中心になったのは誰かといえば、これが「団塊の世代」なんです。昭和二十二〜二十四年あたりに生まれた人約七百万人で、ベビーブームの落とし子です。なぜその頃ベビーブームかといえば、外地から兵隊さんがどっと家族のもとに帰ってきて、一所懸命に、律儀に子作りに精を出したからですね。それはともかく、生まれた子どもたちは数が多いもんだから、小学生時代からとにかく競争競争なんです。学校も施設が昔のままなので午前と午後の二部授業だったり、一教室六十人くらいでスシ詰め教育でした。これよりほんの少し前の昭和二十一年（一九四六）に生まれた評論家の松本健一さんは、自分が小学生の時は一学年四組だったのが、翌年は八組になり、その翌年は十組になったと話してくれました。しょうがないので学校は建て増しをしますが、追いつかない。加えて、数が多すぎるから一人ひとりは常に粗末にされ、冷遇されたんだそうです。皆がひとしなみにそうならともかく、そこに差が出ようものならすぐさま憤懣(ふんまん)やひがみにつながり、クソッという闘争心が起こってたちまちキレてしまう。そんな子どもが大学生になっていったわけです。ちょうどそこに授業料の値上げがぶつかります。また講義といえば、昭和元禄でのんびりしてきた教授たちが、黄ばんだ三十年前のノートブックを広げてつまんなさそうにしゃべっている。数年前のノートを借りて「ここで教授が冗談を言う」とメモのあるところで、その通りの冗談を聞かされるような講義が続く。そういったことが全部「許せない」思いにつながってゆくのです。

国内の政治の世界を見れば、先ほど話しましたようにいろんな問題が起こっているはずなのに、共産党も社会党もほとんど無力です。その上、経済至上主義で、大学そのものが経済界や産業界と結びつくようになって、その要請に応じて学生を増減させている。ちなみに昭和三十五年から四十二年までに、大学数は二百四十五から三百六十九に、学生数は六十七万人から百十六万人へ、二倍弱にまで増加しました。大学もさばき切れなかったのでしょう。自分たちの学んでいる大学が堕落している、金儲け一点張りだ、という怒りがつのってゆきました。

もう一つあえていえば、団塊の世代は、高度成長のもとでもの心がつきましたから、互いの競争関係を別にすれば、日常生活に不自由を感じたことがない、我慢したことがないんです。ただちにかなえられる。そうした自分たちの高度成長下の生活は、よくなっていって当たり前で、悪くなってはたまらない、そんな意識が根底にあるんですね。一方で世の中を見れば、自分たちのお父さんたちはほんとうに一所懸命に働いていて、しかもしっかり組織に管理されている。経済中心、産業中心、会社中心の会社封建時代なんです。当時われわれはよく言いましたが、昭和の戦争中は軍国封建主義、さらに戦後は会社封建主義になったと。終身雇用制もありますが、皆が会社のため、会社のため、と働いていました。団塊の世代の親たちは、まさにそうだったと思います。当時の企業戦士の理想像は、「スモッグの街を突っ走り、先輩同僚の眼をムかせ、夜はハシゴの先に立ち、今朝もキッパリご出勤」——これが当時の肝臓の薬の広告なんです。かかる管理社会への不満も出てくるわけです。そしてくだらない大学の授業です。公害や環境の問題、世界の各地で盛んな革命や学生運動、もういろんな要因が重なって、許せない思いがつのり、毛沢東の言葉を借りれば「造反」がはじまる。革新政党とは無関係な学生パワー噴出によって、日本国内はやがて大混乱に次ぐ大混乱に陥るのです。

学生たちが掲げたスローガンはまず「産学協同反対」——学校と産業界がぴったり結びつく、経済界の要請で大学が動かされる、そのようなことは学問の自由のためにあってはならない、そして「授業料値上げ反対」。他にもいくつもある訴えが連鎖反応を起こし、とくに日大と東大が激しかったのですが、「皆で集まって闘おう」と全学共闘会議（全共闘）という組織が生まれ、大学側と対立するようになりました。そこにベトナム反戦運動が重なって、最初は大学内でやっていた活動が街頭に出てデモをするようになります。

そうなると当然、警察側と対決しなくてはなりません。ところがこの時前面に出てきた機動隊は、私などがぶつかった昭和二十五年（一九五〇）のレッドパージの時（普通の制服に警棒を持

頭にはヘルメット、顔にはタオル、手にはゲバ棒。
これが当時の学生運動スタイル。昭和43年、東大安田講堂前で
（撮影＝浜口タカシ）

っているだけ）と違って完全武装なんです。そこで学生たちも対抗するためにヘルメットをかぶり、タオルで顔を隠し、「機動隊の暴力にはわれらもまた暴力で闘うのみ」と手にゲバ棒を持ちました。ゲバ棒というのは、ゲバルトという暴力行為を意味するドイツ語がありまして、要するに暴力棒です。

また、やがて闘争の母胎としていろんなセクションが生まれて、「五流十三派」とも言われました。すると流派同士で闘う「内ゲバ」まで起こりはじめ、だんだんに暴力化してわけがわからなくなってきます。そんな闘いには興味がないという「ノン・ポリ」（ポリはポリティカルの略）、また学生なのか革命闘士なのかわからないような「ポリ・ポリ」、流派に属していない「ノン・セクト」、何も知性がない「ノン・テリ」が現れたり、暴力しか能がない「単ゲバ」（単純ゲバルトの略。当初「ゲバルトやるしか能がない」の蔑称的意味合いもあったとか）やら、まあいろんな言葉がはやりました。「花より団交、論よりゲバ棒」なん

て文句もありましたね。

東大教授の上野千鶴子さん（昭和二十三年生まれ）の談話によると、大学闘争の中身は、「全共闘はシンパ（周辺的同調者）も入れて約二割、アンチ全共闘が約二割、残りの大学生の六割はいわゆるノンポリだった」（平成十八年二月二十日付　朝日新聞）ということですが、なにしろベビーブーマーの世代ですからね、二割といってもそれはもう……。

「漫画読本」（昭和44年４月号）に掲載された、当時東大２年生の橋本治さん作「東大版博徒列伝」

とにかく、日本に限らず学生運動はいろんな名言を生みました。一番有名なのは、パリの五月革命で言われた「禁止することを禁止する」でしょうか。わが日本では、同じく昭和四十三年十一月二十三日の東大駒場祭のポスターの名文句ですね。

「とめてくれるな／おっかさん／背中のいちょうが／泣いている／男東大どこへ行く」

後に作家となる橋本治さんの作ったものです。当時、東映映画で『網走番外地』だとか、高倉健さんや鶴田浩二さんのヤクザ映画、藤純子さん（今の富司純子さんですね）の緋牡丹お竜などが観衆を大いに沸かせた時代でしたから、「とめてくれるな／おっかさん」はピッタリだったんですね。いちょうは、かつて東大生は帽子などにイチョウのバッヂをつけていたのです。私は当時、雑誌「漫画読本」の編集長でして、まだ学生であった橋本さんを見込んで六ページもの絵を描いてもらったのを覚えています。

そしてこの四十三年十月二十一日の国際反戦デーには、新宿駅を中心に全学連と警官が大市街戦をやりました。学生は火炎瓶を投げるわ、機動隊は催涙ガスをバカバカ撃つわで、夜の新宿が明るくなったほどでした。こういった乱闘が日常的に行なわれるなか、クライマックスとなったのが、東京大学の安田講堂占拠です。

✹東大・安田講堂の落城

日大とともに運動の中心になっていた東大の学生たちは、まさしく権力の走狗ばかり生み出して日本を悪くしたのはみな東大だ、その歴史は汚れに汚れていると「東大解体」を叫んでいました。そして昭和四十四年（一九六九）は、東大安田講堂攻防戦で年が明けたといってもいいほどです。「砦の上に我等の世界を」という合言葉とともに、安田講堂は全共闘によって占拠されました。当時の大河内一男学長はお辞めになり、加藤一郎総長代行がいろいろ交渉したのですが、学生は断固としてききません。やむを得ず警察を呼んで機動隊が占拠排除のため中に入ったのです。こうして一月十八日午前七時から翌十九日午後五時四十六分まで二日間、安

昭和44年１月、東大安田講堂に立て籠った学生と機動隊との激しい攻防が繰り広げられた（撮影＝浜口タカシ）

田講堂は〝戦場〟となりました。下からはガス弾、上からは投石や火炎瓶……このようすを朝から晩までテレビで流したものですから、日本じゅうの人が一日テレビにかじりついて視聴率一〇〇パーセント、「一億総観客」の日が暮れたのです。

当時の新聞によれば「東大の被害、四億円なり」。内訳を見ますと、安田講堂の施設破壊で一億二一八三万円、設備・物品などで三五七七万円、すぐそばにあった法学部研究室が五〇九八万円、隣にあった工学部の列品館が九〇九〇万円などなど。とにかく東大はあまりにもガタガタになってしまい、その年の入学試験は中止になりました――と、これが東大安田講堂攻防戦のお粗末であります。

いずれにしろ、安田講堂の封鎖が解除さ

れ、全員が逮捕されて騒ぎが終わりますと、妙なもので、多数の一般学生を組み入れたところの大々的な学生運動がシューッと萎んでしまい、消えてなくなったかのように静かになってしまうのです。上野さんのいうノンポリ六割が学生に戻ったのでしょう。もちろん革命の闘士として本気でやっている人はまだいますし、全共闘は依然として健在であり強力ですから、同年六月の大デモで二百人余が逮捕されたり、十一月に沖縄返還交渉のために佐藤首相が訪米する時には抗議の大々的ストがさらに街頭でのゲリラ戦となり、実に二千人余りが逮捕されたりしていました。

ともかく、どうにもおさまらない人たちはまだたくさんいました。新左翼というのですが、これまた革マル（革命的マルクス主義派）とか社青同（社会主義青年同盟）など各派に分かれ、どんどん少数になってくるのですが、内ゲバをやったりしながら街頭に出ては機動隊と衝突するわけです。なかでももっとも過激な赤軍派の九人が昭和四十五年（一九七〇）三月三十一日、世界同時革命を叫んで日本航空の「よど号」を乗っ取ります。革命基地をつくるのだと言って北朝鮮に向かい、着陸はしたのですが亡命状態になって現在にいたっています。もうずいぶんお歳なんですが、これがまた拉致問題に絡んでいるのではないかとも言われたりしています。ともかく日本の航空史上初のハイジャックで、金浦空港かどこか途中で一度降りてまた飛び立って北朝鮮に向かったと思いますが、主犯の田宮高麿という人は後に「ハイジャックというのは乗客の同情を得なければ勝てないんですよ」と語っています。実際、よど号の乗客はかなり彼らに同情したらしいのですが。そういえばこの時もテレビでずーっと放映していました。

さらにさきに進んで新左翼がどんどん孤立化していった昭和四十七年（一九七二）二月には、いわゆる連合赤軍事件が起こります。互いのリンチによって十二人の同志が殺傷され、残った何人かが軽井沢の浅間山荘に立て籠って、管理人の奥さんを人質にします。これも警官隊との銃撃戦となり、またテレビが朝から晩まで流していました。とまあ、何か起きるとテレビが一日じゅう現場中継を流しまして、日本人は皆が画面に釘付けになっていたんですね。さらに五月、パレスチナ解放戦線の兵士と名乗る日本人三人がテルアビブ空港で自動小銃をいきなり乱射して、周囲にいた乗客など二十六人を殺害し、国際的な大事件として報道されましたが、いずれも新左翼がかなり少数になってからの事件でした。

というように、安田講堂封鎖解除の後も左翼運動家の闘争は続いてはいましたが、だんだん小さくなり、沖縄返還交渉前のゲリラ戦で二千人逮捕されただの、大騒ぎはしているものの、一般の人たちはもうほとんど関心を失っていました。さぁーっと潮が引くように遠ざかった。連合赤軍リンチ事件後、朝日新聞のコラム「天声人語」が、「二十数人もの集団が、どういう経緯で仲間を次々に殺害できたのか。（中略）浅間山荘事件をみても、愚かで、未熟で、冷酷で、何をするかわからない連中だとは知っていた。その、わけのわからなさが今度で窮まった感じがする」（昭和四十七年三月十一日付）と冷ややかな視線で書いたのを記憶しています。

ともあれ全体的にみて、安田講堂解放で騒乱はほぼ終わったと言っていいかと思います。

万博と三島事件と

そういう冷酷な事件が行なわれている一方で、これまたおよそ正反対の、何ともかんとも申しかねるお祭りというか、「昭和元禄」の最大の打ち上げといえるような日本万国博覧会が、大阪府吹田（すいた）市の千里丘陵で昭和四十五年（一九七〇）三月十四日に開幕します。「よど号」ハイジャックの半月前ですね。そして九月十三日の閉幕まで百八十三日間ありましたが、私は一歩も足を踏み入れませんでしたので、内容については存じません。いや、語れません。ただ日本人が次から次へと訪れたのは確かで、総入場者数は実に、それまでの万博史上最高の六四二一万八七七〇人だそうです。これが全部日本人だとすると国民の三分の二が行ったことになりますが、さすがにそうじゃないでしょう、でも半分くらいの人たちが行ったんじゃないでしょうか。参加国数は七十七で大したもんですし、最終的に一六五億円の黒字といいますから、結構なお話です。

ただ入場はしても、混雑でお目当てのものを見ることができず、なかでも前年七月二十日に米宇宙船アポロ11号が月面着陸してアームストロング船長が持ち帰った「月の石」に人気が殺到して、延々長蛇（ちょうだ）の列でした。そこで、「人類の進歩と調和」をテーマにした万博を、これぞ「人類の辛抱と長蛇」の結果であった、なんて冷やかす人もいたわけです。ひとことで言えば

昭和45年に大阪で開催された万博は大勢の人を集め、中でも「月の石」には連日、長蛇の列ができた（撮影＝浜口タカシ）

バカバカしいったらねえな、と思うのですが、そうも言ってられません。付け加えますと、会期中に会場で亡くなった人は八人、迷子は四万八一三九人、これも新記録だったそうです。

今も会場跡には岡本太郎さんがつくった「太陽の塔」が残っているとか。当時は大屋根を突き破って突っ立っていた。万博にはじめから参画した作家の小松左京さんが笑って言ってました。「僕、見たとたんに連想したのが、『太陽の季節』の障子破る場面（笑）」と。脱〝戦後〟日本のはじめと終わりとが、うまく照合しているんですね。

この時、次々にお客を運んで大いに潤ったのが新幹線の国鉄（現JR）です。ところが万博が終わると利益の持続が期待されない、というので考え出されたのが「ディスカバー・ジャパン」（自分の知らない日本を探そう、旅しよう）と銘打ったキャンペーンでした。これが当たりました。世の中に知恵者はいるものです。

またこの年は、七〇年安保の年でもありました。つまり六〇年安保が何もなければ自動延長される年です。そのときに学生運動が沸騰し、安田講堂の解放で全共闘運動は下火になったものの残党が残っていましたから、猛反対が起こって六〇年安保が再現されるのではないかとも噂されていました。ところが自動延長される六月二十三日、反対統一行動の大集会と大デモに六〇年安保時の最高の五十万五千人をはるかに超える七十七万四千人が参加したにもかかわらず、人は集まり気勢を大いに上げたものの、まことに静かなるデモに終始し、自動延長はあっさり通過したのです。結局、少しごたごたがあったものの、日本はなんとなしに元通りに落ち着いてしまったんですね。するとこんな気力喪失を「あかんのじゃないか」と感じる人も出てくるわけです。もはや日本は繁栄にウツツを抜かすばかりで、みずからの力で何らの改革もできない！　万博の成功だなんて喜んでいるけれど、高度経済成長に酔いしれている日本人を象徴するだけの話だ！　なるほど経済は復興したが、敗戦で喪失した日本人の伝統的な文化や精神は、なんら復興することがないではないか！　皆が金を儲けるだけでいいのか。みんな腑抜けでいいのか！――と、強烈に思う人がいたのです。作家の三島由紀夫さんです。

「私は戦後を鼻をつまんで生きてきた」と言い、こんな戦後は許せないと常々語っていた三島さんは、とうとう自ら主宰する「楯の会」のメンバー四人と自衛隊市ヶ谷駐屯地の東部方面総監室に乗り込み、総監室前のバルコニーの上から大演説をぶちます。十一月二十五日のことでした。「自衛隊諸君よ、だらしのない政府に対してクーデタを起こせ、日本精神はいずこにあったのか」と叫んで憲法改正・天皇親政の復活を大声で訴えたのですが、自衛隊諸君に拍手も賛同もする者はなく、皆ただポカーンと見ているだけでした。まあ、三島さんもはじめから予想していて、死ぬつもりで乗り込んだのだと思いますが、やるだけのことはやって割腹自殺したわけです。これもまたテレビが延々中継しまして、日本じゅうの人が見ていました。

ちなみに三島さんが腹を斬った部屋は、戦時中は陸軍大臣の部屋だったと思いますが、現在、東京裁判が行なわれた講堂とくっついて、記念館として見学できます。前にも申しましたかね。先日も行ってきましたが、案内してくれた人が、ここで三島さんが座って腹を斬り、後ろから介錯する人がいたと身ぶり手ぶりで懇切丁寧に説明してくれました。

この事件について、佐藤栄作首相はひと言「気が違ったとしか思えぬ」と片付け、当時の防衛庁長官、中曾根康弘代議士は「民主的・平和的秩序の破壊者として糾弾する」と全否定しました。これには三島さんを敬愛し、立派な死じゃないかと思っている人たちは「何を言ってるんだ、総理大臣はけしからん、防衛庁長官はもっとけしからん」と息巻き、評論家の村松剛さんは「昭和元禄への死をもってする警告」と述べ、さらに作家の林房雄さんは「彼の死は諫死である」、つまり日本人全員を身をもって諫めようとして死んだのだ、と三島さんを心から称えたのです。

いずれにしろ、三島事件はテレビ、新聞、雑誌、とくに週刊誌は軒並み一所懸命にバンバン報道しました。ちなみに事件直後の「週刊文春」は、編集長の判断か何かで事件を一行も取り上げませんでした。すると売れ行きがダーッと急降下して、回復するのに半年かかった。それくらいどのマスコミも事件を派手に扱ったのです。要するに、報道をセンセーショナリズムをエスカレートさせる今のマスコミ体質は、三島事件をもってはじめとするのではないか、そう私などは思うのです。それほど日本人を仰天させた事件でした。

その当時もそうでしたが、今考えても、三島さんの壮絶なる死が、保阪正康さんのいうように、戦後民主主義と高度経済成長下の社会的怠慢と安定に対する、極端にラディカルな反抗の意味をもっていたと言えなくもありません。それくらい昭和四十年代の日本全体には、ごくごく安定した元禄時代のような太平意識が覆っていたのです。三島さんは遺書の一つで、「古き良き伝統のためにわが身を捧げようという気持ちになっている」と書いていますが、ただ復古主義というだけではなく、経済大国日本の精神的頽廃と怠惰に警鐘を鳴らしたんですね。このあと三島さんに続いて戦後民主主義に対する同じような批判を叫ぶ論者が増えていくようになる。いずれにせよ、安保の年と言われた七〇年が三島さんの死をもって終わりました。そういう点では三島さんの死に方はまさに象徴的であったとは思います。

三島さんは、早くいえば復古主義というか、昔の日本を取り戻そうという努力を傾けたわけです。しかし誰もこれに乗ってこず、結果的に戦後日本はそのまま、高度成長を大事なものとして国をつくっていきました。

沖縄返還で〝完結〟した戦後

いろんな見方があると思いますが、戦後日本がどこで〝完成〟、あるいは〝完結〟したか。なにかしら戦後というものを引きずりつつ最後の成果を上げたのはどこかといえば、私は佐藤内閣がやった沖縄返還ではないかと思います。組閣した時から「沖縄を日本の国土に取り戻す」と宣言していた、これは佐藤内閣の最大の仕事でした。それを少し考えてみます。

そもそも沖縄がなぜ日本の領土でなくなったのか。戦争中の軍事占領に引き続いて、昭和二十一年（一九四六）一月二十九日に発せられたGHQ覚書で確定したのです。

「北緯三〇度以南の琉球諸島（口之島を除く）、大東諸島などに対し、政治上の権力を行使することを停止するよう日本政府に指令する」

こうして沖縄に対して日本は政治的な措置（司法・立法・行政三権）を一切行使できなくなり、沖縄はGHQの管轄下に入ったわけです。さらにそれが講和条約で、「沖縄は米国を施政権者とする国連の信託統治のもとに置かれる」ことが決められ、沖縄はまったく日本の政治権限の及ばないところに存在することになりました。ちなみに昭和三十三年（一九五八）、全国高校野球大会に首里（しゅり）高校が沖縄代表としてはじめて出場することになった時、沖縄はあくまで外国だというので選手たちは甲子園に行くのにパスポートが必要でした。

では連合軍、とくにアメリカがなぜこれほど沖縄を必要としたのか。それには冷戦が大きく影響しています。戦前の話をした時、制空権がいかに戦局を左右するかを話しました。同じことで、沖縄を基点として太平洋に大きなコンパスを回せばわかりやすい。グアム、沖縄、台湾からは北朝鮮や中国やソ連などを爆撃機や戦闘機で十分にカバーできる位置にあるのです。たとえば北海道からですとシベリアあたりにしか届きません。そこに冷戦がはじまると、沖縄とフィリピンを基点にすれば共産圏に対するアジアの戦略態勢がほぼ整いますので、アメリカ軍としては沖縄確保がアジアの権益を守るための絶対的な必要条件となったのです。現にベトナム戦争では、沖縄の基地からB52爆撃機が北ベトナム爆撃へと飛び立ちました――これを日本がベトナム戦争に加担しているとして、すでにお話ししましたように左翼の人たちが猛反対運動を起こしたのです。というわけでアメリカは容易なことでは沖縄を手離しません。また、もちろん明言はしませんが、当然、そこには核兵器が持ち込まれていました。アジアの戦略態勢を固めるのに核兵器がないほうがおかしな話ですからね。

そういった非常に厳しい戦略的・戦術的な条件下、佐藤内閣はどうしても施政権を日本に取り戻そうとします。沖縄県にしようというわけです。困難極まる交渉を承知で、昭和四十年（一九六五）に「沖縄を返してもらわないと戦後は終わらない」と発言して以来、返還運動に正

沖縄返還交渉にのぞむ佐藤首相（中央）を国民たちはこぞって応援
（撮影＝浜口タカシ）

面から取り組んだのです。

国民はそんな佐藤さんを応援はしましたが、一方で「核をどうするか」に関してはさまざまに議論がなされ、言論界では「返還は核抜きでなければならない」と盛んに言われます。なるほど施政権は返すとしてもアメリカは基地がどうしても必要です。しかしそこに核があったのでは、冷戦下で非常に危険であり、真に施政権が返されたとは言えない、と猛反対運動が起こります。激論が交わされて、アメリカとの交渉前に国内の意見統一が困難になりました。

そこで佐藤さんは、「核を造らず、核を持たず、核を持ち込まず」——後に非核三原則と言われる国策を決定し、横須賀など本土内の基地と同様、沖縄を返してもらう際もアメリカに「核抜き」を承諾してもらうという態度を決めます。アメリカは日本の事情を承知して、昭和四十四年（一九六九）十一月、佐藤・ニクソン会談において、合意にいたりました。当時の米大統領ニクソンさんは、「われわれは深い理解を示し、日米安保条約の事前協議制度に関する米国政府の立場を害することなく、沖縄返還を日本政府の政策に背馳しないように実施する旨を、総理大臣に確約した」と述べます。ただしこれは、聞いただけではわからないでしょうが、文字にして読むと非常に微妙なんですね。核をどうするか、をはっきりさせていないのです。日本側は仮に原子力航空母艦や軍隊が沖縄に入るとしても、核をどこかに置いてくるなり、ともかく核を外して入ってくる、つまり事前協議で持ち込みを拒否できると理解するのですが、アメリカ側は必ずしもそうではなく、持ち込み可能であると勝手に理解する。ですから双方が違った思惑のもとに合意がなされたのです。ところがじつはごく最近になって、日本側はアメリカの解釈を承知していたらしい、あるいは沖縄県民の土地を元の田畑に戻すためにアメリカが支払うべき補償費の一部を、日本側が肩代わりしていたという密約に関する話が出てきました。ですが当時はともかく、核抜き本土なみでアメリカは納得してくれたとわれわれは思っていたのです。現代史というのは、後になって新しい事実が出てきて「そんなはずじゃなかったのでは」というケースが往々にしてあるわけで、しゃべりづらい一番の証拠であります。

ともかく昭和四十六年（一九七一）六月十七日、「沖縄返還」の協定を調印し、佐藤内閣はまさに沖縄返還に成功しました。協定は次のようなものです。

「アメリカ合衆国は琉球諸島及び大東諸島に関し、平和条約第三条の規定に基づくすべての権利及び利益を日本国のために放棄する」

講和条約の第三条、アメリカがもっている沖縄における諸権利をすべて放棄して日本側に譲り渡すこととなり、実に二十五年ぶりに沖縄は日本に復帰します。ただし広大な米軍基地の存続をなおも認める基地協定はもちろん生きていて、そこに核はない、というのが日本の理解でしたが、繰り返しますとどうもそうではなかったのが事実のようです。

翌四十七年（一九七二）五月十五日、沖縄の施政権が日本に完全に返還され、沖縄県が発足しました。戦後二十六年たって、ようやく一道一都二府四十二県が「四十三県」になったのです。考えてみれば戦後二十六年間もずっと沖縄がアメリカ占領下にあったこと自体おかしな話で、六〇年安保で戦後の葬式を済ませたと前に言いましたが、そういう厳密な意味では戦後日本はやはり終わってなかったかもしれなかったんですね。実際は現在もまだ北方四島が残っていますが、これはソ連が相手ですから別問題となりまして、ともかくこの沖縄返還で日本の戦後は一応、終わったとみていいのではないかと思います。

まとめの章

日本はこれからどうなるのか

戦後史の教訓

この章の

✷ポイント

沖縄返還以降、昭和の終わりまでの十七年間は〝現代史〟の範囲です。奇しくも昭和が終わった一九八九・平成元年の十二月に東京証券取引所の平均株価が史上最高値を記録し、戦後日本がつくってきた軽武装・経済第一の貿易通商国家が完成しました。昭和二十(一九四五)年八月十五日の敗戦を機にはじまった〝日本の戦後〟とは一体何だったのでしょうか。そして、私たちはこの日本の戦後の歩みから何を学び、これからの日本に活かしていけばよいのでしょうか。

✷キーワード

占領の時代／政治闘争の時代／経済第一の時代／自信回復の時代／価値観見直しの時代／国際化の時代／田中角栄内閣／日中共同声明／オイル・ショック／中東戦争

✷〝現代史〟まで

長々としゃべって参りまして、昭和四十七年（一九七二）までできました。でも昭和は六十四年（一九八九）までありますから、あと十七年も残っているわけです。ところが、です。これをいちいち丁寧にやっていたのでは膨大な話になりますし、なにより、ここから先は皆さんご自身が生きてきた、〝現代史〟なんですな。私たちはみんなまさにその時代を生きてきているのです。それに実際問題としては、データが完全に出切っていない可能性があります。国際的にも情報公開法といって、三十年間は資料を出さないことが認められています（ただし手の内をさらすわけにいかない諜報関係の資料は例外で、三十年以後も出てきませんが）。ですからこのあとの時代は、これからぼつぼつ資料が出はじめるわけです。これ以降のことをお話ししてから新たな資料が出てきて「お前の話と全然違うじゃないか」と言われる可能性も山ほどあります。ここでは「現代史はまだ歴史になっていない」と解釈し、以下は大雑把に「まとめる」というかたちでお話ししたいと思います。終わりは脱兎の如しというわけです。が、その前に一度振り返って、ここまでしゃべってきた時代について簡単にまとめてみます。

✸戦後とは何だったか――これまでを振り返って

昭和二十年（一九四五）八月十五日、明治以来の大日本帝国が突き進んできた道が終わり、新しい道がはじまりました。日本の戦後は波瀾万丈（はらんばんじょう）である意味でまことに面白い時代であり、私は昭和二十八年（一九五三）に出版社に入り、編集者としてこの時代とつきあってきましたから、その体験談もいろいろと織り込んで話してきたわけです。でもあまりにも波乱に富んだ時代であり、混乱したところもあったかと思いますので、ごくごく単純に整理してみます。

一口に戦後日本と言いましても、時代が大きく変わったという意味ではいくつかに分けられると思います。人によって意見が違うでしょうが、私なりに六つに分けてみました。

①まず昭和二十年八月十五日、正確に言えば九月二日、降伏文書に調印してアメリカ（連合国）の占領がはじまってから昭和二十六年（一九五一）までを占領の時代――これはどなたがみても共通していると思います。いわゆる Occupied Japan です。

この時期にはGHQが非軍事化・民主化方針にのっとって日本政府に次々と指令を出し、日本はこれらを唯々諾々と受け入れ、大きく国柄を変えました。中でも一番大きなことを並べてみますと、まず象徴天皇制になり、主権は国民にありと決められました。同時に議会制民主主義を確認しました。さらに非軍事化、軍事力をまったく放棄します。ほかに財閥解体、農地改革、言論・表現・結社の自由、さらに労働三法の実行などなど。とにかくすっかり模様替えしました。とりわけ農地改革は、日本人が自主的にやろうとしてもなかなかできなかったことです。それをＧＨＱの指令とはいえ見事にやってのけた結果、農業国家日本が大きく変革することになりましたが、小作人などの封建的なシステムが崩壊したのは大変素晴らしいことではないかと思います。ただし「是認できない改革もある」と言う人もいます。もちろん「天皇象徴制などけしからん！　天皇陛下は絶対だ」とか、「軍隊放棄とは何事か。国家防衛はどうするのだ、陸海空軍を再度編成すべきだ」などさまざまな意見もあります。ただ私が一つ思うのは、民法を変えさせたのは日本の国柄が変わるのに非常に大きな影響を与え、それはいい影響ばかりでなく悪い影響もたくさんあったのではないかということで、これにはかなり問題が残るのではないでしょうか。今さら元へは戻れませんが。

そしてこの時代の最大の決断は、首相の吉田さんのそれであったと思います。ダレスが独立後の日本の安全保障だけではなく、自由主義世界への貢献のためにも再軍備が必要だとガンガン迫ったのに、これを敢然として拒否した。ほかの政治家であったら、とてもできないことであったでしょうな。

いずれにしろこの時代、われわれは食うことに精一杯でしたから、たいていの改革はＯＫというふうに、耐えがたきを耐え、忍びがたきを忍び、と終戦詔勅の文句ではありませんが、どんどん改革を進めていきました。途中、冷戦の開始にともなってアメリカが方針を変えたばかりに民主化がおかしな形になるところはありましたが、それを経ながらも朝鮮戦争などで、日本はアッという間に復興の基盤を築いてゆきます。結果的にはこのOccupied Japanが、好むと好まざるにかかわらず、戦後日本の骨組みをつくったと言えると思います。

②次に昭和二十七年（一九五二）、講和条約による独立日本のスタートから昭和三十五年（一九六〇）の「六〇年安保」までを政治闘争の時代とみることができると思います。まず、改めて天皇の戦争責任や天皇制をどうするか、簡単に言えば国体の問題が論議されて大騒ぎになりました。それも昭和三十四年（一九五九）のミッチーブーム、そしてご成婚に国民が盛大な拍手を送るとともになんとなく結論が出たというか、象徴天皇制のもとで天皇家をずっと大事にしていこうじゃないかという国民的合意に達したような気がします。ただ最近、これを存続させるために別な問題として「女帝」が論議されています。これは女帝だけを考えて安易に結論を下すのでなく、天皇家が日本国そして日本国民にとってこの後どういう意味をもつのかをきちんと考えなければいけないと私は思います。早急に結論を出す問題ではない。いずれにしろ天皇陛下および天皇家の問題は、昭和三十四年あたりですっかり落ち着きました。

となると議論は、平和と民主主義をめぐる政治闘争になるわけです。当時、これがいろんなかたちで論じられました。平和と民主主義を守るため、という同じスローガンで左翼と右翼がまったく違う考えをもって日常的に衝突し、政治的に揉めて混乱しました。考えるに、戦後日本にもし不幸があるとすれば、この混乱の結果、新しい日本をつくるための最大の眼目(がんもく)である「平和と民主主義」が、言葉をひねくり回して左右両陣営がああでもないこうでもないとバラバラな意見で議論が揉めるうちに、平和とは何か、民主主義とは何か、そのこと自体、意味も内容も不鮮明になったことです。その大衝突が六〇年安保の大騒動であったと思います。

ここまでの日本は、あっさり言えば、どういう国家をつくるかについて選択肢が四つありました。すでにいっぺんふれたことがあります。一つは、戦前のように天皇陛下を頭に戴き、陸海軍を整備した、いわゆる〝普通の国〟になることです。三島由紀夫さんが腹を斬ってまで訴えた〝あるべきほんとうの国の姿〟です。事実、鳩山さんや岸さんがそれをやろうとして安保騒動が起こったわけです。二番目は、左翼が主張するところの社会主義国家です。ソ連の傘下に入るという意味ではなく、アメリカ的な資本主義からは距離を置いたかたちの国家です。共和国でしょうね。三番目は、結果的にこれを選ぶことになるのですが、軽武装・通商貿易国家、つまり吉田さんがやろうとした経済第一で豊かな国をつくろうという選択です。さらに四つ目としては〝小日本〟です。一切のごたごたに関与しないような文化国家、つまり〝東洋のスイス〟といいますか、自分たちだけが静かに平和に生きていこうじゃないかという選択です。冷戦が厳しくなって現実的には不可能だったでしょうが、選択肢としてはあり得たと思います。

それが六〇年安保という一大国内闘争を経て、決着がついたんですね。平和と民主主義をめぐる議論の最後の大衝突で、結果的にはその後の池田内閣が主張するところの軽武装・通商貿易国家、経済第一の国をつくろうじゃないかという方針が決まり、国民も合意し、日本はその方向へどんどん進み出すのです。

③次が経済第一の時代——富を豊かにするという国家目標が見事に実現されたのが昭和三十六年（一九六一）から昭和四十年（一九六五）じゃないかと思います。池田さんの国民所得倍増計画が非常に魅力的で、これに合意した日本人は「強兵なき富国」に励み、懸命に努力しました。ほんとうによく働きました。ただ、たしかに一所懸命に働いて稼ぐのですが、不満を抱く人も出てくるのです。日本人本来の精神はどこへいったのか、かつては武士道といったきちんとした精神があったではないか。志はなくなったのか？——言われてみれば、金持ちになるとか儲けるとかの経済活動が国家の本質であるというのはおかしいといえばおかしいのです。やはり国家というものには、国際的に果たすべき役割もありましょうし、国そのものがどういう方針で世界に訴えかけてゆくかの使命もあるはずです。日本はとりあえず「申し訳ありませんが、敗戦国民の私たちは国家再建のために頑張っているのであって、そういうことは存じません」と言わんばかりの商人的態度で突き進んでいました。例の「トランジスタラジオのセールスマン」です。そのうち人びとの精神にいわゆる金権主義といいますか、お金やモノであらゆるものを判断する思想——思想とはいえないんですが——が定着してしまった、無思想の商人国家、そういう点に非常に不満を抱く人がたくさん出てきたのです。ただし、この時代で日本

が目覚ましく復興したのはたしかです。

④その後の昭和四十一年（一九六六）から昭和四十七年（一九七二）は、働いた成果が次々に出てきて日本経済がぐんぐん成長した、日本人はひとしく胸を張った、自信回復の時代と呼んでいいんじゃないでしょうか。この時期の平均成長率は九・六パーセント。年によっては一〇パーセントを超え、日本人はほんとうに豊かになりました。何度も言いますが、私の月給もどんどん上昇して、会社にずいぶん前借りしていたのもあれよという間に消えましたねえ。社会構造も、人びとの生活や意識もすっかり変わり、かつて敗戦で打ちひしがれ、憐れを極めた気分はどこへやら、日本はたいへん立派な国なんだと国民一人ひとりが自信をもったのじゃないでしょうか。概して一九六〇年代というのはうまく操作された華やかな時代で、六四年に東海道新幹線が開通、東京オリンピック開催にはじまり、七〇年には大阪万博の開催、そして七二年の沖縄返還と続きました。

その一方で統制管理された社会への抗議としての大学紛争が拡大し、国家騒乱の様相も呈しました。モノが食えない時代にはそんな余裕もありませんが、金持ちになると国家のあり方に対する不満が出てきて、学校騒動が起こるのでしょう。昭和四十三年（一九六八）だけで警視庁機動隊による大学の占拠解除は十五校・七十五回、検挙者が九千三百四十人といいますから方々の大学でやっていたんですね。

……と、ここまでの時代を、今日までえんえん喋ってきたわけで、簡単にまとめると以上のようになる。そしてこの後は〝現代史〟となるわけです。

その後の〝戦後〟

歴史的と言ってもいい沖縄返還で、戦後日本は完全に終わり、新しい日本の歴史がはじまりました。同時に、条約の批准（ひじゅん）とともに佐藤内閣の役割は終わり、昭和四十七年（一九七二）六月に佐藤さんは辞意を表明します。それにしても佐藤内閣は長かったんですよ。昭和三十九年（一九六四）のオリンピックが終わった後に発足したのですから八年間ですか、国民もいいかげん飽き飽きしていたのですが、沖縄返還という大仕事があったせいかもしれません、まあ続いたんですよね。そして自民党は次の総裁を誰にするかでまた激しい権力闘争があったのですが、福田赳夫（ふくだたけお）さんを抑えた田中角栄（たなかかくえい）さんがここで登場してくるわけです。

七月七日、田中内閣が成立します。角さんとくれば「日本列島改造論」、これは総裁になる前の六月に「首相になれば実行するぞ」と発表していまして、すなわち地域開発の推進、さらに日中国交正常化という大仕事を田中さんはすぐにやりました。日中国交回復は内閣をつくると同時くらいでしたから、国民もアッと驚きました。実はこれは角さんの仕事ではなくて、後で「オレが前から裏交渉をしてたんだ」と言う人も出てきたようですが（三木武夫さんです。でなければあれほど早くできるわけがないともいえますが）、いずれにしても九月二十九日に角さんが日中共同声明に調印したのです。

国民も田中内閣に大いに期待します。日本列島改造論を表看板に、翌昭和四十八年（一九七三）春ぐらいから田中さんは次々と、ブルドーザーのごとく政策を強力に実行していきました。公共事業は支出が前年比三二パーセント増の大規模なものとなり、老人医療をタダにする法案、老齢年金の大幅増加など、これで日本の社会保障が国際水準に近づいたと言われるほど福祉に力を入れ、昭和四十八年は日本の福祉元年とさえ呼ばれました。

……といちいちやっていては、何度も申しますようにいつまでたっても終わりませんが、ともかくこうして戦後ほぼ三十年間で、廃墟からの再生で、日本は見事なまでに新国家建設を成功させたのです。「何を言ってるんだ、威張るな。それはアメリカの核の傘の下にいたからだろう」という人も多く、たしかにその通りなんですが、やはり国策を経済第一主義とし、国民が努力に努力を重ねて一所懸命働き、経済大国をつくったこと自体は世界史的に大きな成果です。戦争に勝った国が貧乏になっているなかで、敗けた日本が一番金持ちになっているなんて奇跡と言ってもいいくらいでした。

それはともかく、昭和の終わりまでをあえて定義しながらまとめてみたいと思います。

⑤昭和四十八年（一九七三）から昭和五十七年（一九八二）、経済最優先で頑張ってきた私た

ちに、なんとなしに虚しさ、これでいいのかという気分がわいてきて、もう一度考え直したほうがいいのではと皆が感じだしました。そこでこの時期を、日常生活での価値観の見直しの時代と試みに呼んでみます。

昭和四十八年、ベトナム戦争が終結しました。実に九年間の戦いで、非公式な推定によれば、アメリカ軍が費やした金額はおよそ一千六百五十億ドル、ムチャクチャな金です。死者はおよそ五万八千人、行方不明が二万人。アメリカにとっては何たるアホな戦争をやったかということになります。日本はベトナム戦争とは関係していません――もちろんB52が沖縄から飛んでますし、補給などの面で潤ったのはたしかですが、直接には介入しませんでした。

そしてこれ以前から日米経済摩擦がクローズアップされたり、昭和四十六年（一九七一）八月にはニクソン米大統領のドル防衛策発表（ドル・ショック）により経済成長にかげりが見えるなど、国際的な動向が日本を直撃するようになります。すでにむずかしい時代がはじまっていたのです。

さらにこの時代、日本は二度の石油ショックを経験しました。一回目が昭和四十八年十月に勃発したイスラエルとアラブの衝突（第四次中東戦争）によるものです。イスラエルとアラブの衝突については何度も出てきて耳にタコだとは思いますが、いったいこの衝突はなぜ起きるのかをもう一度簡単に言いますと、アラブ世界の中に戦後、英米の後押しで突然、ユダヤ人国家イスラエルを人工的に成立させちゃったんです。そのためにパレスチナ人（パレスチナ地域に住んでいたアラブ系住民）が追い出された。これは許せないことで、その権利回復、元の土地への帰還、民族自決の大問題が起き、永遠に戦わざるをえない事態となったんですね。

じゃあイスラエルをどうするのか、これは大問題で、アメリカは大袈裟に言えばユダヤ人的な国家みたいなもんですからイスラエルが自分の子どものように可愛いんですよ。ところがアラブ諸国にとっては、勝手に国をつくりパレスチナの人を叩き出して国土を奪っているのですから、元に戻るまで頑張らなきゃならない。日本とは関係ないのですが、そうも言っていられません。何となれば、日本はアラブ諸国から石油を輸入しているからです。中東戦争が起こりますと、アラブからすれば「日本は反イスラエル国家ではない、アメリカと手を組んでいるからイスラエルを応援している」、つまり敵とみなして石油を送らない、ないしはものすごく値上げするという措置をとる――この危険は常にあるのです。それが最初に起きたのが一回目の石油ショックでした。第三次中東戦争までは、日本はあまり関与していなかったというか、まだ小国であって、石油をどんどん輸入する経済大国でなかったたし、それにアラブ側が石油戦略というものにまだ気づいていなかったのですね。

この時、アラブの湾岸諸国は原油生産も輸出も制限し、価格も四倍に値上げしてきます。大戦前、日本は石油をもっぱらアメリカから輸入していたんですが、この当時は実に八〇パーセントをアラブの安い原油に依存して潤っていました。お蔭でぐんぐん経済成長もできたわけです。それが反イスラエルではないというだけの理由であおりを食い、途端にアップアップします。考えてみれば、太平洋戦争は石油をアメリカから止められたのが原因で起こりました。また同じような事態になれば日本は生きる道がなくなります。自存自衛のために戦争、というわけにはいきません。やむなく国内の電力を制限せざるを得ず、電力に依存して生産されている製品はなくなってモノ不足、製造費も高くなるから物価がみるみる高騰します。いい気になって高度成長を謳歌していた日本人の生活は、それどころではなくなったのです。第一に、トイレットペーパーが作られなくなるという噂が流れて「買い占めだ」と大騒ぎになります。覚えているでしょう？　そんなことないんですけどねえ。当時はみんなあたふたした。さらに洗剤、砂糖、塩、醤油、灯油……日常生活用品がすべてなくなるといわれました。電力制限というので銀座のネオンもすべて消え、テレビも十一時まででしたか、深夜放送がなくなり……ともかく日本は石油がなくなればダメなんです。いっぺんにお手上げ、昔も今も変わりがない。

その時ものすごくはやったコマーシャルが、ボンカレーの「じっとガマンの子であった」（大塚食品）。「子連れ狼」の姿で笑福亭仁鶴さんが言うのです。戦争中の標語「ぜいたくは敵だ」の延長みたいなもので、ともかく皆でガマンしようと。日本はたいへんな高度経済成長はしましたが、資源的には何もない小国です。開けてみればカラッポです。たとえば台湾海峡がどこかの国によってとめられて東南アジアからものが入ってこなくなったり、ちょっと蛇口を締められれば金があっても何も買えなくなる。そういう国ですから、この時はとにかくガマン、ガマンで、家の中でじっとしている以外ありませんでした。

ところがこれがかえってよかったのです。反省する機会を得たのです。われわれは永遠に右肩上がりで走り続けられると思うのは間違いで、外部的な条件でたちまち窮地に立たされることを知った。現在も、日本が自力で生活していこうとすればおそらく六千万人くらいしか食えず、つまり半分の人はあの世へ行って頂かなくてはなりません。ともかくそんなにいい気になっていてはいけないというわけで、ここはもう一度しっかりと自分たちの生活を見直して、暴走せず、節約し、貯蓄に励み、贅肉(ぜいにく)をそぎ落とす、そして高度成長の水ぶくれ体質を引き締めたほうがいいのではないかと、この時、日本人は実に一所懸命にガマンしました。そしてそれによって、世界的な石油ショックからいち早く脱したのです。このへんが日本人の面白さで、たちまち皆が気持ちを合わせてあれよという間に窮地を抜け出すのです。そしてこれまでの行け行けどんどんのやり方への反省が生まれます。価値観が見直され、もう少し人間らしい生活、自然に回帰した暮らしの良さが叫ばれ、それまでの馬車馬のような動きとは違ったものの見方が要請されるようになったわけです。

付け加えますと、コンビニ時代がこの頃にスタートします。昭和四十九年（一九七四）五月にセブン・イレブンの第一号店が開店し、以後国民の生活を全体的に変えてゆきます。贅沢(ぜいたく)に走ることなく、生活を安定させようという意味もあったのでしょうね。

さてものの見方が変わり、それとともに新しい生きる道をしっかりつくっておく必要があるとなると、それまでの鉄鋼や石油産業といったでっかく重たい産業にコンピュータなどソフト産業が取って代わり、半導体など新技術による新製品が世界の先端を切ってぞくぞく登場します。いわゆる通信技術の発達による情報化社会の出発です。日本はいち早く手をつけました。コピー機、コンピュータ、ファクシミリ（以上、昭和四十六年）、ワープロ（昭和五十三年）――OA四種の神器だそうです――がほとんど同時に会社に入ってきた印象があります。またパーソナル電卓（昭和四十七年）、デジタル時計（昭和四十九年）、家庭用VTR（昭和五十年）――二種類が同時に出ました――、また電話のダイヤルが全国的に自動化されます（昭和五十四年三月）。それまで地方に電話をかけるのは大変でしたから、実に大きな変化でした。この結果、情報の大量かつ高速処理が可能となり、情報化時代が駆け足でやってきたのです。

それを追っかけるように第二の石油ショックがありました。昭和五十四年（一九七九）二月、イランのホメイニ師という人がハッスルして革命が起こり、その後イランは徹底したイスラム国家となって、強引に原油価格の引き上げを要求しました。日本は再びショックを受けますが、さすがに前回学習しています。世界的な大騒動も、日本ではガソリンスタンドの日曜祝日全面休業など、巧みに節約の先手を打って対応し、前のような騒ぎを起こさずに乗り切ったのです。この時にはやった言葉が「省エネ」でした。

というようにこの時代は、高度成長の経済優先主義から少し脱却し、外圧もあり、日常生活を守るために考え方を少し変え、私たちは安定成長を目指したと言えるのではないでしょうか。

⑥そして昭和五十八年（一九八三）から昭和の終焉、昭和六十四年（一九八九）、といっても一月七日に天皇陛下がお亡くなりになったのですからほとんど昭和六十三年までですね、これにあえて名をつければ国際化の時代と言えるかと思います。

二度の石油ショックによって、日本は高度成長政策がこのまま続くことはないと安定成長を目指し、引き締めがはじまり、昔のように無我夢中で働くことはおさえます。ところが日本人というのは、偉いといえば偉いし、愚直といえば愚直なんですが、だからといって全面ストップするわけにいかないのですね。走り出したら一所懸命に走っていなきゃいけない。その意味で日本経済はストップしません。日本人はまだまだ頑張るのです。石油ショックを経て実に穏やかな気風になった点もあるのですが、日本人はまだまだ頑張るのです。安い輸入原料に依存してきた鉄鋼や石油製品から自動車やエレクトロニクスを中心とする産業へとぱーっと切り替え、輸出国家へと転換してゆく。そして落ち目にならず依然として経済大国であり続けるのです。

ただし、そこまで国が大きくなると、「自分たちのこと以外は知りません」の態度では立ちゆかなくなります。当然、世界との協調が強く要求されるようになってきました。アメリカも「核の傘の下で保護してきてやったのになんだ、いい調子になって俺たちより大きな国になるつもりか」と貿易問題でより反発し、ECなどヨーロッパともギスギスしはじめます。それでも稼ぎ続けた日本は、国際的にアメリカに次ぐ第二の経済大国の地位を誇っていました。

政治的には、田中角栄さんがロッキード事件で失脚し、三木武夫、福田赳夫、大平正芳、鈴木善幸と、⑤の時代は比較的短期間で次々と内閣が変わります。日中国交を回復した田中角栄さんは別として、他の人がとりたてて目覚ましい成果を上げたといえるかどうか。それは⑥の時代の中曾根康弘、竹下登内閣にもいえましょう。同じスタイルで国を運営したと言っていいんじゃないでしょうか。

　そのスタイルとは何か、といえば、官僚統制システムといっていい。つまり国の経済的運営（早く言えば商売です）を個人の自由なものとせず、すべて官僚が決める方式です。官僚がグランドデザインを描き、アメとムチを駆使して実現していくというやり方で、これが見事に働いたんですね。これは前に話しましたが、大事な点なので、もう一度くり返します。実は昭和十四年（一九三九）の、軍事大国を目指した国家総動員体制がこれと同じです。このとき十八番とした政策です。国家の経済方針を各企業や個人には任せず——本来はそれらが自由な働きをし、その総和が国全体の動きになるのですが——官僚がグランドデザインと具体的な政策をつくり、それを国会にもっていき、与野党に根回しをして国会で法案として成立させ、それを再び官僚が取り戻して企業にやらせるシステムなわけです。ただし、上からの強権的なものではありません。戦争中は若干それはありましたが、もともと官僚は上手に、必ず自分たちのつくった政策が実現できるよう、予算をつくっておいて誘導するのです。さらにそれをうまくリードしながら、国家資金である税金の補助や優遇税制を用意しておいて企業にやらせるのです。しかも、企業がやりたいといってくるのを許可、認可する許認可制もしっかり確立しておく。

要するに、法的にうまく按配して国家全体の繁栄を官僚たちが考えていくかたちになっていたのです。

このシステムは高度成長時代とくに有効に機能し、国家の経済をうんと大きくした原動力であったと言ってもいいでしょう。もっとも、かつて官僚には非常に優秀な人が多く、たとえば「もはや戦後ではない」の経済白書をつくった後藤誉之助さん、池田さんとともに月給二倍論を唱えた下村治さん、元外務大臣の大来佐武郎さん、大蔵事務次官などを経て日銀総裁にもなった森永貞一郎さんなどは非常に有能であって、熱意があり、強権的にではなく、話し合いによる誘導で政策を運営したのです。

この官僚計画経済国家とでも呼べるシステムがうまくいきました。内閣がちょこちょこ代わっても比較的経済は順調に伸び、社会的安定もまずまず、国際化の時代にもうまくやってきました。日本はなんとなしに成熟した国家になったと言えるのかもしれません。

そして、昭和天皇がお亡くなりになったその年（一九八九・平成元年）の十二月二十九日、経済大国日本は最高に輝ける日を迎えました。東京証券取引所の平均株価が三万八千九百十五円の最高値を記録したのです。もう永遠に出てこないであろう史上最高値です。これが昭和天皇の亡くなったその年であることが妙味ですが、戦後日本をつくってきた軽武装・経済第一の貿易通商国家がここに完成し、最高に輝いた瞬間でありました。

✹これからの日本は……

さて、昭和は改元されて平成となりました。「昭和史」の終焉とともに私の話は終わりにしていいわけです。いやはや、くたびれました。聞いている皆さんもご苦労さんでした。

でも、せっかくですから、余談としてもうちょっと続けると、まるで昭和時代が幕を引くのを待っていたかのように、世界情勢が激変するのですね。それはもうご存じのとおりです。平成二年（一九九〇）、ソ連が一党独裁を放棄し、東西ドイツが統一します。同三年の暮れには連邦を構成していた共和国が次々に独立を宣言し、ソ連邦崩壊という驚くべきことが起きます。冷戦はアメリカの勝利をもって終結し、ロシアと新たな国家共同体に加盟するその他の共和国すべてを〝即時承認する〟とアメリカは高らかに宣言します。

それと歩調を合わせたように、日本経済繁栄が平成二年にガラガラと崩れ落ちてしまうんですね。冷戦終結が日本のバブルをはじいてしまった。冷静に振り返ってみれば、昭和末期の日本は、政・官・財の馴れ合い、真面目さを失い軽佻浮薄もいいところでした。なかでも官僚がリードする最後の十年ほどは、土地ブームと株価のもたれ合い構造による張り子の虎に過ぎなかった。大いなる繁栄も春の夜の夢の如し。まさしく「バブル」であったのです。

前の昭和史で「四十年史観」ということを申しました。四十年ごとに日本の国家が変わってきたということです。ちょうど戦後日本を考えますと、昭和二十七年（一九五二）に独立国として出発してから四十年と言えば一九九二年、まさにその前年にバブルがはじけました。皆が一所懸命努力してつくってきた戦後日本は、四十年で株価が最高値を記録し、ＧＮＰで世界第二位を誇るほどの経済大国になりました。明治時代、近代国家をつくろうとして一所懸命だった日本が日露戦争に勝ち（一九〇五年）、国家づくりに大成功し、結果的にうぬぼれのぼせて国際的にどんどん孤立し、ついには世界を相手に戦争をして国を滅ぼしてしまったのが四十年後でした。同じなんです。戦後日本も、独立して国家づくりをはじめてから四十年かけて経済大国にまでなりました。そしてそこで大いに繁栄を謳歌しうぬぼれのぼせた挙句にバブルがはじけておかしなことになる。さらにその後のいまの日本を考えますと、新しい国家をつくるために、じゃあどういう国にするのかの国家目標もなく浮遊しているようで、また滅びの四十年にかかっているんじゃないかとも思えるのです。

　明治時代、国家目標は富国強兵であり、国家の機軸――国をつくるためには、皆が心を一つにして同じようなことを考え同意することができる軸が必要なのです――は立憲天皇制でした。天皇制という言葉があまり評判がよくないので悪く聞こえますが、国家をつくるにあたっての一つのシステムとして非常にうまく機能したと思います。これが成功したあとに、先に言いましたようにうぬぼれのぼせ、国家の機軸として立憲君主制よりもすごい天皇制を世界の中心であるかのように仕立て、天皇を現人神として奉り、さらに国家目標も富国強兵を超え、アジアの盟主たらんとする幻想を抱いて結果的に国家を滅ぼしてしまった。

これを戦後日本について言いますと、国家の機軸は憲法にある平和主義だったと思います。これに関して日本人はかなり一致して受け入れただけではなく、それを進んで喜びとするようになった。鳩山さんや岸さんの主張する改憲・再軍備にはノーと言ったのです。また国家目標は、一九六〇年代の後半からは軽武装・経済第一主義とし、これもまた完成しました。そして現在となるわけです。じゃあバブル崩壊後の今の私たちの国家目標は何か、ありません。では機軸は何か。私は平和憲法でいいと思うんです。が、嫌だという人が多いんですね。早く憲法を改正して、軍隊をもつ普通の国にしようという意見が多いと新聞などが報じています。

じゃあ、国をふたたび滅亡へ向かわせないためにはどうすればいいか。これは私なんかには手に余る難問です。でも一つだけ言えるのは、官僚計画経済国家ではどうにもならないということです。金属疲労を起こしてしまっています。長くつづくと権力は腐敗します。とにかく、今の官僚諸君は過去の栄光に乗っかって悪くなり過ぎました。拙著『ノモンハンの夏』に関連して、平成十一年（一九九九）一月一日に載った朝日新聞「天声人語」の一部を引きます。

「経済企画庁が先日まとめた一九九八年版の『経済の回顧と課題』（ミニ経済白書）は、硬い内容ながら示唆に富む。「バブル崩壊の十年」を解析した個所では、不良債権の処理の遅れは〈「起きると困ることは起きないことにする」という意識が官民双方に強かった結果〉でもあったと断じた▼「敗北（失敗）を率直に認めないことが、さらなる敗北（失敗）の原因になった」との指摘もある。この二点、どちらも『ノモンハンの夏』の内容と重なり合う。状況は違うけれど、日本人は幻想、独善、泥縄的な発想から抜け出ていないのではないか。年の初め、そんな懸念が、ふと頭をもたげる」

要するに、バブル経済崩壊後の日本人がやっていることはノモンハン、つまり戦前の時代と変わらないんじゃないか。やはり幻想的であり、独善的であり、泥縄的というところがあるということ。これは戦前の昭和史の結論で話したことでもあります。最初の頃はじつに熱心で誠実だった官僚も、二代目、三代目になってくると、やはり官僚は官僚と言いますか、戦争中の官僚である軍人、参謀連中がやったのと同じようなことを繰り返してしまう、そう言えるんじゃないでしょうか。根拠なき自己過信をもち、実に驕慢なる無知であり、底知れぬ無責任であるということです。バブルがはじけてから十年間で私たちがみたのは、政・官・財のまったくの無責任でした。

戦争中の軍人同様、官僚というのは往々にして自分たちのいるところだけでしか責任を感じないんですね。自分たちの組織を守るためにしか動かない。さらに言うと、その組織内の論理や慣習にのみ従って新しい発想をまったく生もうとしない。ですから何か問題が起こった時に即座に有効な対策が出せず、常に後手後手にまわる。かつての軍人がまったくそうであり、同時にバブルがはじけ飛んだ後の私たちの周りの官僚および政治家、財界人もそうなんだと言わざるを得ません。現在の日本をみますと、政治家はほとんど二代目、三代目で苦労知らず、官僚はエリート意識と出世欲のかたまりみたいなもので、一種の偏差値優等生の集団です。この人たちが先に説明しました官僚経済国家、官僚統制システムの中にあって自分たちの好きなように裁量行政ができる、さらに情報を独占し、人事の勝手なルールをつくる（天下りです）、そしてお金も独占している。六〇年代に非常に安定的な経済成長をつくったシステムを、かつての人たちとは違ってしまった官僚が握るうちに、なんともおかしな国家が出来上がったのかなと思えてくるのです。

今の日本は、財政は八百兆円の大借金（国債）を抱えています。ケタが大きすぎてわけがわからなくなりますが、一兆円と言えば、仮に誰かが毎日十万円使って百年それを続けても届かない、まあなにしろすごい額で、八百兆円と言えばタダゴトではありません。ちなみに日本が戦後、はじめて国債の発行を決めたのは昭和四十年（一九六五）十一月十九日、佐藤内閣の時です。戦争中は国債で戦って莫大な借金をしましたから、戦後はもうやるまいとガマンしていたのですが、この時は不況でどうしようもなくなって二千五百九十億円の赤字国債発行を決めました。これはあくまで特例でした。ところがそれから四十年たって、八百兆円。極端に言えばまったく手を打たなかった、何かといえばすぐ国債を出してごまかしてきたわけです。

日本というのはなんと手を打つのが遅いこと、何ら有効な対策を出さず後手後手に回ることといったらすごいものです。今、少子化時代と言われていますが、厚生省がはじめてこれに気付き真剣に憂慮（ゆうりょ）したのは平成二年（一九九〇）六月三日です。一・五七ショックと言われるもので、一人の女性が産む赤ちゃんの数が平均一・五七人と史上最低の出生率が判明したからです。憂えたままでそれから何の手も打たず、十五年後の今になってもっと少ない赤ちゃんしか生まれず、大騒ぎしているのもいい例です。

今の日本は、戦後ずっと意思統合をしてきた「軽武装・経済第一」の吉田ドクトリンの分解がはじまっているようです。いい加減に戦後の経済主義を卒業したらどうか、の声が高まっています。いや、平和的発展路線をさながら欠陥品のようにみなす人も増えています。このままひたすら世界平和のために献身する国際協調的な非軍事国家でいくか、いやいやそれはもう時代遅れも甚だしい、これからは平和主義の不決断と惰弱を清算して、責任ある主体たれ、世界的に名誉ある役割を果たせる「普通の国」にならなければならない。この二つです。その選択は、まさに若い皆さん方の大仕事というわけです。ロートルには発言権はないと考えます。

でもね、横町の隠居なりのお節介な忠言を申し上げることはできます。今の日本に必要なのは何か？　一つには、無私になれるか。マジメさを取り戻せるか。日本人皆が私を捨てて、もう一度国を新しくつくるために努力と知恵を絞ることができるか。その覚悟を固められるか。二つめに、小さな箱から出る勇気。自分たちの組織だけを守るとか、組織の論理や慣習に従うとか、小さなところで威張っているのではなく、そこから出ていく勇気があるか。三つめとして、大局的な展望能力。ものごとを世界的に、地球規模で展望する力があるか。そのためにも大いに勉強することが大事でしょう。四つめに、他人様に頼らないで、世界に通用する知識や情報をもてるか。さらに言えば五つめ、「君は功を成せ、われは大事を成す」（吉田松陰）という悠然たる風格をもつことができるか――現在の日本に足りないのはそういったものであって、決して軍事力ではないと私は思います。

日本よ、いつまでも平和で穏やかな国であれ。

長い間、どうもありがとうございました。

昭和天皇・マッカーサー会談秘話

こぼればなし

この章の
✷ポイント

敗戦直後の昭和二十（一九四五）年から二十六（一九五一）年までの間で、昭和天皇とマッカーサーは、実に全十一回にも及ぶ会談を行ないました。この時の様子は、同席した通訳が残したメモや手記により、うかがい知ることができます。これらをひもとくと、新憲法や食糧問題、労働問題、安全保障・講和問題まで、戦後日本の形づくりのために、天皇がさまざまな局面でマッカーサーに働きかけていたことがわかります。

✷キーワード

昭和天皇／マッカーサー／奥村勝蔵（おくむらかつぞう）／松井明（まついあきら）／寺崎英成（てらさきひでなり）／東京裁判／日本国憲法／沖縄問題／GHQの右旋回／サンフランシスコ講和条約

✺マッカーサーの感動

半藤でございます。今日は『昭和史 戦後篇』の出版を記念するという形ですので、それに関することをお話しします。

『戦後篇』をお読みになっていただいた方はご存じでしょうが、昭和天皇とマッカーサーが昭和二十年（一九四五）、敗戦直後の九月に会談をした第一回目のことはかなり丁寧に語ったわけです。九月二十七日、天皇がお忍びでアメリカ大使館にマッカーサーを自ら訪ね、そのときの天皇のお言葉にマッカーサーがえらく感動して、はじめは非常に横柄で出迎えもしなかったんですが、帰るときは玄関口まで送ってきて丁寧にお辞儀をして「またお会いしましょう」と言ったというような話をしたんです。

『戦後篇』でもふれていますが、このときはお忍びですので、交通規制をしなかったんですね。いつもの天皇の車と侍従が乗った車とで行ったら、途中で信号に引っかかった。信号が赤になった瞬間に車がとまると、そこへ、今はありませんけれども都電が走ってきて、天皇の車の隣にとまったんです。都電の中にいたおばさんがじっと外を見ていると、どうも似ている方がいらっしゃる。当時の運転手さんに話を聞きますと、天皇がどうしているかと思ってバックミラーで見ていたら、黙って前を向いていたそうですが、目はきょろきょろしていたというような話をしていました。都電のおばさんが天皇陛下だとわかって、これはこれはとばかりに丁寧に最敬礼したなんて話もしました。

そして、天皇がはじめてマッカーサーに会ったとき、戦争の全責任は私にあると言ったという話になるわけです。マッカーサーの回顧録が朝日新聞から出ていて、半分以上自慢話なのであまり当てにならないところがあるんですが、でもこのくだりは当てになるんじゃないかと思うんです。「私は、国民が戦争遂行にあたって政治・軍事両面で行なったすべての決定と行動にたいする全責任を負うものとして、私自身をあなたの代表する連合国の裁決にゆだねるためにおたずねしました」と天皇が言ったと。マッカーサーははじめ、天皇が許しを請うとか命を助けてくれとかいうことを頼みに来たのであろうと思っていたら、そんなことは一切言わずにこう話した、それで大そう感動したというふうに回顧録には書かれている。このときのマッカーサーの感動といいますか、昭和天皇に対する尊敬の念が、その後の日本占領政策の上にものすごく大きな影響を与えたということを『戦後篇』ではしゃべったのです。

ところが最近、といっても平成十四年（二〇〇二）十月十七日、外務省がそのときの通訳の奥村勝蔵（おくむらかつぞう）が残した公式メモの記録を出しました。奥村さんというのは、戦争が始まる前にワシントンの日本大使館におりまして、アメリカに手渡す最後通牒というべき文書を、下手な、といったら悪いですが、上手ではないから下手だったと思いますが、タイプでポッンポッンと打って、それが間に合わなくて開戦通告が遅れたときの、そのタイプを打った外交官です。戦後、大磯に住んでおりまして、私は二度会いました。薔薇をきれいに栽培しているいいお宅に住んでいましたが、開戦通告の遅延のことに関しては語りたくないと言って一切話されませんでした。

昭和天皇・マッカーサー会談

	期日（昭和）	場所	通訳	テーマ
①	20年9月27日	米大使館	奥村勝蔵	天皇の戦争責任……
②	21年5月31日	米大使館	寺崎英成	食糧援助、東京裁判
③	21年10月16日	米大使館	寺崎英成	食糧援助、憲法9条、地方巡幸……
④	22年5月6日	米大使館	奥村勝蔵	新憲法下での選挙、日本の安全保障、日本経済の現状……
⑤	22年11月14日	米大使館	寺崎英成	沖縄問題
⑥	23年5月6日	米大使館	ＧＨＱ	
⑦	24年1月10日	米大使館	ＧＨＱ	
⑧	24年7月8日	米大使館	松井明	国内の治安……
⑨	24年11月26日	米大使館	松井明	講和問題、シベリア抑留、ソ連の原爆開発……
⑩	25年4月18日	米大使館	松井明	共産圏の脅威？
⑪	26年4月15日	米大使館	松井明	儀礼的（お別れ）

それはともかく合計十一回行なわれた昭和天皇・マッカーサー会談（表参照）のうち、第一回と第四回で奥村さんが通訳をしている。会談の内容については一切外へ出さないというのが昭和天皇とマッカーサーの男の約束でしたが、四回目のときに、奥村さんが内容を少しばかりすっぱ抜いたんです。それでマッカーサーがかんかんに怒りまして、こういうやつは直ちに罷免だといってクビになりました。そのときの話は、奥村さんは実に丁寧にしゃべってくれました。これは後でお話しします。こっちの件は自分でもいいことをしたと思ってかなり自信があったのか、話されたのですが、真珠湾のほうはいいことをしたと思わなかったのかどうか知りま

昭和天皇とマッカーサーの最初の会談。3枚撮られたうちの、マッカーサーが目をつぶっている珍しい写真。昭和20年9月27日、アメリカ大使館で行なわれた

せんが、一切語りたくないと。もうお亡くなりになりましたが。

　いずれにしろ、第一回の会談のときに奥村さんが残したメモには、天皇が「私が全責任を負います」などとは一切言ってないと書いてあって、それを外務省が発表し、各新聞が大きく扱ったのです。私も毎日と朝日と読売からどういうふうに思うかと談話を求められまして、三つの新聞に「同じ談話では悪いのか」と聞いたら「悪い」と言うから、いくらかは良心が——大してないんですけれども——働いて少しずつ変えましたが。

　その当時は、いわゆる東京裁判が、もちろんまだ始まっておりませんが話題になっているころで、軍事法廷となると戦争犯罪人を処刑することは明白です。天皇がその裁判にかけられるかかけられないか、被告になるかならないかは非常に微妙な問題でした。ですからこの時期に天皇が「私に戦争の全責任がある」などと発表してそれが連合国諸国に漏れたら、たとえばソ連、豪州、オランダなどでは天皇を絞首刑にせよと言わんばかりの論説がわーっと広がってい

るところですから大変なことになるじゃねえかというので、奥村さんは多分隠したのであろう、そこは承知して削ったに違いないと、私は新聞の談話でしゃべったんです。が、証拠は何にもなかったんです。証拠がなくたってこういうのは歴史探偵の勘でございまして、間違いないと思っていたんですが、実はその証拠らしいものが出てきたのです。

　十一回に及ぶ会談の最後のほうで、松井明（まついあきら）さんという方が通訳として非常に活躍されました。この方も残念ながら平成六年（一九九四）に八十六歳でお亡くなりになりまして、もう一人の通訳、寺崎英成（てらさきひでなり）さんも亡くなっておりますから、今はもう会談についての日本人証言者はいません。その松井さんが天皇の通訳としてマッカーサーとの会談に立ち会ったことをお書きになり、それを「松井手記」としてどうしても出版したいと強く希望された。しかし内容が内容ですから、勝手にやるわけにいかない、出版社のほうも天皇陛下に関することですからあっさりとは出せない、そこで宮内庁へ持っていって意向を聞いたんです。

　ところで、昭和天皇の侍従長だった入江相政（すけまさ）という方の『入江相政日記』という膨大なものが出ておりまして、これは中身はそれほどおもしろくありません。とんと役に立たなくて、粋人あるいは人生を上のほうで歩いた人というのは資料的にはあまり役に立たないことを日記に書くんだなという証拠みたいな日記なんですけれども、それでもよく読むと、ところどころにすばらしいことを書いているのがわかります。宮城の内部の話で、だれとだれがけんかした、たとえば天皇陛下と皇后陛下だとか、皇后陛下と侍従長がけんかしたとかも書いてあるんです。

そういう意味では非常におもしろいところはあるんです。

この入江さんの一九八一年十月二日の日記に、「松井明君がマッカーサー及びリッジウェイ（マッカーサーがクビになった後の軍司令官です）の御通訳の顚末を出版したいとのこと。とんでもないこと。コピーを渡される」とあり、それで松井さんが昭和五十五年（一九八〇）に回想録を書き上げて、宮内庁に翌年そのコピーを届けたことがわかるわけです。

宮内庁では大いにもめました。入江さんは猛反対だと書いてありますが、また十月二十二日の日記、つまり約二十日たった後の日記になりますと、「十一時前長官来室（前の宮内庁長官が来た）。この間からの懸案の松井明君の通訳の記録の出版、侍従長、侍従次長、官長（書記官長）すべて反対と告げ、思いとどまってもらった由。そして侍従長の秘庫（秘密の金庫ですね）に入れておいてくれとのこと」とあります。つまり松井さんの手記の出版はまかりならんというので、侍従長の金庫があるんでしょう、そこに入れて門外不出にしてしまった。このため、残念ながら世に出ないことになったのです。

ところが日本では出なくても、よその国だと出るんだそうです。これが出版界のすばらしいところで、自分のところだけ抑えておけば大丈夫かと思ったらとんでもない話で、フランス語訳の松井明著『天皇の通訳』という本が出ているんだそうです、人から聞いた話ですが。これからお話する十一回の会談の内容も主にフランス語訳の松井さんの手記に基づいています。

それによりますと、第一回目の会談のとき、奥村さんは確かにメモを消した、そして実はこれこれこういうわけで消したと理由を述べていたそうです。その理由が、「あまりの重大さを考慮し、記録から削除した」と。要するにそのころの世界の輿論の動きなどを配慮して削っておいたほうがいいと判断した。しかも「その（天皇が全責任は私にあると言った）発言は、元帥が滔々と戦争哲学を語った直後に述べられた」とあるんですね。ということは、マッカーサーがものすごく長い大演説をぶった後に天皇陛下がはっきりと言われた、奥村さんもそれを承知したうえで、しかしながら諸般の事情を考えると発表するのはまずいというので削除した、奥村さんがそう言っていたと松井さんの手記には書かれているんです。

この問題に関しては、現在でも昭和天皇にははじめから責任なんかないのだからそんなことを言うはずはないという人から、あの方はそんな下々のことは考えない方だから責任がどうのなんて言うはずはないという、右と左と両方からの勝手な推量による発言が絶えないようです。が、事実、昭和天皇はマッカーサーにはっきり、政治的・軍事的なことで、日本人がやったすべてのことに対して全責任は私にあると言ったというふうに考えて間違いないのではないか、と私は思うわけです。

さてこれからいよいよ松井さんの手記などに基づいて以下をお話するんですが、じつは『昭和史　戦後篇』では二回目以降のことはふれていません。したがいまして、ここにおいでにならないであの本を買った方には、まことに申しわけないことでございますが、あとの十回はいったいどこに行ってしまったんだろうということになる。ま、どうかお許しいただきたいと。

おいでになっている皆さんに謝ってもしようがないんですが、いずれ通じるときもあると思いますので、お詫びした次第です。

✺歴史を知るおもしろみ

ところで、このことは実は私だけではなくてすでに何人かの方が研究しております。昭和五十年（一九七五）八月十五日付サンケイ新聞と平成十四年（二〇〇二）八月五日付朝日新聞で、ともにでっかく松井日記、あるいは天皇とマッカーサーの会談をめぐっての大特集が掲載されています。今日はそれをもう少し詳しくお話しますが、もしさらにお調べになりたければ両新聞をお読みになるとよろしいかと思います。

もうひとついえば、国会図書館の中に元総理大臣・幣原喜重郎（しではらきじゅうろう）の記念館というのか、幣原平和文庫という図書館みたいのがありまして、そこに寺崎英成さんの手記が残されています。私も見ましたが、なかなか詳しく書かれています。

とまあ、ごらんになりたければごらんになれる形で、いくらか世の中に発表されておりますし、関西学院大学の豊下楢彦先生、下町生まれは間違いやすい、「ナラヒコ」ですね、「シコ」ではございません、という方の天皇・マッカーサー会談に関するかなり立派な研究もございます。

まあとにかく男の約束だか知りませんが、マッカーサーと天皇が余計な約束をしたんですよ。

昭和天皇という方はクソのつくほど律儀な、なんていうと怒られてしまいますが、まじめな方でいらっしゃいますので、男の約束ですからといって、会談に関する話は本当にお亡くなりになるまで一切しゃべっておりません。しゃべっているのは専らマッカーサーのほうで、あいつは軍人のくせにおしゃべりなんです。男の約束を知らないやつなんですが、どうもこの男の話は当てにならないところがありまして、いろいろと誤解を生むことになるんです。いずれにしろ男の約束を守ったのは天皇で、守らなかったのはマッカーサーでした。

ただ、マッカーサーがしゃべらなかったことも、松井さんの手記と寺崎さんの残したもの、その他のことでいくらかずつ明るみに出てきております。今日はそれをお話いたします。退屈なところもあるかと思いますが、日本の戦後に昭和天皇がいかにかかわったか、マッカーサーにどんどん意見を言い、マッカーサーもそれを取り入れ、あるいはそれに影響されて占領政策を進めていった、といってもいいかと思います。とにかく戦後日本の形づくりのために昭和天皇は大変な仕事をなさっていた、そのことがわかるかと思います。

ですが、考えようによってはこれは憲法違反なんですよね。ご存じのように昭和二十一年に憲法が審議を経て成立し、翌二十二年に公布されました。そこでは天皇は象徴であって政治には一切かかわりなしとされ、現在でも皇室は政治には一切かかわりはないのです。ですから女帝がどうだのごちゃごちゃいっても、皇室典範の改定は内閣の仕事であり、皇室は一切発言をしない、できない、天皇家は政治には一切口出しをしないと決められているわけです。

ところが、昭和天皇はどんどんマッカーサーに話をして、政治に口出しをしています。世の中に出さないという男の約束があるから憲法違反にならないのか、そんなことはねえんじゃないかと思うんですけれども、まあその辺はどうぞ皆さん方がご自身でお考えいただきたいと思います。いずれにしろ戦後日本の占領期間というのは、ある意味では天皇とマッカーサーの合作ではなかったろうかと思われるところが若干あるわけで、そこに歴史を知ることのおもしろみもあり、楽しさもあると思います。

✺話題の中心は東京裁判？［第二回目］

では早速本邦初公開、それほどえらいものではありませんが、第二回目の会談からはじめます。

二回目は昭和二十一年（一九四六）五月三十一日に行なわれました。はじめは五月三日に東京裁判（国際軍事法廷）が開廷する前、四月二十三日に行なわれるはずだったんですが、その前日に幣原内閣が総辞職をしてごたごたがはじまってしまったので、とてもそんな暇はないということで延びたんです。それで裁判がすでに開廷している非常に微妙なときに行なわれてしまい、残念ながらこの回に関しては空白です。いろいろなものを調べたんですが、いまのところまったく出てきません。多分奥村さんのメモがあるかと思いますが、外務省はこれをまだ出しておりません。ですから何もわかっていないといっていいと思います。

ただしこのとき通訳をした寺崎英成さんの日記が、文藝春秋から出た『昭和天皇独白録・寺崎英成御用掛日記』の、文庫本のほうには載っておりませんが、単行本のほうにあります。そこには「マックト御会見。十時十五分、半蔵門、十二時七分前迄。チョコレート。記録をつくる。フェラーズ、アチソン、宴会」、これしか書いてないので、眼光紙背に徹す、で眺めたって何にもわかりません。「十時十五分、半蔵門」、このとき出たんだなと、そして「十二時七分前迄」というんですから、二時間近く会談が行なわれた。第一回は三十分そこそこ、そんなに長くはありませんが、このときは二時間もやっているんです。なのに何にも書いてない。

ただ「チョコレート」とありますね。何だい、このチョコレートはと思いましたら、寺崎さんの奥さんのグエン・テラサキさんという方が、戦後に『太陽にかける橋』という本を出してベストセラーになりました。それをのぞいてみますとチョコっと出てきたんです。「天皇はこの日の会見を終えて仮御所に戻ると、銀紙に包まれたチョコレートをいくつも取り出して『これ貰ったよ』と出迎えた侍従にいい、『何か不自由なことがあったら、いってほしいといっていたよ』と嬉しそうに語った」と載っているんですよ。ははあ、チョコレートは天皇からもらったものか、なるほど、それで天皇はマッカーサーからもらったんだと。でも、これしかない。これでは何もないと同じです。ただマッカーサーが、不自由なことがあったら何でも言ってくれと言ったほど天皇に親近感をもったといいますか、二時間も心を割って話したことがわかる。

そして多分、食糧援助を天皇が強く頼んだのではないかと想像できるわけです。

寺崎さんの手記でも、松井さんの手記でもそうですが、とにかくマッカーサーは滔々としゃべるらしい。ですから二時間のうち一時間半ぐらいはマッカーサーがしゃべって、天皇陛下は三十分ぐらいじゃないかと思いますけれども、いずれにしても想像されるのは、もうひとつ、東京裁判が話題になったに違いないだろうなということです。というのはすでに四月三日、GHQを監視するために各国の代表がつくった極東委員会が、天皇をもはや訴追しないことを決定しているんです、日本はそんなことは知りませんが。そして五月三日開廷した東京裁判では、天皇が訴追されていない、戦犯として起訴されていないことも明瞭になっている。そう考えを進めてみれば、東京裁判に関することが両者の間で話されたんだろうと想像はできるわけです。残念ながら、実際の内容はまったくわかりませんが。

＊新憲法とマッカーサーの予言［第三回目］

三回目は昭和二十一年十月十六日です。この日付を見てぱっと何かを思いつかれる方はあまりいないと思いますが、新憲法が成立して十日後なんです。つまり今の憲法が、公布はまだですが、国会で審議され、通過して成立したのが十月六日で、その十日後なわけです。

これは先ほど申しました、国会図書館の幣原平和文庫にある寺崎さんの手記で、ある程度承知することができます。松井さんのほうの手記で見ると、「前回と同様会談の中心は食糧問題と労働問題であった」とあります。前回は間違いなく東京裁判が話題になっていると思うんですが、松井手記には書いてないんですね。それはともかく、三回目は「寺崎手記」によってかなり読み取ることができます。少し読んでみます。

天皇「今回憲法が成立し、民主的新日本建設の基礎が確立せられたことは、喜びにたえない所であります」。憲法が成立して翌年公布されることは、非常に喜ばしいとまず言って、「この憲法成立にさいし貴将軍（あなた、マッカーサー将軍ですね）において一方ならぬご指導に当たられたことに感謝いたします」。

本当はご指導なんていう程度のものじゃないんですけれどね。まあ天皇陛下から見ると憲法制定のためにマッカーサーが非常な努力をしたと承知して感謝したんだと思います。

マッカーサー「陛下のお蔭にて憲法は出来上がったのであります（微笑しながら）」。マッカーサーはほとんど笑ったことのない男らしいですけれども、ここで（微笑しながら）と寺崎さんがわざわざ書いています。「陛下なくんば憲法もなかったでありましょう」。

これもまたすごい言葉ですね。片やあなたのご尽力に大変感謝すると言い、片やあなたがいなければ、あなたがオーケーしなければ憲法はできなかったんだと。

天皇「戦争放棄の大理想を掲げた新憲法に日本はどこまでも忠実でありましょう。しかし世界の国際情勢を注視しますと、この理想よりはいまだに遠いものがあるようであります。その国際情勢の下、戦争放棄を決意実現する日本を、危険にさらさせることのないような世界の到来を、一日も早く見られるように念願せずにはおられません」。

天皇からすれば世界情勢はまだ非常に激動している。そのときに日本だけがこういう新憲法のもとに生きようとすることは非常に危険なところもあるのではないかと率直に言ったんでしょう。

マッカーサー「戦争はもはや不可能であります。戦争をなくするには、戦争を放棄する以外にはありませぬ。それを日本が実行されました。五十年後において(私は予言いたします)日本が道徳的に勇敢かつ賢明であったことが立証されるでありましょう。百年後に、日本は世界の道徳的指導者となったことが全世界に悟られることでしょう」。

「全世界に」というのは私が勝手につけました、そうじゃないとちょっと文章が成り立たないんですね。

さらにマッカーサーはつづけます。「世界も米国もいまだに日本にたいして復讐的気分が濃厚でありますから、この憲法もうくべき賞賛をうけないのでありますが、すべては歴史が証明するでありましょう」。

これはかなり有名な言葉なんです。五十年後には日本が賢明であったことは立証されるだろうと。もう五十年終わりましたよね、六十年も過ぎました。つまりまだ立証されてないんじゃないか。さらに、百年後には日本は道徳的指導者となったことが全世界にわかるでありましょうと。果たしてどうなることやら、皆さん方の決意いかんだと私は思うわけです。こう予言するマッカーサーがたちまち憲法の大理想を破るんですからしようがないんですけれど、それは後の話になります。で、ここで話はぽんと変わってしまった。

天皇「巡幸は私の強く希望するものであることは、ご承知のとおりでありますが、憲法成立まではとくに差し控えていたのでありますが、当分差し控えたほうがいいというものもあります。貴将軍はどうお考えになりますか」。

天皇の巡幸はこの年の二月、神奈川県の川崎をスタート地としてはじまっていたんですが、憲法問題が国会でがんがん議論されている間、ちょっと遠慮されたほうがいいのではという声があったと見えて中止されていました。その巡幸をまたはじめたいがどうだろうかと聞いたわけです。天皇陛下が親しく国民の間に入っていった巡幸は、実に戦後日本人に影響を与えましたね。お年の方たちは皆さんご記憶だと思います。私が当時おりました越後長岡にも、この年ではないと思いますけれども天皇がやってまいりました。長岡市民は旗を振ってお迎えしたようですが、私は当時長岡中学校の四年生だったか五年生だったか、水泳部で専ら平泳ぎの練習に熱中していて行かなかったために、昭和天皇のお姿をじかに拝見することはついにありませんでした。残念のきわみであります。

マッカーサー「機会あるごとにお出かけになったほうがよろしいと存じます。回数は多いほどよいと存じます。日本を完全に破壊せんとするロシアや、豪州は、ご巡幸に反対しておりますが、米国も英国も、陛下が民衆の中に入られるのを歓迎いたしております。司令部に関するかぎり、陛下は何事もなし得る自由をもっておられるのであります。何事であれ、私にご用命願います」。

この最後の「何事であれ、私にご用命願います」は、英語では「プリーズ・コマンド・ミー」だそうですが、「コマンド」は「指揮する」、いわゆる軍事用語ですね。つまりマッカーサーは天皇に対して非常に敬意を表している以上の表現をしているわけです。事実マッカーサーが言うとおり、巡幸はソ連などから非常に問題視されました。天皇制の復活ではないかとも言われ、GHQ内部にも猛反対の声があったんですが、マッカーサーは意に介さず「どんどんおやりください」と言ったのは事実だったようです。

三回目の会談は以上、憲法成立直後ですので当然それが話題となりました。マッカーサーの百年後の予言に関しては楽しみなんですが、私はもう生きておりませんので、どうぞお若い方に見届けていただきたいと思います。

✵すっぱ抜かれた安全保障［第四回目］

第四回目は昭和二十二年（一九四七）五月六日。まさに新憲法施行の直後、施行は五月三日ですから三日後のことです。しかも会見の当日、四月の総選挙で社会党が第一党になり、負けた吉田内閣があっさりと辞表をとりまとめて総辞職しました。そして社会党内閣ができるわけですが、このときの吉田さんの引き際の見事さが、後に吉田内閣を再び生み出し、長く続かせる要素になったといいますか、いずれにしろ社会党が天下をとった日が天皇とマッカーサーの会談の日であったわけです。

そして翌日、さきにもふれましたが通訳の奥村勝蔵さんが会談の中身をすっぱ抜きました。といっても外国人記者団に気を許して語ったんですね。それで外報としてだーっと出ていって、国内にばーっと戻ってくるわけです。六日の会談内容を七日に奥村さんがすっぱ抜く、すると翌日、八日にはマッカーサーが激怒して全面否定した、そんなことは一切語っていない、とんでもない、奥村はけしからんやつだと直ちにクビにしました。先ほど申しましたとおり、このときのことは奥村さんが私に隠さずに話してくれました。この人はなかなか骨太のところがあったように思います。

さて会談では何が語られたか。もちろん新憲法のこと、また社会党が天下をとった選挙に関して若干の感想を交わした後に、いよいよ日本の安全保障問題をどうするかについて語り合ったことが明らかになっております。

天皇「日本が完全に軍備を撤廃する以上、その安全保障は国連に期待せねばなりませぬ。その国連が極東委員会の如きものであることは大変困ると思います」。

極東委員会では、アメリカ、イギリス、ソ連、中国の四大強国がいくらでも拒否権をもつ。

国連も安保理は拒否権をもちますが、そのころはまだ使われていません。それが極東委員会では使われていた。そこで天皇陛下は、ああいう形で自由に拒否権が行使されるのでは困るという懸念を訴えたわけです。

マッカーサー「日本は、完全に軍備をもたないことが最大の安全保障であり、日本が生きる唯一の道です」。

これはマッカーサーの持論なんです。彼は少なくとも朝鮮戦争が起こるまでは、同じことを何遍もしゃべっております。ところが残念なことに、国連では米英とソ連の間にやたら確執が起こっている。ただ、今はごちゃごちゃやっているがゆくゆくは大丈夫というので、マッカーサーは保証する。

「将来の見込みとしては国連はますます強固になっていくものと思います」

マッカーサーはやたらと予言するんですね、当たらない予言を。

天皇「日本の安全保障を確保するために、アングロサクソン（米英ですね）の代表者である米国が、そのイニシアチブを執ることだ」。

昭和天皇は、国連でも米国がどんどんイニシアチブをとってもらいたいと、アメリカの支援を大いに期待することを表明したものと考えられます。

マッカーサー「米国の根本観念は日本の安全保障を確保することであります（米国は必ず日本を守る）。この点については、十分にご安心ありたい。日本の安全を侵すためには戦術的にはもっとも困難と言うべき水陸両用作戦によらなければなりません」。

たとえばソ連にしても中国にしても、ということでしょうが、どっちみち日本の安全を侵す、侵攻するには、水陸両用作戦をやらなければいけない。「これはアメリカが現在の海軍力および空軍力を持っている限り絶対になし得ません」、あり得ない話でありますと、マッカーサーは天皇に強く保証したわけです。

ここまでは国会図書館の「寺崎メモ」に残っています。で、これで終わりかなと思ったらそうではなくて、どうもこの後があると。それは松井さんの手記のほうにちょっと出てくるんです。どう出てくるか、マッカーサーがこう言ったというんです。

「日本を守るもっともよい武器は、心理的なものであって、それは即ち平和にたいする世界の世論であります。自分はこのためにも日本がなるべく速やかに国際連合の一員になることを望んでいる。日本が国連において平和の声を大きく上げ、世界の平和にたいする心を日本が積極的に導いていくべきである」

この部分がなぜか寺崎さんのメモからは切り取られているんですが、日本が先進的・道徳的な世界の指導者になれ、平和的な指導者になれ、その先頭に立て、そうすることが日本の安全をしっかりと守ることになるのであると。つまり日本が国連に入って本当の平和主義を全世界に訴え、先頭に立ってそのために大いに働くことが、大きくいえば人類のため、世界のためになるとマッカーサーは言ったことになるわけです。

それを奥村さんはあっさりと省略して、外国人記者団に、マッカーサーは天皇に対して「米国は日本の防衛を保証すると約束した」と発表したわけです。マッカーサーがここまで言っているんですから、奥村さんがそう要約したとしてもさほどの間違いはないのではと思うんですが、マッカーサーは激怒したんですね。なぜ激怒したかをちょっと考えてみるとおもしろいと思います。マッカーサーは、あくまで保証すると前の段階では言っていました。ところがおしまいの段階では、日本自らが積極的にどんどん働きかけることが日本の平和を守るために一番いいんだと言っているのです。つまり本人の考え方に自己矛盾といいますか、ぎくしゃくしたところがあり、それを見事につかれたことが、激怒の理由ではないかと思うわけです。

一方、奥村さんは、これをなぜあえて発表したか。公務員としては、特にこの会談の通訳としては許すべからざることを勝手にやったわけです。「なぜあのときあの発表をなさったんですか」と私が聞きましたら奥村さんは、ちょっと沈黙して考えた風をして、「今になってみれば私は正しいことをやったと思う。私は、あの時点でマッカーサーがそう言ったということを、日本国民に知らせておきたかった」と。つまり日本の安全は米国が必ず守ると保証したということを国民に知らせておきたかったと。憲法施行直後ですから、安全保障は当然これからの大問題なので、これを知らせておくことによって日本人みんなに安全保障について考えてほしかったという意味のことを私に語っていました。

ところが松井さんの手記に、外務省で奥村さんの下で働いていた当時の報道課長、法眼晋作(ほうげんしんさく)

さん（外務官僚としてかなり有名な方で皆さんお名前はご存じかと思います）が、奥村さんの真意はこうであったと語った話が載っています。「当時日本でいちばん大事なことは安全保障の問題で、マッカーサー元帥が天皇陛下にこの会見で『アメリカは日本を守ることとカリフォルニアを守るが如く』と言ったことを、新聞の紙面ではなく（新聞は読まない人がたくさんいますから）何とかして広く知らせるために口コミを利用した」という法眼さんの解釈が「松井メモ」に書いてあるんです。

私が奥村さんから直接に聞いたこととはちょっと違うんですが、いずれにしても奥村さんは、憲法施行後の安全保障問題は、日本人がこれから考えなければならない重大事であり、そのことを考えてもらうためには広く知られたほうがいいと発表した、となるわけです。

✺天皇の真意［第五回目］

そして五回目になります。昭和二十二年十一月十四日。このときも残念ながらとくにお話する価値のある内容はほとんど伝わっておりません。ただ推測、あるいは推理として、多分こういうことが語られたんだろうということは考えられます。寺崎さんの日記を見ると、「車八時半に来る。御文庫へ侍従長と九時半、十時一寸過ぎ発車。乾門、ハフ大佐、マッカーサーの通訳。十二時五分前終わる。／通訳ありがとうとマ将軍いう」、これだけですので何にもわかりません。ただ、この直前というのか九月十九日、これを非常に大事な日として私なんかは目をとめるのです。このとき、アメリカ軍が日本を守るために基地を設けて駐留するという話が日本政府に伝わってきました。まだ吉田さんが首相になっておらず、片山・芦田の連立内閣で、外務大臣の芦田均さんが専ら交渉に当たりました。そこでアメリカ軍の日本駐留は政府としてはやむを得ないこととして認め、その場合どこに基地をおくのが一番いいかについて、あっさりと、「日本本土のどこでもよろしい」と言ったらしいんです。『戦後篇』でふれておきましたので、お読みになった方は思い出していただきたいんです。

このことが耳に入った天皇は「それはまずい」と寺崎さんを呼び、自分の意思をきちんと言い含め、そのうえで寺崎さんを介して、GHQに親書といいますか、天皇陛下はこう考えておられるという形で寺崎さんが書いた文書を、メッセージとして届けた、それが九月十九日です。天皇の意向とは、日本本土はまずい、沖縄がよろしい、沖縄をお貸しする、「二十五年から五十年、あるいはそれ以上にわたる長期の貸与というフィクション」のもとで米軍に沖縄占領の継続を認めるという内容で、それをアメリカ軍のシーボルトという方を通じてGHQに届けました。これは「寺崎日記」にはっきり出てきます。

『戦後篇』でもふれましたが、のちに昭和天皇が倒れられたとき、ベッドの上で「沖縄には行かなければならなかった」と何度も言ったといいます。新聞にそう報じられました。実際、直前に沖縄に行かれる予定だったのが倒れて叶わなかったので、「残念だ、沖縄には行かなけれぱならなかった」と病床で話されたというのです。天皇は第二次世界大戦の最後の激戦であったいわゆる沖縄決戦、そして本土決戦までの時間を稼ぐため沖縄軍に頑張って最後まで戦ってもらおうというので、兵隊さんばかりでなく市民、学生さん、女学生さんまで動員して抵抗したことが心にずっと大きくひっかかっていて、「沖縄には行かねばならなかった」と言ったんだなと思っていた。

これは別に間違ってはないんですね、そのこと自体。だけれどもそれだけではないんだということがわかったわけです。そうだ、天皇は国防のための本土駐留に関して沖縄を二十五年から五十年、あるいはそれ以上にわたる長期の貸与というフィクション、つくりものの契約として、沖縄に軍隊を駐留してもらいたいと自らアメリカにメッセージを与えた。そのことのお詫びのために沖縄へ行かねば、と言っていたのではないか。

昭和天皇は、太平洋戦争においてもそうなんですが、子供のときから軍人として非常に鍛えられた方ですので、戦術的・戦略的な目は特に秀でております。ですから、これから中国共産党も出てくる、北朝鮮も共産国になる、ソ連もどんどんアジアへ進出しているといったときに、アジアをその進出から守るためには、グアム、沖縄、台湾の弧を描いた線で守るほうがいいと戦略的にわかっていたのだと思います。

余計な話ですが、太平洋戦争もそうでした。太平洋戦争は早くいえばぶんまわしの戦争でした。つまり戦闘機の制空権の範囲でぶんまわしを回してそこに基地をつくる。さらにその基地から制空権のぶんまわしを回して、新たな基地をつくる。制空権の外側では戦争をしない。要するに制空権内で基地から基地へとカエル跳び作戦をするのです。そのアメリカの戦術が大成功した。つぎの戦争もまた然り、なんです。それで制空権下の戦略を考えた場合、北海道にどんなでかい基地をもっても、ぶんまわしを回してみればかんじんのところへ届きません。それを天皇はわかっていた、だから早い話が沖縄を売り渡したといったら悪いんですが、沖縄を貸し与えたと。

マッカーサーもGHQもバカじゃありませんから、天皇の炯眼といいますか、すぐれた戦略眼を認めまして、では沖縄がいいというので、日本本土にでかい中心基地をもつようなことはしなくなったわけです。

そのことを昭和天皇は亡くなるまで、「申しわけないことをした、沖縄の人たちには長い苦痛を与えたままであった、それをお詫びに行かなければいけなかった」とベッドの上で言われたのではないだろうか、何も太平洋戦争の沖縄決戦だけではなくて、そういう戦後の複雑な事情もあったのではないかなと思うわけです。

したがって、こういう事実が裏側にあったとすれば、第五回の会談は当然のことながら沖縄問題が語られたと思うのです。繰り返しますが、残念ながら証拠となる文書は今のところ見つかっておりません。寺崎さんがここのところは記録として残しておりませんので。もちろん外務省にはあると思いますよ。

第六回、第七回は、寺崎さんが第五回の直後に病気になってとてもお供できないというので、GHQ側の通訳がやったものと思います。したがって日本側はノータッチで知りようがない。ほら吹きマッカーサーも、この六回、七回に関しては何にもほらを吹いておりません。空白のままです。お若い方が、どうぞこの空白を埋める何かすばらしいものをアメリカへ行って見つけてきてほしいと思わないでもありません。「おまえ、行け」と言われても困るのです。だいぶ年をとりまして、腰も痛くなりまして、飛行機はあまり長々と乗っていられませんので若い人に期待するわけです。

ゆらぐ日本の治安［第八回目］

第八回からは、松井さんが日本側の通訳として起用されました。起用に際して、松井さんは日本からもアメリカ側からもきつく言われました。「いいか、奥村のような不手際なことをしてはいかんぞ。一切しゃべるなよ」と。こうして松井さんが通訳となり、マッカーサーがクビになってリッジウエイ大将に替わってからも通訳として残りました。リッジウエイと昭和天皇との会談もなかなかおもしろく、それも松井さんの「手記」に記録が残っています。今回はふれませんが。

さて松井さんは「メモもとるな、何もするな」と上からあまりいわれたものですから、外務官僚というのはそういうところはまじめなんでしょうね、そんなにうるさく言うならとメモもとらず、それで二人の間で何が話されたか残念ながら一切記憶しとらんと。人間というのはおもしろいもので、終わった後、メモをとっておくと頭に残るんですね、何にも残さんでその場の記憶だけにしておくと本当にすっ飛んで抜けてしまう。手の動きとか働きは頭に伝えるために重要なものですから、皆さんもどうしてものときはメモなどで残されたほうがいいと思います。

いずれにしろ残念ながら松井さん、いわれたとおりに忠実にメモをとらず、したがって一切記憶も飛んだという。ただ、「松井手記」に「陛下が国内の治安について深い憂慮の念を示した」とあります。国内の治安をどうしたらいいか非常に深い憂慮の念を示し、そうした言葉が何遍も出たことは脳裏に焼きついていると、それだけは残っているそうです。

治安のことを天皇が気になさったのは、年表を見るとおわかりになると思います。昭和二十四年（一九四九）の七月八日ということは、『戦後篇』でもふれましたが、その年の三月からドッジ・ラインといって、ひどい日本のインフレをとめなければいけない、緊縮財政という大手術をやれというアメリカの命令で、まず現在のJR、国鉄の膨大な数のクビ切りがはじまりました。それに関連して、この会談の二日前に下山事件が起きています。さらに会談の一週間後に三鷹事件、またその後に松川事件と、奇怪な事件が連続すると同時に、クビ切りに反対する人民電車が走ったり、労働者のほうからの猛烈な抗議運動がはじまって、社会がぐらぐらと揺れていた、国内の政治的・社会的な情勢が激動していたことは確かなんですね。ま、これもGHQの右旋回の煽りなんですけれどもね。それを天皇は非常に心配されて、マッカーサーに強く訴えたと推察されるわけです。

国際情勢への懸念［第九回目］

九回目になります。昭和二十四年十一月二十六日。この少し前、ソ連が原子爆弾を保有したことを公表し、核戦争への赤信号が大きくともります。さらに十月には中国で共産党政権、現在の中華人民共和国が成立しました。アジアの中心部が完全に広大な共産主義国家でまとまったのです。この辺からアメリカの占領政策も、これではだめだ、日本をいつまでも民主化民主化といって押さえつけていたのでは向こう側へいってしまうかもしれない。むしろ逆にこれを緩め、日本を反共の最前線、橋頭堡（きょうとうほ）にすべきである、日本への締めつけをやめよう、という方向に傾くのです。

したがって天皇とマッカーサーの話も、共産主義的国家の進出をどう見るか、どうその進出を食いとめるかになったかと思います。同時にこの辺りから、いま言ったようなGHQの政策転換もあり、何とか早く講和会議を開いて占領を終結させ日本を独立国にし、アメリカ側に引き込もうというので、講和会議の開催が大きな問題になってきました。皆さんご存じでしょうが、講和会議については日本のインテリゲンチアの間で単独講和か全面講和かの大議論が起こりまして、お二人の話もそっちのほうになりました。

マッカーサー「速やかに講和条約を締結することが望ましい」。

天皇「ソ連による共産主義思想の浸透と、朝鮮（といっても韓国のほうです）にたいする侵略などがありますと、日本国民が甚だしく動揺するが如き事態になることを恐れます（そのことを私は非常に心配している）。ソ連が単独講和を唱えるのも（ソ連が甘い言葉を盛んに言いかけているのは）、共産主義にたいする国民の歓心を買おうとする意図にほかならないと思います」。

朝鮮戦争はまだ起きていないんですけれども、「朝鮮に対する侵略などがありますと」というんですから、天皇は朝鮮戦争を予見していたのでしょうか。国際情勢的にはほとんどの人が考えてもいなかったことなんでしょうが、天皇は、そういう事態になると日本国民はうんと動揺してしまうから非常に心配していると。

マッカーサー「日本国民はソ連を含めた全面講和ができるというような間違った希望（フェールルス・ホープ）をいつまでも持ち続けることはできないでありましょう。日本が完全に中立を守ることによって（いいか、向こう側についてはいかんよということですね）、その安全を確保し得るならば、それに越したことはありません。しかし、米国としては空白状態に置かれた日本を侵略に任せておくわけにいきません。だからといって、日本が不完全な武装をしても侵略から守ることはできません。かえって侵略を招き、日本経済を破綻に導きます」。つまり日本は中途半端な武器をもって対抗しようなどと考えるな、中立的にならないほうがいい、アメリカの傘下にいなさい、そのほうが安全である、といっているわけです。

さらにマッカーサーは、講和条約によって日本が独立したとしても、これから先の「数年間、過渡的な措置として、米英軍の駐屯が必要でありましょう。それは独立後のフィリピンにおける米軍や、エジプトにおけるイギリス軍や、ギリシャにおけるアメリカ軍と同様な性格をもつものとなりましょう」と。駐留しても、その駐留は軍事的な占領ではなく、フィリピンにおけるアメリカ軍のようなものであると言っているんですが、どこまで本気で考えていたのかわかりません。

天皇「講和を早く実現し独立を回復することは、日本の強く希望するところであります。その場合、国内治安維持についても万全の措置を講ずべきであると思います」。

国内問題を天皇は非常に心配していますね。その後、朝鮮半島の情勢、ソ連の原爆保有などについて話し合い、天皇はこう言います。

「日本は千島がソ連に占領され、もし台湾が中共の手に落ちるようなことになれば、米国は日本を放棄するのではないかということを心配している向きがあります」と。

「向きがあります」と言ってますが、天皇は一番これを心配していたのではないか、そういう危険な情勢があったわけです。千島はもちろんソ連が占領していますが、台湾が中共の手に落ちるようなことになるとアメリカは、日本は危なっかしくてしようがないから「もう助けるのをやめた」と日本を放棄するのではないか、それを心配しているというわけです。

するとマッカーサーが、

「アメリカの政策はまったく不変であります。米国は極東を共産主義の侵略から守るために固い決意をいたしております。米国は日本に止まり、日本及び東亜の平和を擁護するために断固として戦うでありましょう」

と確言したんですね。日本を守るためにアメリカは全力を挙げて戦うということを。

それを聞いて天皇陛下は「お話を伺い本当に安心いたしました」と、非常に安堵されたという記録が残っているわけです。

✹いよいよ講和問題へ［第十回目］

あっという間に時間が来てしまいましたが、残りをぺらぺらとしゃべってしまいます。十回目、昭和二十五年（一九五〇）四月十八日です。

天皇「日本にとりまして対日講和を成立させることができれば何より先決であると思います」（もう講和問題が話されています）。「国際関係の利害は必ずしも一致していません。四大国間の意思の一致もなかなか困難のように見受けますが、その間の消息は如何でしょう」。

マッカーサー「確かにアメリカとソ連・中共との対立はいっそう強まり、まことに残念ですが、対日講和の成立は早期の講和の見通しがつかなくなりました」。
天皇「米国はアジアにたいする重点の置き方がヨーロッパに比べて少しく軽いのではないですか」。

もう少しアジアをしっかり守ってくださいと、天皇はマッカーサーをしかるわけです。

マッカーサー「米国は従来ヨーロッパ第一主義の政策をとってきております。このバランスの誤りが、いわば中国の悲劇（共産国になってしまったこと）を招いたのだと思います」。
天皇「日本共産党は国際情勢の推移にしたがい、巧みにソ連のプロパガンダを国内に流しております。国民の不安をかきたてようとしているように私には見受けられます」。

マッカーサー「わかりました。共産党が法律に違反したようなことがあったらどしどし取り締まり、宣伝に対してもこれを厳しく見守ります」。

すると天皇は「こういうイデオロギー国家に対しては、共通の世界観をもった国家の協力によって対抗しなければならないと思います」と言います。

日米が協力して対抗すべきだというわけです。

マッカーサー「共産主義はマルキシズムに立脚した独裁制をもって世界制覇をもくろんでおります。その手段は暴力に訴えて巧みであり極めて危険であります。自由主義諸国も十分その危険を自覚して互いに協力しなければならないと思います」。

二人はここで意見が一致しました。

そしてこの直後の五月三日、GHQは日本共産党の非合法化を示唆します。さらに六月六日、共産党中央委員二十四名の公職追放の指令が出されました。徳田球一さんや志賀義雄さんら、共産党のおもだった人たちが地下にもぐることになりました。

そして天皇・マッカーサー会談から一週間後、吉田茂さんが池田勇人大蔵大臣をアメリカに派遣して、「もしアメリカ側からそのような希望を表立って申し出しにくいならば、日本政府としては、日本側からそれをオファーするような形の持ち出し方を研究してもよい」と伝えます。これは安保条約の前哨戦になる話で、日本を守るための米軍駐留ということをアメリカ側が言い出しづらいならば、日本側からそれを言い出してもいいですよというのです。アメリカ側が日本を命がけで守ると言っている、それならば日本は講和会議の後、いたずらに中立的な武装国家をつくって（独立国になるんですからそれが理想でしょうが）中国やソ連と対立するよりは、むしろアメリカの傘の下に入ったほうがいいだろうと決め、吉田さんは池田さんを送り込んだのです。このことについては安保条約の基礎になる話として『戦後篇』でしゃべっております。

いずれにしろ天皇とマッカーサーの会談でそういうことが話し合われ、二人の見解が一致した形で、時の政府が日本の今後のあり方を考え、決定しようとしていたといえるのではないかと思います。そしてこの直後、六月二十五日に朝鮮戦争が勃発しました。

✸別れの挨拶［第十一回目］

最後の第十一回目ですが、これまで年に二回ないし三回行なわれていた二人の会談はしばらく行なわれず、トルーマンによってマッカーサーがクビになり、日本から立ち去ることになったときにようやく行なわれます。ですから十一回目はむしろ、天皇がマッカーサーにお別れの挨拶に行ったということでしょう。ただここでおもしろい話がひとつあります。

「お別れすることは、まことに残念なことと思っております」と天皇陛下が言うと、マッカーサーは「（実は私がクビになった理由として）正直なところ私としても判断に苦しむものでありまして、大統領としては政治的理由から私の解任を決定したものと思いますが、米国の日本にたいする政策は不変であります」。

マッカーサーは、去るに当たっても、アメリカが日本を守るという政策は不変ですと保証したわけです。

すると天皇は「戦争裁判にたいして、貴司令官（マッカーサー）のとられた態度について、この機会に私は謝意を表したいと思います」。

マッカーサー「私は戦争裁判の構想に当初から疑問をもっておりました。しかしワシントンからの指令によりやむを得ず実行したのであります。私はワシントンから天皇裁判について意見を求められましたが、もちろん真っ向から反対いたしました」。

……といった会話も残されているようです。つまり東京裁判が、何とはなしに天皇を訴追しない、起訴しない、免訴するという形において実行された。それに天皇は感謝し、マッカーサーはそれを得意げといってはおかしいんですが、自分がやった大仕事であるといわんばかりに天皇に言ったことが、最後の記録として残っているわけです。

✺二人の会談を知ることの意味

というわけで十一回、非常に早足でしたが一応お話しました。これは現在わかっている範囲において、天皇とマッカーサーの十一回の会談、話し合いにおいて戦後日本がいかにしてつくられてきたかを物語るひとつの事実、ストーリーであるわけです。

これを憲法違反だとかどうだとか言うよりも何よりも、戦後日本をつくるとき、あまりにも私たち日本人は無知で、ためにいろいろなことがわからないままに今日に至ってしまいました。そしていまは、戦後日本は押しつけてつくられたのだと珍なる議論がかまびすしいときです。そのとき両国のトップによる、それこそサミットともいえる会談がこのような形で行なわれていた事実を知ることは、必ずしもむだではないと思います。それが正しかったか正しくなかったかは皆さん方一人ひとりがお考えいただきたいと思います。

とにかくこのようにして日本という国が、つまり占領下の戦後日本がつくられてきたのです。

それが、朝鮮戦争が起きたばかりにずっと後になったんですが、講和条約を経て、ふたたび独立した日本がどういう国家をつくるか、新しい国家はどうすべきか……講和条約の時点で日本人は考えなかった、ある意味ではもうすでにでき上がってしまっていたからです。つまり昭和二十年から二十六年の六年間はあまりにも長い時間でありました。そのために日本はつぎの国家をどうすべきかを考えないで、そのままずるずると引っ張ってきてしまった、つまり占領時代をそのままに受けついできてしまった。これは事実だと思います。ですから今の日本がどういう風につくられたかの一面を理解するためにも、この十一回の天皇・マッカーサー会談はもう少し知られていいことではないだろうかと思うのです。

さきほども言いましたが、残念ながら私も年です。老骨です。横町の隠居です。アメリカへ飛んでいってもっと詳しいことを調査して知るための旺盛なるエネルギーがもうなくなっております。ぜひ若い方にハッスルしていただいて、頑張って研究していただきたいと思う次第です。

長時間ありがとうございました。（了）

＊本講演録は平成十八年（二〇〇六）五月八日、紀伊國屋書店新宿本店・紀伊國屋ホールで行なわれた第39回新宿セミナー「昭和史こぼればなし」をもとに作成しました。

関連年表

年	内閣総理大臣	日本のできごと　＊は海外情勢など、★は世相、流行語など
昭和		
二十(一九四五)	鈴木貫太郎 東久邇宮稔彦 幣原喜重郎	ポツダム宣言受諾、終戦／マッカーサー来日／ミズーリ艦上で降伏文書調印／天皇がマッカーサーを訪問／GHQの占領政策はじまる／＊国際連合成立／社会党結成(片山哲)／憲法改正四原則発表(松本烝治)／大選挙区制、婦人参政権などへ改正／労働組合法公布／農地改革はじまる／修身・日本歴史・地理の授業廃止指令／★日米会話手帳刊行／★「リンゴの唄」大流行／★復員はじまる／★「一億総懺悔」発言
二十一(一九四六)	吉田茂(第一次)	天皇の人間宣言／公職追放はじまる／金融緊急措置令／天皇の地方巡幸はじまる／＊チャーチル「鉄のカーテン演説」(冷戦の幕開け)／政府が憲法改正草案要綱発表／戦後初の総選挙／財閥解体が本格化／東京裁判はじまる／食糧メーデー／＊ニュルンベルク裁判判決／日本国憲法発布／★カムカム英語流行／★ソ連、中国から引揚者ぞくぞく
二十二(一九四七)	片山哲	全官公庁2・1スト宣言、中止／＊トルーマン・ドクトリン発表／日本国憲法施行／改正民法公布／★ベビーブーム／★戦後初のヌードショー／★アプレゲール
二十三(一九四八)	芦田均 吉田茂(第二次)	帝銀事件／＊イスラエル建国、第一次中東戦争／ドレーパー調査団報告／＊ベルリン封鎖はじまる／昭和電工疑獄事件／＊大韓民国・朝鮮民主主義人民共和国成立／★美空ひばりデビュー／東京裁判判決、絞首刑執行／経済安定九原則の指令／A級戦犯の釈放

昭和		
二十四(一九四九)	吉田茂(第三次)	ドッジ・ライン実施へ/一ドル=三六〇円の単一為替レートに/下山事件/三鷹事件/松川事件/＊中華人民共和国成立/湯川秀樹、ノーベル物理学賞受賞/★単独か全面かの講和条約論議が活発化
二十五(一九五〇)		＊中ソ友好同盟相互援助条約調印/吉田首相「曲学阿世」発言/＊朝鮮戦争はじまる/特需景気/レッドパージはじまる/警察予備隊令公布/池田蔵相「貧乏人は麦を食え」発言/★満年齢の実施
二十六(一九五一)		マッカーサー帰国/サンフランシスコ講和会議開催、対日平和条約・日米安全保障条約調印
二十七(一九五二)	吉田茂(第四次)	改進党結成(三木武夫)/対日平和条約・日米安全保障条約発効/血のメーデー/早大事件/吹田事件/大須事件/破防法公布/保安隊発足
二十八(一九五三)	吉田茂(第五次)	＊スターリン没/「バカヤロー」解散/分党派自由党結成(鳩山一郎)/中国からの引揚再開/内灘紛争/伊東絹子がミス・ユニバース三位入選/＊朝鮮休戦協定/日本自由党結成(三木武吉)/★映画『東京物語』
二十九(一九五四)	鳩山一郎(第一次)	皇居二重橋圧死事件/被災した第五福竜丸が焼津に帰港/造船疑獄事件/近江絹糸労組スト/自衛隊発足/日本民主党結成(鳩山一郎)/★三種の神器/★映画『ゴジラ』
三十(一九五五)	鳩山一郎(第二次・第三次)	砂川闘争/広島で原水爆禁止世界大会/保守合同で自由民主党結成/★家電の普及/★神武景気
三十一(一九五六)	石橋湛山	「太陽の季節」芥川賞に/＊フルシチョフのスターリン批判/憲法調査会発足へ/「もはや戦後ではない」(経済白書)/日ソ国交回復に関する共同宣言調印/＊スエズ動乱/日本が国連加盟/★マネービル
三十二(一九五七)	岸信介(第一次)	岸首相訪米し日米新時代を強調/＊ソ連、スプートニク1号打ち上げ成功/＊毛沢東「張り子の虎」演説/★「よろめき」流行

昭和		
三十三(一九五八)	岸信介(第二次)	★テレビ受信契約数が百万突破／勤評闘争／警職法改悪反対闘争／皇太子・美智子婚約発表／東京タワー完工／★ミッチーブーム／★ダンチ族はやる／★ロカビリー旋風／★松本清張「点と線」で本格ミステリブームへ／★インスタントラーメン発売される
三十四(一九五九)		＊キューバ革命／皇太子ご成婚／＊ソ連のロケットが月面着陸成功／水俣病問題で漁民が警官隊と衝突／★週刊誌の隆盛
三十五(一九六〇)	池田勇人(第一次・第二次)	新安保条約の強行採決／安保闘争、東大生樺美智子死亡／社会党の浅沼稲次郎委員長が刺殺される／国民所得倍増計画決定／★寛容と忍耐
三十六(一九六一)		「風流夢譚」事件／＊ソ連ヴォストーク1号、地球一周飛行／池田首相とケネディ大統領が会談／＊ベルリンの壁が築かれる／★レジャー・ブーム／★マイホーム主義
三十七(一九六二)		＊米国防省が南ベトナムに軍事顧問を置く／＊キューバ危機／光化学スモッグなど公害深刻化／★無責任時代／★女子学生亡国論
三十八(一九六三)	池田勇人(第三次)	＊米英ソが部分的核実験停止条約調印／＊ケネディ米大統領暗殺
三十九(一九六四)	佐藤栄作(第一次)	日本、IMF八条国に／OECD加盟／東海道新幹線開業／東京オリンピック開催／＊中国が初の原爆実験に成功／海外旅行の自由化
四十(一九六五)		佐藤首相訪米、ジョンソン大統領と共同声明／「期待される人間像」中間草案発表／＊米軍の北爆開始、アメリカで反戦運動／ベ平連がデモ／日韓基本条約と付属の協定調印／佐藤首相、首相として戦後はじめて沖縄訪問／★大学生数百万人突破／★「11PM」放映開始
四十一(一九六六)		★ビートルズ来日／＊中国で文化大革命はじまる
四十二(一九六七)	佐藤栄作(第二次)	初の建国記念の日／＊第三次中東戦争(六日間で停戦)／＊中国が初の水爆実験／＊チェ・ゲバラ戦死／吉田茂没、戦後初の国葬／佐藤首相訪米、

昭和		
四十三(一九六八)		日米共同声明／非核三原則／★ベトナム特需 佐世保に米原子力空母エンタープライズ入港／＊ベトナムのソンミ村虐殺事件、アメリカで反戦運動盛んに／＊パリで五月革命／新宿で国際反戦デー騒乱／明治百年記念式典／川端康成、ノーベル文学賞受賞
四十四(一九六九)		東大安田講堂封鎖／機動隊により封鎖解除、東大の入試中止へ／＊米国アポロ11号、月面着陸に成功／＊全米にベトナム反戦運動／佐藤首相訪米、沖縄返還などの共同声明
四十五(一九七〇)	佐藤栄作(第三次)	大阪で万博開催／「よど号」事件／日米安保条約自動延長／三島由紀夫が自衛隊乱入、割腹自殺
四十六(一九七一)		沖縄返還協定調印／ドル・ショック
四十七(一九七二)	田中角栄(第一次・第二次)	軽井沢で浅間山荘事件／沖縄県本土復帰／「日本列島改造論」発表／＊アメリカでウォーターゲート事件発覚／田中首相訪中、日中共同声明に調印して国交回復／★パンダが上野動物園に来園
四十八(一九七三)		＊ベトナム和平協定調印／金大中事件／＊第四次中東戦争はじまる／第一次オイルショック
四十九(一九七四)		★コンビニ第一号開店／佐藤栄作、ノーベル平和賞受賞
五十(一九七五)	三木武夫	天皇・皇后が初訪米／＊第一回先進国首脳会議開催
五十一(一九七六)		ロッキード事件が問題化／＊中国で第一次天安門事件／＊南北ベトナム統一／★日本初の五つ子が誕生
五十二(一九七七)	福田赳夫	★平均寿命が男女とも世界一に／★「カラオケ」流行
五十三(一九七八)		日中平和友好条約調印／日米防衛協力のための指針(ガイドライン)決定
五十四(一九七九)	大平正芳(第一次・第二次)	イラン革命により第二次オイルショック／＊米スリーマイル島原子力発電所で放射能漏れ／＊ソ連がアフガニスタンに侵攻／★「省エネ」／★イ

昭和		
		ンベーダーゲーム流行
五十五（一九八〇）	鈴木善幸	＊イラン・イラク戦争／★校内・家庭内暴力急増
五十六（一九八一）		中国残留孤児が初の正式来日／福井謙一がノーベル化学賞受賞
五十七（一九八二）	中曾根康弘（第一次）	＊フォークランド紛争
五十八（一九八三）	中曾根康弘（第二次）	★パソコン・ワープロなど急速に普及／★「おしん」ブーム
五十九（一九八四）		グリコ・森永事件／全斗煥韓国大統領来日、中曾根首相と会談
六十（一九八五）		群馬県御巣鷹山に日航ジャンボジェット機墜落／★小中学校で「いじめ」が深刻化／＊ジュネーブで米ソ首脳会談（レーガン・ゴルバチョフ）
六十一（一九八六）	中曾根康弘（第三次）	＊アメリカのスペースシャトル爆発／＊フィリピン革命／男女雇用機会均等法施行／＊チェルノブイリ原発事故／★「財テク」ブーム
六十二（一九八七）	竹下登	＊ルーブル合意／国鉄分割・民営化／★地価高騰続く／＊ソ連で「ペレストロイカ」／★「超伝導」ブーム
六十三（一九八八）		リクルート疑惑事件／＊イラン・イラク停戦／アメリカで対日強硬の包括的貿易法案可決
六十四（一九八九）〈平成元〉	宇野宗佑 海部俊樹（第一次）	昭和天皇崩御、平成時代となる／消費税三パーセントでスタート ＊中国で第二次天安門事件 ＊ベルリンの壁撤去／東証平均株価が最高値記録（三万八九一五円）／★「ジャパン・バッシング」

あとがき

まず、お断りしておかねばならない。本書では、GHQによる占領期の日本が奔馬のごとく勢いよく、こまごまと語られている。戦後日本の基本的な骨組みが、その時代に形成されたとみるからである。そのあと、一応丁寧に語ったのは昭和四十七年（一九七二）までで、残りの昭和終焉への十七年はさながら脱兎のごとくすっ飛び抜けた。本文でも申したとおり、その時代はまだきちんとした「歴史」になっていない、言ってしまえば、わたくしたちが呼吸しているいまそのものである。いろいろと証言できる当事者も多くおられ、史料的にもすべて出きっておらず、わかったような顔をして得々とは到底語れない「現代」である、と思うからである。それでやむなくこうなった。

戦前の『昭和史』を上梓してから読者のかなり多くの方より、是非にも戦後日本篇が読みたいとの、有難いお手紙をいただいた。編集者の山本明子さんの前回以上の執拗な口説きがはじまるのであるが、わたくし自身も戦後篇を当然話さなければならないとの読者に対する義務のようなものを感じていた。昭和二十年（一九四五）までで昭和史は終わりというわけにはいくまい、歴史は断絶することはなくつづくのであるから。では、早速はじめましょうと、また日本音声保存のスタッフ三人も加わってきて、ゆっくり調べたり考えたりする余裕もなく、また寺子屋をひらくこととなる。二〇〇五年一月二十五日に開講、前回と同じように毎回一時間半（ときに二時間超）しゃべりまくって、今年の一月十一日に終講した。ちょうど一年間で、全十七回の授業になった。戦前篇同様に授業はときに張り扇の講談調、ときに落語の人情噺調であったことに変わりはなく、それに戦後の流行歌も何回かうたったのであるが、わが名調子はやがて発売されるであろうＣＤのほうに譲らざるをえないのが、ちょっぴり残念である。ともあれ、準備不足の杜撰きわまりないおしゃべりが、きちんとして文章に書き起こされ、また前よりぶ厚い一冊となったのは、山本さんのおかげである。もう一度、深く深く感謝申しあげる。有難うございました。そして、ほんとうに御苦労さんでありました。

それにしても歴史を語るということはつくづく難しいと思う。結局、わたくしの狭い体験をとおして理解できたものしか話していない。が、経験したからといって、ものが明確にみえるわけではない。取捨選択して記憶する。それを語ったにすぎないのかもしれない。読者は、本書とは違う見方からする自分の「昭和史」をきっとおつくりになることであろう。

語り終わっていま考えることは、幅広く語ったつもりでも、歴史とは政治的な主題に終始するもんだな、ということである。人間いかに生くべきかを思うことは、文学的な命題である。政治的とは、人間がいかに動かされるか、動かされたか、を考えることであろう。戦前の昭和史はまさしく政治、いや軍事が人間をいかに強引に動かしたかの物語であった。戦後の昭和はそれから脱却し、いかに私たちが自主的に動こうとしてきたかの物語である。しかし、これからの日本にまた、むりに人間を動かさねば……という時代がくるやもしれない。そんな予感がする。

二〇〇六年二月三日「福は内、鬼は外」の夜　　半藤一利

平凡社ライブラリー版　あとがき

昭和も遠くなりにけり、をもじっていえば、戦後も遠くなりにけり、である。廃墟からの再生、復興そして繁栄と、何ともすごい時代を生きてきたが、それもたしかに遠い遠い昔ばなしとなっているようである。そして何とも情けない国をつくってしまったものよ、と老骨は歎き節を口誦さんでいる。何時、何処で、どう間違ったものか。昔ばなしとしてではなく、ライブラリー版になるにさいして、本書をこんどあらためて読み直してみたら、その答えが何となく見つかったような気になっている。明治のわれらが父祖がペリー来航によって突きつけられた過去とまったく違う新国家の建設に辛うじて成功したのとは違って、私たち昭和戦前と戦後の日本人は、建国いらいはじめて体験した〝国家敗亡〟という大断絶に直面し、それをいかにして乗り越えるか、という大いなる命題を解くことに、ことによったら、躓いてしまったのではないか。そういう思いがしているのである。その理由の一つとして、いま考えられることは、歴史はじまっていらい初の国家敗亡の衝撃、それにともなう物資欠乏による生活難などで、命題に真剣に向き合う意欲も気力も胆力も喪失していたことが挙げられようか。読者もどうか自分なりの答えを見つけるつもりになって本書を読んで欲しいと思っている。

なお、お断りするが、三年前に寺子屋風な授業で語っていた時点と、いまは政治や経済状況も時の人も、人のささやかな営みも、急激な変化をとげている。あらゆるものを容赦なく激変させて流れゆく時の勢いというものにはびっくりするばかり。いまとの比較、あるいは批判、または話題の人など、ときどき引っ張りだしてきて語っている事例は、いわゆる〝時代遅れ〟となっている。しかし、あえて直さないことにした。それもまた時がたってみると（つまり歴史になって）それなりの意味もでてくるし、これもまた、歴史を読む楽しみになると思うからである。

なお、付録として講演録「こぼればなし　昭和天皇・マッカーサー会談秘話」を加えた。せめてものお礼のつもりである。

二〇〇九年三月　半藤一利

解説

本書は、昭和史研究に長年うちこんだ作家・半藤一利さんが授業形式で語り下ろした、昭和二十年の敗戦にはじまる日本の戦後史です。二〇〇六年に刊行されて版を重ね、二〇〇九年にライブラリー版として再刊、戦後八十年を迎えるのを機にこのたび索引などを加え、装いも新たに再登場となりました。先の『昭和史 戦前篇 1926-1945』をうけて、国が戦争に敗けるとはどういうことか、今の日本がどのようにかたちづくられたかが詳細に語られています。

ここで扱った時代は、著者が文藝春秋の編集者として世の中の先端と関わった時期と大きく重なっています。そのため同時代を生きたジャーナリストならではの観察と諷刺、リアルな回顧、また名調子の歌声をも盛り込んだ、膨らみのある独自の語りが生まれました。また戦時下のように理不尽に人が死ぬ話が少ないためか、肩ひじ張らずに楽しめる逸話も盛りだくさんです。歴史とは面白いもの。著者はその点もじゅうぶんに満喫させてくれます。

全体を眺めると、戦後処理にあたる占領期の約五年間がみっちりと語られている一方で、独立国としての復興や政界の動きを追いつつ昭和四十七年の沖縄返還までをたどって以降、昭和の終焉まではざっとまとめるかたちをとっています。「1945-1989」と銘打ちながら、アンバランスといえなくもない構成です。それは、資料やデータが出切っていなかったという理由以上に、著者の考える戦後史を表わしてもいます。占領期の数年間は、現在の日本の骨組みをつくった点できわめて大きな意味をもち、その時期をきちんと理解しておくことが以後を考えるうえで不可欠というわけです。

✺現代につながる論点――占領下での戦後処理から復興へ

敗戦後の日本を詳述してゆく過程で、とりわけ現代に結びつく問題を著者はどう語っているのか。その点をおさえることが、本書を最大に生かす一つのポイントになります。

○敗戦後、矢継ぎ早に繰り広げられた戦勝国による占領政策において、著者が特に重視したのはGHQが日本国民の**精神や思想の改造**を試みた点です。新聞やラジオを使って日本軍の侵略戦争や南京虐殺など恥ずべき振る舞いを徹底的に知らしめると、国民は「悪かったのは軍国主義の指導者で、自分たちに罪はないのだと免罪符をもらった気になった」、その反面、日本人の残虐行為に「新たなるコンプレックスをあわせもつようになった」。こうして人びとは目に見えない心の領域まで動かされていき、とどめに、それまで日本人の思考や精神の支柱であった国家神道が全否定されました。このような上からの精神改造は、制度の改革以上に大きな改革であったかもしれない、敗戦とは（国家神道の是非はともかく）その国の人びとが築いてきた独自の精神文化までもが覆されることなのだと。そこに戦争というものの空恐ろしさがあるのです。また角度を変えて、一つの国の伝統文化や思想を戦勝国に改造させてしまうかなしみに思いを致すなら、戦争の愚かさがより納得されるのではないでしょうか。

○次に**新憲法成立をめぐる混乱**です。最大の争点を「国体」の維持とし、その一点に執着して尋常ならざるごたごたを繰り広げた上層部の人間に、本気で新しい日本の機軸をつくる志があったのか、読んでいて疑わしくなります。となれば、**憲法とは何なのか**をあらためて考えずにはおれません。広辞苑には「国家存立の基本的条件を定めた根本法」「国の最高法規」とあります。いったん条文化されれば後から変更するのは容易ではなく、改正に右往左往するのは一国にとっての憲法の重さの表われでもあります。が、大事なのは何をもっとも優先するのか、決して譲れないこととは何か、です。現在もつづく改憲論議、戦後の新憲法の成り立ちを念頭に、歴史を知ったうえで丁寧に考えていかねばと痛感されます。

○そして**経済重視への転換**。昭和二十四年、ＧＨＱの方針が「改革より経済復興」へと大転換します。背後には東西冷戦がありました。アジアの防波堤として日本を再軍備させ、経済復興による安定を目指す――アメリカのアジア戦略に利用され、操り人形のように日本は経済中心の国づくりへと向かったのです。翌年、朝鮮戦争が勃発して経済復興へと舵を切った日本に〝特需〟がもたらされました。戦後不況からの脱出は、見えない多くの犠牲の上になされたのです。「戦争は儲かる」。そう昔でもないこの事実に、いまも世界の戦闘の裏で金を儲けてほくそえんでいる人がいることを想像してしまいます。

○独立の代償。昭和二十七年、日本は前年に調印したサンフランシスコ講和条約により独立国家となります。空に線が引かれているわけではないものの、日本の飛行機が飛べるようになり、「日本の空が戻ってきた」の言葉は占領の影も飛び去ったすがすがしい喜びを感じさせます。ただし全面講和でなかったことによる大きな代償を残しました。台湾と調印したため中国との国交回復に苦労したこともありますが、アメリカと安保条約を同時に結んだことで、日本の防衛を担う代わりに国内の米軍基地を認めることになりました。これらは多くの問題を招き、今も解決していません。「いかに最初が肝心か」という好例です。

なお同二十七年、敗戦国を除外していたオリンピックへの参加が許されたことは、国際社会の一員と認められたのだと国民が実感できる大きな出来事であったようです。著者がこのヘルシンキ五輪にボート選手としての出場を惜しくも逃したいきさつは、生前、周囲にいた人は例外なく耳にタコができるほど聞かされたものでした。

○裏多き政界。昭和三十年、いわゆる「保守合同」が成立します。「政界というのは裏で何が行なわれているのかはわかりません」。前年に〝打倒吉田〟で結束した鳩山さん、岸さん、重光さんらが日本民主党を結成、吉田首相は退陣に追い込まれ、鳩山内閣が成立します。そして翌年、日本民主党が自由党と合同して自由民主党となり、「五五年体制」と呼ばれる自民党と社会党の二大政党時代に入る。このあたりのややこしい動きを読むと、政治も生身の人間がやるもの、人が人を動かすと実感させられます。ただ二大政党時代とはいえ、その後ほぼ自民党が与党として政局をリードしました。著者は肝に銘ずべき言葉で締めくくっています。「(自民党の)一党独裁だったなんて悪口をいう人もありますが、それはいけません。国民の選択を常に基盤にしているという事実は隠せない」、選んできたのは私たちなのだと。

昭和三十一年、経済白書に「もはや戦後ではない」というフレーズが登場します。GNP(国民総生産)が一〇パーセントの伸びを達成したのです。一方、国際舞台に復帰してソ連と国交を回復し、改憲、再軍備、北方領土など今につながる問題が根を下ろしはじめます。

憲法改正・再軍備をもくろむ鳩山さんが思いついたのが小選挙区制です。多数党に有利な制度で、世論やマスコミの大反対で採用はなりませんでしたが、結局、平成六年(一九九四)に比例代表制と並立で導入が決まり、同八年の衆院選から実施されます。著者は、死票が多く少数意見が反映されにくい小選挙区制にかねて批判的でした。戦前のドイツでヒトラーが最初に出てきたのは、小選挙区比例代表制という選挙法をナチス党がうまく利用したからであり、その結果がヒトラーの独裁だったからだと。それゆえ日本で最初にその制度を導入しようとした動きについて、あえて言及したのではないかと思います。

○民主主義とは何か。昭和三十五年前半、安保条約改定への反発でデモの嵐が吹き荒れます。アメリカに守ってもらうだけでなく、憲法の範囲内で積極的な軍事行動をとるというので野党も世論も反発、大運動に発展します。労働組合や学生まで巻き込んだ大騒動の末、「野党に知らせずいきなり本会議のベルを鳴らしてたちまち採決、閉会」、大事な法案がわずか数分で可決されました。近年では平成二十七年(二〇一五)九月、連日の反対デモや膨大な署名にもかかわらず安全保障関連法案が成立するなど、強行採決もまた繰り返されてきた暴挙です。国会とは誰のためにあるのか。民主主義とは何か。原点に立ち戻って考えさせられます。

全国から請願デモが押し寄せるなか、国会で新安保条約は自然成立しました。週刊誌記者だった著者はデモの記事に奮闘しましたが、一段落したあとの特集は「デモは終わった　さあ就職だ」(!)。戦後民主主義の申し子といえる学生たちの、軍国主義や戦争を徹底的に悪と見る〝真面目さ〟は、冷めやすさと背中合わせだったようで、騒動は驚くほどサアーッとしずまります。六〇年安保騒動は、戦後の憤懣をすべて吹き飛ばしたガス抜きであり〝戦後日本のお葬式〟と見られなくもないと著者はいいます。踏ん切りがついたかのように、人びとの心はお金や豊かさの享受へと向かったのでした。

○高度成長のツケ。デモに明け暮れた人たちが、もう政治闘争はたくさんと、「こんどはたいへんな働きバチになって一所懸命働きはじめ」、日本は高度経済成長期に突入します。〝神武景気〟にはじまる昭和三十年代、めざましい成長の陰で、日本の長い海岸線に原料を海外に頼る工場がどんどん建ち、「昔からの自然はかろうじて日本海側に少し残りましたが、太平洋沿岸はほとんど様相を変え、今日見る新しい日本の風景ができあがってしまった」。いつの時代も、物事には光と影がある。発展と同時に自然破壊や公害が確実に進んでいたという現実は、たとえば今の情報氾濫の裏面などに想像を促します。

昭和三十九年は東海道新幹線の開業、東京オリンピック開催、さらに満身創痍の敗戦国だった日本が先進国としてＩＭＦ（国際通貨基金）や八条国に入り、ＯＥＣＤ（経済協力開発機構）に加盟しました。「戦後ニッポンが世界的に名乗りを上げ、実力を世界に示した」この年を、著者は「ひとつのエポック・メイキング」と位置づけています。振り返れば、経済的な利益のみを追求するというので日本人が「エコノミック・アニマル」といわれはじめたのはこの直後。なんとなしに、しっぺ返しの予感が漂います。

○沖縄返還のその後。池田勇人首相の後をうけた佐藤栄作首相は、沖縄返還を「最大の解決事項」として掲げました。「戦後日本の内閣というのは、それぞれ自分が首相になったかぎりは『これは必ずやってみせる』という大きな命題を抱えてそれを成し遂げる、そういうかたちで継承されてきました」――吉田さんが講和条約、鳩山さんがソ連との国交回復、岸さんが安保改定、池田さんが高度経済成長、といった具合です。何を命題とするかを合わせて、国の一時代を担うトップには最重要の志であり、佐藤内閣の場合は沖縄返還だったわけです。現代もなお、また組織のトップにも参考になる話ではないでしょうか。昭和四十六年、沖縄返還の調印にこぎつけます。このとき戦後日本は〝完成〟あるいは〝完結〟した――これが著者の結論です。ただし、基地や核兵器の問題は現在も大きな影を落としたままです。

✴戦後とは何だったのか

まとめの章において、著者は戦後昭和史を六つの時期——①占領の時代、②政治闘争の時代、③経済第一の時代、④高度成長による自信回復の時代、⑤日常生活での価値観の見直しの時代、⑥国際化の時代——に分け、各々の時代で再考されるべき課題を挙げています。

たとえば②では「天皇家が日本国そして日本国民にとってこの後どういう意味をもつのか」。女性・女系天皇について議論が起きている今、ますます真剣に考えなければならない課題です。③では、復興せねば何もはじまらなかった時代とはいえ、「経済活動が国家の本質であるというのは考えればおかしい」という指摘はもっともで、「国家というものには、国際的に果たすべき役割もあり」、「国そのものがどういう方針で世界に訴えかけてゆくかの使命もある」。今後いっそう、柔らかな発想力、それを世界に示す表現力、口だけに終わらない実践力が問われます。たとえば、⑤の時代の石油ショックからの立ち直りの過程、また昭和四十九年にセブン・イレブンの第一号店が開業したコンビニは、発祥はアメリカでも、独自の発展を遂げて昨今の隆盛があり、未来に生かせる日本人の発想・展開力のヒントはあちこちに転がっています。

一方、日本が「資源的には何もない小国」という自覚を胸に、弱点を武器に変えていくしなやかな発想が待たれます。資源のなさといえば、もともと低い日本の食料自給率はさらに悪化し、二〇二四年で三八パーセント（カロリーベース）と先進国のなかで最低の水準です。「ものの見方が変わり、それとともに新しい生きる道をしっかりつくっておく必要がある」とはいつの時代にもいえることではないでしょうか。

昭和が終わって平成が過ぎ去り、令和の時代となりました。「戦前篇」で著者が示した「四十年史観」では、今また滅びの時代をむかえ、それも終盤に入ろうとしています。少子化はますます深刻で、本書の時点で八百兆円と嘆いていた国債はすでに一千兆円を超え、ごまかしのきかない事態となっています。これからの日本はどうなるのか、昭和にめばえて今なおひきずる多くの難問、新たな課題にどう対応してゆけばいいのか。ゼロから出発した戦後史は発想の宝庫です。著者が強調するのは、国家の機軸と目標が必須ということであり、一人ひとりが我が事として責任をもって考え、皆で実践へと努力していく大切さです。

最後に「今の日本に必要なこと」として、著者は五つの提案をしています。一、無私になり、真面目さを取り戻し、国づくりのために努力と知恵を絞る。二、自分たちの組織だけのことを考える「小さな箱」から出る勇気をもつ。三、世界的、地球規模の大局的な展望能力を養う。四、世界に通用する知識や情報をもつ。五、「君は功を成せ、われは大事を成す」という悠然たる風格をもつ――「現在の日本に足りない」のはこれらであり、「決して軍事力ではない」。安全保障政策の大転換の名のもとに、国民が負担する莫大な〝防衛増税〟によって軍備が強化されようとしている今、いっそう光を放つ言葉です。

＊

半藤さんが生前によく口にしていたのが「リアリズムの大切さ」でした。昭和二十年八月十五日、勤務先の工場で終戦を迎えた十五歳の半藤少年は、「アメリカ軍が来て占領されたら、南の島かどこかで一生奴隷になる」と教えられていました。それなら今のうちに楽しんでおこうと、同級生と防空壕で煙草をふかした翌日、「南の島へなんて、どうやって何千何百万人を運んで行くんだ」と父親に怒鳴られ、嘘とわかったのです。敗戦直後の体験はよほど胸に刻まれたのか、このとき「リアリズムに覚醒した」といいます。その後、戦中に大敗を喫したノモンハン事件について、現実を直視しなかった陸軍の勝手な判断が悲劇を招いたと、リアリズムの欠如を追及しました。戦後については東日本大震災ののち、「日本は武力では守れないことを知らねばならない。海岸線が長大なこの国で、人は岸辺にだけ住んでいる。すべて海岸線にある原発を狙われれば防ぎようがない」と警告し、外交力や文化力を磨くことの重要性を訴えたのです。「戦前篇」の最後で「起きては困ることは起きない」と思いこむ日本人の悪弊を指摘した半藤さんは、〝原子力神話〟を「リアリズムを欠いた底知れない無責任という言葉の代名詞」とも述べました。自分たちに都合のいい思い込みを戒め、現実を直視する訓練は、いつの時代、何においても欠かせないというわけです。

そもそも通史に取り組むことを考えていなかった半藤さんは、本シリーズで昭和史に一から向き合ったことについて晩年、次のように語っています。

「改めて一から昭和の歴史に取り組んでよかったのは、自分のなかでわからなかったこと、つまりどうしてここでこうなっちゃうのかな、というところが理解できたことです。ピンポイントでやってると見えないいんですね。（中略）たとえば二・二六事件という一つの大きな事件、これだけを突っこんでやっているとたしかに面白いですよ。だけどやっぱり『部分』なんです、ピックアップしているだけです。ところが歴史の流れのなかで二・二六事件をとらえると、見方がまた違ってくる」（『半藤一利　わが昭和史』）。

一つの事を集中して学び、視線を引いて全体を眺める、この往復によって新たな発見や別の見方に出あう。その果実が『昭和史』にちりばめられていることは言うまでもありません。

二〇二四年十一月

山本明子（「昭和史」シリーズ編集者）

参考文献

朝日ジャーナル編集部編『昭和史の瞬間』……朝日新聞社
朝日新聞論説委員室編『天声人語にみる戦後50年』……朝日新聞社
芦田均『芦田均日記 1905-1945』……柏書房
五百旗頭真『日米戦争と戦後日本』……講談社
石川弘義『欲望の戦後史』……廣済堂出版
石田健夫『敗戦国民の精神史』……藤原書店
猪野健治編『東京闇市興亡史』……ふたばらいふ新書
岩崎爾郎『物価の世相100年』……読売新聞社
尾崎秀樹・山田宗睦『戦後生活文化史』……弘文堂
木下宗一『日本百年の記録』……人物往来社
木下道雄著・高橋紘編『側近日誌——侍従次長が見た終戦直後の天皇』……中公文庫
古関彰一『新憲法の誕生』……中央公論社
小林一三『小林一三日記』……阪急電鉄
斎藤信也『人物天気図』……朝日新聞社
佐々木毅・鶴見俊輔・富永健一ほか『戦後史大事典』……三省堂
幣原平和財団編『幣原喜重郎』……幣原平和財団
清水崑画・吉田茂国際基金『吉田茂諷刺漫画集』……中央公論新社
高松宮宣仁親王『高松宮日記』……中央公論社
高見順『高見順日記』……勁草書房
竹前栄治『占領戦後史』『GHQ』……ともに岩波書店
鶴見俊輔ほか『日本の百年』……筑摩書房
戸川猪佐武『戦後風俗史』……雪華社
永井荷風『断腸亭日乗』……岩波書店
中村隆英『昭和史』Ⅱ……東洋経済新報社
林茂・辻清明編『日本内閣史録』第５巻・第６巻……第一法規出版
原田泰『テラスで読む戦後トピック経済史』……日本経済新聞社
深川英雄『キャッチフレーズの戦後史』……岩波書店
文藝春秋編『「文藝春秋」にみる昭和史』……文藝春秋
文藝春秋編『戦後50年 日本人の発言』……文藝春秋
保阪正康『父が子に語る昭和史』……PHP文庫
毎日新聞社編『岩波書店と文藝春秋』……毎日新聞社
百瀬孝『事典 昭和戦後期の日本——占領と改革』……吉川弘文館
山岡明『庶民の戦後』生活編・風俗編……太平出版社
山田風太郎『戦中派焼け跡日記』……小学館

は行

ま行

や行

ら行

た行

な行

ら行

わ行

事項索引

あ行

な行

は行

た行

さ行

か行

索引

- 本文に登場する主な人名と事項名を五十音順に配列。
- 人名は原則として姓、名の順に表記。
- 同一の人物や事項に複数の表記がある場合は「⇒」で示した。
- 項目の後の（　）は、その語の補足説明。

人名索引

あ行

[著者]
半藤一利（はんどう・かずとし）
1930年、東京生まれ。東京大学文学部卒業後、文藝春秋入社。「週刊文春」「文藝春秋」編集長、取締役などを経て作家。著書は『日本のいちばん長い日』『漱石先生ぞな、もし』（正続、新田次郎文学賞）、『ノモンハンの夏』（山本七平賞）、『「真珠湾」の日』（以上、文藝春秋）、『幕末史』（新潮社）、『B面昭和史 1926-1945』『世界史のなかの昭和史』（以上、平凡社）など多数。『昭和史 1926-1945』『昭和史 戦後篇 1945-1989』（平凡社）で毎日出版文化賞特別賞を受賞。2015年、菊池寛賞を受賞。2021年1月12日逝去。

平凡社ライブラリー 980
新版 昭和史 戦後篇 1945-1989

発行日…………2025年1月6日　初版第1刷
2025年6月14日　初版第3刷
著者……………半藤一利
発行者…………下中順平
発行所…………株式会社平凡社
〒101-0051　東京都千代田区神田神保町3-29
電話　(03)3230-6573[営業]
ホームページ　https://www.heibonsha.co.jp/
印刷・製本……株式会社東京印書館
DTP…………平凡社制作
装幀……………中垣信夫

ISBN978-4-582-76980-7

落丁・乱丁本のお取り替えは小社読者サービス係まで
直接お送りください（送料は小社で負担いたします）。

【お問い合わせ】
本書の内容に関するお問い合わせは
弊社お問い合わせフォームをご利用ください。
https://www.heibonsha.co.jp/contact/

平凡社ライブラリー　既刊より

半藤一利著
日露戦争史 1・2・3

あの時なぜ大国ロシアと戦ったのか？　ベストセラー『昭和史』の筆者が近代日本に決定的な転機をもたらした日露戦争を描く大作ノンフィクション。全3巻。

半藤一利著
B面昭和史 1926-1945

国民からの視点で「あの時代とは何だったのか」、自身の体験も盛り込んで昭和戦前史を詳細に綴った大作、待望のライブラリー化。巻末に澤地久枝氏との対談「〝B面〟で語る昭和史」を付す。

半藤一利著
世界史のなかの昭和史

昭和史を世界視点で見ると何がわかるのか？　ヒトラーやスターリンらがかき回した世界史における戦前日本の盲点が浮き彫りに。日本人必読の半藤〈昭和史〉シリーズ完結編、待望の文庫化！

半藤一利著
墨子よみがえる
〝非戦〟への奮闘努力のために

戦乱の世にあって、徹底した非戦と平和を説いた墨子。今こそ、その思想が日本、そして世界を救うと確信する筆者が熱く語る〝墨子のすすめ〟。巻末に中村哲氏との対談を収録。

半藤一利著
新版 昭和史 戦前篇 1926-1945

授業形式の語り下ろしで「わかりやすい通史」として絶賛され、毎日出版文化賞特別賞を受賞した名作が新版に。索引と解説を付す。戦争という過ちを繰り返さないために読み継ぐべき一冊。　**解説＝山本明子**